DEUTSCHES INSTITUT FÜR WIRTSCHAFTSFORSCHUNG

D1663841

BEITRÄGE ZUR STRUKTURFORSCHUNG   **HEFT 97 · 1987**

Klaus-Dietrich Bedau, Bernd Freitag und Gerhard Göseke

Die Einkommenslage der Familien in der Bundesrepublik Deutschland in den Jahren 1973 und 1981

DUNCKER & HUMBLOT · BERLIN

Verzeichnis der Mitarbeiter

Projektleitung:

Gerhard Göseke

Verfasser:

Klaus-Dietrich Bedau
Dr. Bernd Freitag
Gerhard Göseke

EDV:

Dr. Bernd Freitag
Helmut Klatt

Statistik:

Hans-Peter Hasse
Bernd Oldenburg

Graphik:

Margot König-Tekin
Ilse Walborn

Textverarbeitung:

Barbara Girke

Herausgeber: Deutsches Institut für Wirtschaftsforschung, Königin-Luise-Str. 5, D-1000 Berlin 33
Telefon (0 30) 82 99 10 — Telefax (0 30) 82 99 12 00
BTX-Systemnummer * 2 99 11 #
Schriftleitung: Dr. Fritz Franzmeyer und Dr. Reinhard Pohl
Verlag Duncker & Humblot GmbH, Dietrich-Schäfer-Weg 9, D-1000 Berlin 41. Alle Rechte vorbehalten.
Druck: 1987 bei ZIPPEL-Druck, Oranienburger Str. 170, D-1000 Berlin 26.
Printed in Germany.
ISBN 3-428-06228-0

INHALTSVERZEICHNIS

		Seite
	Inhaltsverzeichnis	3
	Verzeichnis der Übersichten	11
	Verzeichnis der Schaubilder	16
	Vorwort	19
	Zusammenfassung	20
1	**Einleitung**	29
2	**Aufbau der DIW-Verteilungsrechnung**	33
2.1	Grundkonzeption	33
2.2	Bestandteile der DIW-Verteilungsrechnung	39
2.2.1	Allgemeiner Überblick	39
2.2.2	Bevölkerung, private Haushalte und Familien	42
2.2.2.1	Wohnbevölkerung	43
2.2.2.2	Erwerbs- und Nichterwerbspersonen	44
2.2.2.3	Einkommensbeziehende Personen	47
2.2.2.4	Personen in Anstalten	48
2.2.2.5	Private Haushalte und Familien	49
2.2.2.6	Familien nach der sozialen Stellung des Familienvorstands	51
2.2.2.7	Familien nach der Zahl der Kinder unter 18 Jahren	52
2.2.2.8	Familien nach der Zahl der Einkommensbezieher	52
2.2.2.9	Äquivalenzziffernskala	53
2.2.2.10	Exkurs: Der Familienzyklus	54
2.2.3	Bruttoerwerbs- und -vermögenseinkommen	58
2.2.3.1	Bruttoeinkommen aus unselbständiger Arbeit	60

2.2.3.1.1	Bruttolöhne	60
2.2.3.1.2	Bruttogehälter	60
2.2.3.1.3	Sozialbeiträge der Arbeitgeber	61
2.2.3.2	Bruttoeinkommen aus Unternehmertätigkeit und Vermögen	61
2.2.3.2.1	Bruttoeinkommen aus Unternehmertätigkeit	61
2.2.3.2.2	Bruttoeinkommen aus Vermögen	62
2.2.4	Empfangene Einkommensübertragungen	62
2.2.4.1	Geldleistungen der Rentenversicherung und öffentliche Pensionen	62
2.2.4.2	Geldleistungen der Arbeitslosenversicherung und Sozialhilfe	63
2.2.4.3	Gesetzliches Kindergeld	64
2.2.4.4	Sonstige empfangene Einkommensübertragungen	65
2.2.4.5	Exkurs: Einkommensübertragungen innerhalb des Sektors "Private Haushalte" der volkswirtschaftlichen Gesamtrechnung	66
2.2.5	Geleistete Einkommensübertragungen	67
2.2.5.1	Direkte Steuern	67
2.2.5.2	Sozialbeiträge	68
2.2.5.2.1	Sozialbeiträge zur Rentenversicherung	69
2.2.5.2.2	Sozialbeiträge zur gesetzlichen Krankenversicherung	69
2.2.5.2.3	Sozialbeiträge zur Arbeitslosenversicherung	70
2.2.5.2.4	Sonstige Sozialbeiträge	70
2.2.5.3	Sonstige geleistete Einkommensübertragungen	70
2.2.6	Verfügbares Einkommen	71
2.3	Informationsgrundlagen der Verteilungsrechnung	72
2.3.1	Primärstatistische Daten des Statistischen Bundesamtes	72
2.3.1.1	Bevölkerungsstatistik	72
2.3.1.2	Einkommens- und Verbrauchsstichproben	75
2.3.1.3	Mikrozensus	78
2.3.1.4	Steuerstatistiken	80
2.3.1.5	Gehalts- und Lohnstrukturerhebungen	82
2.3.1.6	Wohnungsstichproben	83
2.3.1.7	Volkszählungen	84

2.3.1.8	Laufende Wirtschaftsrechnungen	84
2.3.2	Volkswirtschaftliche Gesamtrechnung	85
2.3.3	Sozialbudget	86
2.3.4	Einkommens- und Transferschichtung des DIW für die privaten Haushalte	86
2.3.5	Sonstige Informationsgrundlagen	87

| **3** | **Methodische Aspekte** | 87 |

| 3.1 | Allgemeine Bemerkungen | 87 |

3.2	Überblick über den Ablauf des Berechnungsverfahrens	89
3.2.1	Bevölkerung, private Haushalte und Familien in sozioökonomischer Gliederung	89
3.2.2	Bruttoerwerbs- und -vermögenseinkommen	93
3.2.2.1	Funktionale Bruttoeinkommen der volkswirtschaftlichen Gesamtrechnung	93
3.2.2.2	Bruttoerwerbs- und -vermögenseinkommen in sozialer Gruppierung	94
3.3	Zusammenführung von Haushalts- und Einkommensdaten	96
3.4	Schichtung der Haushalte nach der Höhe ihres Erwerbs-und Vermögenseinkommens	98
3.5	Ausgliederung der Familien aus der Einkommensschichtung der privaten Haushalte	101
3.6	Verteilung empfangener und geleisteter Transfers in sozialer Gruppierung	103
3.7	Fortschreibungsverfahren von Einkommensschichtungen	105
3.8	Verfahren zur Umsetzung von Haushalten und Familien innerhalb der Größenklassenskala einer Einkommens- und Transferschichtung	109
3.8.1	Problem der Größenklassenumsetzung	109
3.8.2	Theoretischer Ansatz eines Verfahrens zur Größenklassenumsetzung	111
3.8.3	Praktische Durchführung des Verfahrens	120
3.9	Statistische Maße der Verteilungsrechnung	127
3.9.1	Mittelwerte	127
3.9.2	Disparitätsmaße	128

4	**Die inneren Strukturbeziehungen der Transferschichtung (Parenté-System)**	130
4.1	Grundsätzliche Bemerkungen zum Parenté-System	130
4.2	Die Rangordnungen im Parenté-System und ihre Begründung	135
4.2.1	Transferbereich I: Renten und Pensionen	136
4.2.2	Transferbereich II: Geldleistungen der Bundesanstalt für Arbeit und Leistungen der Sozialhilfe	138
4.2.3	Transferbereich III: Gesetzliches Kindergeld	141
4.2.4	Transferbereich IV: Sonstige empfangene laufende Übertragungen	143
4.2.5	Transferbereich V: Direkte Steuern	145
4.2.6	Transferbereich VI: Beiträge zur gesetzlichen Rentenversicherung	148
4.2.7	Transferbereich VII: Beiträge zur gesetzlichen Krankenversicherung	151
4.2.8	Transferbereich VIII: Beiträge zur Arbeitslosenversicherung	152
4.2.9	Transferbereich IX: Sonstige Sozialbeiträge	154
4.2.10	Transferbereich X: Sonstige geleistete Übertragungen	155
4.3	Autokorrektur der Parenté-Daten	158
4.3.1	Berechnung einer Transferstruktur	158
4.3.2	Konzept des Korrekturverfahrens	159
4.3.3	Durchführung der Korrektur	162
4.3.4	Anwendung auf unterschiedliche Strukturen	169
5	**Gesamtzusammenhang des Modells**	172
5.1	Schematischer Überblick des Berechnungsverfahrens	172
5.2	Darstellung des Rechnenprozesses am Beispiel eines ausgewählten Familientyps	174

6 Entwicklung von Bevölkerung, privaten
Haushalten und Familien 1973 bis 1981 180

6.1 Entwicklung der Bevölkerung 180
6.1.1 Wohnbevölkerung 1981 180
6.1.2 Bevölkerungsbewegung von 1973 bis 1981 183
6.1.3 Änderungen der Bevölkerungsstruktur von 1973 bis 1981 187
6.2 Entwicklung der privaten Haushalte 190

6.3 Entwicklung der Familien 193
6.3.1 Familien 1981 193
6.3.2 Zusammenhang zwischen privaten Haushalten und
Familien 1981 199
6.3.3 Entwicklung der Familien von 1973 bis 1981 200

7 Die Einkommensverteilung der Familien im Jahr 1981 209

7.1 Einkommensverteilung 1981 nach der volkswirtschaftlichen Gesamtrechnung 209
7.1.1 Bruttoerwerbs- und -vermögenseinkommen 211
7.1.2 Empfangene laufende Übertragungen 213
7.1.3 Exkurs: Laufende Übertragungen zwischen privaten
Haushalten 216
7.1.4 Geleistete laufende Übertragungen 216
7.1.5 Verfügbares Einkommen 221

7.2 Überblick über die primäre Einkommensverteilung 222

7.3 Umverteilung der Einkommen durch monetäre Transfers 225

7.4 Empfangene und geleistete Transfers nach Überprüfung
durch die Parenté-Vorschriften 228

		Seite
7.4.1	Durchschnittliche Anteile einzelner Transfers am Bruttoerwerbs- und -vermögenseinkommen	228
7.4.2	Monatliche Durchschnittsbeträge einzelner Transfers	230
7.5	Einkommensverteilung der übrigen Haushalte (Nicht-Familien)	233
7.6	Die Einkommenslage der Familien 1981	238
7.6.1	Bruttoerwerbs- und -vermögenseinkommen	238
7.6.1.1	Einkommensschichtung nach sozialen Gruppen	242
7.6.1.2	Einkommensschichtung nach Familientypen	245
7.6.2	Empfangene Einkommensübertragungen der Familien	248
7.6.3	Geleistete Einkommensübertragungen der Familien	253
7.6.4	Verfügbares Einkommen der Familien	260
7.6.4.1	Einkommensschichtung nach sozialen Gruppen	263
7.6.4.2	Einkommensschichtung nach Familientypen	269
8	**Einkommensgefälle zwischen sozialen Gruppen und Familientypen**	273
8.1	Personenbezogene Mittelwerte	273
8.2	Einkommenskategorien für den Lebensstandard	279
9	**Einkommensumverteilung der Familien 1973 und 1981**	292
9.1	Einkommen der privaten Haushalte 1973 und 1981 in der volkswirtschaftlichen Gesamtrechnung	292
9.2	Strukturwandel im Transfersystem	295
9.3	Dimensionen der Einkommensumverteilung	301

		Seite
9.3.1	Horizontale Einkommensumverteilung	302
9.3.2	Vertikale Einkommensumverteilung	305
9.3.3	Familienlastenausgleich	312
9.4	Auswirkungen der Umverteilung 1973 und 1981 auf die Einkommenslage einzelner Familientypen	318
9.4.1	Einkommensumverteilung nach Familientypen	318
9.4.1.1	Ehepaare mit Kindern unter 18 Jahren	320
9.4.1.2	Ehepaare ohne Kind	325
9.4.1.3	Alleinerziehende	329
9.4.2	Einkommensumverteilung bei Arbeitnehmer-Familien	329
9.5	Veränderung der Einkommensverteilung nach Mittelwerten und Quintilen	341
10	**Mittelfristige Weiterentwicklung des Modells**	351
10.1	Temporäre Parenté	351
10.2	Gliederung nach der Zahl der tatsächlich empfangenen und geleisteten Transferarten	353
10.3	Zur Erweiterung des monetären Transfersystems um die indirekten Steuern	358
10.4	Einbeziehung realer Transfers	360
11	**Ausblick**	362
11.1	Zunehme Belastung des Transfersystems durch schwache gesamtwirtschaftliche Entwicklung	362
11.2	Längerfristige Aspekte der Umverteilung	364

Seite

12   Literaturverzeichnis   366

13   Statistische Quellen   374

      Anmerkungen   376

      Statistischer Anhang   387

A.1   Einkommens- und Transferschichtung der Familien in
      der Bundesrepublik Deutschland 1973   388

A.1.1 Bruttoeinkommen und Umverteilung   388

A.1.2 Verfügbares Einkommen   422

A.2   Einkommens- und Transferschichtung der Familien
      in der Bundesrepublik Deutschland 1981   439

A.2.1 Bruttoeinkommen und Umverteilung   439

A.2.2 Verfügbares Einkommen   473

VERZEICHNIS DER ÜBERSICHTEN

Seite

2.1 Zusammenhang zwischen dem Erwerbs- und dem Unterhaltskonzept 47

2.2 Verteilung und Erwerbstätigenquoten verheirateter Frauen
nach Altersklassen im April 1974 59

2.3 Privathaushalte, Haushaltsmitglieder und Personen in
Anstalten nach der Volkszählung 1970 73

2.4 Familien mit ledigen Kindern unter 18 Jahren nach dem
Mikrozensus 1973 74

2.5 Verfügbares Haushaltseinkommen sozialer Gruppen 1973
nach EVS und VGR 77

2.6 Einkommensschichtung der Privathaushalte nach dem
Mikrozensus 1973 79

4.1 Rangordnungen für die inneren Strukturbeziehungen
der Verteilungsrechnung 1981 ("Parenté-Vorschriften") 132

5.1 Modellableitung des Familientyps "Arbeiter- Ehepaare mit
zwei Kindern und zwei oder mehr Einkommensbeziehern" 1981 175

6.1 Wohnbevölkerung 1973 und 1981 182

6.2 Bevölkerungsbewegung von 1973 bis 1981 184

6.3 Geburten, Sterbefälle und Geburtensaldo von Deutschen
und Ausländern 185

6.4 Erwerbspersonen und Erwerbstätige 188

6.5 Zahl der privaten Haushalte 1981 191

6.6 Zahl der Familien 1981 194

6.7 Struktur der Familien 1981 196

6.8 Zahl der Familienangehörigen 1981 197

6.9 Kennziffern zur Familienstruktur 1981 198

6.10 Erwerbstätigenquoten von Frauen und Jugendlichen 1981 199

6.11 Zahl der privaten Haushalte und der Familien 1981 201

6.12 Zahl der Personen in privaten Haushalten,
in Familien und in Anstalten 1981 202

6.13 Zahl der Einkommensbezieher in privaten Haushalten
und Familien 1981 203

6.14   Zahl der Kinder unter 18 Jahren in privaten Haushalten,
       in Familien und in Anstalten 1981   204

6.15   Veränderung der Familienstruktur von 1973 bis 1981   205

6.16   Zusammensetzung der Familien 1973 und 1981   207

6.17   Veränderungen in der Zusammensetzung der Familien
       von 1973 bis 1981   208

7.1   Entstehung, Verteilung, Umverteilung und Verwendung des
       Einkommens 1981 in der volkswirtschaftlichen Gesamtrechnung   210

7.2   Einkommensverteilung und -umverteilung der privaten
       Haushalte in der volkswirtschaftlichen Gesamtrechnung   212

7.3   Leistungen des Sozialbudgets 1970 bis 1981 nach
       sozialen Funktionen   214

7.4   Leistungen des Sozialbudgets 1981 nach sozialen
       Funktionen   215

7.5   Laufende Übertragungen an private Haushalte unter
       Berücksichtigung innersektoraler Einkommensströme   217

7.6   Empfangene und geleistete laufende Übertragungen
       der privaten Haushalte 1981   220

7.7   Block A: Verteilung der Bruttoerwerbs- und -vermögens-
       einkommen 1981   223

7.8   Block B: Umverteilung der Einkommen durch monetäre
       Transfers 1981   226

7.9   Block C: Durchschnittliche Anteile einzelner Transfers
       am Bruttoerwerbs- und -vermögenseinkommen 1981   229

7.10   Block D: Monatliche Durchschnittsbeträge einzelner
       Transfers je Familie 1981   231

7.11   Einkommensverteilung und -umverteilung 1981   234

7.12   Empfangene und geleistete laufende Übertragungen
       der übrigen privaten Haushalte 1981   237

7.13   Bruttoerwerbs- und -vermögenseinkommen der Familien
       1981 nach Einkommensarten und nach sozialen Gruppen   239

7.14   Bruttoerwerbs- und -vermögenseinkommen der Familien 1981   240

7.15   Medianwerte der Einkommensschichtung der Familien 1981
       nach der Höhe des Bruttoerwerbs- und -vermögens-
       einkommens   241

7.16   Einkommensschichtung der Familien 1981 nach der Höhe
       des Bruttoerwerbs- und -vermögenseinkommens und nach
       sozialen Gruppen   243

7.17   Einkommensschichtung der Familien 1981 nach der Höhe
       des Bruttoerwerbs- und -vermögenseinkommens und
       nach Familientypen   246

Seite

7.18 Empfangene laufende Übertragungen der Familien 1981   249

7.19 Kindbezogene Leistungen 1981   252

7.20 Geleistete laufende Übertragungen der Familien 1981   254

7.21 Verhältnis der geleisteten laufenden Übertragungen der
      Familien 1981 zum Bruttoerwerbs- und -vermögenseinkommen   256

7.22 Empfangene und geleistete laufende Übertragungen
      der Familien 1981   258

7.23 Verfügbares Einkommen der Familien 1981   261

7.24 Medianwerte der Einkommensschichtung der Familien 1981
      nach der Höhe des verfügbaren Einkommens   262

7.25 Block E: Verfügbare Einkommen der Familien 1981 nach
      Netto-Einkommensklassen   264

7.26 Einkommensschichtung der Familien 1981 nach der Höhe
      des verfügbaren Einkommens und nach sozialen Gruppen   265

7.27 Transfersalden der Familien 1981   267

7.28 Nettorelationen sozialer Gruppen 1981   268

7.29 Nettorelationen nach Familientypen 1981   270

7.30 Einkommensschichtung der Familien 1981 nach der Höhe
      des verfügbaren Einkommens und nach Familientypen   271

7.31 Einkommensschichtung der Familien 1981 vor und nach der
      Umverteilung nach zusammengefaßten Einkommensklassen   272

8.1   Personenbezogene Medianwerte der Verteilung des
      verfügbaren Einkommens der Familien 1981   275

8.2   Verteilung der Familien mit Kindern unter 18 Jahren 1981
      auf Kategorien für den Lebensstandard   281

8.3   Verteilung der Ehepaare ohne Kind 1981 auf Kategorien für
      den Lebensstandard   282

8.4   Haushalte mit Empfängern laufender Hilfe zum Lebens-
      unterhalt nach dem Bundessozialhilfegesetz 1972 und 1981,
      die gleichzeitig andere Einkommensarten beziehen   283

8.5   Verteilung der Familien mit Kindern unter 18 Jahren 1973
      auf Kategorien für den Lebensstandard   288

8.6   Verteilung der Ehepaare ohne Kind 1973 auf Kategorien für
      den Lebensstandard   289

8.7   Ausgaben und Empfänger von Leistungen nach dem Bundes-
      sozialhilfegesetz 1973 und 1981   290

9.1   Einkommen der privaten Haushalte 1973 und 1981 in der
      volkswirtschaftlichen Gesamtrechnung   293

9.2   Leistungen an private Haushalte nach sozialen
      Funktionen 1973 und 1981 im Sozialbudget   300

9.3	Horizontaler Einkommensausgleich zwischen Familien	304
9.4	Vertikaler Einkommensausgleich zwischen Familien	307
9.5	Nettorelationen der Familien 1973 und 1981 nach der Höhe des Bruttoerwerbs- und -vermögenseinkommens	313
9.6	Familienlastenausgleich	315
9.7	Nettorelationen der Familien 1973 und 1981 nach Familientypen	316
9.8	Auswirkungen der Umverteilung auf die Einkommenslage der Familien 1973 und 1981	319
9.9	Auswirkungen der Umverteilung auf die Einkommenslage von Ehepaaren mit einem Kind unter 18 Jahren 1973 und 1981	321
9.10	Auswirkungen der Umverteilung auf die Einkommenslage von Ehepaaren mit zwei Kindern unter 18 Jahren 1973 und 1981	322
9.11	Auswirkungen der Umverteilung auf die Einkommenslage von Ehepaaren mit drei Kindern unter 18 Jahren 1973 und 1981	323
9.12	Auswirkungen der Umverteilung auf die Einkommenslage von Ehepaaren mit vier oder mehr Kindern unter 18 Jahren 1973 und 1981	324
9.13	Auswirkungen der Umverteilung auf die Einkommenslage von Ehepaaren ohne Kind 1973 und 1981	326
9.14	Auswirkungen der Umverteilung auf die Einkommenslage von Alleinerziehenden mit einem Kind unter 18 Jahren 1973 und 1981	327
9.15	Auswirkungen der Umverteilung auf die Einkommenslage von Alleinerziehenden mit mehreren Kindern unter 18 Jahren 1973 und 1981	328
9.16	Einkommensschichtungen der Arbeitnehmer-Familien 1973 und 1981 vor und nach der Umverteilung: Ehepaare mit einem Kind unter 18 Jahren	330
9.17	Einkommensschichtungen der Arbeitnehmer-Familien 1973 und 1981 vor und nach der Umverteilung: Ehepaare mit zwei Kindern unter 18 Jahren	331
9.18	Einkommensschichtungen der Arbeitnehmer-Familien 1973 und 1981 vor und nach der Umverteilung: Ehepaare mit drei Kindern unter 18 Jahren	332
9.19	Einkommensschichtungen der Arbeitnehmer-Familien 1973 und 1981 vor und nach der Umverteilung: Ehepaare mit vier oder mehr Kindern unter 18 Jahren	333
9.20	Einkommensschichtungen der Arbeitnehmer-Familien 1973 und 1981 vor und nach der Umverteilung: Ehepaare ohne Kind	334
9.21	Einkommensschichtungen der Arbeitnehmer-Familien 1973 und 1981 vor und nach der Umverteilung: Alleinerziehende mit einem Kind unter 18 Jahren	335

Seite

9.22 Einkommensschichtungen der Arbeitnehmer-Familien 1973
und 1981 vor und nach der Umverteilung: Alleinerziehende
mit mehreren Kindern unter 18 Jahren   336

9.23 Einkommensschichtungen der Arbeitnehmer-Familien 1973
und 1981 vor und nach der Umverteilung: Familien
mit Kindern unter 18 Jahren   337

9.24 Veränderung der Medianwerte der Einkommensschichtung
der Familien von 1973 bis 1981 nach der Höhe des
verfügbaren Einkommens   342

9.25 Veränderung der arithmetischen Mittelwerte der
Einkommensschichtung der Familien von 1973 bis 1981
nach der Höhe des verfügbaren Einkommens   343

9.26 Veränderung der personenbezogenen Medianwerte der Verteilung des verfügbaren Einkommens der Familien von 1973
bis 1981 unter Berücksichtigung der "economies of scale in
consumption"   344

9.27 Veränderung der personenbezogenen arithmetischen Mittelwerte der Verteilung des verfügbaren Einkommens der
Familien von 1973 bis 1981 unter Berücksichtigung der
"economies of scale in consumption"   345

9.28 Gini-Koeffizienten der Einkommensschichtungen für Arbeitnehmer-Familien 1973 und 1981 vor und nach der
Umverteilung   346

9.29 Quintilendarstellung der Einkommensschichtungen 1973
und 1981 nach sozialen Gruppen   347

9.30 Quintilendarstellung der Einkommensschichtungen 1973
und 1981 nach Familientypen   348

10.1 Betroffenheitsanalyse 1981
Arbeiter-Familien mit zwei oder mehr Einkommens-
beziehern: Ehepaare mit zwei Kindern   356

VERZEICHNIS DER SCHAUBILDER

Seite

2.1 Schema zur Ableitung der Familien und ihres Einkommens — 40

2.2 Typischer Ablauf des Familienzyklus — 55

2.3 Phasen des Familienzyklus — 57

3.1 Verteilungsfunktion $F(x)$ und inverse Verteilungsfunktion $F^{-1}(z)$ — 114

3.2 Inverse Verteilungsfunktion $F^{-1}(z)$, Transferfunktion $g(x)$ und Summenfunktion $H\left[F(x)\right]$ — 116

3.3 Summenfunktion $H\left[F(x)\right]$ und inverse Summenfunktion $H^{-1}\left[x+g(x)\right]$ — 117

3.4 Dichtefunktionen $f(x)$ und $v\left[x+g(x)\right]$ — 118

3.5 Ablaufschema des Verfahrens zur Größenklassenumsetzung — 119

3.6 Exponentialfunktion $f(x) = \exp\left(-\dfrac{1}{x^2}\right)$ — 123

5.1 Schematischer Überblick des Berechnungsverfahrens im DIW-Einkommens- und Transfermodell — 173

8.1 Kumulierte Verteilung der Familien 1981 auf Kategorien für den Lebensstandard — 285

8.2 Kumulierte Verteilung der Ehepaare mit Kindern unter 18 Jahren 1981 auf Kategorien für den Lebensstandard — 286

9.1 Einkommensverteilung und -umverteilung der Familien 1973 in sozialer Gruppierung (in Mrd. DM) — 296

9.2 Einkommensverteilung und -umverteilung der Familien 1973 in sozialer Gruppierung (in DM je Monat) — 297

9.3 Einkommensverteilung und -umverteilung der Familien 1981 in sozialer Gruppierung (in Mrd. DM) — 298

9.4   Einkommensverteilung und -umverteilung der Familien
        1981 in sozialer Gruppierung (in DM je Monat)   299

9.5   Transfers der Selbständigen-Familien 1973/1981   308

9.6   Transfers der Angestellten-Familien 1973/1981   309

9.7   Transfers der Beamten-Familien 1973/1981   310

9.8   Transfers der Arbeiter-Familien 1973/1981   311

9.9   Einkommensschichtung der Arbeitnehmer-Familien 1973
        und 1981: Familien mit Kindern unter 18 Jahren   338

9.10   Einkommensschichtung der Arbeitnehmer-Familien 1973
        und 1981: Ehepaare ohne Kind   339

VORWORT

Das Deutsche Institut für Wirtschaftsforschung hat in den Jahren 1981 bis 1984 zwei größere Forschungsprojekte zur Einkommenslage der Familien in der Bundesrepublik Deutschland bearbeitet. Auftraggeber war der Bundesminister für Jugend, Familie und Gesundheit.

Der erste - vorbereitende - Forschungsauftrag hatte den Titel

"Entwicklung einer Konzeption zur Darstellung der Einkommenslage

der Familien in der Bundesrepublik Deutschland auf der

methodischen Grundlage der Verteilungsrechnung des DIW",

der sich anschließende Projektauftrag lautete

"Die Auswirkungen der Umverteilung auf die Einkommenslage der Familien

in der Bundesrepublik Deutschland in den Jahren 1973 und 1981".

Beide Gutachten stehen sachlich in einem engen Zusammehang. Aus diesem Grunde wurden die Ergebnisse beider Untersuchungen zusammengeführt. Sie werden hier in gestraffter Form und gemeinsam mit einem Anhang ausgewählter familiarer Einkommensstrukturen veröffentlicht, die den Materialbänden in den beiden genannten Gutachten entstammen.

Die hier vorgelegten Ergebnisse beruhen auf dem Datenstand der amtlichen Statistik zur Jahresmitte 1984.

Zusammenfassung

1   Einleitung

In der amtlichen Einkommensstatistik gibt es nach wie vor Lücken. Aus diesem Grunde hat das Deutsche Institut für Wirtschaftsforschung (DIW) - seit langem bemüht, die Transparenz der Verteilungsvorgänge zu verbessern - seine Einkommensuntersuchungen in jüngster Zeit erheblich erweitert. Nunmehr wird der gesamte Prozeß der Einkommensverteilung und -umverteilung in sozialer Gruppierung nachgewiesen.

In der vorliegenden Untersuchung werden zunächst eine Konzeption entworfen und eine Methode entwickelt, um eine Einkommens- und Transferschichtung für Familien berechnen zu können. Anschließend werden familiale Verteilungsstrukturen für die Jahre 1973 und 1983 ermittelt und analysiert.

2   Aufbau der DIW-Verteilungsrechnung

Die Verteilungsrechnung des DIW ist nach der Stellung des Familienvorstands in sieben soziale Gruppen gegliedert:

- Selbständige in der Land- und Forstwirtschaft,

- Selbständige in den sonstigen Wirtschaftsbereichen,

- Angestellte,

- Beamte,

- Arbeiter,

- Rentner,

- Versorgungsempfänger des öffentlichen Dienstes.

Unterschieden werden ferner "vollständige" Familien und Alleinerziehende; differenziert wird schließlich nach der Zahl der Kinder unter 18 Jahren und nach der Zahl der Einkommensbezieher in der Familie.

Die Darstellung des Verteilungsprozesses beginnt mit der Schichtung der Familien nach der Höhe ihres Bruttoerwerbs- und -vermögenseinkommens. Die Umverteilung durch empfangene und geleistete Transfers schließt sich an; dabei werden folgende Transferströme unterschieden:

- Empfangene Transfers:

  Geldleistungen der Rentenversicherung und öffentliche Pensionen,

  Geldleistungen der Arbeitslosenversicherung sowie der Arbeitslosen- und der Sozialhilfe,

  Gesetzliches Kindergeld,

  Sonstige laufende Übertragungen,

- Geleistete Transfers:

  Direkte Steuern,

  Sozialbeiträge zur Rentenversicherung,

  Sozialbeiträge zur gesetzlichen Krankenversicherung,

  Sozialbeiträge zur Arbeitslosenversicherung,

  Sonstige Sozialbeiträge,

  Sonstige laufende Übertragungen.

Dritte Stufe der Verteilungsrechnung ist die Schichtung der Familien nach der Höhe ihres verfügbaren Einkommens.

Informationsgrundlagen der DIW-Verteilungsrechnung sind

- Daten zur Struktur der Bevölkerung, der privaten Haushalte und der Familien,

- Einkommensstrukturen primärstatistischer Erhebungen,

- Einkommensaggregate der volkswirtschaftlichen Gesamtrechnung.

3 Methodische Aspekte

Die Resultate der einzelnen Primärstatistiken zur Einkommensverteilung weichen - mitunter nicht unerheblich - voneinander ab, sind aus
methodischen Gründen häufig auch nicht miteinander vergleichbar. Stets
zeigt sich, daß die hochgerechneten Einkommensangaben ein Erfassungsdefizit aufweisen, wenn man sie gesamtwirtschaftlichen Rahmendaten
gegenüberstellt. Im DIW wurde eine konsistente Verteilungsrechnung auf
der Grundlage aller verfügbaren Informationen entwickelt. Bei diesem
"Syntheseprozeß" sind Daten aus den drei grundlegenden Informationsbereichen in unterschiedlicher "Verarbeitungsintensität" in die Einkommens-
und Transferschichtung eingeflossen.

Beschrieben wird das methodische Vorgehen bei

- der datenmäßigen Aufgliederung von Bevölkerung, privaten Haushalten und Familien,

- der Disaggregation makroökonomischer Einkommens- und Transferströme,

- der Zusammenführung und Schichtung von Haushalts- und Einkommensdaten,

- der Ausgliederung von Familien aus der Einkommensschichtung
privater Haushalte,

- der Fortschreibung von Einkommensstrukturen,

- der Umsetzung von Familien innerhalb der Größenklassenskala
einer Einkommens- und Transferschichtung.

4 Die inneren Strukturbeziehungen der Transferschichtung (Parenté-System)

Zentrale Bedeutung in der Verteilungsrechnung des DIW hat ein Gefüge "innerer Strukturbeziehungen", das anschaulich als "System von Ähnlichkeiten und Unterschieden (Parenté-System)" bezeichnet wird. Der Parenté-Ansatz ist ein formales Ordnungprinzip; mit seiner Hilfe wird - in integrierter Weise, jedoch in unterschiedlicher Beleuchtung der einzelnen Gliederungskriterien - die intensitätsmäßige Abstufung der einzelnen Transferströme festgelegt.

Die im Parenté-System festgelegten Rangordnungen beruhen auf Bestimmungen des Transferrechts. Die rechtlichen Grundlagen für die einzelnen Transferströme werden ausführlich dargestellt und die Rangordnungen detailliert begründet.

In einem automatisierten Korrekturverfahren dienen die Rangordnungsvorschriften des Parenté-Systems als "Stützpfeiler" des Rechenprozesses. Hier kann ein Gefüge von Transferstrukturen so lange verändert werden, bis es den Vorschriften entspricht.

5 Gesamtzusammenhang des Modells

Ein schematischer Überblick zeigt den Ablauf des Berechnungsverfahrens in der DIW-Verteilungsrechnung. Anhand eines ausgewählten Familientyps wird das Berechnungsverfahren auch numerisch beschrieben.

6 Entwicklung von Bevölkerung, privaten Haushalten und Familien 1973 bis 1981

1981 hatte die Bundesrepublik Deutschland knapp 61,7 Mill. Einwohner. Seit 1973 hat sich die Bevölkerungszahl um fast 300 000 Personen verringert. Die natürliche Bevölkerungsentwicklung trägt schon seit Anfang der siebziger Jahre ein negatives Vorzeichen; die Wanderungsbewegung über die Grenzen des Bundesgebietes dagegen hatte in den meisten Jahren der Berichtszeit einen positiven Saldo.

In der Struktur der Bevölkerung haben sich in den siebziger Jahren markante Verschiebungen ergeben. Die Zahl der Erwerbstätigen ist stark zurückgegangen, die Arbeitslosigkeit im gleichen Zeitraum noch stärker gestiegen. In der Berichtszeit fortgesetzt hat sich ein seit langem zu beobachtender Strukturwandel zwischen einzelnen Bevölkerungsgruppen.

60,6 Mill. Personen lebten 1981 in 24,6 Mill. Privathaushalten. Seit 1973 hat die Zahl der Haushalte um 2,0 Mill. zugenommen; gestiegen ist vor allem die Zahl alleinlebender Personen.

Die Zahl der Familien in der Abgrenzung dieser Untersuchung belief sich 1981 auf 13,7 Mill.; davon waren 12,8 Mill. "vollständige", 0,9 Mill. "unvollständige" Familien. Von 1973 bis 1981 hat die Zahl der Ehepaare mit Kindern unter 18 Jahren stark abgenommen, Ehepaare ohne Kind und auch alleinerziehende Elternteile haben an Bedeutung gewonnen. Insgesamt ist die Zahl der Familien in der Berichtszeit um 280 000 geschrumpft.

7 Die Einkommensverteilung der Familien im Jahr 1981

Nach der Abgrenzung der volkswirtschaftlichen Gesamtrechnung erzielten die privaten Haushalte in der Bundesrepublik Deutschland 1981 ein

Bruttoerwerbs- und -vermögenseinkommen in Höhe von 1 165 Mrd. DM sowie ein verfügbares Einkommen in Höhe von 1 012 Mrd. DM. Laufende Übertragungen haben die Haushalte im Umfang von 272 Mrd. DM empfangen und im Umfang von 426 Mrd. DM geleistet.

An die Familien in der Abgrenzung dieser Untersuchung sind 1981 Bruttoeinkommen aus Erwerbstätigkeit und Vermögen in Höhe von 759 Mrd. DM geflossen. Für die Hälfte aller Familien betrug das Einkommen vor der Umverteilung weniger als 3 930 DM je Monat. Im unteren Bereich der Einkommensschichtung waren Familien von Rentnern und Versorgungsempfängern des öffentlichen Dienstes stark vertreten; diese Gruppen beeinflussen auch deutlich das Einkommensniveau von Ehepaaren ohne Kind, die in der nichterwerbstätigen Bevölkerung überdurchschnittlich anzutreffen sind.

Einkommensübertragungen sind den Familien 1981 in Höhe von 144 Mrd. DM zugute gekommen. Über die Hälfte dieser Summe ist an Familien geflossen, deren primäres Einkommen monatlich weniger als 1 500 DM betrug. Kinderreiche Ehepaare und alleinerziehende Elternteile, die nur knapp ein Zehntel aller Familien ausmachten, erhielten fast die Hälfte der Kindergeldsumme.

An direkten Steuern, Sozialbeiträgen und sonstigen laufenden Übertragungen haben die Familien im Jahr 1981 insgesamt 290 Mrd. DM gezahlt. Mehr als drei Viertel davon sind von Angestellten- und Arbeiter-Familien aufgebracht worden.

Nach der Umverteilung stand den Familien 1981 eine Einkommenssumme von 612 Mrd. DM zur Verfügung - reichlich vier Fünftel ihres primären Einkommens. In der Schichtung der Familien lagen der häufigste Wert des verfügbaren Einkommens bei 2 560 DM, der Median bei 3 100 DM je Monat. Die materielle Lage einzelner Familientypen wurde in starkem Maße von der Zugehörigkeit zu bestimmten sozialen Gruppen geprägt.

8 Einkommensgefälle zwischen sozialen Gruppen und Familientypen

Ein Einkommensvergleich zwischen verschiedenen Familientypen muß berücksichtigen, daß vom jeweiligen Familieneinkommen mitunter eine recht unterschiedliche Zahl von Personen zu versorgen ist und daß es in größeren Familien eine relative Ersparnis in der Wirtschaftsführung gibt. Freilich nehmen die Pro-Kopf-Einkommenswerte mit steigender Familiengröße auch dann ab, wenn man sie um die "economies of scale in consumption" bereinigt; doch wird das Einkommensgefälle geringer. Erwartungsgemäß stehen Ehepaare ohne Kind an der Spitze der "Einkommenshierarchie", während das Wohlstandsniveau der kinderreichen Familien am niedrigsten ausfällt. Der Einfluß, den die soziale Stellung des Familienvorstands auf die materielle Lage der Familienmitglieder hat, ist auch in der bereinigten Pro-Kopf-Einkommensrechnung zu erkennen.

Das Wohlstandsgefälle zwischen einzelnen Familientypen wird ebenfalls deutlich, wenn man Einkommenskategorien bildet, die sich am Sozialhilfeniveau orientieren: Mit steigender Kinderzahl nimmt der Anteil derjenigen Familien zu, die mit ihrem verfügbaren Einkommen unter einem bestimmten "Vielfachen" der jeweiligen Sozialhilfegrenze bleiben. Kinderreichtum bedeutet also in der Regel einen Nachteil in der relativen Einkommensposition.

9 Einkommensumverteilung der Familien 1973 und 1981

Im Rahmen des horizontalen Einkommensausgleichs haben die Familien von Erwerbspersonen per Saldo 1973 etwa 141 Mrd. DM, 1981 rund 226

Mrd. DM an laufenden Übertragungen geleistet, die Familien von Nichterwerbspersonen 1973 knapp 40 Mrd. DM, 1981 reichlich 80 Mrd. DM erhal
ten. Die zahlenmäßige Zunahme der Rentner, die Einführung der flexiblen
Altersgrenze und die ungünstige Entwicklung am Arbeitsmarkt hatten zur
Folge, daß in der Berichtszeit die Summe der sozialen Leistungen stärker
gestiegen ist als die Summe der von den Familien geleisteten Transfers.
Der Grad des Einkommensausgleichs hat sich in den siebziger Jahren
erhöht: 1981 wurde ein größerer Teil des Gesamteinkommens in die
Umverteilung einbezogen als 1973.

Im Rahmen des vertikalen Einkommensausgleichs haben die Familien
mit einem positiven Transfersaldo 1973 rund 36 Mrd. DM, 1981 78 Mrd. DM
mehr an Einkommensübertragungen empfangen, als sie geleistet haben. Die
Zahl dieser Familien ist in dieser Zeit von 4,1 Mill. auf 3,9 Mill.
zurückgegangen.

Der Kinderlastenausgleich wurde 1973 als Kombination von einkommensteuerlichen Freibeträgen und direkten Kindergeldleistungen
durchgeführt. Damals haben die Familien mit Kindern Transferleistungen in
Höhe von 34 Mrd. DM erhalten. Nach der Reform des Familienlastenausgleichs von 1975 stiegen die Kindergeldzahlungen beträchtlich, andererseits
entfielen aber Steuerermäßigungen. 1981 beliefen sich die an Familien mit
Kindern fließenden Transfers auf 70 Mrd. DM.

Die Quintilendarstellung der Einkommensschichtung läßt erkennen,
daß sich von 1973 bis 1981 in fast allen sozialen Gruppen und in allen
Familientypen eine Nivellierungstendenz durchgesetzt hat: Die Einkommensverteilung ist gleichmäßiger geworden.

10 Mittelfristige Weiterentwicklung des Modells

In mittelfristiger Sicht ist beabsichtigt, die Verteilungsrechnung des DIW in mehrfacher Hinsicht zu erweitern:

- durch Ausbau zu einem Instrument der Prognose,

- durch den empirischen Nachweis derjenigen Familien, die bestimmte Transferarten nicht empfangen ("Nullfälle"), und durch die Darstellung der Kumulation von Transferleistungen ("Betroffenheitsanalyse"),

- durch die Einbeziehung der indirekten Steuern,

- durch die Einbeziehung einiger realer Transfers.

11 Ausblick

In jüngster Zeit hat die ungünstige gesamtwirtschaftliche Entwicklung das Transfersystem zunehmend belastet. Inzwischen wurden soziale Leistungen gekürzt, Leistungsansprüche eingeschränkt, Sozialbeiträge erhöht.

Unabhängig davon werden seit längerem Vorschläge diskutiert, dem historisch gewachsenen Transfersystem zu mehr Transparenz und besserer Abstimmung zu verhelfen:

- durch die Harmonisierung von Alterssicherungssystemen,

- durch die Einführung von Einkommensgrenzen bei bestimmten sozialen Leistungen,

- durch den Übergang vom Ehegatten- auf das Familiensplitting bei der Besteuerung.

1   Einleitung

Mitte der siebziger Jahre schrieb Alice M. Rivlin, Direktorin des Congressional Budget Office beim Congress of the United States, in der "American Economic Review": "Einkommensanteile und Verteilungsaspekte staatlicher Maßnahmen werden in den nächsten Jahren verstärkt im Brennpunkt politischer Auseinandersetzungen stehen."[1] Diese Vorhersage hat sich sehr bald als richtig erwiesen - nicht nur für die Vereinigten Staaten, sondern auch für die Bundesrepublik Deutschland.

Hier werden Fragen der Einkommensverteilung und -umverteilung aus einer Reihe von Gründen in Zukunft noch mehr Bedeutung gewinnen:

- In längerfristiger Sicht ist zu erwarten, daß die wirtschaftliche Aktivität künftig weniger stark zunehmen wird als bisher[2]; dann aber ist der zusätzliche Verteilungsspielraum bei der Entlohnung der Produktionsfaktoren enger als in der Vergangenheit.

- Die schon jetzt vorhandene eklatante Lücke zwischen Angebot und Nachfrage auf dem Arbeitsmarkt wird sich in den nächsten Jahren noch vergrößern, denn es werden weiterhin Angehörige geburtenstarker Jahrgänge einen Arbeitsplatz suchen, in vielen Fällen aber nicht finden.

- Treten später die Angehörigen geburtenschwacher Jahrgänge in den Arbeitsprozeß ein, können die aus Altersgründen Ausscheidenden zahlenmäßig nicht ersetzt werden, und in der Rentenversicherung wird es dann weniger Beitragszahler, aber mehr Leistungsempfänger geben als heute[3].

- Der Staat wird die bevorstehenden Probleme in der Arbeitslosen- und Rentenversicherung nicht konfliktfrei lösen können; über kurz oder lang wird angesichts der Schwierigkeiten, die schon jetzt bei der Finanzierung der öffentlichen Haushalte auftreten, das System der sozialen Sicherung wohl nicht unangetastet bleiben.

In der Wirtschaftswissenschaft hat sich das Bewußtsein für den hohen gesellschaftlichen Stellenwert der Einkommensverteilung indes erst langsam geschärft - Ausnahmen bestätigen die Regel. Hier haben theoretische Überlegungen und mathematisch-modellhafte Untersuchungen lange Tradition, erfreuen sich auch heute noch großer Beliebtheit. Die empirisch-statistische Seite der Einkommensverteilung liegt dagegen nach wie vor eher am Rande der Erkenntnis. Alice M. Rivlin hat dies recht sarkastisch beschrieben und auch die Ursache dafür genannt: "...Probleme der Messung von Einkommensungleichheit sind von Ökonomen mit umwerfendem Scharfsinn herausgearbeitet worden; demgegenüber ist es aber geradezu lachhaft, wie dürftig die Erfolge in bezug auf die Beschaffung von Datenmaterial sind, von dem wir alle stets aufs neue zu behaupten pflegen, ohne jene Daten ließe sich nichts sagen... Über Fragen der Datenbeschaffung erhaben zu sein, ist in die innere Wert- und Karrierestruktur von Ökonomen geradezu eingebaut. Die tollsten Kapriolen, das letzte bißchen an Information aus dafür gar nicht geeigneten Daten noch herauszuholen, werden als Scharfsinn gewertet und werden beifällig aufgenommen; sich den Kopf darüber zu zerbrechen, wie man von vornherein bessere Informationen bekommen kann, gilt als statistische Dreckarbeit."[4] Diese Aussagen treffen gleichfalls nicht nur für die Vereinigten Staaten zu.

Auch in der Bundesrepublik Deutschland wird es nicht selten als "undankbare" Angelegenheit betrachtet, sich den Kopf über "gute" Informationen zur Einkommensverteilung und -umverteilung zu zerbrechen. Es ist außerdem recht mühsam, denn der Stand der amtlichen Statistik auf diesem Gebiet ist auch heute noch unbefriedigend, obwohl es an Vorschlä gen zur Verbesserung der Einkommensstatistik nicht gefehlt hat[5]. Dabei soll freilich nicht verkannt werden, daß in den letzten Jahren auch beachtliche Fortschritte der amtlichen Einkommenstatistik zu verzeichnen waren - sei es in bezug auf die Darstellung der Einkommensverteilung nach sozialen Gruppen im Rahmen der volkswirtschaftlichen Gesamtrechnung[6], sei es in bezug auf den detaillierten Nachweis von Transferströmen im Rahmen der Einkommens- und Verbrauchsstichprobe[7]. Doch die Zusammenführung und gegenseitige Abstimmung von Ergebnissen unterschiedlicher Datenquellen bringt nach wie vor erhebliche Probleme, auf die noch ausführlich eingegangen wird.

Ungeachtet aller statistischen Schwierigkeiten betrachtet es das Deutsche Institut für Wirtschaftsforschung (DIW) seit langem als eine seiner Aufgaben, die Transparenz in der Einkommensverteilung zu verbessern. Es hat in jüngster Zeit - angeregt durch einen Forschungsauftrag der Transfer-Enquéte-Kommission (TEK)[8] -, seine Einkommensuntersuchungen noch beträchtlich erweitert: Die Schichtung des verfügbaren Einkommens, über die das DIW seit Jahren regelmäßig berichtet hat, wurde zu einer Einkommens- und Transferschichtung ausgebaut. Nunmehr wird der gesamte Prozeß der Einkommensverteilung und -umverteilung in sozialer Gruppierung nachgewiesen. Die Darstellung beginnt mit der Verteilung der Faktoreinkommen; die Umverteilung durch empfangene und geleistete Transferströme schließt sich an. Die Verteilung des verfügbaren Einkommens bildet jetzt die dritte Stufe der empirischen Arbeiten.

Die Erweiterung der Einkommensuntersuchungen gestattet es, eine Antwort auf die verteilungs- und sozialpolitisch bedeutsame Frage nach den Auswirkungen der staatlichen Umverteilung auf die materielle Lage sozialer Gruppen zu geben. In der Umverteilung stehen sich recht unterschiedliche Einkommensströme gegenüber: auf der einen Seite vor allem Renten und Pensionen, Zahlungen an Arbeitslose, Sozialhilfe, Kindergeld, Ausbildungsbeihilfen und Wohngeld, auf der anderen Seite direkte Steuern, Sozialbeiträge und sonstige Abgaben. Erst wenn sämtliche Phasen des Verteilungsprozesses untersucht werden, läßt sich zeigen, in welchem Maße Umverteilungsmaßnahmen die primäre Einkommensverteilung und die Verteilung des verfügbaren Einkommens verändern.

Die Frage nach den Auswirkungen der Einkommensumverteilung durch den Staat über empfangene und geleistete Transfers auf die Einkommenslage einzelner Familientypen blieb in einem vorangegangenen Gutachten des DIW im Auftrag des Bundesministers für Jugend, Familie und Gesundheit[9] unbeantwortet. Die Erweiterung der DIW-Verteilungsrechnung erlaubt es nunmehr, auch diese Frage in die Empirie einzubeziehen. Hier werden zunächst eine Konzeption entworfen und eine Methode entwickelt, um eine Einkommens- und Transferschichtung für Familien berechnen zu können; dann werden - gewissermaßen zum "Test" der Methode - familiale Strukturen für das Jahr 1973 ermittelt. In dem sich anschließenden Teil des Forschungsprojekts soll die vom DIW entwickelte Technik verwendet werden, um aktuelle Daten zur Einkommenslage der Familien zu berechnen.

Die im folgenden beschriebene Konzeption zur Darstellung der familialen Einkommenslage vor und nach der Umverteilung orientiert sich in weiten Teilen an dem im genannten Gutachten für die Transfer-Enquéte-Kommission entwickelten Ansatz; die nachstehenden Darlegungen zum Aufbau und zu methodischen Aspekten der Verteilungsrechnung für Familien lehnen sich insoweit an Ausführungen an, die das DIW im Rahmen des TEK-Gutachtens vorgelegt hat.

2   Aufbau der DIW-Verteilungsrechnung

2.1   Grundkonzeption

In der Bundesrepublik Deutschland gibt es eine ganze Reihe von Statistiken, in denen der Einkommensaspekt mehr oder weniger stark im Vordergrund steht. Die wichtigsten sind

- Einkommens- und Verbrauchsstichproben,

- Repräsentativstatistiken der Bevölkerung und des Erwerbslebens (Mikrozensus),

- Steuerstatistiken über das Einkommen,

- Gehalts- und Lohnstrukturerhebungen,

- Wohnungsstichproben,

- Volks- und Berufszählungen,

- laufende Wirtschaftsrechnungen privater Haushalte.

Jede dieser Statistiken liefert spezielle Informationen zur Einkommensverteilung. Insbesondere die Einkommens- und Verbrauchsstichproben (EVS) liefern eine Fülle von Strukturdaten, und es steht außer Zweifel, daß die Einführung und Erweiterung der EVS die Informationslage auf dem Gebiet der Einkommensstatistik erheblich verbessert hat. Doch sowohl die EVS als auch jede der übrigen Statistiken hat neben ihren Vorzügen ebenso spezifische Mängel und Lücken, die die Ausagekraft und Verwendbarkeit ihrer Ergebnisse beeinträchtigen, sei es hinsichtlich der zugrunde gelegten Definitionen, Abgrenzungen, Differenzierungskriterien, sei es bezüglich des Repräsentationsgrades oder des zeitlichen Abstandes zwischen gleichartigen Erhebungen, sei es im Hinblick auf Erfassungsfehler und Erhebungsausfälle, die bei Einkommensbefragungen offenkundig auftreten[9]. Auf methodische und technische Einzelheiten zu den genannten Statistiken wird später eingegangen[10)].

Die einzelnen Einkommensstatistiken stehen weitgehend isoliert nebeneinander; ihre Resultate weichen - mitunter nicht unerheblich - voneinander ab, sind auch aus methodischen Gründen häufig nicht miteinander vergleichbar. Aufgrund langer Aufbereitungszeiten haben die Ergebnisse einzelner Statistiken bei ihrer Veröffentlichung zudem nicht selten an Aktualität verloren, und die verteilungspolitische Diskussion wird hin und wieder auf der Grundlage nicht sehr gegenwartsnaher Daten geführt. Detaillierte Ergebnisse der Einkommens- und Verbrauchsstichprobe von 1978 über die Einnahmen und Ausgaben privater Haushalte standen erst 1982 zur Verfügung, und der 1979 veröffentlichte Dritte Familienbericht[11)] mußte weitgehend auf Ergebnisse der EVS 1973 zurückgreifen.

Der in gesamtwirtschaftlichen Kriterien Denkende empfindet es schließlich als besonders mißlich, daß die Ergebnisse der Einzelerhebungen sich meist nicht in die Einkommensaggregate der volkswirtschaftlichen Gesamtrechnung einfügen: Stets zeigt sich, daß die hochgerechneten Einkommensangaben von Primärstatistiken ein Erfassungsdefizit aufweisen, wenn man ihnen die gesamtwirtschaftlichen Rahmendaten gegenüberstellt.

Derartige Vergleiche sind zwar nicht unproblematisch, weil die Aggregate der volkswirtschaftlichen Gesamtrechnung (VGR) primär nicht unter Verteilungsgesichtspunkten berechnet werden. Auch läßt der gegen-

34

wärtige Stand der VGR trotz vielfacher Erweiterungen und Vertiefungen, die es in den letzten Jahren gegeben hat[12], nach wie vor einige Wünsche offen. Die Daten der Gesamtrechnung sind schließlich - in unterschiedlichem Ausmaß - mit Meß- und Schätzfehlern behaftet. Trotz dieser Schwächen ist es in der empirischen Wirtschaftsforschung aber nicht nur sinnvoll, sondern unumgänglich, auf Daten der volkswirtschaftlichen Gesamtrechnung Bezug zu nehmen, soweit dies nur irgendwie möglich ist. Denn trotz aller Schwachstellen vermittelt die VGR - im Gegensatz zu hochgerechneten Stichprobenergebnissen - Informationen, die in einem gesamtwirtschaftlichen Rahmen abgestimmt sind und grundsätzlich Einkommensströme umfassender darstellen als Primärstatistiken. Sie gibt ein übersichtliches Bild des Einkommenskreislaufs und zeigt dabei mehrere Stadien auf:

- die Einkommensentstehung (hier wird die Nettowertschöpfung der volkswirtschaftlichen Sektoren angegeben),

- die primäre Einkommensverteilung (hier wird der Anteil der Sektoren am Volkseinkommen dargestellt),

- die Einkommensumverteilung (hier ergibt sich das verfügbare Einkommen der Sektoren),

- die Einkommensverwendung (hier werden der letzte Verbrauch und die Ersparnis der Sektoren gemessen.

Allerdings ist das Kontensystem der VGR auf die Darstellung der funktionellen Einkommensverteilung ausgerichtet; Informationen über die "Querverteilung" und die Einkommenskumulation in einzelnen Haushalts- bzw. Familientypen muß man aus anderen Quellen gewinnen. Zu berücksichtigen ist ferner, daß selbst in der VGR nicht alle Einkommensströme der Volkswirtschaft in Erscheinung treten, etwa weil sie in der Schattenwirtschaft ("underground economy") zirkulieren, sich sonstwie der statistischen Erfassung entziehen oder weil sie nach internationalen Konventionen in der Regel unberücksichtigt bleiben ("home production": Entgelte für Hausfrauenarbeit und sonstige Eigenleistungen im Haushalt, Nachbarschaftshilfen, Einnahmen aus Hobbytätigkeiten u.ä.). Einkommensströme innerhalb einzelner Sektoren, die zur Kennzeichnung individueller Einkommenssituationen durchaus von Bedeutung sind, werden in den laufenden Veröffentlichungen der VGR nicht nachgewiesen, weil sie sich in einer "konsolidierten" Darstellung gegenseitig aufheben (vgl. 2.2.4.5).

Im DIW wird der volkswirtschaftlichen Gesamtrechnung große Bedeutung beigemessen. Hier hatte man sich schon in den dreißiger Jahren intensiv der Volkseinkommensrechnung angenommen, und hier wurde auch frühzeitig versucht, Primärstatistiken zur Einkommensverteilung mit den Aggregaten der gesamtwirtschaftlichen Kreislaufrechnung zusammenzuführen.

Im Verlauf der Arbeiten zeigte sich schnell, daß es nicht genügte, lediglich eine der anfangs genannten Statistiken auf makroökonomische Rahmendaten hochzurechnen. Vielmehr wurde die Notwendigkeit deutlich, aus den unterschiedlichen Quellen möglichst viele Informationen zusammenzutragen, nach einer einheitlichen Konzeption aufzubereiten, unter Beachtung der gesamtwirtschaftlichen Bezugsgrößen aufeinander abzustimmen und verbleibende Lücken durch Schätzungen zu schließen. Da sich die Ergebnisse primärer Erhebungen zur Einkommensverteilung in der Regel nicht ohne weiteres in ein gesamtwirtschaftlich orientiertes Rechenwerk einfügen lassen, waren Anpassungen und Transformationen auch größeren

Ausmaßes erforderlich. Es liegt auf der Hand, daß bei einem solchen Vorgehen nicht einfach Strukturen aus unterschiedlichen Einzelstatistiken "stückweise akzeptiert" und dann unverändert aneinandergefügt werden können. Die Strukturen der verwendeten Einzelstatistiken bleiben vielmehr in der Regel nicht in ihrer ursprünglichen Form erhalten, sondern werden in einem "Syntheseprozeß" verändert.

So ist die Einkommensrechnung des DIW ein Produkt der Weiterverarbeitung statistischer Informationen unterschiedlicher Herkunft. Schon in früheren Veröffentlichungen wurde darauf hingewiesen, daß die genannten Anpassungen und Transformationen zu umfangreich seien, als daß die Einkommensschichtung eine "abgeleitete Primärstatistik" genannt werden könnte. Vielmehr wurde sie expressis verbis als eine empirische Modellrechnung[13)] bezeichnet. Auch die volkswirtschaftliche Gesamtrechnung ist als eine solche anzusehen, denn sie beruht zu erheblichen Teilen auf Schätzungen und der Zusammenführung von Informationen aus den verschiedensten Quellen. Daß die Verteilungsrechnung des DIW immer dann überprüft und gegebenenfalls revidiert wird, wenn neue Primärdaten vorliegen, ist eine weitere Gemeinsamkeit mit der VGR. Solange auf dem Gebiet der Einkommensverteilung und -umverteilung nur ungenaue Primärdaten vorliegen, und solange die amtliche Statistik zu dieser Frage kein hinreichend differenziertes konsistentes Zahlenwerk bietet, muß die Wirtschaftsforschung an dieser Stelle durch eigene Berechnungen ebenso Lücken füllen, wie sie dies auch ursprünglich bei der Entwicklung der volkswirtschaftlichen Gesamtrechnung getan hat.

Kritiker eines modellmäßigen Vorgehens, die Primärdaten zur Einkommensverteilung den Vorzug geben, übersehen fast immer, daß schon die hochgerechneten Ergebnisse von Stichproben streng genommen keine primärstatistischen Informationen mehr sind. Denn die einzelnen Resultate einer Stichprobe werden in der Regel - weil die verschiedenen sozialen Gruppen in der Stichprobe unterschiedlich stark repräsentiert sind - mit voneinander abweichenden Faktoren auf eine Grundgesamtheit hochgerechnet. Über den Hochrechnungsrahmen, von dem letztlich die Struktur der für die Grundgesamtheit unterstellten Daten abhängt, fließen aber Informationen ein, die aus anderen Quellen stammen - nicht zuletzt auch aus der volkswirtschaftlichen Gesamtrechnung. Daß man bei der Hochrechnung nicht alle sozioökonomischen Variablen berücksichtigen kann und sie deshalb gelegentlich auch über das Ziel hinausschießt, sei nur am Rande erwähnt.

Von einer modellmäßigen Abbildung der Einkommensverteilung ist zu verlangen, daß sie die Modellbausteine und die Methoden zu ihrer Verknüpfung offenlegt. Dies soll im folgenden geschehen. Wie erwähnt, geht die DIW-Verteilungsrechnung von den Aggregaten der volkswirtschaftlichen Gesamtrechnung aus; daher wird in den anschließenden Erläuterungen ganz überwiegend auf die in der VGR verwendeten Definitionen und Abgrenzungen Bezug genommen[14].

2.2 Bestandteile der DIW-Verteilungsrechnung

2.2.1 Allgemeiner Überblick

Die Verteilungsrechnung des Deutschen Instituts für Wirtschaftsforschung ist ein System zur statistisch-empirischen Darstellung der Einkommensverteilung und -umverteilung im Bereich der privaten Haushalte und
der Familien. Dieses System gibt ein umfassendes und tief gegliedertes,
dennoch überschaubares Bild der einzelnen Phasen des Verteilungsprozesses.

Es wurde bereits erwähnt, daß die DIW-Verteilungsrechnung eine
"empirische Modellrechnung" ist: Sie ist keine Originärstatistik, sondern
das Produkt der Verarbeitung primär- und sekundärstatistischer Daten. Im
Überblick gesehen, gründet sich die Verteilungsrechnung des DIW auf drei
Komplexe statistischer Information:

- Daten über die Struktur von Bevölkerung, privaten Haushalten und
  Familien,

- Einkommensstrukturen primärstatistischer Erhebungen (Einkommens-und Verbrauchsstichproben, Mikrozensus u.ä.),

- Einkommensaggregate und Transferströme makroökonomischer
  Kreislaufrechnungen und Transferbilanzen (volkswirtschaftliche
  Gesamtrechnung, Sozialbudget).

Im einzelnen wird auf die Quellen der DIW-Verteilungsrechnung und
auf die Verknüpfung der in ihnen enthaltenen Informationen später eingegangen. Hier soll vorerst Schaubild 2.1 einen schematischen Überblick
darüber geben, wie in dieser Untersuchung die Daten zur Gliederung der
Familien und zur Einkommensverteilung auf einzelne Familientypen abgeleitet werden.

SCHEMA ZUR ABLEITUNG DER FAMILIEN UND IHRES EINKOMMENS

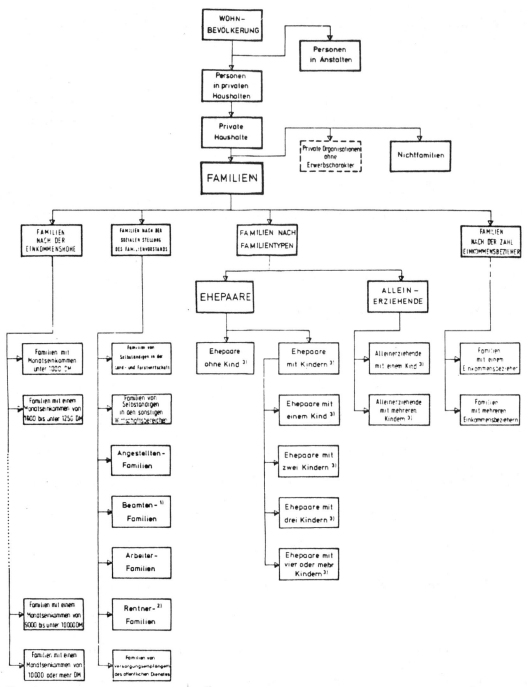

1) Einschließlich Richter, ohne Versorgungsempfänger. – 2) Einschließlich sonstiger Personen, die überwiegend von laufenden Übertragungen oder Vermögenseinkommen leben. – 3) Kinder unter 18 Jahren.

Während sich die Darstellung der Einkommensverteilung und -umverteilung im laufenden Programm der volkswirtschaftlichen Gesamtrechnung auf die Angabe von Globalgrößen und wenigen Durchschnittswerten beschränkt, werden in der Verteilungsrechnung des DIW die verschiedenen makroökonomischen Einkommensströme mit den einzelnen sozialen Gruppen nach verschiedensten Kriterien zusammengeführt; innerhalb der Gruppen werden die Familien der Höhe ihres monatlichen Familieneinkommens entsprechend nach Größenklassen geordnet (Einkommensschichtung). Erfaßt werden grundsätzlich nur monetäre Einkommensströme; eingeschlossen sind aber einige Einkommensäquivalente ("imputed income"), wie der in Geldeinheiten bewertete Naturalverbrauch und ein unterstellter Einkommensstrom für die Nutzung von Eigentümerwohnungen. In der Transferschichtung werden nur direkte monetäre Transferströme dargestellt. Indirekte monetäre Transfers (Sachleistungen) bleiben unberücksichtigt, implizierte Transfers (Steuervergünstigungen, Zinsverbilligungen, Ermäßigungen bei Verkehrstarifen u.ä.) werden nicht berücksichtigt. Neben den (laufenden) Einkommensübertragungen gibt es in der VGR sogenannte Vermögensübertragungen. Hierunter werden alle diejenigen Geldleistungen verstanden, denen keine speziellen Gegenleistungen gegenüberstehen, und die für (mindestens) einen der an der jeweiligen Transferaktion Beteiligten eine unmittelbare Vermögenszu- oder -abnahme bedeuten (z. B. Spar- und Wohnungsprämien, Arbeitnehmersparzulagen, Eigenmittel für den Wohnungsbau, Erbschaftsteuer, Beitragsnachentrichtungen an die Rentenversicherung u.ä.). Auch Vermögensübertragungen bleiben in der Verteilungsrechnung des DIW ausgeklammert.

Für die privaten Organisationen ohne Erwerbscharakter (Kirchen, Parteien, Gewerkschaften, Vereine u.ä.) , die im laufenden Programm der volkswirtschaftlichen Gesamtrechnung mit den privaten Haushalten zusammengefaßt sind, wurde ein eigenes Einkommenskonto aufgestellt. Das Einkommen derjenigen Personen, die in Anstalten leben, bleibt in der nach sozialen Gruppen gegliederten Einkommens-und Transferschichtung außer Betracht.

Noch in einigen weiteren Punkten unterscheidet sich die Verteilungsrechnung des DIW von der VGR - so durch Ausgliederung der "unterstellten" Sozialbeiträge und der nichtentnommenen Gewinne aus dem verfügbaren Einkommen, durch Saldierung der Schadenversicherungsprämien und -leistungen, durch Einbeziehung der Zinsen auf Konsumentenschulden in die geleisteten Einkommensübertragungen. Auf diese Punkte wird noch eingegangen.

2.2.2 Bevölkerung, private Haushalte und Familien

Empirische Untersuchungen zur Einkommensverteilung setzen voraus, daß es Vorstellungen gibt über die Zahl der Personen, die ein Einkommen beziehen, daß Informationen vorliegen über die Zahl der Menschen, die jeweils in einer gemeinsam wirtschaftenden Personengruppe zusammenleben, zum Gesamteinkommen dieser Gruppe beitragen und aus diesem Einkommen zu versorgen sind. Ebenso wie in den Untersuchungen, die das Statistische Bundesamt im Rahmen der volkswirtschaftlichen Gesamtrechnung zur Einkommensverteilung auf soziale Gruppen[15] angestellt hat, steht schon seit längerem auch bei den Berechnungen des DIW die Ermittlung eines demographischen Bezugsrahmens zu den makroökonomischen Einkommens- und Transferströmen am Anfang der Arbeit.

Alle Daten dieses Bezugsrahmens - ob sie nun Personen, private Haushalte oder Familien betreffen - müssen aus methodischen Gründen

Jahresdurchschnittswerte sein. Denn es wäre ungenau, Einkommensströme einer Periode auf Stichtagsdaten zu beziehen.

2.2.2.1 **Wohnbevölkerung**

Ausgangsdatum für die Konstruktion eines solchen demographischen Bezugsrahmens ist die Wohnbevölkerung - eine zentrale Größe der Bevölkerungsstatistik. Sie gibt die Zahl derjenigen Personen an, die im Bundesgebiet einschließlich Berlin (West) ihren ständigen Wohnsitz haben (Inländerkonzept). Die im Bundesgebiet wohnenden ausländischen Arbeitnehmer und ihre Familien sind also einbezogen, ausländische Ange hörige von diplomatischen Vertretungen oder von Streitkräften im Bundesgebiet bleiben dagegen unberücksichtigt. Zur Wohnbevölkerung zählen auch Deutsche, die sich als Mitglieder diplomatischer oder konsularischer Vertretungen, offizieller Missionen und im Ausland stationierter Streitkräfte vorübergehend nicht im Bundesgebiet aufhalten. Nach dem Inländerkonzept rechnen zur Wohnbevölkerung schließlich Grenzgänger, die im Bundesgebiet wohnen und im Ausland beschäftigt sind, sowie deutsches Personal bei ausländischen Vertretungen und Streitkräften im Inland. Ausgeschlossen aus diesem Konzept sind Grenzgänger aus dem Ausland und Ausländer, die bei deutschen Vertretungen im Ausland beschäftigt sind.

Bei Verwendung anderer Bevölkerungsabgrenzungen[16] sind Mehrfachzählungen von Personen oder die Überschätzung einzelner Personengruppen bei der Hochrechnung von Stichprobenergebnissen nicht ausgeschlossen (vgl. 2.3.1.1):

- Zur wohnberechtigten Bevölkerung zählen alle in einer Gemeinde wohnhaften Personen, die auch in anderen Gemeinden erfaßt

43

werden, wenn sie dort weitere Wohnsitze haben.

- Zur Bevölkerung in Privathaushalten rechnen alle Personen, die allein oder zusammen mit anderen eine wirtschaftliche Einheit bilden; Personen mit mehr als einer Wohnung werden in der Regel mehrfach gezählt.

- Zur Bevölkerung am Familienwohnsitz zählen alle Personen, die in Privathaushalten leben, mit Ausnahme alleinstehender lediger Personen.

2.2.2.2 Erwerbs- und Nichterwerbspersonen

Nach ihrer (tatsächlichen oder beabsichtigten) Beteiligung bzw. Nichtbeteiligung am Erwerbsleben wird die Wohnbevölkerung in Erwerbs- und Nichterwerbspersonen gegliedert. Erwerbspersonen sind Personen, die eine auf Erwerb gerichtete Tätigkeit ausüben oder suchen (unabhängig von der Bedeutung des Ertrages dieser Tätigkeit für den Lebensunterhalt). Zu den Erwerbspersonen zählen neben den Erwerbstätigen auch Arbeitslose. Erwerbstätige sind Personen, die in einem Arbeitsverhältnis als Arbeitnehmer stehen, eine unabhängige Tätigkeit als Selbständiger ausüben oder in einem Betrieb, der von einem Familienmitglied als Selbständigem geleitet wird, tätig sind, ohne hierfür Lohn oder Gehalt zu beziehen. Die Dauer der Arbeitszeit, die Art der Tätigkeit und die Höhe des erzielten Einkommens sind für die Einstufung als Erwerbstätiger ohne Bedeutung. Personen, die nicht während eines ganzen Jahres beschäftigt waren, werden im demographischen Bezugsrahmen der VGR zu fiktiven ganzjährig Beschäftigten umgerechnet.

Personen in ihrer Eigenschaft als Grundstücks-, Haus- und Wohnungseigentümer oder als Eigner von Wertpapieren und ähnlichen Vermögensobjekten gelten nicht als Erwerbspersonen - es sei denn, diese Eigenschaft charakterisiere eine gewerbliche Tätigkeit.

Im einzelnen werden in der Verteilungsrechnung des DIW nach der Stellung im Beruf die folgenden Gruppen von Erwerbspersonen unterschieden:

- Selbständige in der Land- und Forstwirtschaft: tätige Eigentümer oder Pächter von Betrieben der Landwirtschaft, des Garten- und Weinbaus, der Tierhaltung und Tierzucht, der Forstwirtschaft, der Fischerei und Fischzucht sowie der gewerblichen Gärtnerei,

- Selbständige in den sonstigen Wirtschaftsbereichen: tätige Eigentümer in Einzelunternehmen und Personengesellschaften, selbständige Ärzte, Anwälte und andere freiberuflich Tätige, selbständige Handwerker, Handels- und Versicherungsvertreter, Hausgewerbetreibende, Zwischenmeister u. ä.,

- Mithelfende Familienangehörige: Personen, die regelmäßig unentgeltlich in einem landwirtschaftlichen oder nichtlandwirtschaftlichen Betrieb mitarbeiten, der von einem Familienmitglied als Selbständigem geleitet wird, soweit nicht gleichzeitig eine andere Haupttätigkeit vorliegt, z. B. in einem Arbeits- oder Dienstverhältnis,

- Angestellte: Arbeitnehmer in kaufmännischen, technischen und Verwaltungsberufen einschließlich Auszubildender und Arbeitsloser, für die in der Regel Sozialbeiträge zur Rentenversicherung an die Bundesanstalt für Angestellte abgeführt werden,

- Beamte: Arbeitnehmer in einem öffentlich-rechtlichen Arbeitsverhältnis einschließlich der Richter und Soldaten sowie der Beamtenanwärter, ohne Beamte im Ruhestand,

45

- Arbeiter: Lohnempfänger einschließlich Auszubildender und Arbeitsloser, für die in der Regel Sozialbeiträge zur Rentenversicherung an die Landesversicherungsanstalten abgeführt werden.

Nichterwerbspersonen sind:

- Rentner: Nichterwerbspersonen, die öffentliche oder betriebliche Sozialleistungen beziehen oder von sonstigen laufenden Übertragungen, Vermögenseinkommen und ähnlichen Leistungen leben (ohne Empfänger von Waisengeld),
- Versorgungsempfänger des öffentlichen Dienstes: Beamte im Ruhe-oder Wartestand, pensionierte Richter, Angestellte und Arbeiter mit beamtenähnlicher Versorgung, Versorgungsempfänger nach dem Gesetz zu Artikel 131 GG[17] (ohne Empfänger von Waisengeld),
- Ehefrauen ohne eigenes Einkommen,
- sonstige Personen von 15 oder mehr Jahren ohne Erwerbseinkommen (Schüler, Studenten u. ä.),
- Kinder unter 15 Jahren.

Mit der Gliederung der Bevölkerung nach der Beteiligung am Erwerbsleben folgt das DIW dem sogenannten Erwerbskonzept der Statistik. Von diesem zu unterscheiden ist das sogenannte Unterhaltskonzept: Hier wird danach gefragt, aus welcher Quelle die einzelnen sozialen Gruppen ihren Lebensunterhalt bestreiten[18]. Die schematische Übersicht 2.1 läßt erkennen, wie beide Konzepte miteinander verflochten sind. Numerisch fallen die Unterschiede zwischen Erwerbs- und Unterhaltskonzept nicht

46

stark ins Gewicht, wie neuere Berechnungen des Statistischen Bundesamtes
im Rahmen des Mikrozensus gezeigt haben: 1980 gab es lediglich 3 vH der
Bevölkerung, die erwerbstätig waren und gleichzeitig überwiegend durch
Angehörige unterhalten wurden oder von Rente und dergleichen lebten.

Übersicht 2.1

Zusammenhang zwischen dem Erwerbs- und dem Unterhaltskonzept

Erwerbskonzept		Unterhaltskonzept			
		Personen mit überwiegendem Lebensunterhalt durch			
		Erwerbs-tätigkeit	Arbeitslosen-geld/-hilfe	Rente u. dgl.	Angehörige
Erwerbs-personen	Erwerbs-tätige	Erwerbstätige mit überwiegendem Lebensunterhalt durch Erwerbs-tätigkeit	Erwerbstätige mit überwiegendem Lebensunterhalt durch Arbeitslosen-geld/-hilfe 1)	Erwerbstätige mit überwiegendem Lebensunterhalt durch Rente und dgl.	Erwerbstätige mit überwiegendem Lebensunterhalt durch Angehörige
	Erwerbs-lose	2)	Erwerbslose mit überwiegendem Lebensunterhalt durch Arbeitslosen-geld/-hilfe	Erwerbslose mit überwiegendem Lebensunterhalt durch Rente und dgl.	Erwerbslose mit überwiegendem Lebensunterhalt durch Angehörige
Nichterwerbspersonen		2)	2)	Nichterwerbspersonen mit überwiegendem Lebensunterhalt durch Rente u. dgl.	Nichterwerbspersonen mit überwiegendem Lebensunterhalt durch Angehörige

1) Hauptsächlich registrierte Arbeitslose mit geringfügigem Nebenverdienst aus Erwerbstätigkeit. – 2) Diese Möglichkeiten sind definitionsgemäß ausgeschlossen.

Quelle: Statistisches Bundesamt (Herausgeber): Fachserie 1, Bevölkerung und Erwerbstätigkeit, Reihe 4.1.1, Stand und Entwicklung der Erwerbstätigkeit 1980, S. 8.

2.2.2.3 Einkommensbeziehende Personen

Aus der Gliederung der Bevölkerung nach dem Erwerbskonzept wird
in der Verteilungsrechnung des DIW eine Differenzierung abgeleitet, die
dem Unterhaltskonzept sehr nahe kommt: die Einteilung in Einkommensbezieher und in Personen, die ihren Lebensunterhalt aus dem Einkommen
anderer Familienangehöriger bestreiten. Dabei werden als Einkommensbezieher alle diejenigen Personen klassifiziert, die entweder aufgrund ihrer
Erwerbstätigkeit einen primären Einkommensanspruch besitzen oder die

ihren Lebensunterhalt aus Einkommensübertragungen, in selteneren Fällen auch aus Vermögenseinkommen bestreiten.

Erwerbs- und Einkommensbezugskonzept unterscheiden sich in zweifacher Hinsicht:

- Mithelfende Familienangehörige sind zwar erwerbstätig, ihr Einkommensanspruch jedoch ist in der Regel fiktiv und wird mit dem Einkommen desjenigen Familienmitglieds abgegolten, das den Familienbetrieb führt.

- Rentner und Beamtenpensionäre sind zwar nicht mehr erwerbstätig, beziehen indes Einkommen.

Das Einkommensbezugskonzept des DIW hat den Vorzug, daß hier der Status des Einkommensbeziehers durch die Zugehörigkeit zu einer bestimmten Personengruppe definiert, aber die Höhe des Einkommens für diesen Status ohne Bedeutung ist. Die Zahl der Einkommensbezieher kann daher in den Berechnungen des DIW nicht - wie mitunter in anderen Untersuchungen - deshalb überschätzt werden, weil etwa Personen mit gelegentlichen Kleineinkünften eine ihnen ökonomisch nicht zukommende Bedeutung beigemessen wird.

2.2.2.4 Personen in Anstalten

Im Hinblick auf das Ziel der Untersuchung, die Einkommenslage sozialer Familiengruppen darzustellen, war es naheliegend, aus der Wohnbevölkerung zunächst diejenigen Personen auszugliedern, die (als Insassen oder als Personal) in Anstalten leben und dort keine eigene Hauswirtschaft führen. Dabei zählen zu den Anstalten öffentliche oder private Einrichtungen, die sozialen, religiösen oder wirtschaftlichen Zwecken dienen und in denen Insassen oder Personal ständig gemeinschaftlich wohnen und in der Regel verpflegt werden: Arbeitnehmerwohnheime, Altersheime, Krankenhäuser, Heilanstalten, Strafanstalten und sonstige Gemeinschaftsunterkünfte.

Personen, die ihren Grundwehrdienst leisten (Wehrpflichtige), werden in der Verteilungsrechnung des DIW - ebenso wie in den Volkszählungen - nicht zur Anstaltsbevölkerung gerechnet, sondern ihren Heimathaushalten zugeordnet.

2.2.2.5 Private Haushalte und Familien

Nach zahlenmäßiger Ausgliederung der Anstaltsbewohner aus der Wohnbevölkerung verbleibt die Gruppe der Personen, die in privaten Haushalten leben. Als privater Haushalt wird in der Statistik eine Einkommens-, Verbrauchs- und Vermögensgemeinschaft bezeichnet; hierzu zählt jede außerhalb von Anstalten zusammenwohnende und eine wirtschaftliche Einheit bildende Personengemeinschaft (Mehrpersonenhaushalt), aber auch jede Person, die allein wohnt und wirtschaftet (Einpersonenhaushalt). Zum Mehrpersonenhaushalt können verwandte und nichtverwandte Personen gehören.

Familien sind - mathematisch gesprochen - eine Teilmenge der privaten Haushalte. Als Familie ist eine biologisch-soziale Kleingruppe ("intimate face-to-face association and cooperation")[19] definiert, in der ausschließlich verwandte Personen zusammenleben. In der Abgrenzung dieser Untersuchung sind Familien einmal Ehepaare und alleinerziehende Elternteile mit Kindern (Zweigenerationenfamilien), zum anderen kinderlose Ehepaare (Eingenerationenfamilie). Ehepaare - unabhängig davon, ob sie Kinder haben - werden auch als vollständige Familien, Alleinstehende mit Kindern als unvollständige Familien bezeichnet.

Als Kinder gelten in dieser Untersuchung ausschließlich (ledige) Personen unter 18 Jahren. Diese Festlegung bringt gegenüber früheren Berechnungen, in denen keine Altersgrenze für Kinder vorgesehen war, erhebliche statistische Schwierigkeiten mit sich. Als Familienmitglieder zu berücksichtigen sind nämlich außer den Kindern unter 18 Jahren auch Personen von 18 oder mehr Jahren, die mit ihren Eltern (und Geschwistern) zusammenleben. Dies hat zur Folge, daß beispielsweise der Familientyp "Ehepaar mit zwei Kindern unter 18 Jahren" im Durchschnitt aus 4,4 Personen besteht.

Nicht zu den Familien zählen in dieser Untersuchung folgende Haushaltstypen

- Einpersonenhaushalte,

- Ehepaare mit Kindern von 18 oder mehr Jahren,

- Elternteile mit Kindern von 18 oder mehr Jahren,

- Haushalte aus drei oder mehr Generationen,

- Nichtverwandten-Haushalte,

- Nichtgeradlinigverwandten-Haushalte.

Abweichend von der amtlichen Statistik gelten in dieser Untersuchung Verheiratete aber Getrenntlebende sowie Verwitwete und Geschiedene ohne Kinder nicht als Familien. Auch ehe- und familienähnliche Lebensgemeinschaften ("non-Paper marriages") bleiben hier außer Betracht. Diese Form des Zusammenlebens hat zwar in neuerer Zeit stark an Bedeutung gewonnen; am Anfang der achtziger Jahre gab es schätzungsweise 500 000 freie Lebensgemeinschaften mit 1 Million unverheiratet zusammenlebender Personen[20]. Aber über die Einkommenslage dieser Lebensgemeinschaften liegen kaum Informationen vor.

2.2.2.6 Familien nach der sozialen Stellung des Familienvorstands

Wichtigstes Kriterium zur Differenzierung der Familien ist eine Gliederung nach der sozialen Stellung des Familienvorstands. Zwar ist der Begriff des "Haushalts-" oder "Familienvorstands" neuerdings nicht selten heftiger Kritik ausgesetzt, doch ist die Festlegung auf den Vorstand einer Personengemeinschaft statistisch notwendig, um die Beziehungen der Haushalts- oder Familienmitglieder untereinander eindeutig festlegen zu können.

Nach dem Sprachgebrauch der amtlichen Statistik gilt als Familienvorstand diejenige Person einer Familiengemeinschaft, die sich im Rahmen der statistischen Erhebung als solche bezeichnet. Dies können bei Ehepaaren beide Ehepartner sein. Möglich wäre es auch, diejenige Person als Familienvorstand zu bezeichnen, die das höchste Einkommen aller Familienmitglieder hat.

In der Verteilungsrechnung des DIW werden nach der sozialen Stellung des Familienvorstands folgende Familientypen unterschieden:

- Familien von Selbständigen in der Land- und Forstwirtschaft,

- Familien von Selbständigen in den sonstigen Wirtschaftsbereichen,

- Angestellten-Familien,

- Beamten-Familien,

- Arbeiter-Familien,

- Rentner-Familien,

- Familien von Versorgungsempfängern des öffentlichen Dienstes.

Nicht selten gehören die Mitglieder einer Familie unterschiedlichen sozialen Gruppen an; dann wird das Familieneinkommen aus verschiedenen Quellen gespeist. Dies ist auch dann der Fall, wenn der Familienvorstand mehrere Einkommensarten bezieht.

2.2.2.7 Familien nach der Zahl der Kinder unter 18 Jahren

Bei der Gliederung nach Familientypen wird in der DIW-Verteilungsrechnung nach der Zahl der Kinder unter 18 Jahren differenziert. Ausgewiesen werden Ergebnisse für

- Ehepaare mit

    einem Kind,

    zwei Kindern,

    drei Kindern,

    vier oder mehr Kindern,

- Ehepaare ohne Kind,

- Alleinerziehende mit

    einem Kind,

    mehreren Kindern.

2.2.2.8 Familien nach der Zahl der Einkommensbezieher

Für die Einkommenslage einer Familie ist es von großer Bedeutung, ob der Familienvorstand alleiniger Einkommensbezieher ist oder ob weitere Personen zum Familieneinkommen beitragen. Um diesen Effekt in der Einkommens- und Transferschichtung des DIW deutlich zu machen, werden

- Familien mit einem Einkommensbezieher und

- Familien mit mehreren Einkommensbeziehern

unterschieden.

2.2.2.9 Äquivalenzziffernskala

Die materielle Lage einer Familie hängt vom Einkommen aller Familienmitglieder ab, das zu einem gemeinsamen Familieneinkommen zusammenfließt und für den Verbrauch und die Ersparnis der Familie zur Verfügung steht. Das Wohlstandniveau der Familie wird nicht nur von der Zahl der Einkommensbezieher und der Höhe ihres Einkommens, sondern auch von weiteren Faktoren bestimmt: von der Zahl der zu versorgenden Personen und auch von der Familienzusammensetzung[21].

In der empirischen Einkommens- und Verbrauchsforschung hat man dem Einfluß von Familiengröße und Familienstruktur auf die Versorgungslage in unterschiedlicher Weise Rechnung getragen. Im einfachsten Fall kann man eine Pro-Kopf-Einkommens-Rechnung aufmachen. Freilich ignoriert man dabei die Ersparnis, durch die größere Familien aufgrund rationellerer Haushaltsführung ("economies of scale in consumption") bei Aufwendungen für Wohnen, dauerhafte Konsumgüter und einige weitere Verbrauchsbereiche vergleichsweise günstiger gestellt sind. Ein besserer Weg ist es, Wohlstandsindikatoren ("income-welfare ratios") durch die Standardisierung der Familienmitglieder als "Versorgungspersonen" oder "Verbrauchseinheiten" zu ermitteln: In diesem Fall werden die Kosten für den Verbrauch des Familienvorstands als Bezugsgröße für den "Versorgungsbedarf" der weiteren Familienmitglieder herangezogen. Formal bedeutet dies, daß man die "Verbrauchshierarchie" in der Familie durch eine

Skala von Äquivalenzziffern charakterisiert und jedes Familienmitglied mit der ihm zukommenden Äquivalenzziffer gewichtet.

In dieser Untersuchung wird für den Wohlstandsvergleich einzelner Familientypen eine Äquivalenzziffernskala verwendet, die aus der Einkommens- und Verbrauchsstichprobe 1973 abgeleitet wurde[22]. Als Äquivalenzziffern gelten

- für den Familienvorstand 1,0,

- für den Ehepartner 0,8,

- für Kinder 0,7.

In einer tiefergehenden Untersuchung, die speziell den Verbrauch einzelner Familientypen zum Gegenstand hätte, müßte man freilich mit einem differenzierteren Ansatz arbeiten[23].

2.2.2.10 Exkurs: Der Familienzyklus

Eine Familie ist keine statische Einheit. Als biologisch-soziale Kleingruppe in der Gesellschaft unterliegt sie einem ständigen Entwicklungsprozeß, der von einer Reihe ökonomischer und außerökonomischer Faktoren gesteuert wird[24].

Die Abfolge von Werden und Vergehen einer Familie wird als Familienzyklus bezeichnet; sie verläuft nach einem typischen Muster (vgl. Schaubild 2.2):

- Die Familie entsteht mit der Eheschließung zweier Personen.

- Die Familie wird durch Kinder ergänzt.

Typischer Ablauf des Familienzyklus

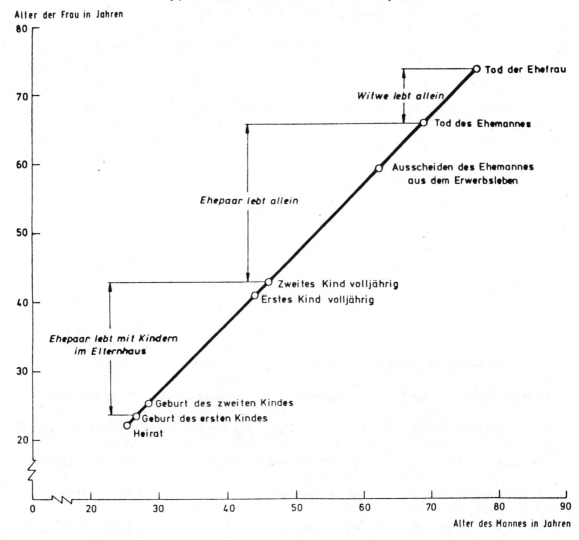

- Die Kinder verlassen die Familie, die Eltern leben wieder allein.

- Ein Ehepartner stirbt; der andere Partner lebt allein.

- Auch der zurückgebliebene Ehepartner scheidet aus dem Leben.

Hinlänglich bekannt ist freilich, daß es in erheblicher Zahl Abweichungen von diesem Verlaufsmuster gibt:

- Nicht alle Personen gehen eine Ehe ein.

- Nicht in allen Ehen gibt es Kinder.

- Nicht alle Kinder wachsen in einer vollständigen Familie auf.

- Nicht alle Ehen enden durch den Tod eines Partners.

- Nicht alle Personen gehen in ihrem Leben nur eine Ehe ein.

In ökonomischer Sicht scheint es gerechtfertigt, den Familienzyklus in drei größere Abschnitte zu gliedern:

- die Jungehe ohne Kinder,

- die Familie mit Kindern,

- die "nachelterliche" Ehe.

Bei einer differenzierteren Betrachtung zeigt sich aber schnell, daß der Familienzyklus aus einer Fülle von Phasen besteht, in denen mit der Familienstruktur auch die Einkommens- und Verbrauchsverhältnisse signifikant voneinander abweichen können (vgl. Schaubild 2.3). Prinzipiell wäre es wünschenswert, diese Phasen des Familienzyklus auch in der empirischen Beschreibung der Einkommensverteilung zu berücksichtigen - versuchte man dies, würde man aber sehr schnell an die Grenzen der Statistik stoßen.

Deutlich werden sollte indes, daß eine Gliederung nach Familientypen, die sich an der Zahl der Kinder orientiert, nicht in allen Fällen zu einer homogenen Gruppe führt. Am deutlichsten wird dies bei kinderlosen Ehepaaren; diese Gruppe umfaßt einmal die jungen Ehepaare, die noch keine Kinder haben, zum zweiten vergleichsweise alte Ehepaare, deren Kinder bereits erwachsen sind und die elterliche Familie verlassen haben, zum dritten Ehepaare jeder Altersstufe, die - aus welchen Gründen auch immer - ohne Kinder geblieben sind. Ein Vergleich ökonomischer Daten, die sich einerseits auf Ehepaare mit Kindern, andererseits auf kinderlose

PHASEN DES FAMILIENZYKLUS

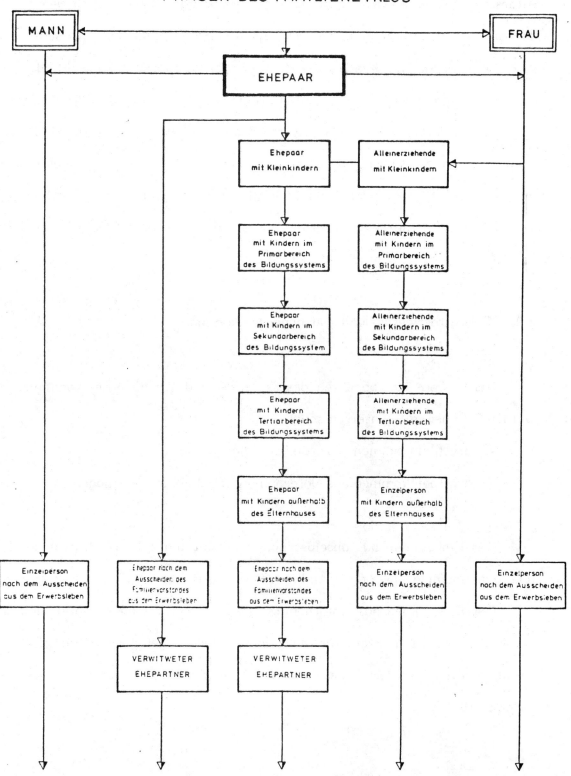

Familien beziehen, ist mithin nicht unproblematisch, weil in diesem Fall eine Elterngeneration mittleren Lebensalters und Ehepaare verschiedenster Altersstufen einander gegenübergestellt werden, sich letztere indes besonders in der Erwerbsbeteiligung der Ehefrau stark voneinander unterscheiden[25] (Übersicht 2.2). Frauen, die Kinder unter 18 Jahren haben, befinden sich ganz überwiegend in den Altersklassen von 25 bis zu 45 Jahren, und etwa zwei Fünftel davon sind erwerbstätig; von Ehefrauen ohne Kinder üben bis zum 35. Lebensjahr über vier Fünftel, bis zum 40. Lebensjahr immer noch mehr als zwei Drittel eine Erwerbstätigkeit aus. Ein erheblicher Teil aller Ehefrauen ohne Kinder ist aber älter als 65 Jahre - eine Erwerbstätigkeit ist dann die Ausnahme.

2.2.3 Bruttoerwerbs- und -vermögenseinkommen

Als größere Komponenten des Erwerbs- und Vermögenseinkommens werden üblicherweise unterschieden

- Bruttoeinkommen aus unselbständiger Arbeit,
- Bruttoeinkommen aus Unternehmertätigkeit und Vermögen.

Das Einkommen aus unselbständiger Arbeit umfaßt die Bruttolohn- und -gehaltsumme sowie die Sozialbeiträge der Arbeitgeber.

Das Einkommen aus Unternehmertätigkeit und Vermögen setzt sich zusammen aus Einnahmen, die aus einer selbständigen Erwerbstätigkeit resultieren und aus Vermögenseinkommen, die an Personen aller sozialen Gruppen fließen.

Übersicht 2.2

Verteilung und Erwerbstätigenquoten verheirateter
Frauen nach Altersklassen im April 1974

in vH

| Ehefrauen im Alter von... bis unter... Jahren | Ehefrauen | | Ins-gesamt |
	mit Kindern 1)	ohne Kinder	
Verteilung nach Altersklassen			
15 ... 25	8,4	9,1	8,7
25 ... 35	35,3	10,4	24,8
35 ... 45	37,9	7,2	24,9
45 ... 55	16,7	20,5	18,3
55 ... 65	1,5	26,0	11,9
65 oder mehr	0,2	26,8	11,4
Insgesamt	100,0	100,0	100,0
Erwerbstätigenquoten nach Altersklassen			
15 ... 25	37,9	83,2	57,9
25 ... 35	38,4	84,3	46,5
35 ... 45	41,5	67,9	44,8
45 ... 55	38,6	45,0	41,6
55 ... 65	28,8	18,6	19,3
65 oder mehr	.	4,9	5,0
Insgesamt	39,4	36,6	38,2

1) Kinder unter 18 Jahren.

Quellen: Statistisches Bundesamt (Herausgeber): Fachserie
A, Bevölkerung und Kultur, Reihe 5, Haushalte und
Familien 1975.

2.2.3.1 Bruttoeinkommen aus unselbständiger Arbeit

2.2.3.1.1 Bruttolöhne

Die Bruttolohnsumme umfaßt die Löhne vor Abzug der Lohnsteuer und der Sozialbeiträge der Arbeitnehmer, die den Lohnempfängern (einschließlich Heimarbeitern) aus einem Arbeitsverhältnis zugeflossen sind. Einbezogen sind Zulagen und Zuschläge für Akkord-, Mehr-und Feiertagsarbeit, Jahressonderzuwendungen, die Lohnfortzahlung für die durch Fest- und Feiertage, Urlaub oder Krankheit ausgefallene Arbeitszeit, Prämien, Zuschüsse, ausgeschüttete Gewinnbeteiligungen, Leistungen der Arbeitgeber nach den Vermögensbildungsgesetzen u.ä. Einbezogen ist auch der Gegenwert für Naturalvergütungen an Arbeitnehmer (landwirtschaftliche Erzeugnisse, Kohle usw.).

2.2.3.1.2 Bruttogehälter

Die Bruttogehaltsumme umfaßt die Gehälter vor Abzug der Lohnsteuer und der Sozialbeiträge der Arbeitnehmer einschließlich der Beamten, die den Gehaltsempfängern aus ihrem Arbeits- oder Dienstverhältnis zugeflossen sind. Auch hier sind Zulagen, Zuschläge und sonstige Zuwendungen eingeschlossen. Zum Einkommen der Soldaten rechnen die Geldbezüge sowie der pauschalierte Gegenwert für die Verpflegungskosten und die Bekleidung.

2.2.3.1.3 Sozialbeiträge der Arbeitgeber

Als Sozialbeiträge der Arbeitgeber werden hier nur die tatsächlich abgeführten Sozialbeiträge erfaßt. Die in der volkswirtschaftlichen Gesamtrechnung für die Beamtenversorgung und für Aufwendungen der Arbeitgeber aufgrund betrieblicher Ruhegeldverpflichtungen sowie im Fall von Krankheit, Unfall und besonderen Notlagen unterstellten Sozialbeiträge sind in der Verteilungsrechnung des DIW nicht enthalten.

In der Praxis werden die Sozialbeiträge der Arbeitgeber direkt an die Sozialversicherung, an Versicherungsunternehmen, Pensionskassen und "an die übrige Welt" übertragen. Die ökonomische Bedeutung dieser Transaktion wird indes erst sichtbar, wenn diese Sozialbeiträge als Teil des Einkommens aus unselbständiger Arbeit verbucht werden, denn für die Unternehmen gehören sie zu den Aufwendungen für die Arbeitsleistungen der beschäftigten Arbeitnehmer. Im einzelnen wird auf die Sozialbeiträge später eingegangen.

2.2.3.2 Bruttoeinkommen aus Unternehmertätigkeit und Vermögen

2.2.3.2.1 Bruttoeinkommen aus Unternehmertätigkeit

Als Einkommen aus Unternehmertätigkeit werden in der Verteilungsrechnung des DIW nur die entnommenen Gewinne verstanden. Die nichtentnommenen Gewinne der Unternehmen ohne eigene Rechtspersönlichkeit bleiben ausgeklammert. Ihr Nachweis in der volkswirtschaftlichen Gesamtrechnung ist aufgrund der unzureichenden Berechnungsunterlagen mit erheblichen Schätzfehlern behaftet[26].

Das Einkommen aus Unternehmertätigkeit schließt einen kalkulatorischen Gegenwert für den Naturalverbrauch der Selbständigen (Entnahmen aus der eigenen Produktion oder aus dem Warenbestand zum Verbrauch im eigenen Haushalt) ein. Gleichfalls zum Einkommen aus Unternehmertätigkeit rechnet das Einkommen der privaten Haushalte aus Wohnungsvermietung, einschließlich eines unterstellten Gegenwertes für die Nutzung von Eigentümerwohnungen.

2.2.3.2.2 Bruttoeinkommen aus Vermögen

Einkommen aus Vermögen sind alle diejenigen Einkommensströme, die ein Entgelt für die Nutzung finanzieller Vermögensteile, des Grundes und des Bodens (einschließlich landwirtschaftlicher Gebäude) und immaterieller Rechte darstellen. Im einzelnen sind das Zinsen aus Spar- und Bauspareinlagen, aus Versicherungen und Besitz an festverzinslichen Wertpapieren, Dividenden und sonstige Ausschüttungen der Unternehmen mit eigener Rechtspersönlichkeit, Pachten, Gebühren für Patente, Konzessionen, Urheberrechte. Arbeitnehmersparzulagen, Spar- und Wohnungsbauprämien sind nach der Abgrenzung der volkswirtschaftlichen Gesamtrechnung Vermögensübertragungen des Staates an private Haushalte; sie sind in der Verteilungsrechnung des DIW, die sich auf Einkommensströme beschränkt, nicht enthalten.

2.2.4 Empfangene Einkommensübertragungen

2.2.4.1 Geldleistungen der Rentenversicherung und öffentliche Pensionen

Als Geldleistungen der Rentenversicherung sind Zahlungen der Rentenversicherung der Angestellten und der Arbeiter, der knappschaftlichen

Rentenversicherung, der Zusatzversorgung des öffentlichen Dienstes und der landwirtschaftlichen Alterskassen zusammengefaßt. Die öffentlichen Pensionen enthalten neben den von den Gebietskörperschaften gezahlten Versorgungsbezügen auch Pensionen von öffentlichen Unternehmen (im wesentlichen Deutsche Bundesbahn und Deutsche Bundespost) und von privaten Organisationen ohne Erwerbscharakter; sie schließen Beihilfen und Unterstützungen für Pensionäre ein und werden vor Abzug der Lohnsteuer auf Pensionen dargestellt.

2.2.4.2 Geldleistungen der Arbeitslosenversicherung und Sozialhilfe

Die Geldleistungen der Arbeitslosenversicherung enthalten Arbeitslosengeld sowie Arbeitslosenhilfe im Anschluß an Arbeitslosengeld (ohne Beiträge zur Renten- und Krankenversicherung), Kurzarbeiter-, Schlechtwetter-, Winter- und Konkursausfallgeld, Leistungen zur beruflichen Aus- und Fortbildung, Umschulung und Rehabilitation.

Einbezogen sind auch die vom Bund getragenen Unterstützungen aus Arbeitslosengeld einschließlich der Arbeitslosenhilfe und Berufsfürsorge für Heimkehrer sowie Ausgaben für die Eingliederung von Aussiedlern (Sprachförderung).

Die Geldleistungen der Sozialhilfe enthalten Hilfe zum Lebensunterhalt und Hilfe in besonderen Lebenslagen (Hilfe zur Pflege, Eingliederungshilfe für Behinderte, Hilfe zur Überwindung besonderer sozialer Schwierigkeiten, Tuberkulose-, Blinden-, Alten-und Ausbildungshilfe); wie erwähnt, werden Sachleistungen nicht einbezogen. Sozialhilfeleistungen an Personen in Anstalten bleiben ebenfalls ausgeklammert. Zu den Geldleistungen der Sozialhilfe werden entsprechend der in der VGR vorgesehenen

Gliederung auch Zahlungen der Kriegsopferfürsorge (Hilfe zur Pflege an Beschädigte, Eltern, Witwen und Waisen, ergänzende Hilfe zum Lebensunterhalt, Erziehungsbeihilfen u. ä.) gerechnet.

2.2.4.3 Gesetzliches Kindergeld

Als gesetzliches Kindergeld werden in dieser Untersuchung diejenigen Leistungen bezeichnet, die aufgrund des Bundeskindergeldgesetzes gezahlt werden. Zu beachten ist, daß der überwiegende Teil der kindbezogenen Leistungen vor der Kindergeldreform von 1975 als indirekte Transfers in Form von Steuerermäßigungen gewährt wurde oder in anderen Einkommensströmen enthalten war. Angehörige des öffentlichen Dienstes sowie Renten- und Versorgungsempfänger erhielten damals kein Kindergeld[27]; die an diesen Personenkreis gezahlten Kinderzuschläge zum Lohn, Gehalt oder zu den Versorgungsbezügen, die Kinderzuschüsse der gesetzlichen Rentenversicherung und die Kinderzulagen der Kranken-, Unfall- und Arbeitslosenversicherung rechnen nicht zum gesetzlichen Kindergeld. Auch sonstige kindbezogene Leistungen (Kinderzuschläge in der Kriegsopferversorgung und beim Lastenausgleich, tariflich oder betrieblich vereinbarte Kinderzuschüsse usw.) zählen nicht zum gesetzlichen Kindergeld, sondern werden in der Einkommens- und Transferschichtung des DIW an anderer Stelle verbucht.

Informationen über die Art und Höhe sämtlicher kindbezogener Leistungen lassen sich dem Sozialbudget entnehmen. Allerdings werden dort nicht nur monetäre, sondern auch reale und implizite Transferströme erfaßt.

2.2.4.4 Sonstige empfangene Einkommensübertragungen

Als sonstige Einkommensübertragungen werden in der Einkommens- und Transferschichtung des DIW berücksichtigt:

- Kriegsopferleistungen (Versorgung der Kriegsopfer nach dem Bundesversorgungsgesetz, Kriegsschadenrenten und sonstige laufende Geldleistungen im Rahmen des Lastenausgleichs, laufende Wiedergutmachungsleistungen, Kriegsgefangenen- und Häftlingsentschädigungen u.ä.),

- Geldleistungen der gesetzlichen Kranken- und Unfallversicherung,

- Ausbildungsbeihilfen nach dem Bundesausbildungsförderungsgesetz,

- Beihilfen und Unterstützungen für Beschäftigte im öffentlichen Dienst,

- Miet- und Lastenzuschüsse nach dem Wohngeldgesetz,

- soziale Leistungen von Unternehmen (Ruhegelder an frühere Arbeitnehmer und ihre Hinterbliebenen, Beihilfen und Unterstützungen im Krankheitsfall, Leistungen von Lebensversicherungsunternehmen und Pensionskassen aufgrund von Einzel- oder Gruppenversicherungen der Arbeitgeber zugunsten ihrer Arbeitnehmer),

- Versorgungsleistungen berufsständischer Versicherungs- und Versorgungswerke für Ärzte, Apotheker, Notare usw.,

- laufende Übertragungen von privaten Organisationen ohne Erwerbscharakter (Unterstützungen von Gewerkschaften bei Streiks, Arbeitsunfähigkeit und Sterbefällen, Barübertragungen der Kirchen und Wohlfahrtsverbände) und

- laufende Übertragungen von der übrigen Welt (internationale private Übertragungen).

2.2.4.5 Exkurs: Einkommensübertragungen innerhalb des Sektors "Private Haushalte" der volkswirtschaftlichen Gesamtrechnung

In einem makroökonomisch orientierten Kreislaufsystem wird die Vielzahl der Wirtschaftseinheiten einer Volkswirtschaft zu größeren Sektoren zusammengefaßt. Einkommensströme zwischen den Einheiten des Sektors werden in der Regel nicht nachgewiesen, sondern - weil eben leistende und empfangende Wirtschaftseinheiten zu ein und demselben Sektor gehören - in Form einer "konsolidierten" Darstellung gegeneinander aufgerechnet. Für dieses Vorgehen spricht, daß die Beschreibung des Wirtschaftskreislaufs dadurch an Übersichtlichkeit gewinnt; in der Praxis fehlt aber auch fast immer das statistische Ausgangsmaterial für den Nachweis innersektoraler Einkommensströme.

Auch für den Sektor "Private Haushalte und private Organisationen ohne Erwerbscharakter" in der volkswirtschaftlichen Gesamtrechnung des Statistischen Bundesamtes gilt das Prinzip der konsolidierten Darstellung. Es wird nur an wenigen Stellen durchbrochen. Ausgewiesen werden als innersektorale Ströme beispielsweise

- die an das Hauspersonal für häusliche Dienste gezahlten Einkommen aus unselbständiger Arbeit,
- Pensionszahlungen an frühere Kirchenbeamte und ihre Hinterblieben.

In der Realität gibt es eine Vielzahl von Einkommensströmen zwischen und innerhalb von Personengruppen (private Haushalte, Familien und Personen in Anstalten): laufende Unterhalts- und Unterstützungszahlungen an Familienangehörige, die außerhalb des Haushalts leben, an geschiedene Ehefrauen und andere Personen, Alimentenzahlungen u. ä. Diese Zahlungen sind für bestimmte Gruppen - insbesondere für unvollständige Familien - von erheblicher Bedeutung, wie eine Auswertung der Einkommens- und Verbrauchsstichprobe 1973 gezeigt hat[28]. Doch wer diese Zahlungen leistet, ist empirisch kaum zu belegen.

Über die Höhe der Einkommensübertragungen zwischen privaten Haushalten findet man in den schon mehrfach erwähnten Spezialaufsätzen zur Einkommensverteilung nach Haushaltsgruppen im Rahmen der volkswirtschaftlichen Gesamtrechnung[29] Schätzungen des Statistischen Bundesamtes für ausgewählte Jahre. Das DIW hat diese Angaben benutzt, um Einkommensübertragungen nach empfangenden und leistenden Sektoren in erweiterter Gliederung zu berechnen. Eine Aufteilung nach sozialen Gruppen und Familientypen war bisher nicht möglich, so daß hier diese Einkommensübertragungen noch ausgeklammert bleiben.

2.2.5 Geleistete Einkommensübertragungen

2.2.5.1 Direkte Steuern

Die von privaten Haushalten und Familien geleisteten direkten Steuern umfassen die Abgaben auf das Einkommen und Vermögen (Lohn- und Einkommensteuer einschließlich der Lohnsteuer auf Pensionen und der Ergänzungsabgabe zur Einkommensteuer, Vermögensteuer, nichtveranlagte Steuern vom Ertrag, Lastenausgleichsabgaben) und Steuern im Zusammenhang mit dem privaten Verbrauch (Kraftfahrzeugsteuer der privaten Haushalte, Hunde-, Jagd- und Fischereisteuer u.ä.).

Zwischen der Lohn- und Einkommensteuer gibt es Abgrenzungsschwierigkeiten; werden nämlich Arbeitnehmer zur Einkommensteuer[30] veranlagt, so stellt sich nicht selten heraus, daß ihnen im Laufe des Jahres im Quellenabzugsverfahren Lohnsteuerbeträge abgezogen wurden, die ihre jährliche Steuerschuld überschreiten; der zuviel gezahlte Betrag wird dann aus dem Aufkommen an veranlagter Einkommensteuer erstattet. Dieses Vorgehen führt dazu, daß das Lohnsteueraufkommen in der Statistik zu hoch, das Aufkommen an veranlagter Einkommensteuer entsprechend zu niedrig ausgewiesen wird. Aufgrund von Informationen des Bundesfinanzministeriums nimmt das DIW seit längerem eine Umbuchung der überzahlten und erstatteten Beträge von der Lohn- und Einkommensteuer vor, um eine Verzerrung bei der Zurechnung der direkten Steuern auf soziale Gruppen zu vermeiden[31].

Nicht zu den direkten Steuern werden hier - ebenso wie in der volkswirtschaftlichen Gesamtrechnung - einige Abgaben (Erbschaftsteuer u. ä.) gerechnet, die den Charakter von Vermögensübertragungen privater Haushalte an den Staat haben.

2.2.5.2 Sozialbeiträge

Als Sozialbeiträge werden in der Einkommens- und Transferschichtung des DIW nur die tatsächlich geleisteten Sozialbeiträge erfaßt. Unterstellte Sozialbeiträge, die in der volkswirtschaftlichen Gesamtrechnung als Äquivalent für die Beamtenversorgung und für Aufwendungen der Arbeitgeber aufgrund betrieblicher Ruhegeldverpflichtungen oder im Fall von Krankheit, Unfall und besonderen Notlagen verbucht werden, bleiben in der Verteilungsrechnung des DIW außer Betracht.

68

Die tatsächlichen Sozialbeiträge umfassen sowohl die gesetzlich vorgeschriebenen als auch die freiwillig von Arbeitgebern, Arbeitnehmern und anderen Personen geleisteten Beiträge.

2.2.5.2.1 Sozialbeiträge zur Rentenversicherung

Als Sozialbeiträge zur Rentenversicherung werden die tatsächlichen Sozialbeiträge der Arbeitgeber, die Sozialbeiträge der Arbeitnehmer, die Pflichtbeiträge der Selbständigen und die freiwilligen Beiträge der Selbständigen, Hausfrauen u.ä. an die Rentenversicherung der Angestellten und der Arbeiter, an die knappschaftliche Rentenversicherung, die Zusatzversorgung im öffentlichen Dienst und die landwirtschaftlichen Alterskassen zusammengefaßt.

Nicht als Sozialbeiträge einbezogen werden Beitragsnachentrichtungen an die Rentenversicherung aufgrund des Rentenreformgesetzes von 1972. Diese Leistungen werden in der volkswirtschaftlichen Gesamtrechnung als Vermögensübertragungen der privaten Haushalte an den Staat verbucht.

2.2.5.2.2 Sozialbeiträge zur gesetzlichen Krankenversicherung

Die Sozialbeiträge zur gesetzlichen Krankenversicherung umfassen hauptsächlich Pflichtbeiträge der Arbeitgeber und Arbeitnehmer; hinzu kommen Pflichtbeiträge der Selbständigen und freiwillige Beiträge der Arbeitnehmer, der Selbständigen, Hausfrauen u.ä., die an Orts-, Betriebs-, Innungs-, Ersatz-und landwirtschaftliche Krankenkassen geleistet werden.

Beiträge zu privaten Krankenversicherungen werden, wie in der volkswirtschaftlichen Gesamtrechnung, zu den sonstigen laufenden Übertragungen der privaten Haushalte gerechnet; sie werden dort mit den Leistungen der Versicherungsunternehmen saldiert (vgl. 2.2.5.3).

2.2.5.2.3 Sozialbeiträge zur Arbeitslosenversicherung

Die Sozialbeiträge zur Arbeitslosenversicherung enthalten ausschließlich Pflichtbeiträge der Arbeitgeber und der Arbeitnehmer. Freiwillige Beiträge gibt es in diesem Transferbereich nicht.

2.2.5.2.4 Sonstige Sozialbeiträge

Als sonstige Sozialbeiträge werden hier Sozialbeiträge zur gesetzlichen Unfallversicherung (Sozialbeiträge der Arbeitgeber und Pflichtbeiträge der Selbständigen) sowie Beiträge an selbständige Pensionskassen und sonstige Versicherungsunternehmen (Beiträge aufgrund von Einzel- oder Gruppenversicherungen der Arbeitgeber bei diesen Versicherungsunternehmen zugunsten ihrer Arbeitnehmer, Beiträge zur Pflichtversicherung von Selbständigen in berufsständischen Versicherungs-und Versorgungswerken für Ärzte, Apotheker, Notare und andere freie Berufe) zusammengefaßt. Zu den Beiträgen an Versicherungsunternehmen zählen auch die Beiträge an die Postbeamtenkrankenkasse und an die Krankenversicherungseinrichtung der Bundesbahnbeamten.

2.2.5.3   Sonstige geleistete Einkommensübertragungen

Zu den sonstigen Einkommensübertragungen der privaten Haushalte und Familien zählen Kirchensteuern und Kirchengeld, Zinsen auf Konsumentenschulden, Heimatüberweisungen ausländischer Arbeitnehmer, Verwaltungsgebühren, Erstattungen von Sozialleistungen, Strafen u.ä., Beiträge und Spenden an Parteien, Gewerkschaften, Vereine u.ä., Übertragungen an die übrige Welt (Unterstützungszahlungen, Visagebühren und andere internationale private Übertragungen). Schließlich rechnen zu den sonstigen laufenden Übertragungen einige saldierte Leistungsströme (Nettoprämien für Schadenversicherungen abzüglich Schadenversicherungsleistungen, Saldo der sozialen Leistungen und der unterstellten Sozialbeiträge der privaten Haushalte als Arbeitgeber). Versicherungsprämien und -leistungen wurden gegeneinander aufgerechnet, um die Gefahr von Fehlinterpretationen zu verringern: Unter Einschluß der Schadenversicherungsleistungen von Unternehmen an private Haushalte (z. B. Leistungen privater Krankenversicherungen) sind die durchschnittlichen Einkommensübertragungen an Haushalte von Selbständigen doppelt so hoch wie die Übertragungen an Haushalte von Arbeitnehmern[32].

2.2.6   Verfügbares Einkommen

Als verfügbares Einkommen der privaten Haushalte und der Familien ergibt sich derjenige Einkommensstrom, der nach der Verteilung des Erwerbs-und Vermögenseinkommens und nach der Umverteilung über empfangene und geleistete laufende Übertragungen für den privaten Verbrauch und die private Ersparnis zur Verfügung steht. Wie erwähnt, sind die nichtentnommenen Gewinne der Unternehmen ohne eigene Rechtspersönlichkeit ausgeklammert.

2.3 Informationsgrundlagen der Verteilungsrechnung

2.3.1 Primärstatistische Daten des Statistischen Bundesamtes

2.3.1.1 Bevölkerungsstatistik

Auf die Bedeutung des demographischen Bezugsrahmens zu den Einkommens- und Transferströmen der DIW-Verteilungsrechnung wurde bereits hingewiesen. Als Informationsgrundlage zur Konstruktion eines solchen Bezugsrahmens gibt es gute Bevölkerungstatistiken; hier sind die laufenden Veröffentlichungen des Statistischen Bundesamtes zum Bevölkerungsstand und zur Bevölkerungsbewegung sowie zur Gliederung der Bevölkerung nach Alter und Familienstand zu nennen.

In bezug auf Angaben zur Zahl und Struktur der privaten Haushalte und der Familien ist die amtliche Statistik aber nur bedingt hilfreich. Zwar liegen detaillierte Informationen aus dem haushaltsstatistischen Teil der Volkszählungen vor, doch haben diese Daten den Mangel, daß sie Mehrfachzählungen von Personen enthalten: In der Volkszählung von 1970 wurden mehr als 1 Mill. Personen "zuviel" erfaßt (vgl. Übersicht 2.3). Eine Bereinigung um Doppelzählungen bringt aber zwangsläufig eine Änderung der Haushaltsstruktur mit sich. Auch werden Volkszählungen nur mit größerem zeitlichen Abstand durchgeführt.

Jährliche Haushalts- und Familiendaten gibt es als Ergebnisse einer 1-vH-Stichprobe im Rahmen des Mikrozensus (vgl. 2.3.1.3). Dies sind Stichtagsangaben, die sich als Bezugsgrößen zu Einkommensströmen nicht eignen und deshalb auf Jahresdurchschnitte umgerechnet werden. Ungleich gewichtiger indes ist der Umstand, daß die Mikrozensusergebnisse durch Mehrfachzählungen und Hochrechnungsfehler verzerrt sind, wie beispielsweise an der Zahl der Kinder unter 18 Jahren deutlich wird: Im Mikrozensus wird diese Personengruppe für Mai 1973 mit über 16,7 Mill. ausgewiesen, nach der Bevölkerungsstatistik gab es aber im Durchschnitt dieses Jahres weniger als 16,5 Mill. Kinder unter 18 Jahren (vgl. Übersicht 2.4). Auch an weiteren Stellen hat sich gezeigt, daß die im Rahmen des Mikrozensus erhobenen und hochgerechneten Daten zur Struktur der privaten Haushalte und der Familien um systematische Fehler bereinigt werden müssen.

Übersicht 2.3

Privathaushalte, Haushaltsmitglieder[1] und
Personen in Anstalten
nach der Volkszählung 1970
in 1 000

	Haushalte	Personen
Haushalte aus		
einer Person	5 527	5 527
zwei Personen	5 959	11 918
drei Personen	4 314	12 942
vier Personen	3 351	13 404
fünf oder mehr Personen	2 839	16 385
Privathaushalte	21 991	60 176
Personen in Anstalten	x	1 526
Insgesamt	x	61 702
Nachrichtlich:		
Wohnbevölkerung	x	60 651

1) Bevölkerung in Privathaushalten.

Quelle: Statistisches Bundesamt (Herausgeber): Fachserie 1, Bevölkerung und Erwerbstätigkeit, Volkszählung vom 27. Mai 1970, Heft 8, Bevölkerung in Haushalten, Heft 11, Bevölkerung in Anstalten.

Übersicht 2.4

Familien mit ledigen Kindern unter 18 Jahren[1]
nach dem Mikrozensus 1973
in 1 000

	Familien	Kinder
Ehepaare mit		
einem Kind	3 587	3 587
zwei Kindern	2 881	5 762
drei Kindern	1 161	3 483
vier oder mehr Kindern	589	2 722
Ehepaare mit Kindern	8 218	15 554
Ehepaare ohne Kind	5 768	-
Ehepaare	13 986	15 554
Alleinerziehende mit		
einem Kind	466	466
zwei Kindern	172	344
drei Kindern	57	171
vier oder mehr Kindern	39	179
Alleinerziehende	734	1 160
Familien mit Kindern	8 952	16 714
Insgesamt	14 720	16 714
Nachrichtlich:		
Zahl der Personen unter 18 Jahren		
nach der Bevölkerungsfortschreibung	x	16 485

1) Bevölkerung am Familienwohnsitz.

Quellen: Statistisches Bundesamt (Herausgeber): Fachserie 1,
Bevölkerung und Erwerbstätigkeit, Reihe 3, Haushalte
und Familien 1979, Fachserie A, Bevölkerung und
Kultur, Reihe 1, II. Alter und Familienstand der Bevölkerung 1973.

2.3.1.2 Einkommens- und Verbrauchsstichproben

Einkommens- und Verbrauchsstichproben (EVS) werden seit 1962 in meist fünfjährigem Abstand durchgeführt. Erfaßt werden 0,2 bis höchstens 0,3 vH der privaten Haushalte. Die jüngste Stichprobe wurde 1983 erhoben; ihre Ergebnisse sind bisher allerdings nur zum Teil veröffentlicht worden.

Einkommens- und Verbrauchsstichproben bieten eine Fülle von Strukturdaten, und es steht außer Zweifel, daß sich mit der Einführung der EVS die Informationslage auf dem Gebiet der Einkommensstatistik erheblich verbessert hat. Doch leider hat die EVS auch einige Lücken und Schwachstellen, die die Aussagekraft und die Verwendbarkeit ihrer Ergebnisse beeinträchtigen.

Einmal werden von der EVS nicht alle Gruppen der Bevölkerung erfaßt. Einkommensangaben fehlen für die Haushalte von Ausländern, die Haushalte mit hohem Einkommen (1983: monatliches Nettoeinkommen von 25 000 oder mehr DM), die Personen in Anstalten; auch das Haushaltseinkommen von Landwirten wird nicht immer nachgewiesen. Zum zweiten ist die EVS keine Zufallsstichprobe: Berücksichtigt werden nur solche Haushalte, die sich aufgrund umfangreicher Werbemaßnahmen zur Teilnahme bereit erklären. Dabei ist der Werbeerfolg bei Haushalten von Angestellten und Beamten jeweils deutlich größer als bei Haushalten von Selbständigen, Arbeitern und Nichterwerbstätigen. Aus diesem Grunde müssen für die Durchführung der Stichprobe ein detaillierter Erhebungsrahmen und für die Hochrechnung der Stichprobenergebnisse ein differenzierter Hochrechnungsrahmen ermittelt werden. Die Rahmendaten hierfür werden jeweils den Mikrozensusangaben des Vorjahres entnommen; es sei am Rande erwähnt, daß dabei - statistisch nicht ganz einwandfrei - unterschiedliche

Erhebungskonzepte miteinander verknüpft werden: Der Mikrozensus wird nach dem Erwerbskonzept, die EVS nach dem Unterhaltskonzept erhoben. Daß die Struktur der für die Grundgesamtheit unterstellten Daten in starkem Maße von den nicht unerheblich variierenden Hochrechnungsfaktoren geprägt wird, ist evident.

Eine Gegenüberstellung hochgerechneter EVS-Ergebnisse mit den entsprechenden Aggregaten der volkswirtschaftlichen Gesamtrechnung steht wegen unterschiedlicher Abgrenzungen in beiden Statistiken unter einer Reihe von Vorbehalten. Dennoch ist ein überschlägiger Vergleich möglich; er zeigt ähnliche Ergebnisse wie eine Untersuchung von Krupp, die sich auf die EVS von 1969 bezieht[33].

Von der EVS werden die einzelnen Einkommensarten in unterschiedlicher Güte wiedergegeben werden. Krupp bezeichnet diesen Sachverhalt als "Einkommensartenhypothese"[34]. Berücksichtigt man, daß nicht alle Personengruppen in der EVS enthalten sind, so fällt die Untererfassung des Einkommens aus unselbständiger Arbeit nicht sehr stark ins Gewicht. Vom Bruttoeinkommen aus Unternehmertätigkeit und Vermögen indes ist ein erheblicher Teil in den Daten der EVS nicht enthalten[35]. Auch für die geleisteten Einkommensübertragungen - insbesondere die direkten Steuern - erweist sich die EVS als lückenhaft. Auf das verfügbare Einkommen wirken sich die Fehlbeträge beim Einkommen aus Unternehmertätigkeit und Vermögen sowie bei den geleisteten laufenden Übertragungen allerdings nicht stark aus, da sie sich in ihrer Höhe zum größten Teil kompensieren.

Die Untererfassung beim Einkommen aus Unternehmertätigkeit und Vermögen impliziert, daß die Erfassungslücke der EVS nicht gleichmäßig auf die einzelnen sozialen Gruppen verteilt ist, sondern im wesentlichen das Haushaltseinkommen der Selbständigen berührt (Übersicht 2.5).

Die Untererfassung des Unternehmereinkommens bedeutet zugleich, daß die Erfassungslücke in der nach Einkommensklassen geordneten Haushaltsstruktur sich vor allem im Bereich höherer Einkommen niederschlägt ("Einkommensbereichshypothese" von Krupp[36]), denn die Bezieher von Einkommen aus Unternehmertätigkeit und Vermögen sind - wie beispielsweise die Einkommensteuerstatistik (vgl. 2.3.1.4) zeigt - eben in diesem Einkommensbereich besonders häufig vertreten.

Übersicht 2.5

Verfügbares Haushaltseinkommen sozialer Gruppen 1973
nach EVS und VGR

	EVS [1)2)]	VGR [2)]	Differenz	
		in Mrd. DM		in vH
Haushalte von				
Landwirten	15,4	15,9	-0,5	-3,1
Selbständigen (o. Landwirte)	59,2	104,2	-45,0	-43,2
Arbeitnehmern	296,1	303,0	-6,9	-2,3
Nichterwerbstätigen	110,6	123,8	-13,2	-10,7
Insgesamt	481,3	546,9	-65,6	-12,0

1) Ohne Haushalte von Ausländern, ohne Privathaushalte in Anstalten sowie ohne Haushalte mit einem monatlichen Haushaltseinkommen von 15 000 oder mehr DM. - 2) Einschließlich nichtentnommener Gewinne der Unternehmen ohne eigene Rechtspersönlichkeit.

Quellen: Berechnungen des DIW nach Angaben in: Statistisches Bundesamt (Herausgeber): Fachserie 15, Wirtschaftsrechnungen, Einkommens- und Verbrauchsstichprobe 1973, Heft 4, Einnahmen und Ausgaben privater Haushalte, Klaus Schüler: Einkommensverteilung und -verwendung nach Haushaltsgruppen, in: Wirtschaft und Statistik, Heft 2/1982.

Alles in allem ist die Einkommens- und Verbrauchsstichprobe eine recht gute Informationsquelle. Ihre Strukturdaten bedürfen aber - um Beschränkungen, Schwachstellen und Fehlerbereiche der EVS umgehen zu helfen oder auszugleichen - einer Ergänzung durch andere statistische Informationen.

2.3.1.3 Mikrozensus

Der Mikrozensus ist 1957 als laufende Repräsentativstatistik der Bevölkerung und des Erwerbslebens begründet worden; im Laufe der Zeit wurde er um zusätzliche Fragen erweitert. Seit 1975 wird der Mikrozensus einmal jährlich mit einem Auswahlsatz von 1 vH durchgeführt; der zugrunde liegende Stichprobenplan beruht auf Ergebnissen der Volkszählung von 1970.

Seit längerem werden im Rahmen des Mikrozensus auch Daten zur Einkommensverteilung erhoben. Dabei gibt es allerdings einen verhältnismäßig hohen Anteil von Haushalten ohne Einkommensangabe. Das Einkommen von Selbständigen und mithelfenden Familienangehörigen in der Land- und Forstwirtschaft wird in der Regel nicht erfaßt. Erhebungsunschärfen gibt es ferner deshalb, weil sich die Einkommensangaben der beschäftigten Arbeitnehmer nur auf einen einzigen Monat des jeweiligen Kalenderjahres beziehen, den Einkommensangaben der Selbständigen lediglich ein Zwölftel des Jahreseinkommens der Vorperiode zugrunde gelegt wird. Bei der Einstufung in vorgegebene Einkommensklassen wird das tatsächliche Einkommen - aus sehr verschiedenen Gründen - nicht selten kräftig unterschätzt.

Übersicht 2.6

Einkommensschichtung der Privathaushalte
nach dem Mikrozensus 1973

Monatliches Haushaltsnettoeinkommen von... bis unter... DM	Zahl der Haushalte in 1 000	Gesamt- einkommen in Mrd. DM	Monatliches Durchschnitts- einkommen in DM je Haushalt
unter 600	2 629	15,0	475
600 ... 1 200	7 071	76,4	900
1 200 ... 1 800	6 230	109,5	1 465
1 800 ... 2 500	3 744	91,9	2 045
2 500 oder mehr	2 317	104,3	3 751
Haushalte mit Einkommensangabe	21 991	397,1	1 505
Sonstige Haushalte 1)	1 243	22,4	1 502
Insgesamt	23 234	419,5	1 505
Nachrichtlich: Verfügbares Einkommen 2) in der VGR	x	546,9	2 020

1) Haushalte von Landwirten oder mithelfenden Familienangehörigen sowie Haushalte ohne Einkommensangabe. - 2) Einschließlich nicht- entnommener Gewinne der Unternehmen ohne eigene Rechtspersönlich- keit.

Quelle: Berechnungen des DIW nach Angaben in: Statistisches Bundesamt (Herausgeber): Fachserie 1, Bevölkerung und Erwerbstätigkeit, Reihe 3, Haushalte und Familien 1980, Klaus Schüler: Einkommensverteilung und -verwendung nach Haushaltsgruppen, in: Wirtschaft und Statistik, Heft 2/1982.

Übersicht 2.6 zeigt den Versuch, das im Mikrozensus vom Mai 1973 erfaßte und auf die Gesamtheit der privaten Haushalte hochgerechnete Nettoeinkommen abzuschätzen - freilich kann man lediglich eine Größen- ordnung ermitteln, denn die Haushalte sind nach nur wenigen Einkommens- klassen geordnet, und schon bei einem Haushaltseinkommen von 2 500 DM im Monat beginnt eine nach oben offene Größenklasse. Den einzelnen Einkommensklassen werden Durchschnittseinkommen zugrundegelegt, auch für die nach oben offene Klasse wird ein plausibler Durchschnittswert geschätzt; schließlich wird für die Haushalte von Landwirten und für die Haushalte ohne Einkommensangabe der Einkommensdurchschnitt der übrigen Haushalte angesetzt. Auch wenn man Unschärfen dieses Vorgehens berücksichtigt, läßt ein Vergleich der auf diesem Wege berechneten Einkommenssumme des Mikrozensus mit dem verfügbaren Einkommen, wie es in der volkswirtschaftlichen Gesamtrechnung für Haushaltsgruppen ausgewiesen wird, ein nicht unerhebliches Erfassungsdefizit der Primärerhebung erkennen: Etwa ein Fünftel des verfügbaren Einkommens der privaten Haushalte ist im Mikrozensus nicht enthalten[37].

Dies bedeutet aber, daß die Einkommensstrukturen des Mikrozensus erheblicher Korrekturen bedürfen, wenn man sie in eine gesamtwirtschaftlich orientierte Verteilungsrechnung einfügen will.

2.3.1.4 Steuerstatistiken

Statistiken über die Steuern vom Einkommen werden in der Regel in dreijährigem Abstand erhoben. Sie orientieren sich in starkem Maße an steuerrechtlich fixierten Tatbeständen; aus diesem Grunde unterscheiden sie sich hinsichtlich ihrer Begriffsbestimmungen und Abgrenzungen von anderen Statistiken, die über die Einkommensverteilung informieren. Zu beachten ist insbesondere, daß der Einkommensbegriff des Steuerrechts von der ökonomischen Einkommensdefinition abweicht, wie sie beispielsweise in der volkswirtschaftlichen Gesamtrechnung verwendet wird.

Da nicht alle Einkommen veranlagt oder durch Lohnsteuerkarten belegt werden, ist das in den Steuerstatistiken nachgewiesene Einkommen geringer als in der volkswirtschaftlichen Gesamtrechnung. Unberücksichtigt bleiben alle steuerfreien Einnahmen, die in der VGR entweder als funktionelles Einkommen (Sozialbeiträge der Arbeitgeber) oder als Einkommensübertragungen (soziale Leistungen) verbucht werden. Weitere Erfassungslücken ergeben sich beim Einkommen aus unselbständiger Arbeit aus dem unvollständigen Rückfluß der Lohnsteuerkarten. Das Einkommen aus Unternehmertätigkeit wird nur teilweise erfaßt, weil Selbständige mit geringfügigen Einkünften nicht veranlagt werden und weil das Einkommen in der Land- und Forstwirtschaft nach niedrigen Durchschnittssätzen oder Schätzansätzen besteuert wird[38]. Auch Einkünfte aus Kapitalvermögen, Vermietung und Verpachtung erscheinen nicht vollständig in der Steuerstatistik, weil es Freigrenzen gibt und weil auch nicht alle derartigen Einkünfte bei der Veranlagung deklariert werden. Schließlich ergeben sich Erfassungsunterschiede beim Einkommen aufgrund der vom Ansatz der volkswirtschaftlichen Gesamtrechnung abweichenden steuerlichen Bewertungs- und Abschreibungsvorschriften: Im Steuerrecht gibt es Abschreibungen von den Anschaffungs- oder Herstellungskosten der Investitionsgüter, die unter bestimmten Voraussetzungen degressiver Natur sein können, in der VGR Abschreibungen zu Wiederbeschaffungspreisen, die über die Nutzungsdauer der Investitionsgüter gleichmäßig verteilt werden (lineare Abschreibungsmethode).

Aufgrund der genannten Besonderheiten der Statistiken über die Steuer vom Einkommen sind Informationen aus dieser Quelle für eine gesamtwirtschaftlich orientierte Verteilungsrechnung nur mit Einschränkungen zu verwenden. Erschwerend kommt hinzu, daß bei der Einkommensteuer die langen Zeiträume für Veranlagung und Datenaufbereitung die Aktualität der Statistik erheblich mindern: 1982 erst sind Ergebnisse der Einkommensteuerstatistik veröffentlicht worden, die sich auf das Jahr 1977 beziehen.

2.3.1.5 Gehalts- und Lohnstrukturerhebungen

Gehalts- und Lohnstrukturerhebungen werden in unregelmäßigen Zeit-
abständen und für unterschiedliche Wirtschaftsbereiche durchgeführt. Erhoben werden die Verdienste nach einer Reihe verdienstbestimmender
Merkmale (Leistungsgruppe, Voll- oder Teilzeitbeschäftigung usw.). Im
Gegensatz zu Einkommensbefragungen im Rahmen von Einkommens- und
Verbrauchsstichproben und des Mikrozensus, in denen das Haushaltskonzept
im Vordergrund steht, werden bei den Gehalts- und Lohnstrukturerhebungen im Prinzip - weil die Daten bei betrieblichen Personalstellen erfragt
werden - personelle Einkommen (bezogen auf Tätigkeitsfälle) erfaßt.
Soweit Arbeitnehmer während der Berichtszeit der Erhebung nur in einem
Arbeitsverhältnis stehen, sind die Angaben für Tätigkeitsfälle und Personen
identisch. Hat ein Arbeitnehmer indes mehrere Arbeitsverhältnisse, so wird
lediglich der Verdienst aus einem dieser Arbeitsverhältnisse erfaßt. Dies
hat technische Gründe, da die Höhe der Verdienste bei Unternehmen oder
Betrieben erfragt wird und der einzelne Arbeitgeber nur solche Lohnkosten
angeben kann, die in seinem Unternehmen gezahlt worden sind. Auch
sonstige Nebeneinkünfte von Arbeitnehmern (z.B. empfangene laufende
Übrtragungen oder Vermögenseinkommen) können naturgemäß in den Ge-
halts- und Lohnstrukturerhebungen nicht ermittelt werden. Erfassungs-
probleme zeitlicher Art gibt es schließlich bei den Löhnen und Gehältern
von Arbeitnehmern, die während der jeweiligen Berichtszeit ihre Arbeits-
stelle gewechselt oder nicht ganzjährig gearbeitet haben.

Bei Berücksichtigung der genannten Einschränkungen liefern die Ergebnisse von Gehalts- und Lohnstrukturerhebungen sehr gute Informationen
über Niveau und Streuung der Löhne und Gehälter in ausgewählten Wirt-

schaftsbereichen; zu Untersuchungen über die Verteilung und Schichtung der Haushaltseinkommen indes können sie nur bedingt herangezogen werden.

2.3.1.6 Wohnungsstichproben

Wohnungsstichproben werden in mehrjährigen Abständen mit einem Auswahlsatz von 1 vH durchgeführt. Einkommensangaben im Rahmen von Wohnungsstatistiken wurden erstmals 1957 erfragt. Auch in den Wohnungsstichproben von 1960, 1965, 1972 und 1978 gehörte die Ermittlung des Einkommens zum Erhebungsprogramm, während in der Gebäude- und Wohnungszählung von 1968 Einkommensfragen ausgeklammert waren. In den Wohnungsstichproben von 1972 und 1978 wurde die Fragestellung zum Einkommen völlig dem Erhebungsschema des Mikrozensus angepaßt; Wohnungsstichprobe und Mikrozensus wurden gemeinsam durchgeführt. Dadurch konnte auf ein spezielles personen- und haushaltsbezogenes Frageprogramm in der Wohnungsstichprobe verzichtet werden; dennoch war es möglich, wohnungsstatistische Angaben mit bevölkerungs- und erwerbsstatistischen Merkmalen zu verknüpfen.

Frühere Wohnungsstichproben unterschieden sich in ihrem Erhebungsverfahren vom Mikrozensus vor allem durch die Tatsache, daß die Befragten ihr Einkommen - spezifiziert nach zahlreichen Einkommensarten - mit dem vollen Betrag anzugeben hatten. Aus den Einzelangaben wurde dann das jeweilige Haushaltseinkommen berechnet. Allerdings war die Beantwortung der Einkommensfragen freiwillig, so daß es hier ein nicht unerhebliches Erfassungsdefizit gab. Wie grundsätzlich in allen Statistiken zur Einkommensverteilung war die Ausfallquote bei Selbständigen-Haushalten besonders hoch. Das Einkommen der Haushalte von Selbständigen in der Land- und Forstwirtschaft wurde nicht erfaßt.

Die Erhebung von Einkommensdaten im Rahmen von Wohnungsstatistiken hat in erster Linie den Zweck, Unterlagen über die Mietbelastung der Hauptmieterhaushalte zu liefern. Ebenso wie im Rahmen des Mikrozensus werden auch bei Wohnungsstichproben jeweils nur die Einkommensverhältnisse eines Monats erfaßt. Diese Einschränkung, vor allem aber die genannten Erhebungsausfälle machen es notwendig, die Ergebnisse von Wohnungsstichproben mit anderen Statistiken abzustimmen, bevor sie in eine gesamtwirtschaftlich orientierte Verteilungsrechnung eingebaut werden können.

2.3.1.7 Volkszählungen

Einkommensdaten wurden auch im Rahmen der 10-vH-Repräsentativerhebung zur Volkszählung von 1970 erfaßt. Die Befragung richtete sich an alle Erwerbstätigen mit Ausnahme der Selbständigen in der Land- und Forstwirtschaft; anzugeben war die Höhe des monatlichen Nettoeinkommens aus Erwerbstätigkeit durch Kennzeichnung einer von sieben vorgegebenen Einkommensgrößenklassen. Aufgrund der Selbsteinstufung der Auskunftspflichtigen können an die Zuverlässigkeit der Einkommensangaben im Rahmen der Volkszählung keine hohen Ansprüche gestellt werden.

2.3.1.8 Laufende Wirtschaftsrechnungen

Für eine kleine Anzahl von Haushalten führt das Statistische Bundesamt monatliche Erhebungen über die Zusammensetzung der Einnahmen und Ausgaben durch, wobei drei Haushaltstypen unterschieden werden:

- Haushaltstyp 1: 2-Personen-Haushalte von Renten- oder Sozial-
  hilfeempfängern mit einem Einkommensbezieher und geringem
  Einkommen (erfaßt seit 1954),

- Haushaltstyp 2: 4-Personen-Arbeitnehmer-Haushalte mit einem
  Einkommensbezieher und mittlerem Einkommen (erfaßt seit
  1950),

- Haushaltstyp 3: 4-Personen-Haushalte von Beamten oder Angestellten mit einem Einkommensbezieher und höherem Einkommen
  (erfaßt seit 1964).

Für den Haushaltstyp 1 werden etwa 150 Haushalte, für die Typen 2
und 3 jeweils rund 400 Haushalte zur Berichterstattung herangezogen; mit
insgesamt knapp 1 000 Haushalten ist die Zahl der befragten Einheiten
außerordentlich gering. Für die Auswahl der Haushalte werden jeweils
Einkommensgrenzen vorgegeben. Obwohl also die Ergebnisse der laufenden
Wirtschaftsrechnungen in ihrer Aussagekraft eingeschränkt sind, können sie
dennoch in weiterführenden Untersuchungen mitunter von Nutzen sein, weil
sie Tendenzen der Einkommensentwicklung im Zeitverlauf gut wiederge-
ben.

2.3.2 Volkswirtschaftliche Gesamtrechnung

Den makroökonomischen Rahmen zur Einkommens- und Transferschichtung des DIW liefert - wie eingangs erwähnt - die volkswirtschaftliche Gesamtrechnung. Die Vorzüge dieses Vorgehens sind schon ausführlich
dargestellt worden: Die VGR ist eine in sich konsistente Kreislaufrechnung,
und sie quantifiziert gesamtwirtschaftliche Einkommens- sowie Transfer-

ströme; diese Daten sind als Richtgrößen für Kontrolle und Korrektur von Ergebnissen primärstatistischer Einkommenserhebungen unentbehrlich.

2.3.3 Sozialbudget

Das Sozialbudget gibt ein quantitatives Gesamtbild der sozialen Sicherung in der Bundesrepublik Deutschland. Es informiert über Transferströme nach Leistungsarten und Funktionsbereichen sowie die Finanzierungsquellen des Sozialsystems. Es ist mit dem Kontensystem der volkswirtschaftlichen Gesamtrechnung verflochten, geht aber in seinen Abgrenzungen teilweise über die VGR hinaus.

Das Sozialbudget gibt einen recht guten Überblick über die Sozialleistungsströme und ihre Finanzierung. Es ist für eine gesamtwirtschaftlich ausgerichtete Verteilungsrechnung als zusätzliche Informationsquelle geeignet.

2.3.4 Einkommens- und Transferschichtung des DIW für die privaten Haushalte

Die wichtigste Informationsgrundlage zur Darstellung der familialen Einkommenslage ist die Einkommens- und Transferschichtung, so wie sie im DIW auf dem eingangs skizzierten synthetisch-integrativen Wege und in Verflechtung mit der volkswirtschaftlichen Gesamtrechnung für die privaten Haushalte entwickelt worden ist[39]. Die Ausrichtung auf die Einkommenssituation der Familien brachte freilich zahlreiche Probleme mit sich, von denen ein Teil schon genannt, ein weiterer Teil in den methodischen Abschnitten dieser Untersuchung diskutiert wird.

2.3.5 Sonstige Informationsgrundlagen

In einer Fülle weiterer Quellen sind Informationen zu Teilgebieten der Einkommensverteilung und -umverteilung zu finden: in diversen Arbeits- und Sozialstatistiken (insbesondere in den zahlreichen und ausführlichen Statistiken der Rentenversicherungsträger), in Berichten der Bundesregierung zu gesellschaftspolitischen Fragen (Rentenanpassungsbericht, Familienbericht, Agrarbericht u. ä.). Hier gilt es, die relevanten Informationen auszuwählen und aufeinander abzustimmen, damit sie sich sinnvoll in das Gesamtbild einer Verteilungsrechnung einfügen.

3 Methodische Aspekte

3.1 Allgemeine Bemerkungen

In der Begründung zur Konzeption der Verteilungsrechnung des DIW ist bereits im vorangegangenen Kapitel auf den synthetischen Charakter des vorliegenden Einkommens- und Transfermodells hingewiesen worden. Daten aus den drei wichtigsten Informationsbereichen - Bevölkerungsstatistik, volkswirtschaftliche Gesamtrechnung und primärstatistische Einkommenserhebungen - sind in sehr unterschiedlicher "Verarbeitungsintensität" in das Modell eingeflossen. Angesichts zahlreicher definitorischer Abweichungen, aber auch wegen erheblicher Unter- und Übererfassung in einzelnen Erhebungen war es zwingend, eine konsistente Einkommensrechnung auf der Grundlage aller verfügbaren Informationen nach einem einheitlichen Gliederungsschema zu erstellen.

So beruht auch die volkswirtschaftliche Gesamtrechnung ganz erheblich auf Schätzungen und Zusammenführungen von Informationen aus verschiedensten Quellen. Solange nur auf sich nicht selten widersprechende Primärstatistiken zurückgegriffen werden kann, ist es vorrangiges Ziel, daraus zunächst konsistente Strukturen zu erarbeiten, die die verwendeten primären Quellen oder Informationsgrundlagen zwangsläufig nur noch bedingt widerspiegeln.

Frühere Veröffentlichungen des DIW zur Einkommensverteilung und -schichtung beschränkten sich auf das verfügbare Einkommen[40]. Mit der Berücksichtigung der Umverteilung wurde Neuland betreten. Erstmals ist das Einkommens- und Transfermodell des DIW in zwei Wochenberichten[41] vorgestellt, die vollständige Form des Modells und der darauf fußenden Verteilungsrechnung für den Zeitabschnitt 1973 bis 1978 dann in einem Gutachten für die Transfer-Enquéte-Kommission[42] publiziert worden.

Die statistischen Informationen zur Struktur der Familien und ihrer Einkommen stützen sich neben dem bereits genannten ersten Familiengutachten auf die im DIW vorliegenden Ergebnisse der Haushaltsschichtung des Einkommens- und Transfermodells. Grundlage der familialen Verteilungsrechnung ist daher eine Aufgliederung der entsprechenden Makrodaten - Bruttoeinkommen sowie empfangene und geleistete Übertragungen - in die der gesamten Haushalte, der Familien und der übrigen Haushalte.

Vom methodischen Aufbau her ist die vorliegende Verteilungsrechnung der Familien in drei Verarbeitungsstufen gegliedert:

1. Schichtung der Familien nach der Höhe ihres Bruttoerwerbs- und -vermögenseinkommens nach unterschiedlichen Familientypen.

2. Ausweis der empfangenen und geleisteten Übertragungen von Familien nach Familientypen und Einkommensklassen unter Zugrundelegung der Strukturbeziehungen des Parenté-Systems.

3. Überführung der Einkommensschichtung nach Berücksichtigung der empfangenen und geleisteten Übertragungen aus der Gliederung der Familien nach der Höhe ihres Erwerbs- und Vermögenseinkommens in eine Schichtung nach der Höhe ihres verfügbaren Einkommens.

Einige der hier behandelten methodischen Grundlagen wurden schon im Heft 31/1974 der Beiträge zur Strukturforschung des DIW und im Heft 2-3/1981 der Vierteljahrshefte zur Wirtschaftsforschung des DIW beschrieben.

3.2   Überblick über den Ablauf des Berechnungsverfahrens

3.2.1   Bevölkerung, private Haushalte und Familien in sozioökonomischer Gliederung

Langjährige Erfahrungen haben gezeigt, daß die Gliederung der Bevölkerung nach den wichtigen sozioökonomischen Kriterien eine nicht zu vernachlässigende Voraussetzung einer Verteilungsrechnung ist. Ergebnisse der amtlichen Bevölkerungsstatistik werden nämlich häufig dadurch getrübt, daß in einzelnen Statistiken unterschiedliche Begriffe, z. B. Wohnbevölkerung, wohnberechtigte Bevölkerung, Bevölkerung in privaten

Haushalten, Bevölkerung am Familienwohnsitz verwendet werden, und sich daraus nicht selten eine Unter- oder Übererfassung der tatsächlichen Bevölkerungszahl ergibt.

Die Struktur der Gesamtbevölkerung ist bisher am vollständigsten in den Ergebnissen der in der Bundesrepublik Deutschland durchgeführten Volks- und Berufszählungen von 1950, 1961 und 1970 dargestellt worden. Allerdings ist die für 1980 vorgesehene Großzählung zunächst auf 1983 und dann auf 1987 verschoben worden, so daß frühestens für 1988 mit ersten Ergebnissen aus dieser Totalerhebung zu rechnen ist.

Auf kurze Sicht informative Ergänzungen dazu sind in den Ergebnissen der seit 1957 jährlich veröffentlichten Erhebungen des Mikrozensus sowie in den in größeren Abständen durchgeführten Wohnungszählungen zu finden. Auf gesamtwirtschaftlicher Ebene wird zusätzlich in den Arbeitsstättenzählungen eine Übersicht über die Erwerbstätigkeit - sektoral fast vollständig - vermittelt.

Für die kurzfristige Entwicklung der jeweiligen gesamten Bevölkerungszahl werden unter Berücksichtigung der Geburten, Todesfälle und Wanderungen monatliche Fortschreibungen durchgeführt, die aber insbesondere wegen der nicht immer genauen Erfassung der Wanderungen zumeist überhöht sind. Schließlich sind zahlreiche weitere Einzelstatistiken, die spezielle Fragen für bestimmte Bevölkerungsgruppen beantworten, ergänzende, aufschlußreiche Quellen. Informationen aus Spezialstatistiken, die sich nur auf bestimmte Personengruppen oder bestimmte soziale Merkmale beschränken, bergen allerdings auch die Gefahr von Doppelzählungen in sich. So treffen nicht selten mehrere sozioökonomische Gliederungskriterien für ein und dieselbe Person zu. Wie schon bisher ist auch in der vorliegenden Untersuchung die Entscheidung über die endgültige Zuordnung in der Regel nach dem Schwerpunkt getroffen worden. Die Gefahr von Doppelzählungen, die eine Gesamtdarstellung verzerren, ist besonders häufig bei solchen Personen, die neben einer anderen Tätigkeit auch eine solche in der Landwirtschaft ausüben. Gerade in einem solchen Fall ist nicht immer leicht zu erkennen, was Haupt- und was Nebentätigkeit ist.

Der hier verwendete Begriff "Jahresdurchschnitt" ist insoweit von beträchtlicher Bedeutung, als nach "Köpfen" einmal die tatsächlich das ganze Jahr zur Wohnbevölkerung gehörenden Personen gezählt werden. Geburten, Todesfälle, Zu- und Abwanderungen, also alle Elemente der Bevölkerungsbewegung von Anfang bis Ende eines Jahres, werden dagegen zusätzlich nur fiktiv - nämlich auf der Basis der jeweiligen Zugehörigkeit zu ganzjährigen Personen zusammengefaßt - in das Strukturbild der Bevölkerung einbezogen.

Seit Ende der fünfziger Jahre stehen über die Struktur der Haushalte relativ gut fundierte Primärinformationen zur Verfügung. Als jährliche Erhebung - in der Regel nach unverändertem Erhebungsmodus - hat seit 1957 insbesondere der Mikrozensus vertieften Einblick in die Haushaltsstruktur gegeben. Neben dem Nachteil seiner relativ kleinen Repräsentation und des begrenzten periodischen Ausschnitts hat der Mikrozensus den großen Vorteil, daß hier seit langem Befragungen nach gleicher Systematik durchgeführt werden.

Das Fehlen von spezifischen primärstatistischen Familienuntersuchungen muß allerdings im Rahmen dieses Gutachtens als empfindlicher Mangel betrachtet werden. Als Fortschritt ist es dagegen anzusehen, daß aus den Erhebungen des Mikrozensus neuerdings eine laufende Reihe "Haushalte und Familien" veröffentlicht wird, die vergleichsweise gute Rückschlüsse auf die Struktur der Familien zuläßt.

Die nächste Disaggregationsstufe in der vorliegenden Modellrechnung stellt einen Arbeitsschritt dar, der von den veröffentlichten amtlichen Statistiken nur noch begrenzt vorgezeichnet wird. Neben der sozialen Stellung des Familienvorstandes werden nämlich auch alle weiteren Angehörigen - seien es Einkommensbezieher, seien es zu versorgende Angehörige ohne Einkommen - in sozioökonomischer Gliederung dargestellt. Bei den erforderlichen Schätzungen war es daher wichtigstes Ziel, Anpassungen an die jeweilige sozioökonomische Bestandszahl ohne größere Verletzung der aus amtlichen Statistiken als gesichert erkennbaren Strukturen vorzunehmen.

Mit einer Aufgliederung der sozialen Haushaltsgruppen nach der Haushaltsgröße und der Zahl der Einkommensbezieher ist im DIW-Modell ein weiterer Schritt der Disaggregation getan worden. Hierbei mußte allerdings gegenüber primärstatistischen Informationen eine größere Fehlertoleranz in Kauf genommen werden. So geht der Mikrozensus von der wohnberechtigten Bevölkerung aus, in der Personen, die vorübergehend nicht am Familienwohnsitz leben, in der Regel doppelt gezählt werden. Dies führt dazu, daß die Personenzahl im Vergleich zur tatsächlichen Bevölkerung überhöht ausgewiesen wird.

Durch das Element "Haushaltsgröße" ist die gesamte Bevölkerungszahl weitgehend bestimmt. Dabei ist lediglich die offene Gruppe mit fünf und mehr Personen nicht genau zu quantifizieren, jedoch vermittels der aus der amtlichen Statistik gewonnenen Erfahrungswerte der Durchschnittszahl dieser Personengruppe mit enger Fehlergrenze zu bestimmen.

Das vorliegende Strukturbild der Familien nach der Zahl der Kinder lehnt sich eng an die Struktur der Haushalte nach der Haushaltsgröße an. Die zahlenmäßige Ausgliederung der Familien aus der Haushaltsstruktur ist allerdings dadurch ganz erheblich erschwert worden, daß neben den Eltern oder den Alleinerziehenden mit ihren Kindern unter 18 Jahren auch weitere Familienangehörige, insbesondere ledige Kinder über 18 Jahre, erfaßt werden. So ist beispielsweise die Familiengruppe "Ehepaar mit zwei Kindern" nicht etwa identisch mit dem "Vier-Personen-Haushalt".

3.2.2   Bruttoerwerbs- und -vermögenseinkommen

3.2.2.1   Funktionale Bruttoeinkommen der volkswirtschaftlichen Gesamtrechnung

Gesamtwirtschaftliche Ausgangsgröße der vorliegenden Schichtung ist das Bruttoerwerbs- und -vermögenseinkommen der privaten Haushalte. Die funktionalen Bestandteile "Bruttoeinkommen aus unselbständiger Arbeit" und "Bruttoeinkommen aus Unternehmertätigkeit und Vermögen" entsprechen - unter Ausschluß der nicht entnommenen Gewinne der Unternehmen ohne eigene Rechtspersönlichkeit - den Aggregaten der volkswirtschaftlichen Gesamtrechnung. Beide Einkommensaggregate werden im DIW-Modell weiter aufgegliedert. Für die Einkommen aus unselbständiger Arbeit kann auf die schon seit 1960 im Forschungsprogramm des DIW vierteljährlich und jährlich veröffentlichten Berichte über Entwicklung und Struktur der Arbeitnehmereinkommen zurückgegriffen werden. Dort werden Bruttolöhne und -gehälter getrennt, darüber hinaus aber auch Durchschnittseinkommen nach Wirtschaftsbereichen, der Stellung im Beruf und nach dem Geschlecht ausgewiesen. Diese Gliederung vermittelt zusätzliche Anhaltspunkte für die getrennte Darstellung der Durchschnittseinkommen von Haushalts- oder Familienvorständen und weiteren Einkommensbeziehern.

Sondert man aus den entnommenen Gewinnen das seit einiger Zeit auch vom Statistischen Bundesamt ermittelte Vermögenseinkommen aus, so verbleiben die Entnahmen im engeren Sinne, d. h. die der privaten Haushaltsführung zuzurechnenden Teile des Einkommens aus Unternehmertätigkeit. Einbezogen in die Entnahmen ist in der vorliegenden Rechnung auch das Einkommen aus Wohnungsvermietung einschließlich der kalkulatorischen Einkünfte aus der Eigenheimnutzung. Diese gehören an sich zu den Vermögenseinkommen, auf ihre getrennte Darstellung muß allerdings mangels statistischer Nachweise gegenwärtig noch verzichtet werden. Die Einkommen aus Geldvermögen sind anteilsmäßig allen sozialen Schichten zugerechnet worden. Es sind im wesentlichen Zinseinkünfte aus Spar- und Bausparkonten, Sparbriefen, festverzinslichen Wertpapieren, Dividenden sowie Gewinnbeteiligungen aus Lebensversicherungen.

3.2.2.2 Bruttoerwerbs- und -vermögenseinkommen in sozialer Gruppierung

Der Übergang von der funktionalen zur personellen Verteilung kann sich nur noch mittelbar auf Daten der volkswirtschaftlichen Gesamtrechnung stützen. Auf dieser weiterverarbeitenden Stufe muß auf zusätzliche primärstatistische Informationen zurückgegriffen werden, die miteinander abzustimmen und ggf. durch Schätzungen zu ergänzen sind.

Ein erster Überblick über die Verteilungsstruktur der funktionalen Bruttoeinkommen in sozialer Gruppierung weist folgende zumeist recht eindeutige und voll den Erwartungen entsprechende Beziehungen auf.

So liegt der Einkommensschwerpunkt

- der Selbständigen in der Land- und Forstwirtschaft

  in den Einkünften aus landwirtschaftlicher Tätigkeit,

- der Selbständigen in den sonstigen Wirtschaftsbereichen in den Entnahmen,

- der Angestellten und der Beamten in den Bruttogehältern,

- der Arbeiter in den Bruttolöhnen.

Lediglich für Rentner und Versorgungsempfänger des öffentlichen Dienstes, die ja überwiegend von Transfereinkommen leben, ist logischerweise ein entsprechender Schwerpunkt in den Bruttoeinkommen nicht erkennbar.

In allen sozialen Gruppen sind allerdings auch Erwerbseinkommen enthalten, die für die jeweilige Gruppe nicht typisch sind. Entsprechend der Struktur der weiteren Einkommensbezieher finden sich in allen privaten Haushalten und Familien auch Einkünfte, die nicht der Haupteinkommensart des dominierenden Einkommensbeziehers gleichen. So fließen Bruttolöhne und Bruttogehälter als Einkommen zusätzlicher Einkommensbezieher auch in Haushalte und Familien von Selbständigen und Rentnern.

Die Sozialbeiträge der Arbeitgeber sind im Verhältnis der beitragspflichtigen Löhne und Gehälter - ohne Bezüge der Beamten - unter Berücksichtigung der jeweiligen Beitragssätze, Beitragsbemessungsgrenzen und schließlich auch unterschiedlicher Arbeitgeberanteile in einzelnen Sparten der gesetzlichen Sozialversicherung auf die sozialen Gruppen verteilt worden.

In sozialer Gruppierung sind die Entnahmen stark konzentriert, weil sie naturgemäß in anderen als Selbständigengruppen nur selten anzutreffen sind. Es handelt sich dann einmal um Erwerbseinkünfte von Selbständigen, die als weitere Einkommensbezieher anderen sozialen Gruppen zugeordnet sind, aber auch um Einkünfte aus Vermietung und Verpachtung, insbesondere solcher aus kalkulatorischen Einkünften aus Eigenheimnutzung, die - wenn auch unterschiedlich - in allen sozialen Gruppen anzutreffen sind.

Die Einkommen aus Geldvermögen entfallen zwar entsprechend der aus Erhebungen der Kreditinstitute gewonnenen Informationen überdurchschnittlich auf Selbständige, aber sie machen beispielsweise auch in der Gruppe der Rentner einen merklichen Anteil der Bruttoeinkommen (ohne Berücksichtigung empfangener Übertragungen) aus.

3.3 Zusammenführung von Haushalts- und Einkommensdaten

Die nächste Verarbeitungsstufe führt schließlich Einkommen und einzelne Haushaltsgruppen in der vorgesehenen Typisierung zusammen. Jede der sieben ausgewiesenen sozialen Gruppen gliedert sich in neun Haushaltstypen, für die jeweils Einkommensschichtungen dargestellt werden. Ausgangsgröße für die weitere Differenzierung sind die Bruttoerwerbs- und -vermögenseinkommen je Haushalt in sozialer Gruppierung.

Zahlreiche primärstatistische Informationen weisen auf Einkommensunterschiede hin, die Annahmen über die Differenzierung zulassen, insbesondere auch über die Differenzierung zwischen Haushaltsvorstand und weiteren Einkommensbeziehern sowie über Abweichungen des durchschnittlichen Einkommensniveaus bei unterschiedlicher Haushaltsgröße.

In der Regel hat der Haushaltsvorstand ein zumeist bedeutend höheres Einkommen als andere Angehörige des Haushalts oder der Familie. Die Gründe für die in der Regel niedrigeren Einkommen der weiteren Einkommensbezieher sind arbeits- und sozialrechtlicher Natur und können aus entsprechenden Einkommensstatistiken abgeleitet werden:

- Die durchschnittlichen Verdienste der Frauen, deren Zahl bei den weiteren Einkommensbeziehern - zumeist als Ehefrauen - dominiert, sind niedriger als die der Männer.

- Bei hinzuverdienenden Ehefrauen handelt es sich zudem nicht selten um Teilzeitbeschäftigte.

- Jüngere Personen, insbesondere bei den Eltern lebende ledige Kinder, haben zumeist noch nicht das einer bestimmten beruflichen Qualifikation zuzurechnende Höchsteinkommen erreicht.

- Schließlich sind die Erziehungsbeihilfen der in Ausbildung befindlichen Personen wesentlich niedriger als normale Erwerbseinkommen.

In den Mehrverdiener-Haushalten ergibt sich eine beträchtliche Einkommenskumulation. Dieser Effekt, der generell zu höheren Einkommen der Haushalte mit mehreren Einkommensbeziehern führt, wird allerdings in der Praxis dadurch gemildert, daß mit steigendem Einkommen des Haushaltsvorstands in der Regel die Erwerbsbereitschaft der übrigen Haushaltsmitglieder - vor allem der Ehefrauen - abnimmt.

3.4 Schichtung der Haushalte nach der Höhe ihres Erwerbs- und Vermögenseinkommens

Primärstatistische Erhebungen zur Einkommensverteilung weisen charakteristische Merkmale auf, die zumeist auch im Zeitverlauf ihre bestimmte Ausprägung nicht verlieren. So weist jedes Schichtungsbild der Einkommen eine differenzierte Besetzungsdichte der Einkommensklassen auf, die sich mehr oder weniger ausgeprägt in allen Haushaltsstrukturen wiederfindet. Die Besetzung der unteren Einkommensklassen ist gering, in den mittleren Einkommensbereichen kommt es dann zu einer Konzentration der Haushalte, und in den höheren Klassen wird die Besetzung allmählich wieder schwächer. In der graphischen Darstellung ergibt sich daraus eine linkssteile Kurve der Einkommensverteilung. Sehr homo gene Haushaltstypen, wie etwa Arbeiter-Haushalte mit nur einem Einkommensbezieher, weisen eine besonders starke Konzentration im mittleren Bereich auf. Heterogene Haushaltstypen, vor allem Selbständigen-Haushalte, sind dagegen in ihrem Einkommensschwerpunkt weniger deutlich ausgeprägt, da die Haushalte hier gleichmäßiger über den gesamten Einkommensbereich verteilt sind.

Jede Klasse einer Einkommensschichtung hat ein spezifisches Durchschnittseinkommen. Alle primärstatistischen Informationen bestätigen, daß dieses in der Klasse der dichtesten Besetzung mit der Klassenmitte identisch ist, in Einkommensklassen unterhalb dieser Klasse umso mehr über der Klassenmitte liegt, je weiter diese Klasse sich von der am häufigsten besetzten Klasse entfernt. Entsprechend gilt für Einkommensklassen oberhalb des häufigsten Wertes, daß sich ihr Durchschnittseinkommen zur unteren Klassengrenze bewegt.

Ist man mit den Grundinformationen über Zahl und durchschnittliche Einkommenshöhe einzelner Gruppen ausgestattet, so sind die vorgenannt beschriebenen generellen Merkmale von Einkommensverteilungen sowie die Kenntnis über die spezifische Ausprägung von Lokalisationsmaßen bei der Erstellung von Einkommensschichtungen sehr hilfreich. Ergebnisse von Haushaltsbefragungen - insbesondere der EVS - sind unentbehrliche Grundinformationen für die Darstellung von Einkommensschichtungen.

Im übrigen haben die Erfahrungen, die seit einiger Zeit bei der synthetischen Erstellung von Bruttoschichtungen gemacht werden konnten, gezeigt, daß eine hinreichende Kenntnis von Lokalisationsmaßen zur Stützung der Verteilungsstruktur führt. Testuntersuchungen an relativ gesicherten primären Einkommensstrukturen kommen hinsichtlich der Lage des häufigsten und des zentralen Wertes sowie des arithmetischen Mittels zum Ergebnis, daß die Relation dieser Konzentrationsmaße zueinander für die einzelnen sozialen Gruppen auch im Zeitverlauf recht konstant ist und auch eine bewußt herbeigeführte Variation nur zu geringfügiger Lageveränderung bei Aufrechterhaltung der sonstigen Bedingungen führen kann.

Wenn der synthetische Aufbau einer makroökonomisch orientierten Einkommensschichtung die Konzeption des vorliegenden Modells vorrangig bestimmt hat, so gilt dies in gleicher Weise für die Wahl des Einkommensbegriffs der hoch aggregierten Bruttoerwerbs- und -vermögenseinkommen. Dieses Aggregat entspricht nahezu dem gesamten "Volkseinkommen" und ist als Grundlage und Bezugsgröße für die Darstellung des Umverteilungsprozesses besonders geeignet. Allerdings wird ein derart umfassendes Einkommen in primären Erhebungen zumeist nicht vollständig erfragt. So verzichtet die Einkommens- und Verbrauchsstichprobe bei der Ermittlung

der Einkommen aus unselbständiger Arbeit auf den Ausweis der Arbeitgeberbeiträge zur Sozialversicherung, die sich gegenwärtig auf mehr als 100
Mrd. DM belaufen.

Besondere Schwierigkeiten bereitet bekanntlich die Ermittlung des
Einkommens aus Unternehmertätigkeit in Haushaltsbefragungen. In der
Einkommens- und Verbrauchsstichprobe wird das Einkommen aus Unternehmertätigkeit in der Regel als Differenz zwischen den Gesamtausgaben und
den nicht aus Unternehmertätigkeit stammenden Einkünften errechnet. In
anderen Fällen entspricht es den in der Steuererklärung festgesetzten
Beträgen, die nicht selten von den privaten Ausgaben abweichen.

3.5 Ausgliederung der Familien aus der Einkommensschichtung der privaten Haushalte

Die bisher durchgeführten Arbeiten im Rahmen der Bruttoschichtung des DIW-Modells bezogen sich ausschließlich auf den Ausweis aller privater Haushalte. Abgesehen von alleinlebenden Personen sind Familien nach den in diesem Gutachten zugrunde gelegten Definitionen - mit unterschiedlichem Anteil - in allen Haushaltstypen anzutreffen. Die folgende Disaggregationsstufe mündet daher in einen Arbeitsgang, in dem unter bestimmten Annahmen die darzustellenden Familientypen aus Haushaltsstrukturen auszugliedern waren. Für dieses Ausgliederungsverfahren mußten neue Arbeitstechniken entwickelt werden.

In einem früheren Kapitel ist schon auf die demographischen Strukturbeziehungen zwischen Familien und Haushalten hingewiesen worden; so gehören Familien zumeist mehreren Haushaltsgrößenordnungen an. Für die Erstellung von familialen Einkommensschichtungen hat dies zur Folge, daß zwei oder noch mehr Ausschnitte aus den zugrunde gelegten Haushaltsschichtungen zu einer neuen Schichtung eines bestimmten Familientyps zusammengefaßt werden müssen. Grundbedingung für diesen Umwandlungsprozeß ist, daß die Anteilsquote des jeweiligen Familientyps an der Schichtungsstruktur eines Haushalts in allen Einzelschichten - maximal also in 20 Einkommensklassen - unverändert bleibt, daß also ein symmetrischer Ausschnitt dabei gewonnen wird.

Die durch dieses neue Ausgliederungsverfahren gewonnenen familialen Einkommensschichtungen mußten einem abschließenden Abstimmungsprozeß unterworfen werden. Hier war zu überprüfen, inwieweit wichtige

Kriterien des jeweiligen Schichtungsbildes, wie das familiale Einkommen, oder auch dessen Verteilungsmaße Modal, Median und arithmetisches Mittel, eingehalten waren oder durch ein weiteres Korrekturverfahren erst ermittelt werden mußten.

3.6 Verteilung empfangener und geleisteter Transfers in sozialer Gruppierung

Sowohl empfangene wie geleistete laufende Übertragungen sind als Gesamtgröße nahezu unverändert aus der volkswirtschaftlichen Gesamtrechnung übernommen worden. Lediglich die monetären Transfers - positive wie negative - der in Anstalten lebenden Personen sind vorweg abgezogen worden. Gegenüber der Darstellung in der volkswirtschaftlichen Gesamtrechnung sind lediglich im Bereich der direkten Steuern zwischen Lohnsteuer und veranlagter Einkommensteuer Umbuchungen vorgenommen worden, im Bereich der Sozialbeiträge zur Rentenversicherung sind die fiktiven Rückstellungen für Beamtenpensionen unberücksichtigt geblieben.

Die weitere Aufgliederung der hier einbezogenen Transferzahlungen und -leistungen - vier Bereiche empfangene Übertragungen, sechs Bereiche geleistete Übertragungen - auf die sieben sozialen Familiengruppen wie auch auf die übrigen Haushalte ist eine wichtige Disaggregationsstufe. Dieser für die endgültige Ermittlung der Transferstruktur zentrale Arbeitsschritt ist der Versuch, einem schon häufig geäußerten Wunsch nachzukommen, nämlich die Darstellung der VGR zu erweitern und ihr eine transparente Transferrechnung anzugliedern. Da primärstatistische Erhebungen in dieser Detaillierung - von der Zusatzerhebung der EVS 1978 einmal abgesehen - nicht vorliegen, mußte verstärkt auf mittelbare Informationen, die Hinweise auf die Zuordnung einzelner Transfers geben, zurückgegriffen werden.

Wie im nächsten Kapitel noch eingehender darzustellen ist, weisen die transferrechtlichen Bestimmungen - seien es personell orientierte

Anspruchsgrundlagen oder spezifische Bemessungsgrundlagen einzelner Abgaben - eine Fülle von Informationen aus, die für die Verteilungsrechnung der Transfers auf soziale Gruppen unentbehrlich gewesen sind, überdies durch ihre Rechtsgrundlagen die Präzisierung der darauf basierenden Rechenoperationen verstärkt haben.

Die Vorschriften des Parenté-Systems, die für die Schichtung der Transfers - wie noch zu begründen sein wird - das wichtigste Ordnungsprinzip darstellen, haben auch auf die Verteilung der noch ungeschichteten Makroaggregate Einfluß ausgeübt. Wie auf anderen Verarbeitungsstufen des vorliegenden Modells konnten auch die vorgegebenen Annahmen nur in iterativen Schritten befriedigend durchgesetzt werden. Rückkoppelungseffekte, die sich aufgrund der Einhaltung der schichtspezifischen mikroorientierten Vorschriften der Parenté zwangsläufig auch auf die makroorientierten Annahmen auswirkten, haben wesentlich zur Festigung der Verteilungsstruktur beigetragen.

3.7 Fortschreibungsverfahren von Einkommensschichtungen

Zur Fortschreibung von Einkommensschichtungen ist ein Transformationsverfahren eingesetzt worden, das in Analogie zur Beschreibung dynamischer Strukturen durch endliche Markoff-Ketten entwickelt wurde. Es überführt die nach Einkommensklassen geordnete Familienstruktur einer Basisperiode t_o in die Schichtung einer Referenzperiode t_1.

Das Durchschnittseinkommen eines bestimmten Familientyps in der Basisperiode soll mit $\bar{y}_o$, in der Referenzperiode mit $\bar{y}_1$ bezeichnet werden. Dann gilt für die Rate der durchschnittlichen Einkommensänderung r im Zeitraum $[t_o, t_1]$ die Beziehung $\bar{y}_1 = \bar{y}_o (1 + r)$, und $q = 1 + r$ ist der Wachstumsfaktor des Einkommens. Im folgenden soll angenommen werden, daß dieser Faktor für alle Familien eines bestimmten Typs gleich ist.

In formaler Sicht ist eine Einkommensschichtung die Zuordnung diskreter Häufigkeiten z_i, $i = 1, 2, ..., n$, zu rangmäßig angeordneten Größenklassen $y_i \leqq y < y_{i+1}$ in der Weise, daß z_i die Anzahl der Elemente angibt, deren Merkmalswert in der i-ten Größenklasse liegt. Bei einer Fortschreibung mit $q > 1$ "wandern" nun alle diejenigen Familien aus ihrer ursprünglichen Einkommensklasse in eine solche mit höherer Rangzahl, die im Basiszeitraum den Einkommensspannen

$$\frac{y_{i+1}}{q} \leqq y < y_{i+1} \, , \qquad i = 1, 2, \ldots, n-1 \, ,$$

zugeordnet sind. Familien mit einem Merkmalswert, der in den Bereichen

$$y_i \leqq y < \frac{y_{i+1}}{q} \, , \qquad i = 1, 2, \ldots, n-1 \, ,$$

und

$$y_n \leqq y < y_{n+1}$$

liegt, verbleiben dagegen in ihrer ursprünglichen Einkommensklasse.

Die "Wanderung" der Familien bei der Einkommensfortschreibung kann sich über mehrere Größenklassen erstrecken. Daher ist für jede Klasse sequentiell zu prüfen, aus welchen Klassen sie überwechselnde Familien aufnimmt bzw. an welche Klassen sie Familien abgibt. Zur Verfeinerung der Analyse wurde dabei jedes Einkommensintervall in zwei gleichbreite Teilklassen zerlegt; dies erschien ratsam aufgrund der starken Asymmetrie von Einkommenschichtungen. Unter Berücksichtigung der klassenspezifischen Durchschnittseinkommen $\overline{y}_i$ wurden ferner statistische Maßzahlen $\lambda_i (0 \leqq \lambda_i \leqq 1)$ gewonnen, die die Verteilung der Familien auf diese Teilklassen approximieren: $\lambda_i z_i$ gibt die Anzahl der Familien in der unteren, $(1 - \lambda_i) z_i$ die Zahl der Familien in der oberen Hälfte der i-ten Einkommensklasse an.

Die Zahl der Familien, die bei der Fortschreibung aus der i-ten in die (i + 1)-te Einkommensklasse wandern, hängt von der Lage der "Fortschreibungsschranke" $k_i = \dfrac{y_{i+1}}{q}$ ab. Bei proportionalem Ansatz läßt sich die Zahl der aus der oberen Klassenhälfte abwandernden Familien zu

$$
(1) \quad z_{i,i+1} = \begin{cases} \dfrac{(1-\lambda_i)\, z_i\, (y_{i+1} - k_i)}{y_{i+1} - m_i} & m_i \leqq k_i < y_{i+1} \\[4mm] (1-\lambda_i)\, z_i & k_i < m_i \end{cases}
$$

und die aus der unteren Klassenhälfte abwandernden Familien zu

$$
(2) \quad z_{i,i+1} = \begin{cases} 0 & m_i \leqq k_i \\[4mm] \dfrac{\lambda_i\, z_i\, (m_i - k_i)}{y_{i+1} - m_i} & y_i \leqq k_i < m_i \\[4mm] \lambda_i\, z_i & k_i < y_i \end{cases}
$$

bestimmen; dabei sind y_i die Klassengrenzen und $m_i = \frac{1}{2}(y_i + y_{i+1})$ die

Klassenmitten. Insgesamt beträgt die Zahl der aus der i-ten in die (i + 1)-te Größenklasse fließenden Familien

$$z_{i, i+1} = z_{i, i+1}^{(1)} + z_{i, i+1}^{(2)} .$$

Die aus den Einkommensklassen mit den Rangzahlen $s = i - 1, i - 2, \ldots, 1$ in die (i + 1)-te Klasse überwechselndenFamilien werden in weiteren $2 i - 2$ Schritten erfaßt durch die Ausdrücke

$$z_{s, i+1} = z_{s, i+1}^{(2i - 2s + 1)} + z_{s, i+1}^{(2i + 2s + 2)}$$

Die Größen $z_{s, i+1}^{(2i - 2s + 1)}$ und $z_{s, i+1}^{(2i + 2s + 2)}$

sind analog zu $z_{i, i+1}^{(1)}$ und $z_{i, i+1}^{(2)}$

aufgebaut.

Das Verfahren wird auf alle Größenklassen der Einkommensschichtung angewendet. Bezeichnet man allgemein die Zahl der bei der Fortschreibung aus der i-ten in die j-te Klasse wandernden Familien mit z_{ij}, so gilt offenbar bei einer Einkommensexpansion mit $q > 1$ die Beziehung

$$z_{ij} = 0 \qquad \text{für} \qquad i > j,$$

und die Familien können in einer Dreiecksmatrix der Form

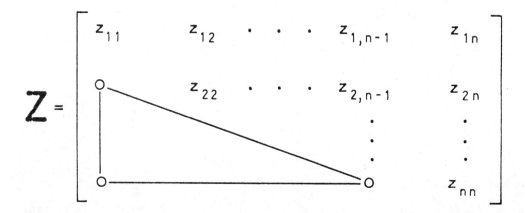

angeordnet werden, in der die Elemente auf der Hauptdiagonalen die Zahl der Familien angeben, die ihre ursprüngliche Einkommensklasse nicht verlassen. Die Zahl der in die i-te Einkommensklasse hineinwandernden Familien wird durch die Summe der Spaltenelemente,

$$z_{1i} + z_{2i} + \ldots + z_{i-1,i} = \sum_{j=1}^{i-1} z_{ji}$$

die Zahl der aus dieser Klasse abfließenden Familien durch die Summe der Zeilenelemente

$$z_{i,i+1} + z_{i,i+2} + \ldots + z_{in} = \sum_{j=i+1}^{n} z_{ij}$$

gegeben. Nach der Fortschreibung beträgt die Besetzung der i-ten Einkommensklasse

$$_1z_i = {}_0z_i + \sum_{j=1}^{i-1} z_{ji} - \sum_{j=i+1}^{n} z_{ij}$$

dabei ist $_0z_i$ der Bestand der Basisperiode.

3.8 Verfahren zur Umsetzung von Haushalten und Familien innerhalb der Größenklassenskala einer Einkommens- und Transferschichtung

3.8.1 Das Problem der Größenklassenumsetzung

Die Verteilungsrechnung beginnt mit einer Anordnung der Familien nach der Höhe ihres monatlichen Bruttoerwerbs- und -vermögenseinkommens (Löhne und Gehälter, Sozialbeiträge der Arbeitgeber, Gewinne und Vermögenseinkommen). Diese Anordnung ist nach Größenklassen gegliedert; dabei werden die Einkommensklassen auch als Schichten, die Darstellung der Häufigkeitsverteilung auch als Einkommensschichtung bezeichnet.

Im Anschluß an die zahlenmäßige Schichtung der Familien und ihrer Erwerbs- und Vermögenseinkommen wird gezeigt, wie diese primäre Einkommensverteilung durch Umverteilungsmaßnahmen verändert wird: So empfangen die Familien soziale Leistungen und andere Transfers, sie zahlen andererseits direkte Steuern, Sozialbeiträge und sonstige laufende Übertragungen. Diese Einkommensumverteilung hat zur Folge, daß Familien in der Regel mit ihrem verfügbaren Einkommen einer anderen Größenklasse angehören als in der Schichtung nach der Höhe ihres Erwerbs- und Vermögenseinkommens. Familien von Selbständigen und Arbeitnehmern, die mehr Transfers leisten als sie empfangen, "wandern" durch die Umverteilung in eine niedrigere Einkommensklasse; Familien von Rentnern und Versorgungsempfängern des öffentlichen Dienstes, die einen positiven Transfersaldo aufweisen, gelangen in eine höhere Einkommensklasse. Damit die Einkommensschichtung der sozialen Gruppen nach der Höhe ihres verfügbaren Einkommens in geordneter Weise dargestellt werden kann, ist es erforderlich, die durch die Umverteilung hervorgerufene "Wanderung" von Familien auf der Einkommensskala zu erfassen und die Häufigkeitsverteilung durch ein Umsetzungsverfahren entsprechend zu verändern. Daß eine solche Bereinigung notwendig ist, zeigt sich deutlich, wenn man den Einkommensbetrag, der sich nach Abschluß der Umverteilung für jede einzelne Größenklasse ergibt, auf die Zahl der Familien bezieht, wie sie in der ursprünglichen Einkommensschichtung ausgewiesen wurde: Die Durchschnittseinkommen, die sich nach der Umverteilung ergeben, liegen in der Regel außerhalb der Klassengrenzen. Dies bedeutet, daß die Familien innerhalb der Einkommensskala umgruppiert werden müssen.

Die statistische Methodenlehre bietet zum Problem der Größenklassenumsetzung in Häufigkeitsverteilungen keinen Ansatz, der ad hoc brauchbar wäre. In der Literatur ist das Problem mehrfach im Zusammenhang mit der Fortschreibung von Häufigkeitsverteilungen behandelt worden: Es gibt Fortschreibungsverfahren unter Verwendung von Spline-Funktionen, aber auch eine Umsetzungsmethode, die trigonometrische Funktionen (Fourier-Reihen) benutzt[43].

Eine Fortschreibung von Einkommensstrukturen ist in der Regel dadurch gekennzeichnet, daß sich die Elemente einer Häufigkeitsverteilung als Folge einer Einkommenszunahme oder -abnahme im Zeitverlauf auf der Einkommensachse bewegen. Die Größenklassenumsetzung erfolgt dann durch ein Generierungsverfahren, das eine gegebene Häufigkeitsverteilung in eine andere überführt, wobei sich beide Verteilungen auf das gleiche Merkmal beziehen. Das im folgenden beschriebene Verfahren hat einen anderen Anknüpfungspunkt: Hier wird aus zwei gegebenen Häufigkeitsverteilungen unterschiedlicher Merkmale - der Anordnung von Familien nach der Höhe ihres Bruttoerwerbs- und -vermögenseinkommens einerseits, der

Verteilung von empfangenen und geleisteten Übertragungen andererseits - eine dritte Verteilung - die Gruppierung der Familien nach der Höhe ihres verfügbaren Einkommens - erzeugt. Dieses Verfahren hat den Vorzug, daß Informationen aus den beiden Ausgangsverteilungen in die dritte Verteilung einfließen. Die Größenklassenumsetzung wird in diesem Fall nicht durch eine Einkommensänderung im Zeitverlauf, sondern durch die Addition oder Subtraktion von Faktor- und Transfereinkommen der gleichen Periode vorgenommen. Formal gesehen muß die Überlagerung der beiden Ausgangsverteilungen durch eine geeignete mathematische Operation erfaßt werden.

Wenn man lediglich mit Mikrodaten arbeitet, tritt das Problem der Größenklassenumsetzung nicht auf. Bei einem solchen Vorgehen gibt es aber andere Schwierigkeiten (z.B. die "Ergänzung" von Stichproben oder die Konstruktion eines konsistenten Hochrechnungsrahmens), auf die hier nicht eingegangen werden soll.

3.8.2 Theoretischer Ansatz eines Verfahrens zur Größenklassenumsetzung

Die Höhe des monatlichen Familieneinkommens aus Erwerbstätigkeit und Vermögen sei in der Sprache der mathematischen Statistik als (stetige) Zufallsvariable X bezeichnet. Dann wird die (relative) Verteilung der Familien über der Einkommensachse durch eine Dichtefunktion[44] y=f(x) beschrieben, und durch die zugehörige Verteilungsfunktion

$$z = F(x) = \int_{-\infty}^{x} f(t)dt \quad \text{mit } F : \mathbb{R} \longrightarrow [0,1]$$

wird jedem Einkommenswert x umkehrbar eindeutig der Anteil von Familien zugeordnet, die diesen Einkommenswert nicht überschreiten.

Nach unten begrenzt ist die Verteilungsfunktion in der Praxis durch einen "Mindesteinkommensbetrag" $x_0 > 0$.

Die Funktion $\tau = g(x)$ möge eine Verteilung beschreiben, in der jedem Einkommenswert x der Saldo von empfangenen und geleisteten Übertragungen zugeordnet wird[45]. Denn im Hinblick auf das gesetzte Ziel - die Schichtung der verfügbaren Einkommen nach Abschluß der Umverteilung darzustellen - ist es naheliegend, die empfangenen und die geleisteten Transfers für jeden Wert der Einkommensskala zu saldieren und dadurch die Berechnungen zu vereinfachen. Freilich sollte man nicht aus dem Auge verlieren, daß die Verwendung von Transfersalden in der empirischen Wirtschaftsforschung nicht unumstritten ist.

Familien, die überwiegend Erwerbseinkommen beziehen - das sind Familien von Selbständigen und Arbeitnehmern -, "finanzieren" die Umverteilung; sie leisten mehr Transfers, als sie empfangen, und ihr Transfersaldo ist (von Ausnahmen abgesehen) negativ. Demgegenüber wird für Familien, deren Familienvorstand aus dem Erwerbsleben ausgeschieden ist - das sind Rentner und Versorgungsempfänger des öffentlichen Dienstes -, durch die Umverteilung des Einkommens die materielle Existenz gesichert; sie haben einen positiven Transfersaldo. Indes profitieren nicht nur Angehörige der zuletzt genannten beiden sozialen Gruppen von der Umverteilung. So wie es dem Ziel eines vertikalen Einkommensausgleichs entspricht, werden in allen Gruppen solche Familien begünstigt, in denen es Arbeitslose gibt, die Kinder unterhalten oder deren vergleichsweise geringes Erwerbseinkommen nicht ausreicht, um bestimmte soziale Tatbestände (Krankheit und Invalidität, Ausbildung u.ä.) finanziell zu tragen.

Generell nehmen mit steigendem Einkommen die empfangenen Transfers ab, die geleisteten Transfers zu, d.h. tendenziell sind im unteren

Einkommensbereich die Transfersalden positiv, im oberen Einkommensbereich negativ. Bei Selbständigen- und Arbeitnehmer-Familien mit in der Regel negativen Salden von empfangenen und geleisteten Transfers ist der Betrag um so größer, je höher das Erwerbseinkommen ist. Bei den Familien von Rentnern und Beamtenpensionären werden zwei verschiedene Familientypen zusammengefaßt, die durch die Umverteilung in unterschiedlichem Ausmaß begünstigt werden: solche, in denen nur der Familienvorstand Einkünfte bezieht und die im unteren Bereich dominieren, sowie andere, in denen weitere Familienmitglieder zum Haushaltseinkommen beitragen. Von einer bestimmten Einkommenshöhe an gewinnen die Abgaben auf das Erwerbseinkommen der zusätzlichen Verdiener stärker an Bedeutung als die von den Familien empfangenen Transfers[46]. Es wird noch gezeigt, in welcher Weise der Verlauf der Transferfunktionen für die einzelnen sozialen Gruppen durch eine Vielfalt transferrechtlicher Bestimmungen geprägt wird.

In der Einkommens- und Transferschichtung des DIW werden die transferrechtlichen Bestimmungen und die aus ihnen abgeleiteten Sachverhalte durch ein Gefüge "innerer Strukturbeziehungen" erfaßt, das anschaulich als "System von Ähnlichkeiten und Unterschieden (Parenté-System)" bezeichnet wird (vgl. 4).

Für den Ablauf der Berechnungen ist es nicht sinnvoll, die Verteilungsfunktion F(x) und die Transferfunktion g(x) miteinander zu koppeln: Der Wertebereich von F(x) enthält Einkommensträger, der Wertebereich von g(x) dagegen Einkommensbeträge. Die Verknüpfung von F(x) und g(x) wäre ohne Sinn.

Die Voraussetzung für eine sinnvolle Verknüpfung ist erst dann gegeben, wenn man die inverse Verteilungsfunktion[47]

$$x = F^{-1}(z) = \{x \mid F(x) = z\} \text{ mit } F^{-1} : [0,1] \longrightarrow [x_0, \infty]$$

bildet, die in der grafischen Darstellung sehr einfach durch Spiegelung von

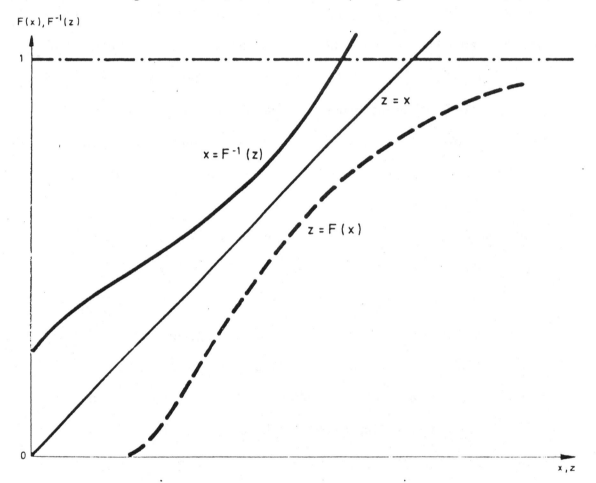

Schaubild 3.1
Verteilungsfunktion F(x) und inverse Verteilungsfunktion $F^{-1}(z)$

$z=F(x)$ an der Geraden $z=x$ entsteht (vgl. Schaubild 3.1) und durch die

jedem Anteil der Familien genau ein Einkommenswert zugeordnet wird. Mit

der Verkettungsfunktion $g \circ F^{-1} : F(x) \longrightarrow g(x)$ wird nämlich jedem

Anteil der Familien auch genau ein Transferwert zugewiesen·

$$F(x) \; \underset{F^{-1}}{\overset{F}{\rightleftarrows}} \; x \; \overset{g}{\longrightarrow} g(x) \, .$$

Damit ist es möglich, die beiden relevanten Häufigkeitsverteilungen - die Verteilung des Bruttoerwerbs- und -vermögenseinkommens und die Verteilung der Transferleistungen - in geeigneter Weise zu koppeln (vgl. Schaubild 3.2). Die Summenfunktion

$$H : F(x) \longrightarrow x + g(x)$$

ordnet jedem Anteil der Familien die Summe aus ihrem Faktoreinkommen und dem Saldo aus empfangenen und geleisteten Transfers zu. Diese Abbildung kann nun ebenfalls als umkehrbar eindeutig angesehen werden, denn in der Regel haben Familien mit einem vergleichsweise hohen Erwerbs- und Vermögenseinkommen auch nach der Umverteilung ein höheres verfügbares Einkommen als Familien mit einem vergleichsweise niedrigen Bruttoeinkommen. Formal wird durch die inverse Abbildung

$$H^{-1} : x + g(x) \longrightarrow F(x)$$

jedem Wert auf der Einkommensachse derjenige Anteil von Familien zugeordnet, der diesen Einkommensbetrag nicht überschreitet. $H^{-1}\left[x + g(x)\right]$ ist also eine Verteilungsfunktion. In der grafischen Darstellung läßt sie sich wiederum durch Spiegelung erzeugen (vgl. Schaubild 3.3). Im folgenden wird zur Abkürzung $x + g(x) = x^*$ geschrieben, so daß $F(x) = H^{-1}(x^*)$ gilt. Die (relative) Besetzung eines beliebigen Einkommensintervalls $x_a^* \leqq x^* \leqq x_b^*$ läßt sich ermitteln, indem man an den Grenzen des Intervalls die zugehörigen Werte der inversen Summenfunktion abliest und die Differenz

$$F(x_b) - F(x_a) = H^{-1}(x_b^*) - H^{-1}(x_a^*)$$

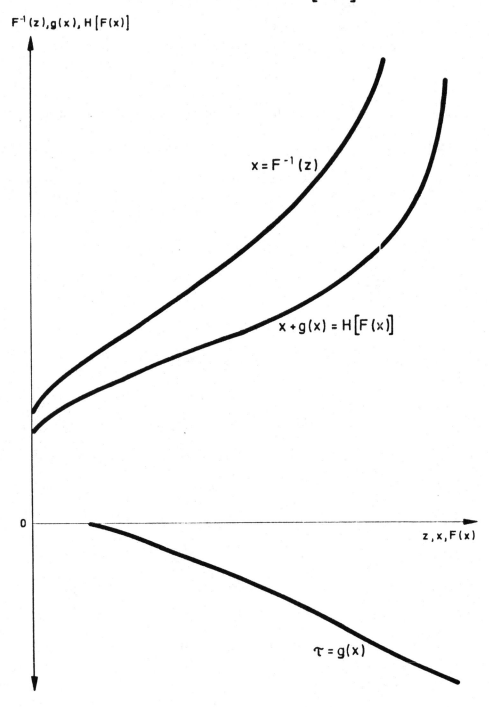

Schaubild 3.2

Inverse Verteilungsfunktion $F^{-1}(z)$, Transferfunktion $g(x)$

und Summenfunktion $H[F(x)]$

$F^{-1}(z), g(x), H[F(x)]$

$x = F^{-1}(z)$

$x + g(x) = H[F(x)]$

0

$z, x, F(x)$

$\tau = g(x)$

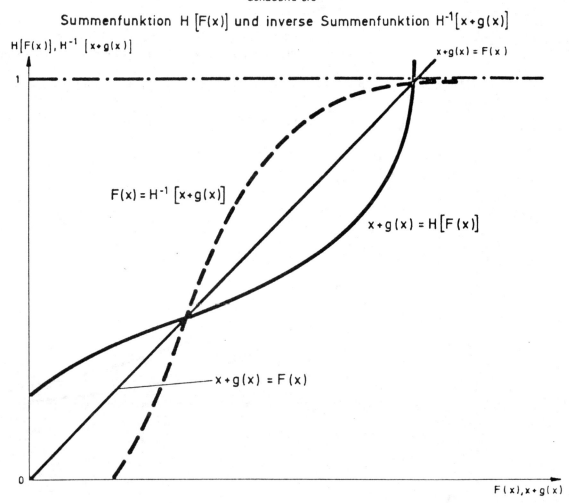

Schaubild 3.3

Summenfunktion $H\left[F(x)\right]$ und inverse Summenfunktion $H^{-1}\left[x+g(x)\right]$

bildet. Anschließend wird mit der Gesamtzahl der Merkmalsträger des jeweiligen Familientyps multipliziert. Durch Differentiation kann man aus der inversen Summenfunktion $H^{-1}(x^{*})$, die – wie gesagt – nun als Verteilungsfunktion $V(x^{*})$ zu interpretieren ist, eine Dichtefunktion $v(x^{*})$ ableiten, die die Verteilung der Familien nach der Höhe ihres verfügbaren Einkommens beschreibt:

$$\frac{d V(x^{*})}{d x^{*}} = v(x^{*}).$$

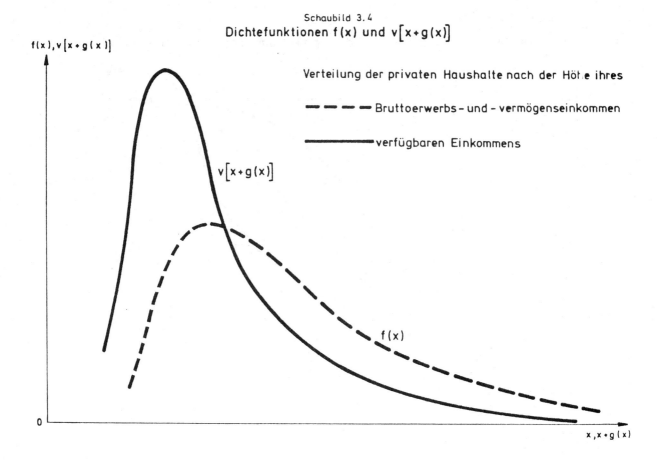

Schaubild 3.4
Dichtefunktionen f(x) und v[x+g(x)]

Verteilung der privaten Haushalte nach der Höhe ihres

– – – – Bruttoerwerbs - und - vermögenseinkommen

──── verfügbaren Einkommens

Für alle diejenigen Familientypen, deren Haupteinkommen aus Erwerbstätigkeit oder Vermögen stammt, hat die Umverteilung zur Folge, daß sich
die Dichtefunktion - anschaulich gesprochen - mit ihrem Modalwert auf
der Einkommensskala "nach links" verschiebt (vgl. Schaubild 3.4); das ergibt
sich aus der Tatsache, daß diese Familien einen negativen Transfersaldo
aufweisen. Gleichzeitig nimmt in der Regel die Streuung der Verteilung ab,
d.h. die Familien scharen sich in der Anordnung nach der Höhe ihres
verfügbaren Einkommens - nicht zuletzt in Auswirkung des progressiven
Einkommensteuertarifs - enger um den Modalwert, als dies vor der Umverteilung der Fall war[48].

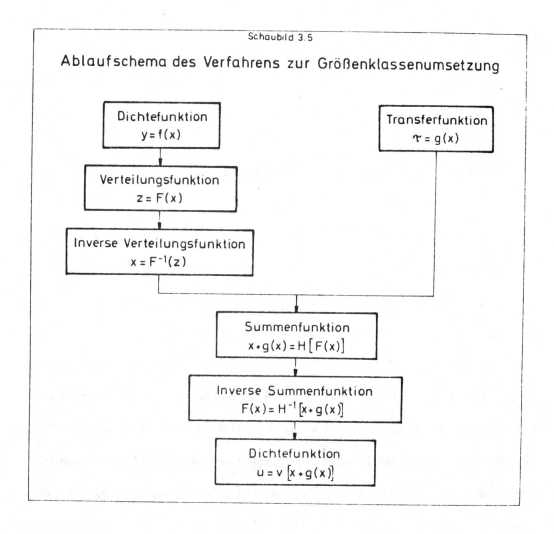

Schaubild 3.5

Ablaufschema des Verfahrens zur Größenklassenumsetzung

Nach der "Schwerpunktformel" läßt sich mit Hilfe der Dichtefunktion $v(x^*)$ und der zugehörigen Verteilungsfunktion $V(x^*)$ das Durchschnittseinkommen des Intervalls $x_a^* \leqq x^* \leqq x_b^*$ zu

$$\bar{x}_{ab}^* = \frac{\int\limits_{x_a^*}^{x_b^*} x^* v(x^*)\, dx^*}{\int\limits_{x_a^*}^{x_b^*} v(x^*)\, dx^*} = \frac{x_b^*\, V(x_b^*) - x_a^*\, V(x_a^*) - \int\limits_{x_a^*}^{x_b^*} V(x^*)\, dx^*}{V(x_b^*) - V(x_a^*)}$$

bestimmen.

Zusammenfassend wird der Ablauf des skizzierten Verfahrens im Schaubild 3.5 dargestellt.

3.8.3 Praktische Durchführung des Verfahrens

In der Praxis liegen die Verteilungen des Erwerbs- und Vermögenseinkommens sowie der empfangenen und geleisteten Transfers nicht als stetige Funktionen, sondern in Form diskreter Häufigkeitsverteilungen vor, nämlich als in Größenklassen eingeteilte Schichtungsbilder.

In diesem Fall sind von der Verteilungsfunktion $z = F(x)$ und von ihrer Inversen $x = F^{-1}(z)$ nur die Wertepaare an den Klassengrenzen $(\tilde{x}_i, \tilde{z}_i)$, $i = 1, 2, ..., k$, bekannt. Einzelne Werte der Transferfunktion $\tau = g(x)$ kann man berechnen, indem man dem Durchschnittseinkommen jeder Größenklasse $\bar{x}_i$ den durchschnittlichen Transfersaldo je Familie zuordnet. Bevor sich allerdings Stützpunkte der Summenfunktion $x + g(x) = H\left[F(x)\right]$ ermitteln lassen, ist es erforderlich, die Ordinatenwerte der inversen Verteilungsfunktion und die Abszissenwerte der Transferfunktion zur Deckung zu bringen, denn es ist zweifellos unzulässig, Klassengrenzen auf der einen, Durchschnittseinkommen auf der anderen Seite zu addieren.

Zu diesem Zweck muß eine der beiden Verteilungen interpoliert werden. Es hat sich als sinnvoll erwiesen, hier die Transferfunktion auszuwählen: Bei dieser Verteilung liegen in der Regel kleinere Beträge vor als bei der Verteilung des Bruttoerwerbs- und -vermögenseinkommens, und die Interpolationsungenauigkeiten dürften vergleichsweise gering ausfallen. Man verbindet die Stützpunkte der Transferfunktion durch Spline-Interpolation miteinander und liest anschließend den Betrag ab, den die interpolierte Funktion an den Klassengrenzen aufweist. Durch die Spline-Interpolation erhält man eine "glatte" Kurve, die stückweise aus kubischen Polynomen

$$s_i(x) = \sum_{j=0}^{3} \alpha_{ji} (x - \bar{x}_i)^j \quad \text{für } \bar{x}_i \leqq x \leqq \bar{x}_{i+1}, \; i = 1,2,\ldots k-1$$

so zusammengesetzt ist, daß die Funktion selbst und ihre beiden Ableitungen an den Stützstellen keine Sprungstellen besitzen. Nach beiden Seiten wurde linear extrapoliert, so daß man die Transferfunktion zu

$$g(x) = \begin{cases} s_1(\bar{x}_1) + s_1'(\bar{x}_1)(x - \bar{x}_1) & \text{für} & x \leqq \bar{x}_1 \\ s_1(x) & \text{für} & \bar{x}_1 \leqq x \leqq \bar{x}_2 \\ s_2(x) & \text{für} & \bar{x}_2 \leqq x \leqq \bar{x}_3 \\ \vdots & & \\ s_{k-1}(x) & \text{für} & \bar{x}_{k-1} \leqq x \leqq \bar{x}_k \\ s_{k-1}(\bar{x}_k) + s_{k-1}'(\bar{x}_k)(x - \bar{x}_k) & \text{für} & \bar{x}_k \leqq x \end{cases}$$

angeben kann. Die Parameter der Funktionsstücke lassen sich leicht durch ein rekursives Verfahren ermitteln, auf das sich die Gaußsche Eliminationsmethode vereinfacht, wenn eine zu invertierende Matrix dreidiagonal ist.

Nach der Spline-Interpolation der Transferfunktion erhält man durch Summation von $\tilde{x}_i$ und $g(\tilde{x}_i)$ einzelne Werte $\tilde{x}_i^*$ als Ordinatenpunkte der Summenfunktion $H[F(x)]$ bzw. als Abszissenwerte der inversen Summenfunktion $H^{-1}(x^*)$. Dabei entfernt man sich freilich von den Grenzen der ursprünglichen Klasseneinteilung. Will man sowohl die Anordnung der Familien nach der Höhe ihres Bruttoerwerbs- und -vermögenseinkommens als auch die Schichtung nach der Höhe des verfügbaren Einkommens in den gleichen Klassengrenzen darstellen, wie es aus analytischen Gründen wohl zweckmäßig erscheint, ist eine weitere Umrechnung erforderlich, die wiederum den Übergang von einer diskreten Häufigkeitsverteilung zu einer stetigen Funktion voraussetzt.

Testrechnungen haben gezeigt, daß die Spline-Interpolation und auch andere Interpolationsverfahren hier kaum brauchbare Ergebnisse liefern, da die interpolierten Funktionen in diesem Fall zu störenden Oszillationen neigen. Befriedigende Resultate hingegen hat ein Ausgleichsverfahren gebracht, mit dessen Hilfe die inverse Summenfunktion durch einen Teil der Exponentialfunktion des Typs

$$f(x) = \begin{cases} \exp\left(-\dfrac{1}{x^2}\right) & \text{für } x \neq 0 \\ \\ 0 & \text{für } x = 0 \end{cases}$$

approximiert wird. Schaubild 3.6 läßt erkennen, daß derjenige Teil dieser Funktion, der im ersten Quadranten liegt, dem Verlauf der inversen Summenfunktion recht nahe kommt. Um die Approximation zu verbessern, wurde die Gleichung zu einer mehrparametrigen Funktion der Form

$$Z(x) = \beta_0 + \beta_1 \exp\left\{-\frac{\beta_2}{(x-\beta_3)^2}\right\}, \quad x > \beta_3$$

erweitert. Dabei hat es sich für das vorliegende Problem als zulässig und ausreichend erwiesen, die Parameter β_0 (Verschiebung der Kurve in Ordi-

Exponentialfunktion $f(x) = \exp\left(-\frac{1}{x^2}\right)$

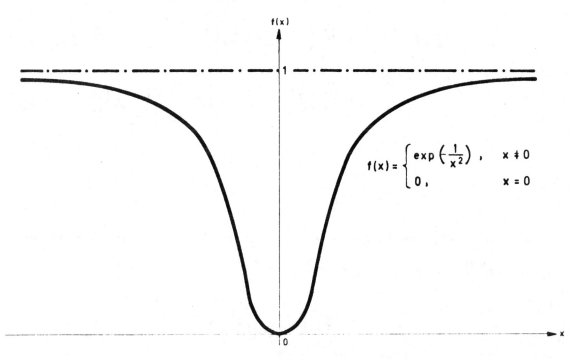

$$f(x) = \begin{cases} \exp\left(-\frac{1}{x^2}\right), & x \neq 0 \\ 0, & x = 0 \end{cases}$$

natenrichtung) und β_3 (Verschiebung der Kurve in Abszissenrichtung) als konstant zu betrachten. Zur Vereinfachung der Berechnungen gilt daher im folgenden $\beta_0 = c_1$ und $\beta_3 = c_2$.

Die Parameter β_1 und β_2 der Ausgleichsfunktion werden nach der Methode der kleinsten Quadrate bestimmt. Hierzu bildet man die Summe der quadrierten Abweichungen zwischen den empirischen Werten $\tilde{z}_i = H^{-1}(\tilde{x}_i)$ und den theoretischen Werten $Z(\tilde{x}_i)$ als Funktion der beiden unbekannten Parameter

$$\psi(\beta_1, \beta_2) = \sum_{i=1}^{k} \left[\tilde{z}_i - Z(\tilde{x}_i^*) \right]^2$$

$$= \sum_{i=1}^{k} \left[\tilde{z}_i - c_1 - \beta_1 \exp\left\{ -\frac{\beta_2}{(\tilde{x}_i^* - c_2)^2} \right\} \right]^2$$

und ermittelt das Minimum dieser Funktion durch partielle Differentiation[49]. Aus den Bedingungen[50]

$$\frac{\partial}{\partial \beta_1} \psi(\beta_1, \beta_2) = 0$$

$$\frac{\partial}{\partial \beta_2} \psi(\beta_1, \beta_2) = 0$$

resultiert ein Gleichungssystem, durch das ein Wertepaar $\left(\hat{\beta}_1, \hat{\beta}_2 \right)$ festgelegt wird[51]. Weil es dieses Gleichungssystem aber nicht erlaubt, die beiden gesuchten Parameter analytisch zu bestimmen, ist es notwendig, die Parameter der Ausgleichsfunktion durch ein Näherungsverfahren zu approximieren. Zu diesem Zweck wird das erwähnte Gleichungssystem nach $\hat{\beta}_1$ aufgelöst; dabei erhält man zwei Ausdrücke, die relativ unübersichtlich sind:

$$\hat{\beta}_1 = \frac{\sum_i \tilde{z}_i E_i - c_1 \sum_i E_i}{\sum_i E_i^2}.$$

und

$$\hat{\beta}_1 = \frac{\sum_i \frac{\tilde{z}_i}{(\tilde{x}_i^* - c_2)^2} E_i - c_1 \sum_i \frac{1}{(\tilde{x}_i^* - c_2)^2} E_i}{\sum_i \frac{1}{(\tilde{x}_i^* - c_2)^2} E_i^2}$$

wobei

$$E_i = \exp\left\{-\frac{\hat{\beta}_2}{(\tilde{x}_i^* - c_2)^2}\right\}, \quad i = 1, 2, \ldots, k$$

Im folgenden werden diese Ausdrücke verkürzt in der Form

$$\hat{\beta}_1 = \varphi(\hat{\beta}_2)$$

und

$$\hat{\beta}_1 = \chi(\hat{\beta}_2)$$

geschrieben. Setzt man beide Ausdrücke gleich, d.h.

$$\varphi(\hat{\beta}_2) - \chi(\hat{\beta}_2) = 0$$

erhält man den Schnittpunkt $(\hat{\beta}_1, \hat{\beta}_2)$.

Mit Hilfe eines Intervallschachtelungsverfahrens[52] läßt sich nun ein Näherungswert $\hat{\hat{\beta}}_2$ bestimmen, so daß sich die beiden Funktionswerte an der Stelle $\hat{\hat{\beta}}_2$ numerisch um weniger als einen vorgegebenen Toleranzwert voneinander unterscheiden:

$$\chi(\hat{\hat{\beta}}_2) = \varphi(\hat{\hat{\beta}}_2) \pm \varepsilon$$

Dabei hat man gleichzeitig mit

$$\hat{\hat{\beta}}_1 = \varphi(\hat{\hat{\beta}}_2)$$

eine Näherung für den Schätzwert $\hat{\beta}_1$ gefunden.

Nun ist es möglich, die Anordnung der Familien nach der Höhe ihres verfügbaren Einkommens in der ursprünglichen Klasseneinteilung darzustellen. Wie schon erwähnt, liest man zu diesem Zweck an den Klassengrenzen $\tilde{x}_i$, $i = 1, 2, \ldots, k$, die jeweiligen Werte der inversen Summenfunktion ab und bildet die Differenzen $H^{-1}(\tilde{x}_{i+1}) - H^{-1}(\tilde{x}_i)$; das Ergebnis wird mit der Gesamtzahl der Merkmalsträger des betreffenden Familientyps multipliziert.

Bei der Berechnung von Durchschnittswerten für die Einkommensklassen muß numerisch integriert werden, da die Ausgleichsfunktion $Z(x)$ nicht analytisch integrierbar ist. Hier hat die Simpsonmethode - ein bekanntes Näherungsverfahren zur Berechnung von Integralen - hilfreiche Dienste geleistet.

Mit dem beschriebenen Verfahren wird die Größenklassenumsetzung von Familien, wie sie durch Umverteilung bedingt wird, recht gut erfaßt. Die numerischen Ergebnisse des Verfahrens sind zufriedenstellend - sowohl was die Verteilung der Familien auf Größenklassen des verfügbaren Einkommens als auch die Durchschnittswerte dieser Einkommensklassen betrifft: In der neu berechneten Einkommensschichtung sind an die Stelle "entarteter" Durchschnittswerte wieder "klassenspezifische" Durchschnittseinkommen getreten. Inwieweit nach der Untersuchung die für jeden Familientyp vorgegebene Gesamtsumme des Einkommens erreicht wird, ist ein weiteres Kriterium zur Beurteilung der Ergebnisse.

3.9 Statistische Maße der Verteilungsrechnung

3.9.1 Mittelwerte

Eine nach Einkommensgrößenklassen geordnete Familienstruktur - eine Einkommensschichtung - hat die Form einer linkssteilen Häufigkeitsverteilung. Liegt die grafische Darstellung der Schichtung (etwa in Form eines Säulendiagramms) vor, so gibt es in der Regel eine Merkmalsklasse, deren Häufigkeitsdichte ein (relatives) Maximum aufweist. Der Merkmalswert auf der Einkommensachse, dem die dichteste Besetzung mit Familien zugeordnet ist, heißt häufigster oder Modalwert.

Ein weiteres und recht anschauliches Maß für die komprimierte Beschreibung einer Einkommensschichtung ist derjenige Merkmalswert auf der Einkommensskala, der von der Hälfte der Familien nicht überschritten wird. Weil sowohl unterhalb als auch oberhalb dieses Merkmalswertes jeweils die Hälfte der Merkmalsträger zu finden ist, heißt er zentraler oder Medianwert.

Schließlich ist es üblich, das Durchschnittseinkommen einer Einkommensschichtung zu berechnen. Dies ist das gewogene arithmetische Mittel der Durchschnittswerte in den einzelnen Größenklassen. Bei dieser Berechnung kommt es zu einem systematischen Bias: Bei linkssteilen Häufigkeitsverteilungen wirken sich die klassenspezifischen Durchschnittswerte im oberen Einkommensbereich stärker aus, als es ihrem "Gewicht" - nämlich der jeweiligen Besetzung mit Familien - entspräche, und das Ergebnis der Rechnung wird dadurch "nach oben" gezogen.

Für die genannten Mittelwerte einer Einkommensschichtung - Modalwert, Median und arithmetisches Mittel - gibt es eine charakteristische

Rangordnung, die auch als "Fechnersche Lageregel" bezeichnet wird: Der häufigste ist geringer als der zentrale Wert, dieser wiederum kleiner als der arithmetische Durchschnittswert. Aus dem Abstand der drei Maßzahlen läßt sich auf eine mehr oder minder große Streuung der Familien auf der Einkommensachse schließen.

3.9.2 Disparitätsmaße

Disparitäten in Einkommensschichtungen können durch statistische Maße unterschiedlicher Bauart beschrieben werden. Hat man das Säulendiagramm einer Schichtung vor Augen, so ist eine mehr oder minder starke Streuung der Merkmalswerte zu erkennen. Scharen sich die Familien eng um den Modalwert, so gibt es in dieser Schichtung eine relativ geringe Einkommensdisparität. Die vorliegende Untersuchung verwendet in diesem Zusammenhang den Begriff des "stärksten Drittels"; das ist die minimale Spanne der Einkommensskala, innerhalb derer genau ein Drittel der in die Schichtung einbezogenen Familien lokalisiert ist.

Sehr anschaulich ist die Zusammenfassung der Familien eines bestimmten Typs zu Quintilen; ausgewiesen werden in diesem Fall die Einkommensanteile, die jeweils auf ein Fünftel der Familien entfallen. Addiert man die absoluten Abweichungen der Quintileneinteilung von der theoretisch denkbaren Gleichverteilung[53], so erhält man die "Quintilenschiefe", welche die Aussage der Quintilendarstellung in komprimierter Form wiedergibt. Auch andere Quantilendarstellungen (Dezile, Terzile u. ä.) sind gebräuchlich.

Seit langem ist es üblich, Verteilungsstatistiken in Form der Lorenz-Kurve wiederzugeben. Hier werden die kumulierten Werte der Familienstruktur auf der Abszisse, die kumulierten Werte der zugehörigen Einkommensstruktur auf der Ordinate eines Koordinatensystems aufgetragen. Durch Interpolation zwischen den Wertepaaren erhält man eine Kurve, die sich mehr oder weniger von der "Gleichverteilungsgeraden" - nämlich der 45-Grad-Linie im Einheitsquadrat - unterscheidet. Die Abweichung zwischen der Gleichverteilungslinie und der ermittelten Konzentrationskurve wird als Gini-Koeffizient gemessen.

Disparitäten in einer Einkommensschichtung sind weiterhin durch den Vergleich von Merkmalsträgern (Familien) und Merkmalsbeträgen (Einkommen) zu quantifizieren, die auf die einzelnen Einkommensschichten entfallen. In den "unteren" Klassen des Einkommensrasters ist die relative Besetzung mit Familien stets größer als deren Anteil am Einkommen. Mißt man die Differenz zwischen den schichtspezifischen Werten der Familien- und der Einkommensstruktur und addiert die Differenzen, solange sie positiv sind, erhält man den Summen-Differenzen-Koeffizienten der Schichtung.

In der statistischen Literatur findet man eine Fülle weiterer Disparitätsmaße[54]; auf diese soll aber hier nicht eingegangen werden.

4 Die inneren Strukturbeziehungen der Transferschichtung (Parenté-System)

4.1 Grundsätzliche Bemerkungen zum Parenté-System

Zentrale Bedeutung in der Transferschichtung des DIW hat ein Gefüge "innerer Strukturbeziehungen", das als ein "System von Ähnlichkeiten und Unterschieden" (Parenté-System) bezeichnet wird[55]. Dieses Parenté-System ist ein formales Ordnungsprinzip, mit dessen Hilfe in integrierter Weise und in unterschiedlicher Beleuchtung der Transfers - angeordnet nach vier Bereichen empfangener und sechs Bereichen geleisteter Transfers - dem Bruttoerwerbs- und -vermögenseinkommen zugeordnet werden. Unterschieden wird nach vier Gliederungskriterien:

- der sozialen Stellung des Haushalts- oder Familienvorstandes,
- der Haushaltsgröße oder der Zahl der Kinder,
- der Zahl der Einkommensbezieher in Haushalten oder Familien,
- der Einkommenshöhe der Haushalte oder Familien.

Grundgedanke des Parenté-Systems ist es, die Zuordnung der einzelnen Transferströme in Abhängigkeit von den genannten Gliederungskriterien darzustellen. Dem System liegt somit eine ordinale Metrik zugrunde. Die Zuordnung eines Ranges auf der Skala dieser Metrik erfolgt jeweils in der Weise, daß die Ausprägung eines Gliederungsmerkmales verändert wird, die Ausprägungen der anderen Gliederungsmerkmale dagegen konstant gehalten werden. Wird z. B. die Rangordnung bezüglich der Familien nach der Zahl der Kinder untersucht, so wird etwa die Belastung oder Entlastung einer Arbeiter-Familie mit zwei Kindern, mit einem Einkommensbezieher und mit einem bestimmten Einkommen der Belastung oder Entlastung einer Arbeiter-Familie mit einem Kind bzw. drei Kindern mit sonst gleichen Ausprägungen gegenübergestellt.

Für die intensitätsmäßige Abstufung im Parenté-System sind das Prinzip der Kontinuität und das Prinzip der Dominanz von grundlegender Bedeutung. Kontinuität in der Abstufung soll besagen, daß die Intensitäts-ausprägungen bei stufenweiser Variation eines der genannten Gliederungs-merkmale "harmonisch" - wenn auch nicht im streng mathematischen Sinne - verlaufen und keine Irregularitäten aufweisen. Dies ist im "Pfeilschema" der Rangordnung zu erkennen (vgl. Übersicht 4.1). Für die Gliederungs-merkmale Zahl der Kinder, Zahl der Einkommensbezieher und Einkommens-höhe wird ein jeweils über alle Ausprägungen steigender oder fallender Verlauf zugrunde gelegt.

Seine Begründung findet das Prinzip der Kontinuität in der vorliegen-den Untersuchung vor allem durch transferrechtliche Bestimmungen, auf die noch ausführlich eingegangen wird. Ganz allgemein steht hinter diesem Prinzip die empirisch fundierte Tatsache, daß bei der Beschreibung statisti-scher Massenerscheinungen keine "Ausreißer" das Bild verzerren, sondern vielmehr "stetige" Regelmäßigkeiten zu beobachten sind, wenn nur der Umfang der Grundgesamtheit hinreichend groß ist.

Zum Prinzip der Kontinuität tritt das Prinzip der Dominanz, das insbesondere immer dann von Bedeutung ist, wenn aus rechentechnischen Gründen mehrere Transferarten zusammengefaßt wurden. In diesem Fall wird den Berechnungen jeweils das häufigste, wahrscheinlichste oder typi-sche Auftreten der betrachteten Transferart mit den einzelnen Aus-prägungen der Gliederungsmerkmale zugrunde gelegt. Zwar sind auch

Übersicht 4.1   Rangordnungen *) fuer die inneren Strukturbeziehungen der Verteilungsrechnung 1991 ("PARENTE-Vorschriften")

I. Familien nach der sozialen Stellung des Familienvorstands, jeweils bezogen auf die gleiche Einkommensklasse

Soziale Stellung des Familienvorstands	Empfangene Transfers				Geleistete Transfers					
	Renten u.Pen- sionen	Arbeits- losenver- sicherung u.Sozial- Hilfe	Gesetz- liches Kinder- Geld	Sonstige laufende Uebertra- gungen	Direkte Steuern	Beitraege zur			Sonstige Sozial- Beitraege	Sonstige laufende Uebertra- gungen
						Renten- Versi- cherung A)	Kranken- Versi- cherung	Arbeits- losen- Versi- cherung		
Selbstaendige in der Land- und Forstwirtschaft	3	3	2	2	1	5 (2)	5	3	7	2
Selbstaendige in den son- stigen Wirtschaftsbereichen	1	1	1	1	2	4 (1)	4	2	4	1
Angestellte	4	6	6	4	5	6 (6)	6	6	5	4
Beamte	2	2	3	3	6	1 (3)	1	1	1	3
Arbeiter	5	7	7	5	4	7 (7)	7	7	6	5
Rentner	6	5	4	7	3	3 (5)	3	5	3	6
Versorgungsempfaenger des oeffentlichen Dienstes	7	4	5	6	7	2 (4)	2	4	2	7

*) Der niedrigste Rang (geringster Anteil an empfangenen oder geleisteten Transfers) wird mit '1' bezeichnet.-

A) Die in Klammern gesetzten Zahlen beziehen sich auf Familien mit mehreren Einkommensbeziehern.

II. Familien nach der Zahl der Kinder, jeweils bezogen auf die gleiche Einkommensklasse

Familientyp	Empfangene Transfers				Geleistete Transfers					
	Renten u.Pen- sionen B)	Arbeits- losenver- sicherung u.Sozial- Hilfe	Gesetz- liches Kinder- Geld	Sonstige laufende Uebertra- gungen	Direkte Steuern	Beitraege zur			Sonstige Sozial- Beitraege D)	Sonstige laufende Uebertra- gungen
						Renten- Versi- cherung C)	Kranken- Versi- cherung C)	Arbeits- losen- Versi- cherung C)		
Ehepaare mit einem Kind	2 (4)	2	2	2	5	5 (3)	5 (3)	5 (3)	5 (3)	6
Ehepaare mit zwei Kindern	3 (5)	3	4	3	3	3 (5)	3 (5)	3 (5)	3 (5)	5
Ehepaare mit drei Kindern	5 (6)	5	6	5	2	2 (6)	2 (6)	2 (6)	2 (6)	4
Ehepaare mit vier oder mehr Kindern	7 (7)	7	7	7	1	1 (7)	1 (7)	1 (7)	1 (7)	1
Ehepaare ohne Kind	1 (2)	1	1	1	7	7 (1)	7 (1)	7 (1)	7 (1)	7
Alleinerziehende mit einem Kind	4 (1)	4	3	4	6	6 (2)	6 (2)	6 (2)	6 (2)	3
Alleinerziehende mit mehreren Kindern	6 (3)	6	5	6	4	4 (4)	4 (4)	4 (4)	4 (4)	2

B) Die in Klammern gesetzten Zahlen beziehen sich auf Familien von Rentnern und von Versorgungsempfaengern des oeffentlichen Dienstes.-

C) Die in Klammern gesetzten Zahlen beziehen sich auf Familien mit mehreren Einkommensbeziehern, ausser Familien von Angestellten und Arbeitern mit einem Einkommen unterhalb der Beitragsbemessungsgr.-

D) Die in Klammern gesetzten Zahlen beziehen sich auf Familien mit mehreren Einkommensbeziehern.

132

III. Familien nach der Zahl der Einkommensbezieher. Jeweils bezogen auf die gleiche Einkommensklasse

Familientyp	Empfangene Transfers				Geleistete Transfers					
	Renten u.Pen-sionen E)	Arbeits-losenver-sicherung u.Sozial-Hilfe	Gesetz-liches Kinder-Geld	Sonstige laufende Uebertra-gungen	Direkte Steuern F)	Beitraege zur				Sonstige laufende Uebertra-gungen L)
						Renten-Versi-cherung G)	Kranken-Versi-cherung G)	Arbeits-losen-Versi-cherung G)	Sonstige Beitraege	
Familien mit einem Einkommensbezieher	1	1	2	1	2	1	1	1	1	2
Familien mit mehreren Einkommensbeziehern	2	2	1	2	1	2	2	2	2	1

E) Familien von Rentnern und von Versorgungsempfaengern des oeffentlichen Dienstes entsprechen nicht immer der Rangordnung.-

F) Fuer Familien von Selbstaendigen in der Land- und Forstwirtschaft, von Rentnern und von Versorgungsempfaengern des oeffentlichen Dienstes gilt die umgekehrte Rangordnung.-

G) Fuer Familien von Angestellten und von Arbeitern gilt bis zur Beitragsbemessungsgrenze die umgekehrte Rangordnung.

IV. Familien nach der Einkommenshoehe. Jeweils bezogen auf die gleiche Einkommensklasse

Familien mit einem Monatseinkommen von	Empfangene Transfers				Geleistete Transfers					
	Renten u.Pen-sionen M)	Arbeits-losenver-sicherung u.Sozial-Hilfe	Gesetz-liches Kinder-Geld K)	Sonstige laufende Uebertra-gungen	Direkte Steuern J)	Beitraege zur				Sonstige laufende Uebertra-gungen L)
						Renten-Versi-cherung K)	Kranken-Versi-cherung K)	Arbeits-losen-Versi-cherung K)	Sonstige Beitraege K)	
unter 1 000 DM	20	20	20	20	1	20	20	20	20	1
↓	↓	↓	↓	↓	↑	↓	↓	↓	↓	↑
10 000 DM und mehr	1	1	1	1	20	1	1	1	1	20

M) Monatlichen Durchschnittstransfers fuer Familien von Rentnern und von Versorgungsempfaengern des oeffentlichen Dienstes mit einem Einkommensbezieher liegt die umgekehrte Rangfolge zugrunde.-

J) Fuer Familien von Versorgungsempfaengern des oeffentlichen Dienstes ist der Verlauf am Anfang der Schichtung irregulaer.-

K) Monatlichen Durchschnittstransfers liegt die umgekehrte Rangfolge zugrunde.-

L) Transferanteile der ersten Einkommensklasse fuer Familien von Rentnern und von Versorgungsempfaengern des oeffentlichen Dienstes mit einem Einkommensbezieher entsprechen nicht der Rangfolge.

133

andere Kombinationen von Transferart und Ausprägung eines Gliederungsmerkmals möglich, sie werden sogar in geringer Zahl empirisch auftreten, doch ist diesen Einzelfällen bei der Darstellung von Massenerscheinungen keine das Gesamtbild verzerrende Bedeutung zuzumessen.

Das Prinzip der Dominanz hat zur Folge, daß es bisher nicht möglich ist, genau zwischen tatsächlicher und möglicher Inanspruchnahme einzelner Transfers zu differenzieren. Wenn aufgrund transferrechtlicher Bestimmungen festgelegt ist, daß Haushalte mit geringerem Einkommen höhere Beträge aus Transfers erhalten als Haushalte im oberen Einkommensbereich, so wird den Haushalten mit niedrigen Einkommen auch ein größerer Anteil der entsprechenden Übertragungsart zugewiesen. Die tatsächliche Inanspruchnahme könnte unter Umständen diese Zuordnung beeinflussen. Eine solche Differenzierung ist aber erst dann möglich, wenn man aus der Gesamtheit der Familien eines bestimmten Typs sowohl diejenigen herausrechnet, die von einer gesetzlichen Regelung begünstigt sind, als auch diejenigen, die die Vergünstigung tatsächlich in Anspruch nehmen. Eine derartige Differenzierung wird von den Autoren in kritischer Einsicht für notwendig gehalten; zur Zeit fehlt indes die Informationsbasis dafür.

Die in der Verteilungsrechnung ausgewiesenen Anteils- oder Absolutwerte für die einzelnen Transfers sind das Ergebnis eines iterativen Prozesses. Am Beginn dieses Prozesses steht die Aufteilung des jeweiligen Transferbetrages auf die Gruppen, die nach der sozialen Stellung des Vorstands gegliedert sind. Anschließend erfolgt die Vorgabe erster Belastungs- oder Entlastungsquoten; dabei ist die Höhe der angenommenen Quoten durch die jeweiligen Randsummen, durch tarifrechtliche Bestimmungen eingegrenzt, die zum Teil auch die Höhe der absoluten Beträge pro Person oder pro Haushalt bzw. Familie angeben.

4.2 Die Rangordnungen im Parenté-System und ihre Begründung

Für die hier ausgewiesenen Transferbereiche ist das Bruttoerwerbs- und -vermögenseinkommen die jeweilige rechnerische Bemessungsgrundlage. Der Bezug der Transfers auf das jeweilige schichtspezifische Bruttoeinkommen ist generell formaler Natur, ist allerdings auch notwendig, um Übersichtlichkeit, Transparenz und einheitliche Darstellung der Transferströme zu gewährleisten. Hinsichtlich der materiellen Anspruchs- oder Bemessungsgrundlagen gibt es verschiedene Varianten: Es können entweder unmittelbare Beziehungen zum Bruttoeinkommen völlig fehlen, oder es sind nur einzelne Kategorien des Bruttoeinkommens spezifische Bezugsgröße, schließlich kann aber auch in selteneren Fällen das gesamte Bruttoerwerbs- und -vermögenseinkommen die tatsächliche Bemessungsgrundlage sein.

Im Recht der Steuern und der sonstigen Abgaben ist die Beziehung zum Bruttoeinkommen stärker als im Sozialrecht ausgeprägt. Rechtlich genau fixierte Parenté-Vorschriften sind auch im Bereich der geleisteten Übertragungen häufiger anzutreffen. Dies hat zur Folge, daß geleistete Übertragungen einen deutlicher nachweisbaren Zusammenhang zum Faktoreinkommen haben als empfangene Übertragungen.

Die im Parenté-System festgelegten Zuordnungskriterien sind von Transferbereich zu Transferbereich von unterschiedlichem Gewicht. In der Regel dominiert ein bestimmtes Gliederungsmerkmal, während die übrigen in ihrer quantitativen Bedeutung als Differenzierungselemente zurücktreten. Bei einer Zusammenfassung einzelner Familientypen zu übergeordneten Gruppen wird die für Einzelstrukturen ausgewiesene Differenzierung nicht selten abgeschwächt.

Bei der folgenden Darstellung der transferrechtlichen Bestimmungen stehen diejenigen Regelungen im Vordergrund, die für das Jahr 1973 galten. Weil der methodische Ansatz aber auch für ein weiteres Gutachten über die Einkommenslage der Familien im Jahr 1981 Anwendung finden soll, wird auch auf wichtige Veränderungen des Transferrechts in den siebziger Jahren eingegangen - so etwa auf die Umstellung des Familienlastenausgleichs 1974/75: Vor der Reform gab es neben Kinderfreibeträgen bei der Lohn- und Einkommensteuer ein Kindergeld in geringer Höhe, wobei der Anspruch teilweise durch Einkommensgrenzen beschränkt war; mit der Reform wurden die Kindergeldbeträge beträchtlich erhöht, die steuerlichen Kinderfreibeträge und die Einkommensgrenzen entfielen. Auch andere Änderungen des Transferrechts werden gelegentlich erwähnt.

4.2.1 Transferbereich I: Renten und Pensionen

Fast drei Viertel der gesamten Renten- und Pensionszahlungen wurden in den siebziger Jahren von den Rentenversicherungsträgern für Arbeiter, Angestellte und Bergleute geleistet. Öffentliche Pensionszahlungen machten gut ein Fünftel aus. Der Rest entfiel auf die Zusatzversorgung im öffentlichen Dienst und auf landwirtschaftliche Alterskassen. Bei einer Aufteilung nach der Rentenart entfällt rund die Hälfte der Rentenfälle auf Altersruhegeld oder Ruhegehalt. In etwa einem Drittel der Fälle erfolgt eine Zahlung an Hinterbliebene. In den restlichen Fällen wird eine Rente nach Erwerbs- oder Berufsunfähigkeit bzw. Ruhegehalt aufgrund von Dienstunfähigkeit gezahlt. Über neun Zehntel aller Renten und Pensionen fließen an Rentner- und Versorgungsempfänger-Haushalte. Auf Familien entfiel 1973 rund die Hälfte aller Renten und Pensionen. Dieser relativ kleine Anteil findet vor allem darin seine Erklärung, daß weit über ein Drittel dieser Transferart alleinlebenden Personen zugute kommt. Mit steigendem Bruttoerwerbs- und -vermögenseinkommen nehmen Zahlungen in Form von Renten und Pensionen, wie im übrigen auch alle anderen empfangenen Übertragungen, anteilsmäßig an Bedeutung ab.

Familien nach der sozialen Stellung des Vorstands

Die Höhe der Versorgungsbezüge von Beamten beträgt nach mindestens 35 ruhegehaltsfähigen Dienstjahren 75 vH der ruhegehaltsfähigen Dienstbezüge. Bei Versicherten der gesetzlichen Rentenversicherungsanstalten geht dagegen in die Rentenbemessungsgrundlage das durchschnittliche Einkommen der gesamten Erwerbsperiode ein. Dies hat zur Folge, daß in der Regel das zu berücksichtigende persönliche Einkommen geringer ist als das zuletzt bezogene Einkommen. 75 vH der persönlichen Bemessungsgrundlage können bei einem Steigerungssatz von 1,5 vH erst bei Berücksichtigung von 50 anrechnungsfähigen Versicherungsjahren erreicht werden. Selbst bei gleichen Einkommensverläufen fallen die Versorgungsbezüge somit in der Regel höher aus als die Renten der gesetzlichen Sozialversicherung. Eine Ausnahme stellen Rentner mit Anspruch aus der Zusatzversorgung im öffentlichen Dienst dar.

In der Rangordnung des Parenté-Systems stehen Versorgungsempfänger daher oben an. Danach folgen Rentner-Familien, dann die Arbeiter-Gruppe, für die Berufs- und Erwerbsunfähigkeitsrenten eine Rolle spielen, danach Angestellten-Familien. In Familien von Landwirten, Beamten und sonstigen Selbständigen sind Renten und Pensionen selten.

Familien nach der Kinderzahl

Mit steigender Kinderzahl bewirken Familien- und Kinderzuschläge zu Renten- und Pensionszahlungen bei sonst gleichen Verhältnissen - gleichen Bruttoeinkommen - höhere Transferleistungen. Zur Versichertenrente wurde bis 1977 eine dynamische Kinderzulage in Höhe eines Zehntels der jeweils geltenden allgemeinen Bemessungsgrundlage gewährt. 1978 wurde diese Kinderzulage auf einen konstanten Betrag festgesetzt. Versorgungsempfänger erhalten den kinderbezogenen Teil des Ortszuschlages in voller Höhe.

Familien nach der Zahl der Einkommensbezieher

In Rentner- und Versorgungsempfänger-Familien sind weitere Einkommensbezieher häufig ebenfalls Rentner und Pensionäre. Das hat zur Folge, daß diese Familien - es handelt sich zumeist um Familien, in denen als Faktoreinkommen vor allem Vermögenseinkommen von Bedeutung sind - bei einem gleichen Bruttoerwerbs- und -vermögenseinkommen relativ höhere Transferzahlungen erhalten als andere soziale Gruppen. Auch für Familien, deren Vorstand im Erwerbsleben steht, gilt dieselbe Rangordnung. Ist neben dem Familienvorstand ein weiterer Einkommensbezieher vorhanden, sind bei gleichem Bruttoerwerbs- und -vermögenseinkommen die Transferzahlungen höher als in Familien mit nur einem Einkommensbezieher.

4.2.2 Transferbereich II: Geldleistungen der Bundesanstalt für Arbeit und Leistungen der Sozialhilfe

In diesem Transferbereich sind die Geldleistungen der Bundesanstalt für Arbeit und die Geldleistungen der Sozialhilfe zusammengefaßt. Anspruch auf Sozialhilfe und Arbeitslosenhilfe (einschließlich Anschluß-Arbeitslosenhilfe) besteht lediglich bei Nachweis von Bedürftigkeit, also Fehlen anderer Einkünfte. Arbeitslosengeld aus der Arbeitslosenversicherung wird jedoch unabhängig von der Frage der Bedürftigkeit gewährt. Schließlich erbringt die Bundesanstalt für Arbeit auch Leistungen im Rahmen der Ausbildungsförderung und sonstige Leistungen. Die Struktur dieser Leistungen hat sich im Laufe der siebziger Jahre verändert. Mit der Zunahme der Arbeitslosengeldzahlungen aus Versicherungsansprüchen hat das Gewicht der Zahlungen nach Bedürftigkeit bis 1975 abgenommen, danach wieder leicht zugenommen, ohne den Stand von 1970 wieder erreicht zu haben.

Arbeitslosengeld und Arbeitslosenhilfe werden ausschließlich an Arbeitnehmer (ohne Beamte) geleistet, Arbeitslosengeld wird höchstens für ein Jahr gezahlt. Bei länger anhaltender Arbeitslosigkeit tritt bei Bedürftigkeit an dessen Stelle die Arbeitslosenhilfe, die jedoch niedriger ist als das Arbeitslosengeld.

Familien nach der sozialen Stellung des Vorstands

Nach der sozialen Gruppierung haben die zusammengefaßten Leistungen der Bundesanstalt für Arbeit und der Sozialhilfe in Familien von Rentnern - hier überwiegend in Form von Sozialhilfe - die größte Bedeutung. Seit 1974 hat das Gewicht der Arbeitslosengeld- und später auch der Arbeitslosenhilfezahlungen in Arbeiter-, mit Verzögerung auch in Angestellten-Familien, kräftig zugenommen. In Familien von Landwirten, Beamten und sonstigen Selbständigen gibt es Transferleistungen dieser Art fast ausnahmslos nur bei weiteren Einkommensbeziehern, die Rentner, Arbeiter oder Angestellte sind. Daneben können Mitglieder dieser Familien auch

Unterhaltsgelder und Zahlungen zur Förderung der beruflichen Ausbildung, Fortbildung und Umschulung erhalten.

Familien nach der Kinderzahl

Die Sozialhilfe steigt mit der Zahl der Familienangehörigen, daher erhalten Familien mit größerer Kinderzahl bei gleichem Bruttoerwerbs- und -vermögenseinkommen relativ höhere Zahlungen. Daneben ist zu berücksichtigen, daß die Aufwendungen einer Familie für die Unterkunft mit der Zahl der Personen in der Regel zunehmen. Die Kosten der Unterkunft werden von der Sozialhilfe unter Anrechnung des bezogenen Wohngeldes in voller Höhe erstattet. Die Sätze der Sozialhilfe sind auch nach dem Alter der weiteren Familienangehörigen gestaffelt.

Familien nach der Zahl der Einkommensbezieher

Da in Mehrverdiener-Familien auch zusätzliche Empfänger von Leistungen der Bundesanstalt für Arbeit, der Arbeitslosen- und der Sozialhilfe anzutreffen sind, erhalten bei sonst gleichen Bedingungen Familien mit mehreren Einkommensbeziehern schichtspezifisch höhere Zahlungen dieser Transferart. Im Fall des Sozialhilfebezuges kommt hinzu, daß für erwerbstätige Personen ein Mehrbedarfzuschlag, für ältere Personen ein zusätzlicher Altersbetrag geleistet wird.

Familien nach der Einkommenshöhe

Die relative Abnahme der Transferleistungen bei steigendem Bruttoeinkommen ist bei der Arbeitslosen- und Sozialhilfe schon durch das Anrechnen von sonstigen Einkommen bzw. durch Einkommensgrenzen beim Bedürftigkeitsnachweis gegeben. Da die Bezugsgröße in der Verteilungsrechnung des DIW nicht das laufende Monatseinkommen, sondern ein Zwölftel des Jahreseinkommens ist, kann bei steigendem monatlichen Bruttoerwerbs- und -vermögenseinkommen auf eine kürzere Dauer der Arbeitslosigkeit und damit auf eine relative Abnahme des gezwölftelten Arbeitslosengeldes geschlossen werden. Hinzu kommt, daß das Arbeitslosengeld bis zu einem Höchstbetrag gezahlt wird, der sich neben der Familiengröße an der Beitragsbemessungsgrenze orientiert. Damit ergibt sich für den mittleren und oberen Einkommensbereich allein aufgrund der wachsenden Bezugsgröße des Bruttoerwerbs- und -vermögenseinkommens eine relativ starke Abnahme des Arbeitslosengeldes.

4.2.3   Transferbereich III: Gesetzliches Kindergeld

Kindergeld wird in der Regel bis zum Alter von 18 Jahren[56], bei längerer Ausbildung unter bestimmten Voraussetzungen bis zum Alter von 27 Jahren gezahlt. Je nach dem, ob es sich um Erst-, Zweit- oder Drittkinder handelt, ist das Kindergeld in seiner absoluten Höhe verschieden[57]. Nach Inkrafttreten des neuen Kindergeldgesetzes im Jahre 1975 sind die Beträge mehrmals erhöht, inzwischen aber auch wieder gesenkt worden.

Von 1975 bis 1982 wurde das Kindergeld als absoluter Betrag unabhängig von der Einkommenshöhe gezahlt. Deshalb war die Abnahme der Quote mit steigendem Einkommen besonders deutlich ausgeprägt, die Umverteilungswirkung stärker als in jedem anderen Transferbereich der empfangenen Übertragungen.

Familien nach der sozialen Stellung des Vorstands

Die berufliche Stellung des Familienvorstands ist für die Parenté-Rangordnung des Kindergeldes an sich ohne Bedeutung. Die leichte Differenzierung der Quoten ergibt sich als mittelbarer Einfluß daraus, daß die Zahl der Kinder bei gleicher Größe der Familie je nach sozialer Stellung des Vorstands verschieden ist. In Mehrpersonen-Familien mit Rentnern und Versorgungsempfängern als Vorstand gibt es häufiger Kinder, für die Kindergeld bezogen wird, als z. B. in Mehrpersonen-Familien von Selbständigen, in deren Verbund sich auch andere Familienangehörige befinden.

Familien nach der Zahl der Kinder

Wie bei keiner anderen Transferart dominiert beim Kindergeld selbstverständlich das Gliederungsmerkmal Zahl der Kinder. Seit 1975 entfällt über die Hälfte des gesamten Kindergeldes allein auf Familien mit fünf oder mehr Personen, nahezu neun Zehntel auf Familien, zu denen mindestens vier Personen gehören.

Familien nach der Zahl der Einkommensbezieher

Bei gleicher Kinderzahl ist Kindergeld schichtspezifisch von der Zahl der Einkommensbezieher unabhängig. Eine Differenzierung in der Parenté-Vorschrift erfolgt über die Annahme, daß in Familien mit mehreren Einkommensbeziehern - bei gleicher Personenzahl - die Zahl der kindergeldberechtigten Angehörigen aufgrund der höheren Erwerbsbeteiligung geringer ist als in Familien mit nur einem Einkommensbezieher. Kindergeld hat daher in Einverdiener-Familien ein größeres Gewicht als in Mehrverdiener-Familien.

142

4.2.4 Transferbereich IV: Sonstige empfangene laufende Übertragungen

Hinsichtlich der Anspruchsgrundlagen handelt es sich um sehr heterogene Transferarten, die in dieser Restgruppe der empfangenen Übertragungen zusammengefaßt sind. In den siebziger Jahren machten Zahlungen dieser Gruppe mehr als ein Fünftel aller monetären positiven Transfers aus.

Den Leistungen dieses Transferbereichs ist gemeinsam, daß es sich überwiegend um nachgeordnete Transfers handelt, soweit sie Rentner-Familien zufließen, oder daß es zusätzliche Einkünfte neben einem Haupteinkommen sind, soweit sie erwerbstätige Personen betreffen. Dementsprechend sind die daraus resultierenden Zahlungsbeträge im einzelnen zumeist relativ niedrig. Soweit sie durch Mehrfachbezug verschiedener Transferleistungen zur Kumulation beitragen, können sie allerdings für das jeweilige gesamte Versorgungsniveau von größerer Bedeutung sein. Die Zahl der Fälle derartiger Übertragungen beläuft sich zur Zeit schätzungsweise auf mehr als 10 Millionen. In weniger als einem Zehntel dieser Fälle sind diese Leistungen der überwiegende Lebensunterhalt. Zu ihnen zählen vor allem Kriegsfolgeleistungen, insbesondere Leistungen der Kriegsopferversorgung, des Lastenausgleichs und der Wiedergutmachung, ferner Leistungen der gesetzlichen Unfallversicherung, die bei voller Erwerbsunfähigkeit - im Todesfall an Hinterbliebene - gezahlt werden.

Familien nach der sozialen Stellung des Vorstands

Die höchsten Ränge sind in diesem Transferbereich ebenfalls den Rentner- und Versorgungsempfänger-Familien zuzuordnen. Bedingt ist dies einmal dadurch, daß der Betrag der Bezugsgröße Bruttoerwerbs- und -vermögenseinkommen hier klein ist. Aber auch in der Rangordnung der absoluten Beträge liegen die Rentner vorn. Fast drei Fünftel der gesamten sonstigen empfangenen Übertragungen entfallen als zusätzliche Einkünfte auf Familien von Erwerbstätigen. Da Zahlungen der Unfallversicherung in größerem Maß an Arbeiter-Familien als an andere Familien gezahlt werden, war diesen die nächstfolgende Position einzuräumen. Danach folgen in der Rangordnung die Angestellten; in Familien der Beamten, Landwirte und sonstigen Selbständigen sind Transfers dieser Art von geringerer Bedeutung.

Familien nach der Kinderzahl

Eine Differenzierung nach der Kinderzahl ergibt sich schon aus der Tatsache, daß die Höhe einiger Einzeltransfers relativ eng an die Kopf- bzw. Kinderzahl in den Familien gekoppelt ist. Hierzu zählen u. a. Beihilfezahlungen, Zahlungen nach dem Bundesausbildungs-Förderungsgesetz und auch nach dem Wohngeldgesetz. Bei anderen Transferarten wiederum erhöhen sich die Zahlbeträge aufgrund der Familienzuschläge. Kinderreiche Familien erhalten somit bei sonst gleichen Bedingungen vergleichsweise höhere Geldleistungen.

Familien nach der Zahl der Einkommensbezieher

Schichtspezifische Unterschiede zwischen Ein- und Mehrverdiener-Familien sind hier weniger stark ausgeprägt. In Rentner- und Versorgungsempfänger-Familien ist recht häufig ein zusätzlicher Einkommensbezieher ebenfalls ein Rentner oder Versorgungsempfänger. Dieser weitere Einkommensbezieher kann beispielsweise eine Kriegsschadenrente oder eine Betriebsrente erhalten. Für Haushalte mit mehreren Einkommensbeziehern werden daher relativ höhere Übertragungen ausgewiesen. Für die Erwerbstätigen-Familien wird dieselbe Rangordnung angenommen. Allerdings wird dies wiederum durch andere Transfers bedingt: Hier ergeben sich höhere Anteile, weil in Familien mit mehreren Einkommensbeziehern solche Transfers von vergleichsweise größerer Bedeutung sind, die mit einer Erwerbstätigkeit zusammenhängen, z. B. das Krankengeld oder die Teilrente der Unfallversicherung.

4.2.5 Transferbereich V: Direkte Steuern

Von den direkten Steuern der Familien entfallen mehr als neun Zehntel auf die Lohnsteuer und die veranlagte Einkommensteuer. Die sonstigen direkten Steuern sind vor allem die nicht veranlagte Steuer vom Ertrag, die Vermögensteuer - soweit von natürlichen Personen gezahlt - und die Lastenausgleichsabgabe. Schließlich gehören hierzu auch die in der volkswirtschaftlichen Gesamtrechnung als Steuern im Zusammenhang mit dem privaten Verbrauch bezeichneten Abgaben, die zum größten Teil Kraftfahrzeugsteuern sind, die von Familien entrichtet werden. Von den gesamten direkten Steuern entfallen fast drei Viertel auf Familien, wie überhaupt der Anteil der Familien an den geleisteten Übertragungen weitaus größer ist als an den empfangenen Übertragungen.

Familien nach der sozialen Stellung des Vorstands

Die anteilsmäßige Differenzierung der direkten Steuern bei gleichem Einkommen ist, zunächst überraschend, nach sozialer Gruppierung stark ausgeprägt. Offensichtlich ist das Prinzip gleichmäßiger Besteuerung der Bruttoeinkommen in der Gruppe der Arbeitnehmer-Familien noch am besten gewährleistet. Daß in der Rangfolge die Beamten vor den Angestellten und Arbeitern stehen, hat lediglich formale Gründe. Zu den Bruttoerwerbseinkommen gehören nämlich in dieser Darstellung auch die Arbeitgeberbeiträge, die in der vorliegenden Systematik bei den Beamten fehlen, weil die in der volkswirtschaftlichen Gesamtrechnung unterstellten Sozialbeiträge nicht berücksichtigt worden sind. Dies hat zur Folge, daß die Steuerquote der Beamten höher ausgewiesen wird als die von Angestellten und Arbeitern, ohne daß die Beamten schichtspezifisch tatsächlich mehr Steuern gezahlt hätten als die beiden anderen Gruppen.

Für Versorgungsempfänger des öffentlichen Dienstes wird die höchste Steuerquote dargestellt. In ihrem Fall ist allerdings nicht nur das Bruttoerwerbseinkommen, sondern auch der Transfer "Altersruhegeld", der rechtlich als Gehaltsfortzahlung deklariert wird, steuerpflichtig; die tatsächliche Steuerbelastung ist somit geringer, als sie in der vorliegenden Rechnung ausgewiesen wird.

Die Steuerbelastung der Selbständigen ist in allen Einkommensschichten niedriger als die der Arbeitnehmer. Selbständige haben infolge der differenzierten Abschreibungsmöglichkeiten eine recht umfassende Möglichkeit, Höhe und Zeitpunkt der Steuerschuld zu beeinflussen. Hinzu kommt, daß das "Einkommen aus Unternehmertätigkeit" in der volkswirtschaftlichen Gesamtrechnung anders definiert wird als im Steuerrecht, vor allem hinsichtlich der Abschreibungen.

Schließlich sind Selbständige in der Land- und Forstwirtschaft im Steuerrecht deutlich präferiert. Die Besteuerung nach Durchschnittssätzen führt dazu, daß ein großer Teil des Einkommens aus landwirtschaftlicher Tätigkeit steuerfrei bleibt. Die hier ausgewiesene schichtspezifische Steuerbelastung der Landwirte ist sogar niedriger als die der Rentner, die hinsichtlich ihrer Renteneinkünfte faktisch unbesteuert sind, solange sie kein anderes Einkommen beziehen. Steuerbelastet in Rentner-Familien sind die Erwerbseinkünfte zusätzlicher Einkommensbezieher und Nebeneinkünfte des Vorstandes, in einigen Fällen auch der Ertragsanteil seiner Rente.

Familien nach der Zahl der Kinder

Bei einer Gliederung nach der Zahl der Kinder gibt es für die direkten Steuern hinsichtlich der Differenzierung eine deutliche zeitliche Zäsur. Mit der Kindergeldreform sind 1975 die nach der Kinderzahl bemessenen Steuerklassen fortgefallen; damit ist der steuerliche Vorteil bei größerer Kinderzahl weitgehend beseitigt worden. Unter bestimmten Voraussetzungen ist seitdem nur noch eine leichte steuerliche Besserstellung gegenüber Kleinfamilien festzustellen. So sind insbesondere die Möglichkeiten, Vorsorgeaufwendungen abzusetzen, deren abzugsfähige Höchstbeträge mit der Zahl der Kinder steigen, und auch die Ausbildungsfreibeträge hier von gewisser Bedeutung.

Familien nach der Zahl der Einkommensbezieher

Stammt das Einkommen aus Erwerbstätigkeit, so können beim Abzug direkter Steuern für jeden Erwerbstätigen individuelle Freibeträge geltend gemacht werden (z. B. Werbungskosten, Weihnachtsfreibetrag und Arbeitnehmerfreibetrag). Die steuerliche Belastung gleichhoher Einkommen fällt daher in Mehrverdiener-Familien geringer aus als in solchen mit nur einem Einkommensbezieher.

Die umgekehrte Rangfolge gilt lediglich für Familien von Rentnern und Selbständigen in der Land- und Forstwirtschaft, da die weiteren Einkommensbezieher häufiger Einkünfte aus anderen Quellen beziehen als der Vorstand, und da diese anderen Einkommen zumeist höher besteuert werden als Renten und landwirtschaftliche Erträge.

<u>Familien nach der Einkommenshöhe</u>

Der progressive Verlauf des Einkommensteuertarifes führt in fast allen Gruppen mit steigendem Einkommen zu einer steilen Zunahme der steuerlichen Belastung, die stärker als jede andere Transferart im Bereich der geleisteten Übertragungen zur Umverteilung beiträgt. Nur für Familien von Landwirten fällt die Steuerprogression schwach aus.

4.2.6   Transferbereich VI: Beiträge zur gesetzlichen Rentenversicherung

In den meisten Sparten der gesetzlichen Sozialversicherung, abgesehen von denen der landwirtschaftlichen Alterskassen und der Unfallversicherung, sind die Beitragssätze bis zur jeweiligen Beitragsbemessungsgrenze proportional. Die in der Verteilungsrechnung des DIW ausgewiesenen Anteilssätze sind stets niedriger als die tatsächlich zugrundegelegten Beitragssätze, da die Parenté-Vorschrift als Bezugsgröße das gesamte Arbeitseinkommen plus Arbeitgeberbeiträge und plus Vermögenseinkünfte heranzieht. Die geleisteten Transfers umfassen daher sowohl den Arbeitgeber- als auch den Arbeitnehmeranteil.

Arbeiter und Angestellte sind in der Regel pflichtversichert. In Fortsetzung der früheren Handwerkerversicherung erfaßt die Pflichtversicherung darüber hinaus bestimmte Selbständigengruppen, überwiegend Leiter kleinerer Gewerbebetriebe. Freiwillig versichern können sich in der gesetzlichen Rentenversicherung allerdings nicht nur frühere Arbeitnehmer; seit einigen Jahren besteht für alle Bevölkerungsgruppen die Möglichkeit, durch Beitragszahlungen Anwartschaft in der Rentenversicherung zu erwerben.

Familien nach der sozialen Stellung des Vorstands

Die Versicherungspflicht hat zur Folge, daß Arbeiter- und Angestellten-Familien stärker durch Beiträge zur Rentenversicherung belastet sind als andere soziale Gruppen. In der Rangordnung des Parenté-Systems folgen dann die Familien von Rentnern und Versorgungsempfängern. Hier zahlen in der Regel nur die weiteren Einkommensbezieher Beiträge.

Landwirte sind pflichtversichert in der landwirtschaftlichen Alterskasse, die zu einem beträchtlichen Teil durch Staatszuschüsse finanziert wird. Daneben ist aber zu berücksichtigen, daß die Hälfte der Landwirte zusätzlich in der Rentenversicherung der Angestellten oder der Arbeiter versichert ist. Selbständige entrichten als Familienvorstand zumeist freiwillige Beiträge zur Rentenversicherung; Beamte zahlen dagegen nur in seltenen Fällen Beiträge.

Beziehen mehrere Personen ein Einkommen, so verändert sich die Rangordnung zwischen den drei zuletzt genannten Familientypen. Beamte weisen dann höhere Belastungsquoten auf als Familien von Landwirten und Selbständigen, da unter den weiteren Einkommensbeziehern in Beamten-Familien vergleichsweise häufiger Arbeitnehmer anzutreffen sind.

Familien nach der Zahl der Kinder

Die Beiträge zur Rentenversicherung sind nach der Kinderzahl schichtspezifisch nur wenig differenziert. Mit zunehmender Kinderzahl nimmt nicht selten allerdings der Anteil solcher Einkommensbestandteile zu, die nicht durch Sozialbeiträge belastet sind. Dies sind insbesondere Vermögenseinkünfte und Einkünfte aus Wohnungsvermietung. Diese Differenzierung ist allerdings nur von Bedeutung, solange die Erwerbseinkommen noch unterhalb der Beitragsbemessungsgrenze liegen.

Familien nach der Zahl der Einkommensbezieher

Beitragsbemessungsgrundlage für die Pflichtbeiträge zur Sozialversicherung ist stets das persönliche Erwerbseinkommen. Dies hat zur Folge, daß sich die auf das Familieneinkommen bezogene Bemessungsgrenze mit der Zahl der Personen, die ein beitragspflichtiges Einkommen beziehen, erhöht. Sind etwa zwei Familien-Angehörige als Angestellte und Arbeiter beschäftigt, so beträgt die Bemessungsgrenze des gesamten Lohneinkommens das Zweifache des individuellen Limits. Bis zur Beitragsbemessungsgrenze, die für Einverdiener-Familien gilt, zahlen Familien mit zwei Verdienern den gleichen Anteil wie Einverdiener-Familien. Liegt das Familieneinkommen einer Zweiverdiener-Familie über dieser Beitragsbemessungsgrenze, so ergibt sich im Vergleich zur Einverdiener-Familie gleichen Einkommens eine stärkere Belastung, da das ganze Einkommen oder ein Teil davon (Einkommen des zweiten Einkommensbeziehers) ebenfalls mit Beiträgen belastet wird.

Familien nach der Einkommenshöhe

Als Pflichtbeitrag zur Sozialversicherung wird bis zur Beitragsbemessungsgrenze ein konstanter Anteil des Erwerbseinkommens erhoben. Lediglich bei sehr niedrigen Einkommen kann die Belastungsquote geringer sein oder gar entfallen, wenn diese Einkommen nicht beitragspflichtig sind. Jenseits der Beitragsbemessungsgrenze, die von der Zahl der Einkommensbezieher abhängig ist, geht die Belastungsquote in allen Familien zurück; in Einverdiener-Familien wird in der Regel ein von den gesetzlichen Bestimmungen abhängender Höchstbetrag erreicht.

4.2.7 Transferbereich VII: Beiträge zur gesetzlichen Krankenversicherung

Die gesetzlichen Bestimmungen für die Zahlung von Beiträgen zur gesetzlichen Krankenversicherung unterscheiden sich in einiger Hinsicht von denen, die für die Rentenversicherung gelten. Die gesetzliche Krankenversicherung ist dezentral organisiert; selbst der pflichtversicherte Arbeitnehmer hat häufig die Möglichkeit, sich in einer Krankenkasse eigener Wahl zu versichern (z.B. Betriebskrankenkasse). Der Beitragssatz ist nicht einheitlich, seine Höhe wird nicht durch gesetzliche Bestimmungen geregelt. Hinzu kommt, daß die Beitragsbemessungsgrenze, deren Höhe drei Viertel des in der Rentenversicherung festgelegten Limits beträgt, für Angestellte zugleich die Pflichtversicherungsgrenze ist. Angestellte, die nicht mehr pflichtversichert sind, versichern sich zwar in der Regel - wenn sie mehrere Familienangehörige mitversichern müssen - in der gesetzlichen Krankenversicherung; sie haben aber auch das Recht, sich privat zu versichern. Die Beiträge zur privaten Krankenversicherung sind in diesem Transferbereich nicht enthalten.

Familien nach der sozialen Stellung des Vorstands

Nach der sozialen Gruppierung ist die schichtspezifische Rangfolge die gleiche, die auch für die Rentenversicherung und die Arbeitslosenversicherung gilt. Die Gruppe der Pflichtversicherten in der gesetzlichen Krankenversicherung umfaßt bis zur Beitragsbemessungsgrenze den gleichen Personenkreis, und auch oberhalb dieser Grenze ist weitgehend der gleiche Personenkreis betroffen wie in der Renten- und der Arbeitslosenversicherung.

Familien nach der Zahl der Kinder

Wie für alle anderen Sozialbeiträge ist auch für Beitragszahlungen zur Krankenversicherung mit zunehmender Kinderzahl eine leichte Abnahme des schichtspezifischen Anteilswerts zu registrieren. Alleinlebende Personen und kleine Familien entscheiden sich - soweit möglich - für eine Privatversicherung. Das Gewicht dieser Gruppe ist vermutlich so klein, daß sich keine Veränderung der Rangordnung ergibt.

Familien nach der Zahl der Einkommensbezieher
und der Einkommenshöhe

Familien mit mehreren Verdienern sind, soweit diese in der gesetzlichen Krankenversicherung versichert sind und ihr Einkommen die Beitragsbemessungsgrenze überschreitet, mit Krankenkassenbeiträgen stärker belastet als Familien mit nur einem Einkommensbezieher. Da die Beitragsbemessungsgrenze für Pflichtversicherte in der Krankenversicherung niedriger ist als in der Rentenversicherung, erfolgt der Umschlag von proportionaler zu abnehmender Belastung erheblich früher. Dies hat zur Folge, daß sich die im Bereich höherer Einkommen zu beobachtende Degression deutlicher als in der Rentenversicherung abzeichnet.

4.2.8 Transferbereich VIII: Beiträge zur Arbeitslosenversicherung

Im Gegensatz zur Rentenversicherung und Krankenversicherung kennt die Arbeitslosenversicherung keine freiwilligen Beiträge und im Gegensatz zur Krankenversicherung keine Pflichtversicherungsgrenze. Die Arbeitslosenversicherung ist auf Arbeiter und Angestellte beschränkt; allerdings sind nicht alle Arbeiter und Angestellten versicherungspflichtig, da neben den geringfügig Beschäftigten auch diejenigen Arbeitnehmer keine Beiträge zahlen, die weniger als 20 Stunden pro Woche - unabhängig von der Höhe des erzielten Einkommens - arbeiten. Die Beitragsbemessungsgrenze hat die gleiche Höhe wie in der Rentenversicherung. Der degressive Belastungsverlauf ist im Vergleich zur Rentenversicherung und Krankenversicherung stärker ausgeprägt, da Beiträge freiwillig Versicherter, die in den beiden anderen Transferbereichen gerade bei den höheren Einkommen häufiger auftreten, hier fehlen.

Familien nach der sozialen Stellung des Vorstands

Die Rangfolge nach der sozialen Gruppierung ist die gleiche wie in den Transferbereichen Renten- und Krankenversicherung. Die Differenzierung zwischen den Arbeiter- und Angestellten-Familien und den übrigen sozialen Gruppen ist aber größer, da in letzteren lediglich diejenigen Familienmitglieder Beiträge zur Arbeitslosenversicherung entrichten, die als Arbeiter oder Angestellte zusätzlich zum Gesamteinkommen beitragen.

Familien nach der Zahl der Kinder

Die Differenzierung nach der Kinderzahl ist auch in diesem Transferbereich gering. Da größere Familien zumeist häufiger sonstige Einkünfte aufweisen, z. B. Vermögenseinkünfte, Einkommen aus geringfügiger oder Teilzeitbeschäftigung (unter 20 Stunden wöchentlich), wird bei gleichem Bruttoerwerbs- und -vermögenseinkommen die Belastung durch Beiträge zur Arbeitslosenversicherung mit zunehmender Kinderzahl geringer.

Familien nach der Zahl der Einkommensbezieher

Bei den Beiträgen zur Arbeitslosenversicherung ergibt sich ebenso wie bei den Beitragszahlungen zur Renten- und Krankenversicherung nach Überschreiten der entsprechenden Beitragsbemessungsgrenzen eine stärkere Belastung der Familien mit mehreren Einkommensbeziehern gegenüber denen mit nur einem Einkommensbezieher.

4.2.9   Transferbereich IX: Sonstige Sozialbeiträge

Im Gegensatz zu den bisher charakterisierten Beiträgen zur Sozialversicherung handelt es sich hier ausschließlich um Beiträge der Arbeitgeber bzw. der Selbständigen. Im Rahmen der gesetzlichen Unfallversicherung erheben die Berufsgenossenschaften nach den jeweiligen Arbeitsunfallrisiken Beiträge, die allein vom Arbeitgeber (einschließlich der Pflichtversicherung der Selbständigen) zu tragen sind. Die in den einzelnen Wirtschaftsbereichen erhobenen Beiträge sind nach den jeweiligen Schadensfällen stark differenziert. Weder Beitragssatz noch Bemessungsgrenze sind einheitlich durch Gesetz geregelt.

Neben den Beiträgen zur gesetzlichen Unfallversicherung, die rd. zwei Drittel aller sonstigen Sozialbeiträge ausmachen, gehören zu diesem Transferbereich die Beiträge der Arbeitgeber aufgrund von Einzel- und Gruppenversicherungen bei Versicherungsunternehmen und Pensionskassen zugunsten ihrer Arbeitnehmer sowie Beiträge zur Pflichtversicherung von Selbständigen in berufsständischen Selbstverwaltungen.

Die Beiträge zu den Berufsgenossenschaften werden entweder nach der Lohnsumme oder nach der Zahl der Versicherten (jeweils unter Berücksichtigung der Unfallgefährdung) erhoben. Die Belastung verläuft bei steigendem Einkommen in der Regel degressiv. Durch die proportionalen bis progressiven Beiträge an Versicherungsunternehmen wird die Belastungsabnahme allerdings wieder abgeschwächt.

Familien nach der sozialen Stellung des Vorstands

Da die gesetzliche Unfallversicherung alle Erwerbstätigen (mit Ausnahme der Beamten) als Pflichtversicherte erfaßt, zudem keine einheitlichen Beitragssätze gelten, wird die Reihenfolge nach sozialer Gruppierung durch die nach der jeweiligen Tätigkeit unterschiedlichen Schadensfälle bestimmt. Die relativ meisten Unfälle werden bei Personen registriert, die in der Landwirtschaft arbeiten oder als Lohnempfänger beschäftigt sind. Mit gewissem Abstand folgen Angestellte und Selbständige in den sonstigen Wirtschaftsbereichen. Familien von Rentnern und Versorgungsempfängern sowie von Beamten werden durch die sonstigen Sozialbeiträge nur in unbedeutendem Maß belastet; hier sind lediglich die weiteren Einkommensbezieher betroffen.

Familien nach der Zahl der Kinder und der Einkommensbezieher

Mit der Zahl der Kinder nimmt im allgemeinen der Teil des Bruttoerwerbs- und -vermögenseinkommens zu, der durch Beiträge nicht belastet wird. Kinderreiche Familien bringen daher schichtspezifisch relativ geringere sonstige Sozialbeiträge auf. Wie bei allen anderen Zweigen der Sozialversicherung ist das Zusammentreffen mehrerer Erwerbseinkommen der Grund dafür, daß Mehrverdiener-Familien von der entsprechenden Beitragsbemessungsgrenze an stärker belastet werden als Familien derselben Einkommensklasse mit nur einem Einkommensbezieher.

4.2.10 Transferbereich X: Sonstige geleistete Übertragungen

Mehr noch als bei der Restgruppe der empfangenen Übertragungen bereitet es Schwierigkeiten, die sonstigen geleisteten Übertragungen hinsichtlich ihrer Belastung der privaten Bruttoeinkommen einheitlich zu charakterisieren.

Dem Gewicht nach sind Kirchensteuern und sonstige Übertragungen an private Organisationen ohne Erwerbscharakter - insbesondere an politische Parteien und Gewerkschaften - mit einem Anteil von zwei Fünfteln von vorrangiger Bedeutung. Ganz anderer Art wiederum sind Heimatüberweisungen ausländischer Arbeitnehmer, die zwei Drittel der gesamten internationalen privaten Übertragungen ausmachen. Infolge der verstärkten Familienzusammenführung sowie der relativ großen Häufigkeit von - mit Einkommensverlusten verbundenen - Arbeitslosigkeit bei ausländischen Arbeitskräften in den letzten Jahren ist dieser Transfer ins Ausland tendenziell rückläufig. Steigende Bedeutung dagegen haben die Zinsen auf Konsumentenschulden; sie haben sich von 1970 bis 1980 verdreifacht. Insgesamt ist für die sonstigen geleisteten Transfers mit steigendem Einkommen ein progressiver Belastungsverlauf unterstellt worden.

Familien nach der sozialen Stellung des Vorstands

Die Rangfolge nach der sozialen Gruppierung ist angesichts der heterogenen Struktur der sonstigen geleisteten Übertragungen sehr schwierig zu bestimmen. Bei unterschiedlichem Schwerpunkt der Belastung im einzelnen ist insgesamt nur eine schwache Differenzierung zu erkennen.

Daß Versorgungs- und Rentner-Familien die Rangfolge anführen, ist wiederum dadurch begründet, daß die Bezugsgröße des Bruttoerwerbs- und -vermögenseinkommens für diese Gruppen nur formalen Charakter hat. Der den Arbeiter-Familien zugewiesene dritte Rang ergibt sich, weil Heimatüberweisungen ausländischer Arbeitnehmer, Beiträge an Gewerkschaften sowie Zinsen auf Konsumentenschulden schichtspezifisch diese Gruppe am stärksten belasten. Mit gewissem Abstand folgen Angestellten- und Beamten-Familien in der Belastungshierarchie. Die schichtspezifisch geringere

Belastung der Selbständigen-Familien schließlich ist vor allem darauf zurückzuführen, daß die Kirchensteuer auf die hier niedrigere schichtspezifische Einkommensteuerbelastung bezogen wird und sich Selbständige bei ihren in der Regel höheren Einkommen beim Erwerb langlebiger Gebrauchsgüter seltener verschulden müssen bzw. - aus Statuserwägungen - zu verschulden bereit sind.

Familien nach der Kinderzahl

Im einzelnen ergibt sich für die genannten Transferarten eine abnehmende relative Belastung der Einkommen mit zunehmender Kinderzahl. So nimmt die Kirchensteuer mit wachsender Personenzahl aufgrund ihrer Kopplung an die Einkommensteuer ab. Die Höhe der Auslandsüberweisungen ausländischer Arbeitnehmer hängt in erster Linie vom Wohnsitz der restlichen Familienangehörigen ab. Nimmt die Zahl der Angehörigen in Deutschland zu, wird damit auch ein geringerer Anteil der Einkünfte ins Ausland überwiesen.

Familien nach der Zahl der Einkommensbezieher

Die Betrachtung der Einzeltransfers ergibt eine mit der Zunahme der Zahl der Einkommensbezieher abnehmende Belastung. Die Kirchensteuer sinkt relativ, da die Steuerbelastung bei mehreren Einkommensbeziehern wegen des dann geringeren Beitrages der einzelnen Verdiener zu dem schichtspezifischen Familieneinkommen aufgrund des Steuertarifs geringer ist. Die Auslandsüberweisungen der ausländischen Arbeitnehmer nehmen relativ ab, da bei steigender Zahl der Einkommensbezieher davon ausgegangen werden kann, daß mit dem weiteren Einkommensbezieher - in der Regel die Ehefrau - auch große Teile der engeren Familie in Deutschland wohnen.

157

4.3   Autokorrektur der Parenté-Daten[58]

4.3.1   Berechnung einer Transferstruktur

Die oben beschriebenen Rangordnungen im Parenté-System werden benutzt, um eine Transferstruktur zu berechnen. Außer den Strukturbeziehungen müssen dabei folgende Zusatzbedingungen beachtet werden:

a)   Bemessungsgrenzen, Anteilssätze und Höchstbeträge des Transferrechts,

b)   Informationen aus Primärstatistiken,

c)   die Summe der einzelnen Transferbeträge darf nur um einen minimalen Betrag von der vorgegebenen Transfersumme abweichen, d.h.

(1) $$\left| \sum_j t^i_j - V^i \right| < \varepsilon \qquad \text{für alle Transferbereiche,}$$

wobei t^i_j die Transfers und V^i die Transfersumme des Bereiches i darstellen.

Am Anfang der Berechnungen steht eine manuell gewonnene und nach Größenklassen gegliederte Struktur von Transfer-Einkommens-Relationen; in den folgenden Ausführungen werden diese Relationen als relative Transferzahlen bezeichnet. Das sind Transferbeträge, bezogen auf das jeweilige Bruttoerwerbs- und -vermögenseinkommen. Eine solche Struktur gilt jedoch nur vorläufig, denn es kann vorkommen, daß einzelne Strukturdaten die Rangordnungsvorschriften des Parenté-Systems verletzen oder einer der oben genannten Zusatzbedingungen nicht genügen. Derartige Transferzahlen werden dabei als korrekturbedürftig bezeichnet. Eine "richtige" Struktur ist wegen des dazu erforderlichen Rechenaufwandes nur mit Hilfe eines rechnergesteuerten Programmes erreichbar. Ein solches Programm hat zudem den Vorteil, daß Fehlerhaftigkeit, Willkür und Subjektivität, die bei manuellem Vorgehen zu befürchten wären, ausgeschaltet sind. Das Kernstück des rechnergesteuerten Programmes ist ein Algorithmus, der als Autokorrektur bezeichnet und im folgenden beschrieben wird.

4.3.2 Konzept des Korrekturverfahrens

In einer vorgegebenen Transferstruktur liefert jedes der vier Rangordnungskriterien (soziale Stellung des Familienvorstands, Größe der Familien, Zahl der Einkommensbezieher, Einkommenshöhe) für jede Transferzahl eine Obergrenze und eine Untergrenze, die durch benachbarte Werte des Strukturgefüges bestimmt sind:

(2)
$$t^i_{j_{u1}}, \; t^i_{j_{u2}}, \; t^i_{j_{u3}}, \; t^i_{j_{u4}} \leqslant t^i_j \leqslant t^i_{j_{o1}}, \; t^i_{j_{o2}}, \; t^i_{j_{o3}}, \; t^i_{j_{o4}}$$

mit t^i_j = Transferrelation des Bereiches i,

$t^i_{j_{o1}}, \; t^i_{j_{o2}}, \; t^i_{j_{o3}}, \; t^i_{j_{o4}}$ = nach oben benachbarte

Transferrelationen von t^i_j,

$t^i_{j_{u1}}, \; t^i_{j_{u2}}, \; t^i_{j_{u3}}, \; t^i_{j_{u4}}$ = nach unten benachbarte

Transferrelationen von t^i_j.

Nimmt man die kleinste der vier Obergrenzen als Intervallobergrenze und die größte der vier Untergrenzen als Intervalluntergrenze, so ist dadurch für jede Transferrelation ein Intervall festgelegt:

(2a) $\qquad t^i_{j_u} \leqslant t^i_j \leqslant t^i_{j_o}$

$$\text{mit} \quad t^i_{j_u} = \inf \left\{ t^i_{j_{u1}}, \; t^i_{j_{u2}}, \; t^i_{j_{u3}}, \; t^i_{j_{u4}} \right\}$$

$$t^i_{j_o} = \sup \left\{ t^i_{j_{o1}}, \; t^i_{j_{o2}}, \; t^i_{j_{o3}}, \; t^i_{j_{o4}} \right\}$$

Diese Intervalle sind in der Regel sehr schmal und lassen nur in geringem Umfang die Möglichkeit einer Variation der Transferrelationen zu. Sie spielen eine tragende Rolle beim Fortgang des Verfahrens.

a) Transferzahlen, die nicht im Intervall liegen, werden in ihrer Abweichung erkannt und deshalb korrigiert. Nicht im Intervall liegende Transfers sind Werte, deren berechnete kleinste Obergrenze kleiner oder deren berechnete größte Untergrenze größer als die Transferzahlen selbst sind. Zu beachten ist hierbei, daß die Intervallgrenzen ebenfalls im oben beschriebenen Sinne korrekturbedürftig sein können und dadurch den Korrekturprozeß zusätzlich komplizieren. Auch kann die Korrektur einer Transferzahl dazu führen, daß dann eine benachbarte Transferzahl die Vorschriften verletzt. Das Intervallprinzip bringt es nämlich mit sich, daß jeder Wert der Struktur einmal ein zu prüfender Transferwert, zum anderen aber sowohl Untergrenze von vier benachbarten als auch Obergrenze von vier anderen benachbarten Werten ist.

b) Der Ausgleich auf die vorgegebene Transfersumme findet nur innerhalb der ermittelten Intervallgrenzen statt, da eine Variation von Transferzahlen über die Intervallgrenzen hinaus die zuvor erreichten Rangordnungen wieder zerstören würde. Eine Veränderung der vorgegebenen Transfersumme führt jedoch zu einer gleichgerichteten Veränderung aller zugeordneten Werte, so daß die Variation einer Transferzahl parallel auch zu einer gleichgerichteten Variation der benachbarten Transferrelationen führen kann. Das wiederum ermöglicht in weiteren Schritten eine wiederholte Variation der betreffenden Transferzahl in die gleiche Richtung, soweit das jeweils gültige Intervall nicht überschritten wird. So ist schließlich auch eine Variation über die im ersten Schritt berechneten Intervallgrenzen hinaus möglich.

Die berechneten Intervalle können durch die Zusatzbedingungen noch weiter eingeschränkt werden. Eine wesentlich rigidere Form erhält die Transferstruktur, wenn man neben den zunächst verwendeten Transfer-Einkommens-Relationen, die auf das Bruttoerwerbs- und -vermögenseinkommen bezogen sind, auch die durchschnittlichen Transferbeträge einbezieht, für die es eigene Rangordnungskriterien und z.T. noch engere Schwankungsintervalle gibt. Demzufolge können relative Transferzahlen fehlerfrei im oben beschriebenen Sinne sein, während die entsprechenden durchschnittlichen Transferbeträge unter Umständen den geforderten Rangordnungen nicht genügen oder eine der Zusatzbedingungen verletzen. "Fehlerfreiheit" in beiden Bezugssystemen ist daher nur dann erreicht, wenn 16 (statt bisher 8) Ungleichungen erfüllt sind. Für jeden Transferwert t_{ij} muß dann gelten:

$$(3) \quad \begin{aligned} t_{j_u}^{i,R} &\leqslant t_j^{i,R} \leqslant t_{j_o}^{i,R} \qquad \text{und} \\ t_{j_u}^{i,A} &\leqslant t_j^{i,A} \leqslant t_{j_o}^{i,A} \end{aligned}$$

mit R, A =Indizes für die Parenté-Art ("relatives" Parenté-System für Transfer-Einkommens-Relationen oder "absolutes" Parenté-System für durchschnittliche Transferbeträge).

$$t_{j_u}^{i,X} = \inf \left\{ t_{j_{u1}}^{i,X}, t_{j_{u2}}^{i,X}, t_{j_{u3}}^{i,X}, t_{j_{u4}}^{i,X} \right\}$$

$$t_{j_o}^{i,X} = \sup \left\{ t_{j_{o1}}^{i,X}, t_{j_{o2}}^{i,X}, t_{j_{o3}}^{i,X}, t_{j_{o4}}^{i,X} \right\} \quad , X \in \left\{ R, A \right\}$$

Hierbei ist $t_j^{i,A}$ der aus dem relativen Bezugssystem umgerechnete absolute Transferbetrag, $t_j^{i,R}$ entsprechend die aus dem absoluten Bezugssystem umgerechnete umgerechnete Transferzahl. Zu beachten ist, daß die Transferbeträge des einen Bezugssystems nicht zwangsläufig in umgerechneter Form die Grenzen des anderen Bezugssystems sein müssen; also es ist

$$t_{j_{zn}}^{i,A} \left(z \in \{o, u\}, n \in \{1, 2, 3, 4\} \right) \quad \text{in der Regel nicht der aus dem relativen}$$

Bezugssystem umgerechnete Wert von $t_{j_{zn}}^{i,R}$.

Daher muß gelten:

$$\min \left\{ t_{j_u}^{i,R}, t_{j_u}^{i,A} \right\} \leq t_j^{i,R} \leq \min \left\{ t_{j_o}^{i,R}, t_{j_o}^{i,A} \right\} \qquad \text{und}$$

(3a)

$$\min \left\{ t_{j_u}^{i,R}, t_{j_u}^{i,A} \right\} \leq t_j^{i,A} \leq \min \left\{ t_{j_o}^{i,R}, t_{j_o}^{i,A} \right\}$$

Es sind demzufolge acht Ungleichungen im oberen Grenzbereich und acht Ungleichungen im unteren Grenzbereich einzuhalten.

4.3.3 Durchführung der Korrektur

Die Gesamtheit der Transferrelationen läßt sich als fünfdimensionale Matrix

(4)

$$T = (t_{i,j}) = (t_{i,k,l,m,p})$$

162

darstellen, wobei

$$1 \leq i \ (\cong \text{Transferbereich}) \leq 10$$
$$1 \leq k \ (\cong \text{soziale Gruppe}) \leq 7$$
$$1 \leq l \ (\cong \text{Familiengröße}) \leq 7$$
$$1 \leq m \ (\cong \text{Zahl der Einkommensbezieher}) \leq 2$$
$$1 \leq p \ (\cong \text{Einkommensschicht}) \leq 20 \ .$$

Da Werte unterschiedlicher Transferbereiche nicht zueinander in Beziehung stehen, ist es sinnvoll, die Matrix T in zehn - entsprechend der Anzahl der Transferbereiche - voneinander unabhängige vierdimensionale Matrizen

(4a)
$$T^i = \left(t^i_{k,l,m,n} \right) \qquad (1 \leq i \leq 10)$$

aufzuspalten. Die vier Rangordnungskriterien repräsentieren die vier Dimensionen. Zu jeder dieser zehn vierdimensionalen Matrizen, bestehend aus relativen Transferzahlen, gibt es ein Gegenstück in Form einer vierdimensionalen Matrix, die aus absoluten monatlichen Durchschnittstransfers besteht. Folglich existieren 20 Matrizen

(4b)
$$T^{i,R} = \left(t^{i,R}_{k,l,m,n} \right) \qquad \text{und}$$

$$T^{i,A} = \left(t^{i,A}_{k,l,m,n} \right) \qquad (R \cong \text{relativ}, \ A \cong \text{absolut}, \ 1 \leq i \leq 10)$$

Jede dieser 20 vierdimensionalen Matrizen besitzt theoretisch 1920 Elemente. Ein geringer Teil der Matrixfelder ist allerdings leer, weil nicht alle Klassen des Einkommensrasters mit Familien besetzt sind. Durch die immanenten Strukturbeziehungen steht jedes der mit Transferbeträgen ausgewiesenen Elemente mit jedem anderen empirisch relevanten Element der Matrix und auch mit jedem Element der Matrix im jeweils anderen

Bezugssystem entweder durch die Beziehung "größer oder gleich" oder durch die Beziehung "kleiner oder gleich" direkt oder indirekt in Verbindung. Im ersten Schritt der Berechnungen werden die Transferrelationen auf die Rangordnungen des Parenté-Systems hin überprüft und - wenn notwendig - korrigiert. Dabei wird in der Regel eine zu niedrige Relation über den benachbarten Wert angehoben, um die vorgegebene Rangfolge herzustellen. Um Gleichheit zweier benachbarter Werte zu vermeiden, wird der zu niedrig liegende Wert etwas über (je nach den durchschnittlichen Differenzen zwischen benachbarten Werten innerhalb eines Transferbereiches beträgt der verwendete Faktor F^i 1.0002 bis 1.02) den die Untergrenze darstellenden Wert angehoben. In der im Abschnitt 4.3.2 verwendeten Nomenklatur kann das oben verbal Dargestellte folgendermaßen formal dargestellt werden:

$$
(5) \quad t^i_{j_u} > t^i_j \implies \inf \left\{ t^i_{j_{u1}}, t^i_{j_{u2}}, t^i_{j_{u3}}, t^i_{j_{u4}} \right\} > t^i_j
$$
$$
\implies \exists n \text{ mit } t^i_{j_{un}} > t^i_j \implies t^i_j := t^i_{j_{un}} * F^i
$$

oder entsprechend

$$
(6) \quad t^i_{j_o} < t^i_j \implies \sup \left\{ t^i_{j_{o1}}, t^i_{j_{o2}}, t^i_{j_{o3}}, t^i_{j_{o4}} \right\} < t^i_j
$$
$$
\implies \exists n \text{ mit } t^i_{j_{on}} < t^i_j \implies t^i_{j_{on}} := t^i_j * F^i
$$

In Ausnahmefällen kann jedoch der höhere Wert unter den niedrigeren abgesenkt werden, insbesondere dann, wenn der niedrigere Wert aufgrund transferrechtlicher Überlegungen nicht korrigiert werden soll oder wenn das Gewicht des niedrigeren Wertes wesentlich größer ist als das des höheren Wertes. Für relative Transferzahlen ist das Gewicht das zugehörige Einkommen, für absolute Durchschnittstransfers die zugehörige Anzahl der Familien. Formal dargestellt heißt das:

$$(7) \qquad t^i_{j_u} > t^i_j \wedge G^i_j \geqslant Q * G^i_{j_u} \implies (5) \implies t^i_{j_{un}} := t^i_j / F^i$$

oder entsprechend

$$(8) \qquad t^i_{j_o} < t^i_j \wedge G^i_{j_o} \cong Q * G^i_j \implies (6) \implies t^i_j := t^i_{j_{on}} / F^i$$

Da in der Regel auf den größeren Wert hin korrigiert wird, ist es sinnvoll, der Rangfolge der Parenté-Vorschriften gemäß zuerst kleine und daraufhin immer größere Transferwerte auf die Einhaltung der Vorschriften zu überprüfen. Bildlich gesprochen werden also Korrekturen nach oben "hinausgeschoben", weil die Struktur der Transferquoten nach oben "aufgerollt" wird. Nach unten korrigierte Werte müssen hingegen zwischengespeichert werden, da ein derartig veränderter Wert infolge seiner Funktion als Intervallgrenze eines benachbarten Wertes weitere Vorschriften verletzen kann, die im gleichen Rechenlauf nicht mehr korrigiert werden können, weil die Zielrichtung im Strukturgefüge nach oben geht. Erst in einem zusätzlichen Korrekturlauf können diese Beanstandungen dann behoben werden.

Eine so erzeugte Transferstruktur wird, nachdem die Rangordnungsvorschriften erfüllt sind, eine gegenüber den vorgegebenen Werten überhöhte Transfersumme ausweisen. Der Ausgleich auf die Vorgabe erfolgt nun in einem schrittweisen Verfahren dadurch, daß die Transferwerte gleichmäßig innerhalb der Intervallgrenzen gesenkt werden. "Gleichmäßig innerhalb der Intervallgrenzen" heißt, daß die Differenz des Transferwertes zu seiner Intervalluntergrenze als Bezugsgröße für die Stärke des Absenkens herangezogen wird, nicht aber die Größe des Transferwertes selbst. Formal dargestellt heißt das:

Sei $V^{i,k}$ = Vorgabesumme des Transferbereiches i und der sozialen Gruppe k,

$T S^{i,k}$ = berechnete zugehörige Transfersumme und

$T U^{i,k}$ = berechnete zugehörige Summe der

Transferuntergrenzen,

dann berechnet sich der für den Prozeß des Ausgleiches auf die vorgegebene Transfersumme benötigte Faktor (kleiner oder gleich 1):

(9)
$$T F^{i,k} = \left(T S^{i,k} - V^{i,k} \right) / \left(T S^{i,k} - T U^{i,k} \right)$$

und sei $t_j^{i,k}$ = Transferwert des Transferbereiches i und der sozialen Gruppe k,

$t_{j_u}^{i,k}$ = zugehörige Untergrenze des Transferwertes,

dann ergibt sich mit

(10)
$$t_j^{i,k} := t_j^{i,k} - \left(t_j^{i,k} - t_{j_u}^{i,k} \right) * T F^{i,k} \qquad \forall j$$

aus

$$\sum_j \left[t_j^{i,k} - \left(t_j^{i,k} - t_{j_u}^{i,k} \right) * T F^{i,k} \right]$$

$$= \left(\sum_j t_j^{i,k} \right) - \left(\sum_j t_j^{i,k} - \sum_j t_{j_u}^{i,k} \right) * \left(T S^{i,k} - V^{i,k} \right) / \left(T S^{i,k} - T U^{i,k} \right)$$

(11)
$$= T S^{i,k} - \left(T S^{i,k} - T U^{i,k} \right) * \left(T S^{i,k} - V^{i,k} \right) / \left(T S^{i,k} - T U^{i,k} \right)$$

$$= V^{i,k}$$

die vorgegebene Transfersumme. Die Reduzierung der Transferwerte führt zu ebenfalls reduzierten Intervallgrenzen, so daß iterativ eine im ersten

Schritt nicht erreichte Anpassung an die Vorgabewerte bewirkt wird. Wenn nach mehreren Schritten eine weitere Absenkung der Transferwerte unter Einhaltung der oben genannten Vorschriften nicht mehr möglich ist, die vorgegebene Transfersumme jedoch nicht erreicht ist, muß in einem weiteren Arbeitsschritt eine Umverteilung von Transfersummen benachbarter sozialer Gruppen durchgeführt werden, um eine weitere Reduzierung der Transferwerte zu ermöglichen. Ist also

$$(12) \qquad TS^{i,k} > V^{i,k} \wedge \forall j \left(t_j^{i,k} - t_{j_u}^{i,k} \right) = 0 \, ,$$

dann ist $TF^{i,k}$ nicht mehr definiert (Gl. 9) und $t_j^{i,k}$ nicht weiter reduzierbar (Gl. 10). Eine Anpassung an die Vorgabe ist dann nur noch zu erreichen, wenn die Intervalluntergrenzen $t_{j_u}^{i,k}$, die in diesem Fall mit den nach unten benachbarten Werten nach der sozialen Stellung des Familienvorstandes, t_j^{i,k_u}, übereinstimmen müssen, verringert werden. Wäre die Intervalluntergrenze ein nach einem anderen Rangordnungskriterium benachbarter Wert, so widerspräche das der Unmöglichkeit der weiteren Reduzierbarkeit der sozialen Gruppe k. Gilt nun (12), so werden abwechselnd alle t_j^{i,k_u} und anschließend alle $t_j^{i,k}$ gesenkt, bis $\left| TS^{i,k} - V^{i,k} \right| < \varepsilon$ ist:

$$(13) \qquad \forall j : t_{j_u}^{i,k} = t_j^{i,k_u} \longrightarrow t_{j_u}^{i,k_u} \Longrightarrow \exists j : \left(t_j^{i,k} - t_{j_u}^{i,k} \right) > 0$$

d.h., der durch die Gleichungen 9, 10 und 11 dargestellte Prozeß kann fortgesetzt werden. Ist der vorgegebene Transferbetrag für die soziale Gruppe k durch das beschriebene Verfahren erreicht, muß für die reduzierten Transferwerte t_j^{i,k_u} der sozialen Gruppe k_u der entgegengesetzt gerichtete Prozeß der Anpassung der Transfersumme an die Vorgabe nach oben durchgeführt werden:

(14)
$$TF^{i,k_u} = \left(TS^{i,k_u} - V^{i,k_u}\right) / \left(TO^{i,k_u} - TS^{i,k_u}\right)$$

(15)
$$t_j^{i,k_u} := t_j^{i,k_u} + \left(t_{j_0}^{i,k_u} - t_j^{i,k_u}\right) * TF^{i,k_u}$$

mit TO^{i,k_u} = berechnete Summe der Transferwertobergrenzen des Transferbereiches i und der sozialen Gruppe

$t_{j_0}^{i,k_u}$ = Transferwertobergrenzen des Bereiches.

(16)
$$\sum_j \left[t_j^{i,k_u} - \left(t_{j_0}^{i,k_u} - t_j^{i,k_u}\right) * TF_j^{i,k_u} \right]$$

$$= \left(\sum_j t_j^{i,k_u}\right) - \left(\sum_j t_{j_0}^{i,k_u} - \sum_j t_j^{i,k_u}\right) * \left(TS^{i,k_u} - V^{i,k_u}\right) / \left(TO^{i,k_u} - TS^{i,k_u}\right)$$

$$= TS^{i,k_u} - \left(TO^{i,k_u} - TS^{i,k_u}\right) * \left(TS^{i,k_u} - V^{i,k_u}\right) / \left(TO^{i,k_u} - TS^{i,k_u}\right)$$

$$= V^{i,k_u}$$

Die Anpassung der Transfersumme an die vorgegebene Summe für die unterschiedlichen sozialen Gruppen wird wieder nach den Rangordnungskriterien der sozialen Stellung des Familienvorstandes vom kleineren zum größeren Transferwert vorgenommen, da eine Reduzierung der Transferwerte in einer "unteren" sozialen Gruppe einen größeren Spielraum (Intervallbreite) zum Senken der Transferwerte in "darüberliegenden" sozialen Gruppen läßt.

4.3.4 Anwendung auf unterschiedliche Strukturen

Der beschriebene Algorithmus kann sowohl für eine Struktur von relativen Transferzahlen als auch für eine Struktur von absoluten Transferbeträgen verwendet werden. Es besteht ferner die Möglichkeit, aus korrigierten relativen Transferzahlen absolute Transferwerte zu berechnen und diese als Ausgangspunkt für einen Korrekturlauf des absoluten Parenté-Systems zu verwenden. Korrekturläufe können in folgender Form durchgeführt werden:

a) relativ

(17) b) absolut

c) relativ-absolut

d) relativ-absolut-relativ

Jeder der zehn Transferbereiche kann einzeln korrigiert werden, da zwischen einem Wert des einen Transferbereiches keine Beziehungen zu einem Wert eines anderen Transferbereiches bestehen, d.h. es gibt keine Rangordnung, die vorschreibt, ob

$$t^{i_1}_j \geq t^{i_2}_{j'} \quad \text{oder} \quad t^{i_1}_j \leq t^{i_2}_{j'}$$

für je zwei Transferwerte j, j' der Transferbereiche i_1 bzw. i_2.

Schließlich wurde der Algorithmus in der Weise verbessert, daß die parallele Korrektur von relativen und absoluten Transferwerten möglich ist. In diesem Fall gilt als zusätzliche Bedingung, daß nach Erreichen der Rangordnungen eines Parenté-Systems die zuvor errechneten Intervallgrenzen auch als bindend für die Korrektur des anderen Parenté-Systems betrachtet werden müssen (s. Gl. 3 und 3a). Dies führt zu einer größeren Einengung der Fehlertoleranz bei einzelnen Transferwerten und damit zu einer ausgeprägteren Rigidität der Transferstruktur. Der verbesserte Korrekturlauf läßt sich in folgende Schritte gliedern:

a   Transferwerte des relativen oder absoluten Bezugssystems werden auf die Einhaltung der Parenté-Rangordnung hin überprüft, falls erforderlich korrigiert, wobei Bemessungsgrenzen, Anteilssätze und Höchstbeträge beider Bezugssysteme als limitierende Elemente genutzt werden.

b   Die so errechneten Transferwerte werden in das jeweils andere Bezugssystem übertragen und können dort als Basis für eine erweiterte Überprüfung unter Einhaltung der transferrechtlichen Bestimmungen verwendet werden.

c   Erfahrungsgemäß erfüllen nach dem zweiten Arbeitsschritt, von wenigen Ausnahmen abgesehen, die Transferwerte beider Bezugs-systeme die für sie jeweils gültigen Rangordnungen. Der Ausgleich auf die vorgegebenen Transferbeträge findet so innerhalb der ermittelten Intervallgrenzen statt, wobei die vier Rangordnungskriterien dazu führen, daß vier Transferwerte des relativen Bezugssystems und vier Transferwerte des absoluten Bezugssystems die Ober- bzw. Untergrenzen für jeden zu ermittelnden Einzelwert sind. Das Minimum der acht Obergrenzen und das Maximum der acht Untergrenzen geben das Intervall an, innerhalb dessen ein Transferwert verändert werden kann. Die Verbesserung des Verfahrens liegt vor allem darin, daß bei der Abstimmung auf die vorgegebenen Transfersummen die Rangordnungskriterien beider Bezugssysteme eingehalten werden.

Begonnen werden kann der Korrekturprozeß in beiden Bezugssystemen. Je nachdem, welchem Bezugssystem für einen bestimmten Transferbereich der Vorrang gegeben wird, muß in diesem System auch die jeweils letzte Korrektur vorgenommen werden.

Das verbesserte Autokorrekturverfahren liefert jetzt so gute Ergebnisse, daß darauf verzichtet werden konnte, einen simultanen Algorithmus zu entwickeln, der gleichzeitig Korrekturen sowohl im System der relativen Transfers (bezogen auf das Primäreinkommen der Familien) als auch im System der absoluten Transfers (Durchschnittsbeträge der Familien) erlauben würde, aber sicher sehr aufwendig wäre.

5 Gesamtzusammenhang des Modells

5.1 Schematischer Überblick des Berechnungsverfahrens

Vor der Beschreibung der empirischen Ergebnisse soll das Berechnungsverfahren wegen der Neuartigkeit des umfangreichen Verarbeitungsprozesses im Überblick dargestellt werden.

In dem Schaubild 5.1 werden die zahlreichen Arbeitsschritte in "Blöcke" gegliedert, die vom Aufwand her etwa gleichgewichtig sind. Dies entspricht den gleichermaßen segmentierten Programmvorschriften des gesamten Rechenprozesses. Sind den Berechnungen im Block A die Verteilung und Schichtung der Primäreinkommen vorbehalten, so werden im Block B, den man als das Kernstück der Umverteilung bezeichnen könnte, die empfangenen Übertragungen in vier Bereichen und die geleisteten Übertragungen in sechs Bereichen dargestellt.

Die in der Übersicht mit Block C und D bezeichneten Segmente des Modells dienen im Rahmen der Parenté zur Überprüfung des Umverteilungsprozesses. Die endgültigen Transferstrukturen werden in iterativen Schritten gewonnen. Dabei ist der EDV-Rechenaufwand beträchtlich; Schwierigkeiten waren insbesondere hinsichtlich der Kompatibilität beider Bezugssysteme durch den Einbau zusätzlicher Vorschriften zu überwinden. Das dafür herangezogene Hilfsmittel war die vorrangige Berücksichtigung eines der in Block C und D verwendeten Bezugssysteme, in der Übersicht dann als Dominanz bezeichnet. Das Ergebnis des sekundären Verteilungsprozesses sind die verfügbaren Einkommen, die hier zunächst noch den vorgegebenen Brutto-Einkommensklassen zugeordnet werden. Neben der

Schaubild 5.1

SCHEMATISCHER ÜBERBLICK DES BERECHNUNGS–VERFAHRENS
IM DIW-EINKOMMENS- UND TRANSFERMODELL

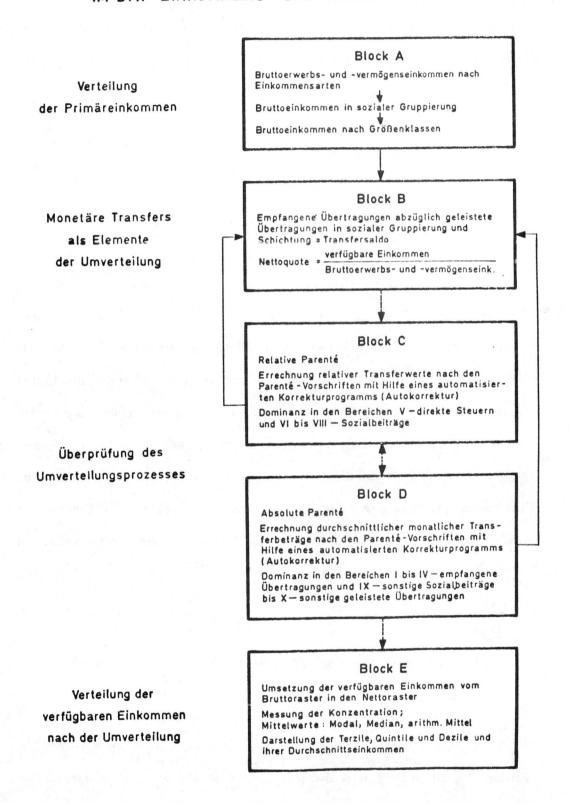

Verteilung

der Primäreinkommen

Block A

Bruttoerwerbs- und -vermögenseinkommen nach
Einkommensarten

Bruttoeinkommen in sozialer Gruppierung

Bruttoeinkommen nach Größenklassen

Monetäre Transfers

als Elemente

der Umverteilung

Block B

Empfangene Übertragungen abzüglich geleistete
Übertragungen in sozialer Gruppierung und
Schichtung = Transfersaldo

$$\text{Nettoquote} = \frac{\text{verfügbare Einkommen}}{\text{Bruttoerwerbs- und -vermögenseink.}}$$

Block C

Relative Parenté

Errechnung relativer Transferwerte nach den
Parenté-Vorschriften mit Hilfe eines automatisierten Korrekturprogramms (Autokorrektur)

Dominanz in den Bereichen V –direkte Steuern
und VI bis VIII — Sozialbeiträge

Überprüfung des

Umverteilungsprozesses

Block D

Absolute Parenté

Errechnung durchschnittlicher monatlicher Trans-
ferbeträge nach den Parenté-Vorschriften mit
Hilfe eines automatisierten Korrekturprogramms
(Autokorrektur)

Dominanz in den Bereichen I bis IV –empfangene
Übertragungen und IX —sonstige Sozialbeiträge
bis X—sonstige geleistete Übertragungen

Verteilung der

verfügbaren Einkommen

nach der Umverteilung

Block E

Umsetzung der verfügbaren Einkommen vom
Bruttoraster in den Nettoraster

Messung der Konzentration;
Mittelwerte: Modal, Median, arithm. Mittel

Darstellung der Terzile, Quintile und Dezile und
ihrer Durchschnittseinkommen

Relation der verfügbaren Einkommen zum Bruttoerwerbs- und -vermögens-einkommen, die als Nettoquote errechnet wird, werden die Transfersalden zwischen empfangenen und geleisteten Übertragungen ausgewiesen.

In Block E werden die in Block B errechneten Daten, die dort nach Größenklassen des Bruttoerwerbs- und -vermögenseinkommens ("Brutto-raster") gegliedert sind, in eine Schichtung übergeführt, die nach der Höhe des verfügbaren Einkommens ("Nettoraster") geordnet ist. Um diese Trans-formation durchführen zu können, wurde nach zahlreichen Experimenten ein Verfahren entwickelt, bei dem die Verteilungsfunktion durch eine mehr-parametrige Exponentialfunktion approximiert wird, aus der sich - im Gegensatz zu Kurven, die durch Spline-Interpolation ermittelt werden, - eine unimodale Dichtefunktion ableiten läßt. Ergänzt wird die Darstellung der verfügbaren Einkommen durch eine für jedes Schichtungsbild aus-gewiesene Messung der Konzentration. Neben allseits bekannten Mittel-werten wird eine ausführliche Quantilendarstellung - Terzile, Quintile und Dezile - mit den dazugehörenden absoluten Durchschnittsbeträgen ver-wendet. Diese Betrachtungsweise erscheint gerade bei einem länger-fristigen Einkommensvergleich vorteilhaft, da sie die Änderungen relativer Einkommenspositionen besonders klar werden läßt. Zur Verdeutlichung der vorstehend beschriebenen Hauptabschnitte des Rechenverfahrens werden in Kapitel 7 dieses Gutachtens fünf Kompakt-Tabellen (Block A bis E) wieder-gegeben.

5.2 Darstellung des Rechenprozesses am Beispiel eines ausgewählten Familientyps

Der Ablauf der Berechnungen soll in Übersicht 5.1 deutlich gemacht werden. Sie ist so geordnet, daß auf der linken Seite die demographischen

Übersicht 5.1   Modellableitung des Familientyps "Arbeiter-Ehepaare mit zwei Kindern und zwei oder mehr Einkommensbeziehern" 1981

Bevölkerung, Haushalte, Familien und Familienangehörige in 1 000

Gesamte Wohnbevölkerung 61 682

Selb-ständige	Mith. Fam.angeh.	Ange-stell-te	Beamte	Arbei-ter	Rent-ner	Kinder unter 18 J.	Übrige Per-sonen
2 326	920	10 148	2 348	11 653	12 050	14 015	8 222

Bevölkerung in sozialer Gruppierung

	Land-wirte	Sonst. Selbst.	Ange-stellte	Beamte	Arbei-ter	Rent-ner	Versorg.-empfänger
Haushalte	430	1 535	5 685	1 045	6 390	8 115	1 000
Familien	345	1 010	945		4 375	2 995	390

Arbeiter-Familien

	Ehepaare ohne Kind		Ehepaare m. Kindern		Alleinerziehende	
	1 Eink.-bezieher	2 oder mehr Eink.-bezieher	1 Eink.-bezieher	2 oder mehr Eink.-bezieher	1 Eink.-bezieher	2 oder mehr Eink.-bezieher
	750	2 150	655	600	120	100

Arbeiter-Ehepaare mit 2 Kindern 790

Familien-vorstand	Weitere Eink.-bezieher	Kinder unter 18 Jahren	Übrige Familien-angehörige
790	840	1 580	380

Einkommen vor und nach der Umverteilung in Mrd. DM

Gesamtes Brutoerwerbs- und -vermögenseinkommen 1 166,0

Löhne	Gehäl-ter	Beamten-bezüge	Soz.beitr. d. Arbeit-geber	Ent-nahmen	Rent-ner	Vermögens-einkommen
507,5	310,2	98,7	116,9	242,9	49,7	89,8

Bruttoeinkommen in sozialer Gruppierung

	Land-wirte	Sonst. Selbst.	Ange-stellte	Beamte	Arbei-ter	Rent-ner	Versorg.-empfänger
Haushalte	23,2	227,5	392,1	86,5	354,6	49,7	8,4
Familien	18,0	148,3	254,0	59,4	248,8	25,8	4,2

Arbeiter-Familien

	Ehepaare ohne Kind		Ehepaare m. Kindern		Alleinerziehende	
	1 Eink.-bezieher	2 oder mehr Eink.-bezieher	1 Eink.-bezieher	2 oder mehr Eink.-bezieher	1 Eink.-bezieher	2 oder mehr Eink.-bezieher
	35,565	142,540	28,570	33,900	3,780	4,440

Arbeiter-Ehepaare mit 2 Kindern 54,920

Empfangene Übertragungen

Renten und Pensionen	Geldleist. der B.-Anst. f. Arb. u. Sozialhilfe	Gesetzl. Kinder-geld	Sonst. lfd. Über-tragungen
1,487	1,130	1,875	2,009

Geleistete Übertragungen

Direkte Steuern	Renten-?	Beiträge zur Kranken-versicherung	Arb.los.-	Sonst. Sozial-beiträge	Sonst. lfd. Über-tragungen
7,088	7,886	4,659	1,267	1,075	2,009

noch Übersicht 5.1

Schichtung nach der Höhe des monatlichen Einkommens

Monatliches Einkommen von ... bis unter ... DM	Zahl der Familien				Familien-Einkommen				Mittelwerte der Nettoschichtung
	"brutto" in 1 000	in vH	"netto" in 1 000	in vH	"brutto" in Mill.DM	in vH	"netto" in Mill.DM	in vH	
unter 1 000	1	0,1			23	0,0			
1 000 - 2 000	51	6,5			1 640	3,0			
2 000 - 3 000	149	18,9	224	28,4	6 306	11,5	7 209	19,5	
3 000 - 4 000	146	18,5	288	36,5	7 831	14,2	11 883	32,1	
4 000 - 5 000	125	15,8	137	17,3	8 169	14,9	7 292	19,7	Modal 2 931 DM
5 000 - 6 000	97	12,3	68	8,6	7 475	13,6	4 422	11,9	Median 3 511 DM
6 000 - 7 000	73	9,2	38	4,8	6 481	11,8	2 920	7,9	arithm. Mittel 3 906 DM
7 000 - 8 000	54	6,8	23	2,9	5 426	9,9	2 038	5,5	
8 000 - 9 000	39	4,9	9	1,1	4 376	8,0	903	2,4	
9 000 - 10 000			2	0,3			224	0,6	
10 000 und mehr	55	7,0	1	0,1	7 193	13,1	145	0,4	
Insgesamt	790	100,0	790	100,0	54 920	100,0	37 036	100,0	

Daten über Bevölkerung, Haushalte, Familien und Familienangehörige für 1981 ausgewiesen werden, während die entsprechenden Einkommensangaben auf der rechten Seite der Übersicht zu finden sind.

Ausgangsdaten der Berechnungen sind die Wohnbevölkerung auf der einen sowie die Summe des Bruttoerwerbs- und -vermögenseinkommens auf der anderen Seite. Beispielhaft abgeleitet werden die Rahmendaten für die Einkommensschichtung eines der häufigsten Familientypen: der Arbeiter-Ehepaare mit zwei Kindern unter 18 Jahren und mehreren Einkommensbeziehern. Wie die stufenweise Disaggregation verläuft, wurde in Übersicht 5.1 dadurch markiert, daß die von der Disaggregation jeweils berührten Daten unterstrichen sind.

Unter den Erwerbspersonen (einschließlich der Arbeitslosen) war 1981 die Gruppe der Arbeiter mit 11,7 Mill. Personen am größten. Die der Angestellten folgte jedoch dicht auf; wenn man, was in sozioökonomischer Hinsicht gerechtfertigt erscheint, die Gruppe der Beamten zu den Angestellten hinzurechnet, lag diese mit insgesamt 12,5 Mill. Personen an der Spitze.

Arbeiter-Haushalte waren mit 6,4 Mill. die nach der beruflichen Stellung häufigste Wohngemeinschaft. Gut die Hälfte aller Arbeiter waren Haushaltsvorstände, die übrigen entweder hier oder in anderen sozialen Gruppen weitere Einkommensbezieher.

Die Ausgliederung der Einpersonenhaushalte und der übrigen Haushalte, die weiter unten gesondert aufgezählt werden, führte zu knapp 4,4 Mill. Arbeiter-Familien, der Zahl nach gut zwei Drittel, der Zahl der Familienangehörigen nach jedoch fast drei Viertel der oben genannten Haushalte. Von allen Arbeiter-Familien waren zwei Drittel Ehepaare mit

Kindern, fast drei Zehntel Ehepaare ohne Kind und knapp 5 vH Alleinerziehende. Familien mit mehreren Einkommensbeziehern machten knapp zwei Drittel aller Arbeiter-Familien aus.

An den 2,150 Mill. Familien von Arbeiterehepaaren mit mehreren Einkommensbeziehern und mit Kindern war der ausgewählte Familientyp im Jahr 1981 zu reichlich einem Drittel beteiligt. Neben den Familienvorständen gab es 840 000 weitere Einkommensbezieher, knapp 1,6 Mill. Kinder unter 18 Jahren und knapp 0,4 Mill. übrige Familienmitglieder.

Die Bruttolöhne zuzüglich der Arbeitgeberbeiträge zur Sozialversicherung machten 1981 ein knappes Drittel der auf private Haushalte insgesamt entfallenden Bruttoerwerbs- und -vermögenseinkommen aus. Für die Arbeiter-Haushalte ergab sich ein Gesamteinkommen von rund 355 Mrd. DM. Davon entfielen auf Arbeiter-Familien etwa sieben Zehntel; von diesem Betrag in Höhe von 249 Mrd. DM waren 176 Mrd. DM Löhne, 19 Mrd. DM Gehälter, 37 Mrd. DM Sozialbeiträge der Arbeitgeber und schließlich 17 Mrd. DM Einkommen aus Unternehmertätigkeit und Vermögen. An diesem Beispiel zeigt sich, daß bei Arbeitern (wie auch bei Angehörigen der anderen sozialen Gruppen) im Einkommen der Haushalte oder Familien neben den Haupteinkünften auch Einkünfte anderer Art zusammenfließen.

Auf Ehepaare mit Kindern und mehreren Einkommensbeziehern entfiel mehr als die Hälfte des Gesamteinkommens der Arbeiter-Familien. Gegenüber den Ehepaaren mit Kindern, bei denen lediglich der Familienvorstand Einkommen bezog, war das durchschnittliche monatliche Bruttoeinkommen von Familien mit mehreren Einkommensbeziehern mit 5 500 DM im Vergleich zu 3 950 DM günstiger. Der hier ausgewählte Familientyp mit zwei Kindern kam mit 5 800 DM dem erstgenannten Wert sehr nahe.

Ein Blick auf die empfangenen Übertragungen dieses Familientyps zeigt, daß bei einer Gesamtsumme von 6,5 Mrd. DM das Kindergeld und die sonstigen laufenden Übertragungen überwogen. Bei den geleisteten Übertragungen - mit 24,4 Mrd. DM fast viermal mal so hoch - dominierten die direkten Steuern und die Sozialbeiträge zur Rentenversicherung. Das verfügbare Einkommen des ausgewählten Familientyps belief sich auf 67 vH des Bruttoeinkommens.

Ein Vergleich der Brutto- und der Nettoschichtung nach der Höhe der monatlichen Einkommen vermittelt ein differenziertes Bild der Umverteilungswirkungen. Im unteren Einkommensbereich bis 3 000 DM monatlich hat sich die Zahl der Familien von 52 000 in der Bruttoschichtung auf 224 000 in der Nettoschichtung erhöht, im oberen Einkommensbereich über 8 000 DM monatlich hat sie dagegen von 148 000 auf 12 000 abgenommen.

Diese Umverteilung wird auch durch die das Schichtungsbild charakterisierenden Mittelwerte unterstrichen. Der häufigste Einkommenswert (Modalwert) betrug in der Bruttoschichtung 3 900 DM, in der Nettoschichtung 2 930 DM im Monat, der Median ging von 5 350 DM auf 3 510 DM und das arithmetische Mittel - stärker als die vorgenannten Werte - von 5 800 DM auf 3 900 DM zurück.

6 Entwicklung von Bevölkerung, privaten Haushalten und Familien 1973 bis 1981

6.1 Entwicklung der Bevölkerung

6.1.1 Wohnbevölkerung 1981

1981 hatte die Bundesrepublik Deutschland - jahresdurchschnittlich gerechnet - knapp 61,7 Mill. Einwohner[59]. Gegenüber 1980 ist die Bevölkerungszahl noch einmal geringfügig gestiegen; mit rund 115 000 Personen ist die Zunahme indes nur etwa halb so groß ausgefallen wie im Jahr zuvor.

Die Bevölkerungszunahme hat sich wiederum lediglich durch eine Nettozuwanderung über die Grenzen des Bundesgebietes ergeben. Im Vergleich zum Jahr 1980 hat allerdings die Zahl der Zuzüge abgenommen, die der Fortzüge zugenommen, so daß der Wanderungssaldo (+210 000 Personen) im Berichtsjahr deutlich geringer ausgefallen ist als im Vorjahr (+315 000 Personen). Ausgewirkt hat sich vor allem, daß die Nettozuwanderung aus der Türkei stark nachgelassen hat[60]. 1982 ist der Zuwanderungsüberschuß von Ausländern sogar in einen Abwanderungsüberschuß von mehr als 100 000 umgeschlagen.

Die natürliche Bevölkerungsentwicklung im Bundesgebiet - auf die noch näher eingegangen wird - trägt bekanntlich schon seit Anfang der siebziger Jahre ein negatives Vorzeichen. 1981 wurden 720 000 Sterbefälle, aber nur 625 000 Geburten registriert. 1980 hatte die Zahl der Geborenen - erstmals seit 1964, dem Jahr mit den bisher meisten Geburten in der Bundesrepublik - deutlich (um fast 7 vH) über der des Vorjahres gelegen; aber diese Entwicklung hat sich 1981 nicht fortgesetzt, und auch 1982 hat es einen Rückgang (-0,5 vH gegenüber 1981) gegeben. Die Abnahme der Geburtenzahl ist Ausdruck einer Änderung des generativen Verhaltens, wie es in den altersspezifischen Geburtenziffern zum Ausdruck kommt. Von je 100 Frauen des in der folgenden Übersicht angegebenen Alters bekamen ein Kind in den Jahren 1964 bzw. 1981[61]:

Alter der Frauen	1964	1981	Rückgang in vH
19 Jahre	83	37	55
21 Jahre	126	67	47
25 Jahre	177	110	38
27 Jahre	168	109	35
30 Jahre	131	86	34

26,1 Mill. Personen waren im Berichtsjahr erwerbstätig (vgl. Übersicht 6.1); reichlich ein Drittel davon waren Frauen. 22,9 Mill. standen in einem Arbeitnehmerverhältnis - von diesen knapp die Hälfte als Arbeiter, zwei Fünftel als Angestellte und ein Zehntel als Beamte. Von 2,3 Mill. Selbständigen war ein Fünftel, von 0,9 Mill. mithelfenden Familienangehörigen waren fast drei Viertel in der Land- und Forstwirtschaft tätig. Insgesamt hat sich die Zahl der Erwerbstätigen, die von 1978 bis 1980 jeweils etwas gestiegen war, 1981 wieder verringert; auch ihr Anteil an der Bevölkerung ist zurückgegangen (1980: 42,7 vH, 1981: 42,4 vH). Abgenommen hat vor allem die Zahl der Arbeiter, weiter geschrumpft ist die Zahl der Selbständigen und die der mithelfenden Familienangehörigen. Angestellte und Beamte hingegen haben zahlenmäßig erneut etwas gewonnen.

Sehr stark - um 43 vH gegenüber dem Vorjahr - ausgeweitet hat sich 1981 die jahresdurchschnittliche Zahl der Arbeitslosen, die zu Beginn des

Übersicht 6.1

Wohnbevölkerung 1973 und 1981
Jahresdurchschnittszahlen in 1 000 Personen

	1973			1981			Veränderung 1973/81		
	Männer	Frauen	insgesamt	Männer	Frauen	insgesamt	Männer	Frauen	insgesamt
Selbständige									
in der Land- und Forstwirtschaft	541	114	655	436	64	500	-105	-50	-155
in den sonst.Wirtschaftsbereichen	1 448	415	1 863	1 399	427	1 826	-49	+12	-37
Mithelfende Familienangehörige									
in der Land- und Forstwirtschaft	183	836	1 019	96	562	658	-87	-274	-361
in den sonst.Wirtschaftsbereichen	40	439	479	26	236	262	-14	-203	-217
Angestellte 1)	4 282	4 343	8 625	4 616	5 084	9 700	+334	+741	+1 075
Beamte 2)	1 803	307	2 110	1 889	459	2 348	+86	+152	+238
Arbeiter 1)	8 715	3 456	12 171	7 843	2 986	10 829	-872	-470	-1 342
Erwerbstätige	17 012	9 910	26 922	16 305	9 818	26 123	-707	-92	-799
Arbeitslose	150	123	273	652	620	1 272	+502	+497	+999
Erwerbspersonen	17 162	10 033	27 195	16 957	10 438	27 395	-205	+405	+200
Nichterwerbspersonen	12 484	22 297	34 781	12 544	21 743	34 287	+60	-554	-494
Wohnbevölkerung	29 646	32 330	61 976	29 501	32 181	61 682	-145	-149	-294

1) Beschäftigte Arbeitnehmer. - 2) Einschließlich Soldaten.

Quellen: Hubert Wollny/Karl Schoer: Entwicklung der Erwerbstätigkeit 1970 bis 1981. Ergebnis einer Revision der Erwerbstätigenzahlen, in: Wirtschaft und Statistik, Heft 11/1982; Hubert Wollny: Entwicklung der Erwerbstätigkeit 1982, in: Wirtschaft und Statistik, Heft 5/1983; Der Bundesminister für Arbeit und Sozialordnung (Herausgeber): Arbeits- und Sozialstatistik, Hauptergebnisse 1982; Berechnungen des DIW.

Jahres 1980 saisonbereinigt ihren Tiefpunkt seit der vorangegangenen Rezession erreicht hatte. Hier kommt die Stagnation der wirtschaftlichen Aktivität zum Ausdruck, aber auch die Tatsache, daß immer noch geburtenstarke Jahrgänge auf den Arbeitsmarkt drängen, viele Jugendliche allerdings keinen Ausbildungsplatz finden. Statistisch zählen die Arbeitslosen zu den Erwerbspersonen; aus diesem Grunde hat sich die gesamtwirtschaftliche Erwerbsquote - der Anteil der Erwerbspersonen an der Wohnbevölkerung - von 1980 (44,2 vH) auf 1981 (44,4 vH) geringfügig erhöht, obwohl die Erwerbstätigenquote - wie erwähnt - rückläufig war. Dabei stieg die Erwerbsquote der Männer nur wenig (von 57,4 vH auf 57,5 vH), die der Frauen etwas stärker (von 32,0 vH auf 32,4 vH).

Auch der Anteil der Einkommensbezieher an der Gesamtbevölkerung hat sich von 1980 (61,1 vH) bis 1981 (61,7 vH) erhöht. Zu den Einkommensbeziehern rechnen neben Selbständigen und Arbeitnehmern auch Rentner und Versorgungsempfänger des öffentlichen Dienstes; die Gruppe von Personen, die nicht mehr im Erwerbsleben stehen, machte 1981 - mit steigender Tendenz - etwa drei Zehntel aller Einkommensbezieher aus.

Neben Rentnern und Beamtenpensionären rechnen zu den Nichterwerbspersonen Ehefrauen ohne Einkommen, deren Zahl leicht rückläufig ist, ferner Personen in allgemeiner Ausbildung, deren Zahl seit langem expandiert, schließlich Kinder unter 18 Jahren, deren Zahl im Berichtsjahr wiederum nicht unerheblich - um 353 000 Personen - abgenommen hat.

6.1.2   Bevölkerungsbewegung von 1973 bis 1981

Von 1973 bis 1981 hat sich die durchschnittliche Wohnbevölkerung der Bundesrepublik Deutschland um knapp 300 000 Personen verringert (vgl.

Übersicht 6.2). Der Bevölkerungsrückgang wäre indes erheblich größer ausgefallen, wenn es nicht in den meisten Jahren der Berichtszeit einen positiven Saldo der Wanderungen über die Grenzen des Bundesgebietes gegeben hätte.

Übersicht 6.2

Bevölkerungsbewegung von 1973 bis 1981
in 1 000 Personen

	Deutsche	Ausländer	Insgesamt
Lebendgeborene	4 117	692	4 809
Gestorbene 1)	5 718	68	5 786
Saldo der natürlichen Bevölkerungsbewegung	-1 601	+624	-977
Zuzüge	878	4 024	4 902
Fortzüge	445	3 774	4 219
Saldo der Wanderungen	+433	+250	+683
Saldo der gesamten Bevölkerungsbewegung	-1 168	+874	-294

1) Ohne Totgeborene, nachträglich beurkundete Kriegssterbefälle und gerichtliche Todeserklärungen.

Quellen: Statistisches Bundesamt (Herausgeber): Fachserie 1, Bevölkerung und Erwerbstätigkeit, Reihe 1, Gebiet und Bevölkerung; Berechnungen des DIW.

Auf die Tatsache, daß die Zahl der Geburten in der Bundesrepublik in der Mitte der sechziger Jahre ihren Höhepunkt erreicht und seitdem stark - nahezu auf die Hälfte - abgenommen hat, wurde schon hingewiesen. In der Berichtszeit sind im Durchschnitt mit nur geringen Abweichungen jährlich rund 600 000 Kinder geboren worden; 1964 waren es noch nahezu 1,1 Mill.

Die Zahl der Todesfälle liegt seit langem bei 700 000 bis 750 000 Personen pro Jahr, und der sich daraus ergebende Bevölkerungsverlust von jährlich 100 000 bis 150 000 Menschen hat sich von 1973 bis 1981 auf fast 1 Mill. Personen kumuliert.

Die in der Bundesrepublik lebenden Ausländer unterscheiden sich sowohl in ihrer Altersstruktur als auch in ihrer Fruchtbarkeit von der deutschen Wohnbevölkerung: Ausländer, die in Deutschland wohnen, haben mehr Kinder, sind im Durchschnitt erheblich jünger und weisen daher auch eine wesentlich geringere Sterblichkeit auf als die deutsche Bevölkerung[62] (vgl. Übersicht 6.3).

Übersicht 6.3

Geburten, Sterbefälle und Geburtensaldo von Deutschen und Ausländern je 1 000 Einwohner

| Jahr | Lebendgeborene | | Gestorbene | | Geburtensaldo | |
| | deutscher | fremder | deutscher | fremder | deutscher | fremder |
			Staatsangehörigkeit			
1973	9,2	25,0	12,4	2,4	-3,2	+22,6
1974	8,9	26,7	12,4	2,3	-3,5	+24,4
1975	8,7	24,1	12,8	2,3	-4,1	+21,9
1976	8,9	22,5	12,6	2,2	-3,6	+20,3
1977	8,8	20,2	12,1	2,1	-3,4	+18,1
1978	8,7	18,3	12,6	2,0	-3,7	+16,3
1979	8,8	18,4	12,3	2,0	-3,4	+16,4
1980	9,4	18,2	12,3	1,9	-2,9	+16,3
1981	9,5	17,2	12,5	1,8	-3,0	+15,4

Quelle: Helmut Proebsting: Eheschließungen, Ehescheidungen, Geburten und Sterbefälle von Ausländern 1981, in: Wirtschaft und Statistik, Heft 2/1983.

Die genannten Faktoren haben dazu geführt, daß die ausländische Bevölkerung im Bundesgebiet schon durch einen Geburtenüberschuß von 1973 bis 1981 um 625 000 Personen zugenommen hat; für die deutsche Bevölkerung errechnet sich für die gleiche Zeit aufgrund der - gegenüber den Todesfällen - geringeren Geburtenzahlen eine Abnahme von 1,6 Mill. Personen.

In der Wanderungsbewegung über die Grenzen des Bundesgebietes hat es nach 1973 einen Einschnitt gegeben. Die Zuwanderung von ausländischen Arbeitnehmern und ihren Angehörigen, die in den späten fünfziger Jahren in zunächst nur geringem Umfang eingesetzt hatte und nach der Rezession von 1967 auf jährlich fast 1 Mill. Personen bei gleichzeitiger Abwanderung von lediglich einer halben Million angestiegen war, ging als Folge des Anwerbestopps für ausländische Arbeitnehmer aus Nicht-EG-Ländern und der Rezession von 1974/75 deutlich zurück. Mit der konjunkturellen Belebung von 1977/78 hat der Zuzug aus dem Ausland wieder zu-, die Abwanderung abgenommen; zugleich hat sich vor allem der Zuzug von Ausländern im Rahmen der Familienzusammenführung verstärkt. Am Ende der Berichtszeit waren in den Jahren 1980 und 1981 erneut Anzeichen einer Wende zu negativen Wanderungsbewegungen zu beobachten. Insgesamt haben von 1973 bis 1981 4 Mill. Ausländer ihren Wohnsitz in der Bundesrepublik genommen; 3,8 Mill. Ausländer haben das Bundesgebiet in dieser Zeit verlassen. Die angesichts des Anwerbestopps für Personen aus Nicht-EG-Ländern überraschend hohen Wanderungszahlen in beiden Richtungen sollten aber nicht darüber hinwegtäuschen, daß der größere Teil ausländischer Arbeitnehmer bereits längere Zeit in der Bundesrepublik lebt. Nahezu die Hälfte der männlichen Ausländer war 1980 schon zehn Jahre oder länger hier, zwei Drittel der ausländischen Gesamtbevölkerung länger als sechs Jahre. In den genannten Wanderungszahlen sind freilich zahlreiche Personen enthalten, die nur kürzerfristig als Praktikanten, Studenten, aber auch als Asylbewerber, seltener als Arbeitskräfte, in der Bundesrepublik waren. Durch die Nettozuwanderung von Ausländern ist die gesamte Bevölkerungszahl um 250 000 aufgestockt worden.

Fortzüge von Deutschen waren in der Berichtszeit von vergleichsweise geringer Bedeutung. Die nicht unbeträchtlichen Zuwanderungen (Aussiedler aus Polen, Rumänien usw.) haben dazu geführt, daß die deutsche Bevölkerung von 1973 bis 1981 nicht um 1,6 Mill. (Überschuß der Gestorbenen), sondern nur um knapp 1,2 Mill. Personen abgenommen hat.

6.1.3   Änderungen der Bevölkerungsstruktur von 1973 bis 1981

In der Struktur der Bevölkerung haben sich in der Berichtszeit markante Verschiebungen ergeben (vgl. Übersicht 6.1). Augenfällig ist die starke Abnahme der Zahl der Erwerbstätigen und die noch stärkere Zunahme der Arbeitslosigkeit. Die Zahl der Erwerbstätigen ist in dem Zwischenabschnitt von 1974 bis 1977 um insgesamt 1,4 Mill. geschrumpft, hat dann bis 1980 wieder um 0,8 Mill. zugenommen und 1981 erneut, um 0,2 Mill., abgenommen. Insgesamt gab es 1981 rund 800 000 weniger Erwerbstätige als 1973. Die Arbeitslosigkeit, die Anfang der siebziger Jahre noch nicht von zahlenmäßiger Bedeutung war, lag von 1975 bis 1977 im Jahresdurchschnitt jeweils über der Millionengrenze und konnte in den Folgejahren nur wenig verringert werden. 1981 waren im Durchschnitt 1,3 Mill., 1982 mehr als 1,8 Mill. Personen als Arbeitssuchende bei den Arbeitsämtern registriert. Diese Entwicklung zeigt sich am Abstand von

Erwerbs- und Erwerbstätigenquote, der zur Mitte der siebziger Jahre sprunghaft gestiegen ist und sich sowohl 1981 als auch 1982 nochmals deutlich vergrößert hat (vgl. Übersicht 6.4).

Übersicht 6.4

Erwerbspersonen und Erwerbstätige
in vH der Wohnbevölkerung

Jahr	Erwerbspersonen	Erwerbstätige
1973	43,9	43,4
1974	43,7	42,8
1975	43,5	41,7
1976	43,3	41,6
1977	43,3	41,6
1978	43,5	41,9
1979	43,9	42,4
1980	44,2	42,7
1981	44,4	42,3
1982	44,5	41,6
Quelle: Berechnungen des DIW nach der Erwerbstätigkeits- und Bevölkerungsstatistik.		

Die Struktur der Bevölkerung nach sozialer Gruppierung wandelt sich seit langem. Über den gesamten Berichtszeitraum hinweg hat - im Verlauf eines ökonomisch-technischen Konzentrationsprozesses - die Zahl der Selbständigen um 200 000, die der mithelfenden Familienangehörigen um nahezu 600 000 Personen abgenommen. Einen besonders starken Rückgang hat es in der Land- und Forstwirtschaft gegeben; hier waren 1981 um ein Viertel weniger Selbständige und um ein Drittel weniger mithelfende

Familienangehörige als 1973 tätig. Auch im Handel und im Baugewerbe hat es Schrumpfungserscheinungen gegeben. Im Bereich der Dienstleistungen von Unternehmen und freien Berufen sowie im Kredit- und Versicherungsgewerbe hingegen hat die Zahl der Selbständigen in der Berichtszeit zugenommen; die Zahl der Mithelfenden ist freilich auch in diesen Bereichen geringer geworden. Insgesamt hat der Rückgang der Zahl der Selbständigen ganz überwiegend Männer, die Abnahme der Zahl der mithelfenden Familienangehörigen zu einem noch größeren Anteil Frauen betroffen.

Bei den unselbständig Beschäftigten vollzieht sich seit langem eine Verschiebung von den Arbeiter- zu den Angestellten- und Beamtenberufen, die in Zeiten schwacher Konjunktur noch spürbarer wird, weil gewerbliche Arbeitnehmer ein höheres Arbeitsplatzrisiko haben als Angestellte. Von 1973 bis 1981 ist die Zahl der Arbeiter um reichlich 1,3 Mill. geringer, die der Angestellten um 1,1 Mill. und die der Beamten um 0,2 Mill. größer geworden. Dabei hat der Rückgang der Zahl der Arbeiter vor allem das verarbeitende Gewerbe und das Baugewerbe betroffen; Angestellten- und Beamtenpositionen sind besonders im Bereich privater Dienstleistungen und beim Staat häufiger geworden.

Bei den Nichterwerbspersonen hat die Gruppe der Rentner in den siebziger Jahren stark expandiert. Dies resultierte aus der Altersstruktur der Bevölkerung, war Folge von Transferrechtsänderungen (z. B. Einführung der flexiblen Altersgrenze) wie auch konjunktureller Einflüsse auf das Transfersystem (vorzeitige Verrentung von Arbeitslosen). Die Zahl der Beamtenpensionäre blieb nahezu konstant: Zwar hat die Zahl der allgemeinen Versorgungsempfänger zugenommen, der Personenkreis, der Versorgungsbezüge nach dem Gesetz zum Artikel 131 des Grundgesetzes[63)] erhält, ist aber kleiner geworden. Insgesamt entfielen 1973 rechnerisch etwa 36 Transfereinkommensbezieher, die aus dem Erwerbsleben bereits ausgeschieden waren, auf 100 Erwerbspersonen; bis 1981 hat sich dieses Verhältnis auf 42 zu 100 erhöht. In der gleichen Zeit hat sich der Anteil aller Einkommensbezieher - Selbständige, Arbeitnehmer, Rentner und Beamtenpensionäre - an der Wohnbevölkerung von 57,4 vH (1973) auf 61,7 vH (1981) erhöht, was überwiegend der Nicht-Erwerbstätigengruppe zuzuschreiben ist.

Stark zugenommen - um mehr als 50 vH - hat im Berichtszeitraum die Zahl der in nichtberuflicher Ausbildung befindlichen Personen, vor allem der Schüler und Studenten. Die Zahl der Kinder unter 18 Jahren hingegen ist seit 1972 von Jahr zu Jahr kleiner geworden, wobei sich der Rückgang ständig beschleunigt hat. 1973 gab es in der Bundesrepublik knapp 16,5 Mill. Personen dieser Altersgruppe, nachdem ein Jahr zuvor mit knapp 16,6 Mill. ein Höchststand erreicht worden war. Bis 1981 ist die Zahl der Kinder unter 18 Jahren auf 14,0 Mill. Personen gesunken.

Insgesamt hat sich die Zahl der übrigen männlichen Nichterwerbs-personen in der Berichtszeit nur wenig verändert. Der entsprechende Personenkreis weiblicher Nichterwerbspersonen indes ist nicht unerheblich kleiner geworden - nicht zuletzt deshalb, weil es 1981 bei steigender Erwerbsbeteiligung weniger Ehefrauen ohne eigenes Einkommen gab als zu Beginn der Berichtszeit.

6.2   Entwicklung der privaten Haushalte

1981 lebten 60,6 Mill. Personen[64] in 24,6 Mill. Privathaushalten[65] (vgl. Übersicht 6.5). Seit 1973 hat die Zahl der Haushalte um 2,0 Mill. zuge-

Übersicht 6.5

Zahl der privaten Haushalte 1981
in 1 000

	Selbständigen in der Land- und Forstwirtschaft	Selbständigen in d. sonst. Wirtschaftsbereichen	Angestellten	Beamten 1)	Arbeitern	Rentnern 2)	Versorgungsempfängern des öffentl. Dienstes	Insgesamt
Haushalte mit einem Einkommensbezieher								
Haushalte aus								
einer Person	10	200	1 155	285	1 075	4 365	520	7 610
zwei Personen	60	295	930	240	875	1 240	165	3 805
drei Personen	90	165	505	145	585	140	25	1 655
vier Personen	75	95	310	70	195	35	5	785
fünf oder mehr Personen	95	80	115	40	60	10	0	400
Insgesamt	330	835	3 015	780	2 790	5 790	715	14 255
Haushalte mit mehreren Einkommensbeziehern								
Haushalte aus								
einer Person	x	x	x	x	x	x	x	x
zwei Personen	5	160	550	125	840	1 400	160	3 240
drei Personen	10	175	720	215	1 025	580	70	2 795
vier Personen	25	120	710	180	930	205	25	2 195
fünf oder mehr Personen	60	245	690	145	805	140	30	2 115
Insgesamt	100	700	2 670	665	3 600	2 325	285	10 345
Insgesamt								
Haushalte aus								
einer Person	10	200	1 155	285	1 075	4 365	520	7 610
zwei Personen	65	455	1 480	365	1 715	2 640	325	7 045
drei Personen	100	340	1 225	360	1 610	720	95	4 450
vier Personen	100	215	1 020	250	1 125	240	30	2 980
fünf oder mehr Personen	155	325	805	185	865	150	30	2 515
Insgesamt	430	1 535	5 685	1 445	6 390	8 115	1 000	24 600

1) Einschließlich Richter, ohne Versorgungsempfänger. - 2) Einschließlich sonstiger Personen, die überwiegend von laufenden Übertragungen oder Vermögenseinkommen leben.

Quelle: Berechnungen des DIW unter Verwendung amtlicher Statistiken.

nommen, obwohl die Bevölkerung geschrumpft ist. Gestiegen ist nämlich vor allem die Zahl alleinlebender Personen (+1,7 Mill.); sie machte 1981 drei Zehntel aller Haushalte aus, und unter ihnen waren verwitwete Rentnerinnen besonders häufig vertreten. Dementsprechend hat sich die durchschnittliche Haushaltsgröße von 2,7 (1973) auf 2,5 Personen (1981) verringert.

Mehr als die Hälfte aller Haushalte hatte 1981 nur einen Einkommensbezieher. In drei Fünfteln aller Mehrpersonenhaushalte indes trugen jeweils mehrere Haushaltsmitglieder zu einem gemeinsamen Einkommen bei. Unter Berücksichtigung der hier nicht einbezogenen mithelfenden Familienangehörigen würde sich diese Relation auf mehr als zwei Drittel erhöhen. Seit 1973 hat sich der Anteil der Haushalte mit mehreren Einkommensbeziehern augenfällig erhöht.

In sozialer Gruppierung betrachtet, spiegelt sich in der Entwicklung der privaten Haushalte der oben skizzierte Wandel in der Bevölkerungsstruktur wider. Insbesondere hat die Zahl der Haushalte von Angestellten und Rentnern in den siebziger Jahren stark zugenommen, während Haushalte von Arbeitern und Selbständigen zahlenmäßig schrumpften.

6.3 Entwicklung der Familien

6.3.1 Familien 1981

In der Abgrenzung dieser Untersuchung gab es in der Bundesrepublik Deutschland im Jahr 1981 13,7 Mill. Familien[66] (vgl. Übersicht 6.6). Reichlich die Hälfte davon waren Ehepaare mit Kindern unter 18 Jahren, etwa zwei Fünftel Ehepaare ohne Kind. Auf alleinerziehende Elternteile - überwiegend geschiedene oder verwitwete Frauen mit Kindern - entfielen immerhin reichlich 6 vH der Familien.

Von allen Ehepaaren, in deren Familien Kinder unter 18 Jahren lebten, hatten 1981 mehr als die Hälfte nur ein Kind und über vier Fünftel höchstens zwei Kinder. 'Kinderreich' - d. h. Eltern von vier oder mehr Kindern unter 18 Jahren - waren nicht einmal 5 vH aller entsprechenden Ehepaare. Von den alleinerziehenden Elternteilen betreuten zwei Drittel nur ein Kind. Insgesamt lebten 1981 etwa 12,0 Mill. Kinder unter 18 Jahren in 'vollständigen', knapp 1,3 Mill. Kinder dieser Altersgruppe in 'unvollständigen' Familien.

Nach der sozialen Stellung des Familienvorstands geordnet, hatten Arbeitnehmer-Familien 1981 einen Anteil von nicht ganz zwei Dritteln, Rentner- und Pensionärs-Familien von einem Viertel und Selbständigen-Familien von einem Zehntel. Alleinerziehende lebten zu über einem Drittel überwiegend von Renten oder anderen sozialen Leistungen. Reichlich 40 vH aller Familien hatten 1981 nur einen Einkommensbezieher.

Familienvorstände, die - als Selbständige oder Arbeitnehmer - im Erwerbsleben stehen, sind in der Regel jünger als solche, die aus dem Erwerbsleben ausgeschieden sind und nun von Renten oder öffentlichen Pensionen leben. Die Familien befinden sich in verschiedenen Phasen des 'Familienzyklus': Während 70 vH aller Selbständigen- und Arbeitnehmer-

Übersicht 6.6

Zahl der Familien 1981
in 1 000

Familientyp	Selbständigen in der Land- und Forstwirtschaft	Selbständigen in d. sonst. Wirtschaftsbereichen	Angestellten	Beamten[1]	Arbeitern	Rentnern[2]	Versorgungsempfängern des öffentl. Dienstes	Insgesamt
Familien von								
Ehepaare mit								
einem Kind 3)	95	260	1 035	340	1 655	270	45	3 700
zwei Kindern 3)	90	200	910	205	955	110	25	2 495
drei Kindern 3)	55	90	205	80	205	45	5	685
vier oder mehr Kindern 3)	30	40	90	30	85	10	0	285
Ehepaare mit Kindern 3)	270	590	2 240	655	2 900	435	75	7 165
Ehepaare ohne Kind	60	380	1 160	260	1 255	2 275	275	5 665
Ehepaare	330	970	3 400	915	4 155	2 710	350	12 830
Alleinerziehende mit								
einem Kind 3)	5	20	140	20	125	240	30	580
mehreren Kindern 3)	10	20	105	10	95	45	10	295
Alleinerziehende	15	40	245	30	220	285	40	875
Familien mit Kindern 3)	205	630	2 485	685	3 120	720	115	8 040
Insgesamt	345	1 010	3 645	945	4 375	2 995	390	13 705

1) Einschließlich Richter, ohne Versorgungsempfänger. - 2) Einschließlich sonstiger Personen, die überwiegend von laufenden Übertragungen oder Vermögenseinkommen leben. - 3) Kinder unter 18 Jahren.

Quelle: Berechnungen des DIW unter Verwendung amtlicher Statistiken.

Familien im Jahr 1981 mindestens ein Kind unter 18 Jahren hatten, gab es in drei Vierteln aller Familien von Rentnern und Versorgungsempfängern keine Kinder (vgl. Übersicht 6.7).

Insgesamt lebten 1981 etwa 42,5 Mill. Personen im Familienverband, davon 39,9 Mill. Personen in vollständigen und 2,6 Mill. Personen in unvollständigen Familien (vgl. Übersicht 6.8). Zwischen den einzelnen sozialen Gruppen gibt es hinsichtlich der Familiengröße deutliche Unterschiede, wie Übersicht 6.9 zeigt, in der einige Kennziffern zur Familienstruktur zusammengestellt wurden. Vergleichsweise große Familien sind noch immer typisch für Selbständige in der Land- und Forstwirtschaft; hier gibt es im Durchschnitt auch die meisten Kinder. Selbständige in den übrigen Wirtschaftsbereichen unterscheiden sich - was die durchschnittliche Zahl von Personen und Kindern unter 18 Jahren betrifft - nicht mehr signifikant von Arbeitnehmern. Daß in Familien von Rentnern und Versorgungsempfängern Kinder eher die Ausnahme sind, wurde schon erwähnt.

Die durchschnittliche Zahl der Einkommensbezieher je Familie differiert nicht sehr stark nach der sozialen Stellung des Familienvorstands. Für Familien von Selbständigen in der Land- und Forstwirtschaft fällt diese Bezugszahl nur deshalb niedriger aus als für andere soziale Gruppen, weil in diesem Bereich der überwiegende Teil der mithelfenden Familienangehörigen tätig ist, die statistisch nicht zu den Einkommensbeziehern zählen.

Die Erwerbsbeteiligung von Ehefrauen ist am höchsten in Familien ohne Kind, deren Familienvorstand ebenfalls erwerbstätig ist (vgl. Übersicht 6.10). Aber auch zwei Fünftel aller Ehefrauen mit Kindern unter 18 Jahren stehen im Erwerbsleben. Alleinerziehende Frauen sind zu zwei Dritteln erwerbstätig. Sowohl in vollständigen als auch in unvollständigen Familien sind Jugendliche als zusätzliche Einkommensbezieher von Bedeutung.

Übersicht 6.7

Struktur der Familien 1981
in vH

Familientyp	Familien von							
	Selbständigen		Ange-stellten	Beamten[1]	Arbeitern	Rentnern[2]	Versorgungs-empfängern des öffentl. Dienstes	Ins-gesamt
	in der Land- und Forst-wirtschaft	in d. sonst. Wirtschafts-bereichen						
Struktur nach der sozialen Stellung des Familienvorstands								
Ehepaare mit Kindern [3]	78,3	58,4	61,5	69,3	66,3	14,5	19,2	52,3
Ehepaare ohne Kind	17,4	37,6	31,8	27,5	28,7	76,0	70,5	41,3
Alleinerziehende	4,3	4,0	6,7	3,2	5,0	9,5	10,3	6,4
Insgesamt	100,0	100,0	100,0	100,0	100,0	100,0	100,0	100,0
Struktur nach dem Familientyp								
Ehepaare mit Kindern [3]	3,8	8,2	31,3	9,1	40,5	6,1	1,0	100,0
Ehepaare ohne Kind	1,1	6,7	20,5	4,6	22,1	40,1	4,9	100,0
Alleinerziehende	1,7	4,6	28,0	3,4	25,1	32,6	4,6	100,0
Insgesamt	2,6	7,6	26,4	7,0	31,8	21,8	2,8	100,0

1) Einschließlich Richter, ohne Versorgungsempfänger. – 2) Einschließlich sonstiger Personen, die überwiegend von laufenden Übertragungen oder Vermögenseinkommen leben. – 3) Kinder unter 18 Jahren.

Quelle: Berechnungen des DIW unter Verwendung amtlicher Statistiken.

Übersicht 6.8

Zahl der Familienangehörigen 1981
in 1 000 Personen

Familientyp	Selbständigen in der Land- und Forstwirtschaft	Selbständigen in d. sonst. Wirtschaftsbereichen	Familien von Angestellten	Beamten[1]	Arbeitern	Rentnern[2]	Versorgungsempfängern des öffentl. Dienstes	Insgesamt
Ehepaare mit								
einem Kind[3]	315	840	3 320	1 105	5 465	895	155	12 095
zwei Kindern[3]	400	915	3 850	895	4 260	480	110	10 910
drei Kindern[3]	300	490	1 105	425	1 120	250	30	3 720
vier oder mehr Kindern[3]	205	265	580	195	570	65	0	1 880
Ehepaare mit Kindern[3]	1 220	2 510	8 855	2 620	11 415	1 690	295	28 605
Ehepaare ohne Kind	120	760	2 320	520	2 510	4 550	550	11 330
Ehepaare	1 340	3 270	11 175	3 140	13 925	6 240	845	39 935
Alleinerziehende mit								
einem Kind[3]	15	55	355	50	320	545	65	1 405
mehreren Kindern[3]	40	75	405	40	360	170	35	1 125
Alleinerziehende	55	130	760	90	680	715	100	2 530
Familien mit Kindern[3]	1 275	2 640	9 615	2 710	12 095	2 405	395	31 135
Insgesamt	1 395	3 400	11 935	3 230	14 605	6 955	945	42 465

1) Einschließlich Richter, ohne Versorgungsempfänger. - 2) Einschließlich sonstiger Personen, die überwiegend von laufenden Übertragungen oder Vermögenseinkommen leben . - 3) Kinder unter 18 Jahren.

Quelle: Berechnungen des DIW unter Verwendung amtlicher Statistiken.

197

Übersicht 6.9

Kennziffern zur Familienstruktur 1981
in Personen je Familie

Familientyp	Familien von							
	Selbständigen		Ange-stellten	Beamten[1]	Arbeitern	Rentnern[2]	Versorgungs-empfängern des öffentl. Dienstes	Ins-gesamt
	in der Land- und Forst-wirtschaft	in d. sonst. Wirtschafts-bereichen						
Durchschnittliche Familiengröße								
Ehepaare mit Kindern[3]	4,5	4,3	4,0	4,0	3,9	3,9	4,1	4,0
Ehepaare ohne Kind	2,0	2,0	2,0	2,0	2,0	2,0	2,0	2,0
Alleinerziehende	3,7	3,3	3,1	3,0	3,1	2,5	2,5	2,9
Insgesamt	4,0	3,4	3,3	3,4	3,3	2,3	2,4	3,1
Durchschnittliche Zahl von Kindern[3]								
Ehepaare mit Kindern[3]	2,1	1,9	1,7	1,7	1,6	1,5	1,5	1,7
Ehepaare ohne Kind	x	x	x	x	x	x	x	x
Alleinerziehende	1,7	1,6	1,6	1,5	1,6	1,2	1,3	1,4
Insgesamt[4]	1,7	1,2	1,2	1,2	1,1	0,3	0,4	1,0
Durchschnittliche Zahl von Einkommensbeziehern								
Ehepaare mit Kindern[3]	1,4	1,8	1,8	1,8	2,0	1,7	1,9	1,9
Ehepaare ohne Kind	1,2	1,4	1,4	1,4	1,5	1,4	1,5	1,5
Alleinerziehende	1,7	1,5	1,6	1,7	1,7	1,4	1,3	1,5
Insgesamt	1,4	1,7	1,7	1,7	1,9	1,6	1,5	1,7

1) Einschließlich Richter, ohne Versorgungsempfänger. - 2) Einschließlich sonstiger Personen, die überwiegend von laufenden Übertragungen oder Vermögenseinkommen leben. - 3) Kinder unter 18 Jahren. - 4) Ehepaare ohne Kind im Durchschnitt berücksichtigt.

Quelle: Berechnungen des DIW unter Verwendung amtlicher Statistiken.

Übersicht 6.10

Erwerbstätigenquoten von Frauen und Jugendlichen[1] 1981

in vH

Familientyp	Frauen	Jugendliche
Ehepaare mit Kindern 2)	42,3	25,2
Ehepaare ohne Kind:		
Erwerbstätiger Familienvorstand	56,3	x
Nichterwerbstätiger Familienvorstand	10,4	x
Alleinerziehende	60,9	23,9

1) Jugendliche im Alter von 15 bis unter 18 Jahren. - 2) Kinder unter 18 Jahren.

Quelle: Berechnungen des DIW nach Angaben in: Statistisches Bundesamt (Herausgeber): Fachserie 1, Bevölkerung und Erwerbstätigkeit, Reihe 3, Haushalte und Familien 1981.

6.3.2   Zusammenhang zwischen privaten Haushalten und Familien 1981

Eine Familie ist eine biologisch-soziale Kleingruppe, in der ausschließlich verwandte Personen zusammenleben. Familien sind somit eine Teilmenge der privaten Haushalte.

In dieser Untersuchung zählen als Familien einmal Ehepaare und alleinerziehende Elternteile mit Kindern (Zweigenerationenfamilien), zum anderen kinderlose Ehepaare (Eingenerationenfamilien). Primär soll die Einkommenslage von Familien mit wirtschaftlich abhängigen Kindern untersucht werden; daher gelten als Kinder ausschließlich (ledige) Personen unter 18 Jahren.

Einige Haushaltstypen bleiben in den detaillierten Einkommensberechnungen ausgeklammert:

-    Einpersonenhaushalte,

- Ehepaare, deren sämtliche Kinder das 18. Lebensjahr erreicht oder
  überschritten haben,

- Elternteile, deren sämtliche Kinder das 18. Lebensjahr erreicht oder
  überschritten haben,

- Haushalte aus drei oder mehr Generationen,

- Haushalte aus nichtverwandten Personen,

- Haushalte aus nichtgeradlinigverwandten Personen.

In der Übersicht 6.11 wird der numerische Zusammenhang von privaten Haushalten, Familien und Nichtfamilien für das Jahr 1981 in einer Matrixdarstellung ausgewiesen. Die Übersicht 6.12 zeigt die Aufgliederung der Bevölkerung im Jahr 1981 nach Personen in privaten Haushalten, Familien und Anstalten.

Die Übersichten 6.13 und 6.14 zeigen, wie sich die Einkommensbezieher und die Kinder unter 18 Jahren auf einzelne Haushalts- und Familientypen verteilen.

6.3.3 Entwicklung der Familien von 1973 bis 1981

Anders als die Zahl der privaten Haushalte, die - wie erwähnt - von 1973 bis 1981 um 2,0 Mill. gestiegen ist, hat sich die Gesamtzahl der Familien in dieser Zeit wenig verändert, weil sich bei den Familien die Zunahme der Einpersonenhaushalte nicht auswirkt. Zwischen den einzelnen Familientypen hat es indes beträchtliche Strukturverschiebungen gegeben: Ehepaare mit Kindern unter 18 Jahren haben zahlenmäßig stark abgenommen, solche mit einem Kind unter 18 Jahren haben zahlenmäßig noch etwas zu-, Ehepaare mit mehreren Kindern aber stark abgenommen,

200

Übersicht 6.11

Zahl der privaten Haushalte und der Familien 1981
in 1000

	1-	2-	3-	4-	5-oder-mehr-	Ins-gesamt
			Personen-Haushalte			
Ehepaare mit						
einem Kind 1)			2 800	815	85	3 700
zwei Kindern 1)				1 680	815	2 495
drei Kindern 1)					685	685
vier oder mehr Kindern 1)					285	285
Ehepaare mit Kindern 1)			2 800	2 495	1 870	7 165
Ehepaare ohne Kind		5 665				5 665
Ehepaare		5 665	2 800	2 495	1 870	12 830
Alleinerziehende mit						
einem Kind 1)		360	195	25		580
mehreren Kindern 1)			90	180	25	295
Alleinerziehende		360	285	205	25	875
Familien mit Kindern 1)		360	3 085	2 700	1 895	8 040
Familien, insgesamt		6 025	3 085	2 700	1 895	13 705
Einpersonenhaushalte	7 610					7 610
Ehepaare mit Kindern von 18 oder mehr Jahren			1 165	100	125	1 390
Elternteile mit Kindern von 18 oder mehr Jahren		635	85	30	30	780
Haushalte aus drei oder mehr Generationen			15	90	395	500
Nichtverwandten-Haushalte		295	55	30	40	420
Nichtgeradlinigverwandten-Haushalte		90	45	30	30	195
Übrige Haushalte	7 610	1 020	1 365	280	620	10 895
Haushalte, insgesamt	7 610	7 045	4 450	2 980	2 515	24 600

1) Kinder unter 18 Jahren.

Quelle: Berechnungen des DIW unter Verwendung amtlicher Statistiken.

Übersicht 6.12

Zahl der Personen in privaten Haushalten, in Familien und in Anstalten 1981
in 1 000 Personen

	1-	2-	3-	4-	5-oder-mehr- Personen-Haushalte	Ins-gesamt
Ehepaare mit						
einem Kind 1)			8 400	3 260	435	12 095
zwei Kindern 1)				6 720	4 190	10 910
drei Kindern 1)					3 720	3 720
vier oder mehr Kindern 1)					1 880	1 880
Ehepaare mit Kindern 1)			8 400	9 980	10 225	28 605
Ehepaare ohne Kind		11 330				11 330
Ehepaare		11 330	8 400	9 980	10 225	39 935
Alleinerziehende mit						
einem Kind 1)		720	585	100		1 405
mehreren Kindern 1)			270	720	135	1 125
Alleinerziehende		720	855	820	135	2 530
Familien mit Kindern 1)		720	9 255	10 800	10 360	31 135
Familien, insgesamt		12 050	9 255	10 800	10 360	42 465
Einpersonenhaushalte	7 610					7 610
Ehepaare mit Kindern von 18 oder mehr Jahren			3 495	400	670	4 565
Elternteile mit Kindern von 18 oder mehr Jahren		1 270	255	120	155	1 800
Haushalte aus drei o.mehr Generationen			45	360	2 095	· 2 500
Nichtverwandten-Haushalte		590	165	120	210	1 085
Nichtgeradlinigverwandten-Haushalte		180	135	120	160	595
Übrige Haushalte	7 610	2 040	4 095	1 120	3 290	18 155
Anstaltsbevölkerung						1 060
Haushalte, insgesamt						61 680

1) Kinder unter 18 Jahren.
Quelle: Berechnungen des DIW unter Verwendung amtlicher Statistiken.

Zahl der Einkommensbezieher in privaten Haushalten und Familien 1981

Gerundete Jahresdurchschnitte in 1 000 Personen

	1-	2-	3-	4-	5-oder-mehr-	Ins-gesamt
			Personen-Haushalte			
Ehepaare mit						
einem Kind 1)			4 500	1 685	205	6 390
zwei Kindern 1)				3 200	1 955	5 155
drei Kindern 1)					1 485	1 485
vier oder mehr Kindern 1)					620	620
Ehepaare mit Kindern 1)			4 500	4 885	4 265	13 650
Ehepaare ohne Kind		8 310				8 310
Ehepaare		8 310	4 500	4 885	4 265	21 960
Alleinerziehende mit						
einem Kind 1)		430	270	45		745
mehreren Kindern 1)			160	365	65	590
Alleinerziehende		430	430	410	65	1 335
Familien mit Kindern 1)		430	4 930	5 295	4 330	14 985
Familien, insgesamt		8 740	4 930	5 295	4 330	23 295
Einpersonenhaushalte	7 610					7 610
Ehepaare mit Kindern						
über 18 Jahren			2 620	290	440	3 350
Elternteile mit Kindern						
über 18 Jahren		1 005	185	80	100	1 370
Haushalte aus drei oder mehr Generationen			30	220	1 065	1 315
Nichtverwandten-Haushalte		420	105	80	140	745
Nichtgeradlinig verwandten-Haushalte		120	90	80	105	395
Übrige Haushalte	7 610	1 545	3 030	750	1 850	14 785
Haushalte, insgesamt	7 610	10 285	7 960	6 045	6 180	38 080

1) Kinder unter 18 Jahren.

Quelle: Berechnungen des DIW unter Verwendung amtlicher Statistiken.

Übersicht 6.14

Zahl der Kinder unter 18 Jahren in privaten Haushalten, in Familien und in Anstalten 1981

Gerundete Jahresdurchschnitte in 1 000 Personen

	1-	2-	3-	4-	5- oder-mehr-	Ins-gesamt
			Personen-Haushalte			
Kinder in vollständigen Familien mit						
einem Kind			2 800	815	85	3 700
zwei Kindern				3 360	1 630	4 990
drei Kindern					2 055	2 055
vier oder mehr Kindern					1 235	1 235
Kinder in vollständigen Familien			2 800	4 175	5 005	11 980
Kinder in unvollständigen Familien mit						
einem Kind		360	195	25		580
zwei Kindern			350	100	10	460
drei Kindern				100	50	150
vier oder mehr Kindern					65	65
Kinder in unvollständigen Familien		360	545	225	125	1 255
Kinder in Familien		360	3 345	4 400	5 130	13 235
Kinder in Haushalten aus						
drei oder mehr Generationen			10	70	490	570
Kinder in Nichtverwandten-Haushalten		10	10	15	35	70
Kinder in Nichtgeradlinig verwandten-Haush.		5	10	10	25	50
Kinder in Anstalten						90
Kinder in Nichtfamilien						780
Kinder, insgesamt						14 015

Quelle: Berechnungen des DIW unter Verwendung amtlicher Statistiken.

Übersicht 6.15

Veränderung der Familienstruktur von 1973 bis 1981

in vH

Familientyp	Selbständigen in der Land- und Forstwirtschaft	Selbständigen in d. sonst. Wirtschaftsbereichen	Angestellten	Beamten[1]	Arbeitern	Rentnern[2]	Versorgungsempfängern des öffentl. Dienstes	Insgesamt
			Familien von					
Ehepaare mit								
einem Kind[3]	-5,0	-3,7	+7,3	+3,0	-1,8	+3,8	0,0	+1,2
zwei Kindern[3]	-10,0	-9,1	+2,2	0,0	-6,8	0,0	-16,7	-3,3
drei Kindern[3]	-35,3	-37,9	-29,3	-33,3	-37,9	-30,8	-50,0	-34,4
vier oder mehr Kindern[3]	-53,8	-52,9	-48,6	-50,0	-52,8	-60,0	x	-51,7
Ehepaare mit Kindern[3]	-22,9	-18,1	-3,4	-8,4	-9,9	-5,4	-11,8	-9,0
Ehepaare ohne Kind	-7,7	-2,6	+8,4	+4,0	-1,6	+9,9	-1,8	+4,9
Ehepaare	-20,5	-12,6	+3,0	-5,2	-7,6	+7,1	-4,1	-3,3
Alleinerziehende mit								
einem Kind[3]	0,0	+33,3	+47,4	+100,0	+19,0	+29,7	0,0	+30,3
mehreren Kindern[3]	-33,3	0,0	+50,0	0,0	+5,6	0,0	0,0	+13,5
Alleinerziehende	-25,0	+14,3	+48,5	+50,0	+12,8	+23,9	0,0	+24,1
Familien mit Kindern[3]	-23,0	-16,6	0,0	-6,8	-8,6	+4,3	-8,0	-6,2
Insgesamt	-20,7	-11,8	+2,5	-4,1	-6,7	+8,5	-3,7	-1,9

1) Einschließlich Richter, ohne Versorgungsempfänger. - 2) Einschließlich sonstiger Personen, die überwiegend von laufenden Übertragungen oder Vermögenseinkommen leben. - 3) Kinder unter 18 Jahren.

Quelle: Berechnungen des DIW unter Verwendung amtlicher Statistiken.

kinderreiche Familien mit vier oder mehr Kindern sogar um mehr als die Hälfte. Andererseits hat sich die Zahl der Alleinerziehenden in den siebziger Jahren beträchtlich vergrößert. Gestiegen ist in dieser Gruppe vor allem die Zahl der geschiedenen oder von ihrem Ehepartner getrennt lebenden Frauen mit Kindern. Insgesamt hat sich die Zahl der Familien, in denen Kinder lebten, im Berichtszeitraum um 535 000 verringert, die der Ehepaare ohne Kind um 265 000 erhöht. Kinder unter 18 Jahren gab es 1981 um 2,5 Mill. weniger als 1973, und die Gesamtzahl der Personen, die im Familienverbund lebten, ist in der Berichtszeit um 3,3 Mill. geschrumpft. Die durchschnittliche Familiengröße ist von 3,3 Personen (1973) auf 3,1 Personen (1981) zurückgegangen (vgl. Übersichten 6.16 und 6.17).

Stark abgenommen hat in den siebziger Jahren die Zahl der Selbständigen-Familien - besonders kräftig in der Land- und Forstwirtschaft, augenfällig indes auch in den übrigen Wirtschaftsbereichen. Arbeiter-Familien waren zahlenmäßig ebenfalls rückläufig. Weiter vergrößert haben sich die Gruppen der Angestellten- und der Rentner-Familien.

Etwas schwächer rückläufig als die Zahl der Familien, in denen es nur einen Einkommensbezieher gab, waren Familien, in denen neben dem Familienvorstand weitere Personen zum gemeinsamen Einkommen beitrugen. Die zahlenmäßige Zunahme der weiteren Einkommensbezieher ist ganz überwiegend bestimmten sozio-ökonomischen Gruppen zuzurechnen, wie es die speziell für diesen Tatbestand angestellten Untersuchungen ergeben haben. Die Statistik der sozialversicherungspflichtig beschäftigten Arbeitnehmer, der Mikrozensus und die Personalstandsstatistik im öffentlichen Dienst weisen nämlich für die siebziger Jahre einen beträchtlichen Anstieg der Zahl der Teilzeitbeschäftigten aus. 1981 war mehr als ein Viertel aller verheirateten erwerbstätigen Frauen "halbtags" tätig. Insge-

206

Übersicht 6.16

Zusammensetzung der Familien 1973 und 1981

in 1 000 Personen

	Familien-vorstände	Ehe-partner	Kinder unter 18 Jahren	Sonstige Personen	Ins-gesamt	Nachrichtlich: Durchschnittl. Familiengröße in Personen
			1973			
Ehepaare mit						
einem Kind 1)	3 655	3 655	3 655	935	11 900	3,3
zwei Kindern 1)	2 580	2 580	5 160	950	11 270	4,4
drei Kindern 1)	1 045	1 045	3 135	445	5 670	5,4
vier oder mehr Kindern 1)	590	590	2 680	150	4 010	6,8
Ehepaare mit Kindern 1)	7 870	7 870	14 630	2 480	32 850	4,2
Ehepaare ohne Kind	5 400	5 400	-	. -	10 800	2,0
Ehepaare	13 270	13 270	14 630	2 480	43 650	3,3
Alleinerziehende mit						
einem Kind 1)	445	-	445	180	1 070	2,4
mehreren Kindern 1)	260	-	625	115	1 000	3,8
Alleinerziehende	705	-	1 070	295	2 070	2,9
Familien mit Kindern 1)	8 575	7 870	15 700	2 775	34 920	4,1
Insgesamt	13 975	13 270	15 700	2 775	45 720	3,3
			1981			
Ehepaare mit						
einem Kind 1)	3 700	3 700	3 700	975	12 075	3,3
zwei Kindern 1)	2 495	2 495	4 990	945	10 925	4,4
drei Kindern 1)	685	685	2 055	300	3 725	5,4
vier oder mehr Kindern 1)	285	285	1 235	75	1 880	6,6
Ehepaare mit Kindern 1)	7 165	7 165	11 980	2 295	28 605	4,0
Ehepaare ohne Kind	5 665	5 665	-	-	11 330	2,0
Ehepaare	12 830	12 830	11 980	2 295	39 935	3,1
Alleinerziehende mit						
einem Kind 1)	580	-	580	245	1 405	2,4
mehreren Kindern 1)	295	-	675	155	1 125	3,8
Alleinerziehende	875	-	1 255	400	2 530	2,9
Familien mit Kindern 1)	8 040	7 165	13 235	2 695	31 135	3,9
Insgesamt	13 705	12 830	13 235	2 695	42 465	3,1

1) Kinder unter 18 Jahren.

Quelle: Berechnungen des DIW unter Verwendung amtlicher Statistiken.

samt hat sich die Erwerbsbeteiligung von Ehefrauen in den siebziger Jahren allerdings nur geringfügig erhöht[67].

Außer teilzeitbeschäftigten Ehefrauen hat sich in der Berichtszeit auch die Zahl der Auszubildenden kräftig - um 300 000 - erhöht. Insgesamt hat der Kreis der Beschäftigten, die in der Regel ein vergleichsweise niedriges Einkommen haben, von 1973 bis 1981 um 1,1 bis 1,2 Mill. Personen zugenommen.

Übersicht 6.17

Veränderungen in der Zusammensetzung der Familien von 1973 bis 1981
in 1 000 Personen

	Familien-vorstände	Ehe-partner	Kinder unter 18 Jahren	Sonstige Personen	Ins-gesamt
Ehepaare mit					
einem Kind 1)	+45	+45	+45	+40	+175
zwei Kindern 1)	-85	-85	-170	-5	-345
drei Kindern 1)	-360	-360	-1 080	-145	-1 945
vier oder mehr Kindern 1)	-305	-305	-1 445	-75	-2 130
Ehepaare mit Kindern 1)	-705	-705	-2 650	-185	-4 245
Ehepaare ohne Kind	+265	+265	-	-	+530
Ehepaare	-440	-440	-2 650	-185	-3 715
Alleinerziehende mit					
einem Kind 1)	+135	-	+135	+65	+335
mehreren Kindern 1)	+35	-	+50	+40	+125
Alleinerziehende	+170	-	+185	+105	+460
Familien mit Kindern 1)	-535	-705	-2 465	-80	-3 785
Insgesamt	-270	-440	-2 465	-80	-3 255

1) Kinder unter 18 Jahren.
Quelle: Berechnungen des DIW nach Angaben der Bevölkerungsstatistik und nach Ergebnissen des Mikrozensus.

208

7 Die Einkommensverteilung der Familien im Jahr 1981

7.1 Einkommensverteilung 1981 nach der volkswirtschaftlichen Gesamtrechnung

Den makroökonomischen Rahmen zur Verteilungsrechnung des DIW liefert die volkswirtschaftliche Gesamtrechnung. Die VGR ist eine in sich konsistente Kreislaufrechnung, und sie enthält eine Fülle von Informationen, die in einem gesamtwirtschaftlichen Rahmen aufeinander abgestimmt sind.

Wie schon eingangs erwähnt, gibt die VGR ein übersichtliches Bild des Wirtschaftsprozesses und weist dabei mehrere Stadien des Einkommenskreislaufs nach (vgl. Übersicht 7.1):

- die Einkommensentstehung,

- die primäre Einkommensverteilung,

- die Einkommensumverteilung,

- die Einkommensverwendung.

Wiederholt seien indes auch einige einschränkende Bemerkungen, so muß man berücksichtigen,

- daß die Daten der VGR - in unterschiedlichem Ausmaß - mit Meß- und Schätzfehlern behaftet sind,

- daß der Stand der VGR trotz vielfacher Erweiterungen und Vertiefungen, die es in den letzten Jahren gegeben hat[68], nach wie vor Wünsche offen läßt,

- daß die Aggregate der VGR primär nicht unter Verteilungsaspekten berechnet werden,

Entstehung, Verteilung, Umverteilung und Verwendung des Einkommens 1981
in der volkswirtschaftlichen Gesamtrechnung
in Mrd. DM

	Unter-nehmen	Staat	Private Haushalte 1)	Ins-gesamt
Einkommensentstehung				
Entstandene Bruttoeinkommen				
aus unselbständiger Arbeit	680,8	173,1	26,2	880,1
aus Unternehmertätigkeit und Vermögen	304,9	-	-	304,9
= Nettowertschöpfung	985,7	173,1	26,2	1 185,0
Einkommensverteilung				
Nettowertschöpfung	985,7	173,1	26,2	1 185,0
+ Empfangene Bruttoeinkommen				
aus unselbständiger Arbeit	-	-	881,8	881,8
aus Unternehmertätigkeit und Vermögen	16,6	20,8	329,3 2)	366,7
- Geleistete Bruttoeinkommen				
aus unselbständiger Arbeit	680,8	173,1	26,2	880,1
aus Unternehmertätigkeit und Vermögen	314,8 2)	35,4	17,8	368,0
= Anteil am Volkseinkommen	6,7	-14,6	1 193,3	1 185,4
Einkommensumverteilung				
Anteil am Volkseinkommen	6,7	-14,6	1 193,3	1 185,4
+ Empfangene laufende Übertragungen	74,8	670,4	329,6	1 074,8
- Geleistete laufende Übertragungen	90,7	330,2	512,3	933,2
= Verfügbares Einkommen	-9,2	325,6	1 010,6	1 327,0
Einkommensverwendung				
Verfügbares Einkommen	-9,2	325,6	1 010,6	1 327,0
- Letzter Verbrauch	-	318,2	873,6	1 191,8
= Ersparnis	-9,2	7,4	137,0	135,2

1) Einschließlich privater Organisationen ohne Erwerbszweck. - 2) Ohne nichtentnommene Gewinne der Unternehmen ohne eigene Rechtspersönlichkeit.

Quelle: Statistisches Bundesamt (Herausgeber): Fachserie 18, Volkswirtschaftliche Gesamtrechnungen, Reihe 1, Konten und Standardtabellen 1982.

- daß die VGR auf die Darstellung der funktionellen Einkommensverteilung ausgerichtet ist,

- daß selbst in der VGR nicht alle Einkommensströme der Volkswirtschaft in Erscheinung treten, etwa weil sie nach internationalen Konventionen unberücksichtigt bleiben oder in einer
'konsolidierten' Darstellung sich gegenseitig aufheben oder in der
'Schattenwirtschaft' zirkulieren oder sich sonstwie der statistischen Erfassung entziehen.

Doch trotz dieser Einwände ist es in der empirischen Wirtschaftsforschung nicht nur sinnvoll, sondern unumgänglich, auf Daten der volkswirtschaftlichen Gesamtrechnung Bezug zu nehmen, sofern dies irgendwie möglich ist. Bei Einkommensuntersuchungen hat sich dieses Vorgehen seit langem bewährt, weil - trotz der genannten Einschränkungen - in der VGR Einkommens- und Transferströme grundsätzlich umfassender dargestellt werden als in Primärstatistiken. Im folgenden wird die Einkommensverteilung und -umverteilung der privaten Haushalte nach Ergebnissen der VGR für 1981 kurz umrissen.

7.1.1 Bruttoerwerbs- und -vermögenseinkommen

Die Bruttolohn- und -gehaltsumme belief sich 1981 auf 717,2 Mrd. DM. Das waren 4 vH mehr als im Jahr zuvor; 1980 war die Zunahme doppelt so hoch gewesen. Je beschäftigten Arbeitnehmer errechnet sich ein monatlicher Durchschnittsbetrag von 2 616 DM (+4,9 vH). Die Sozialbeiträge der Arbeitgeber[69], die die Summe der Bruttolöhne- und -gehälter zum Bruttoeinkommen aus unselbständiger Arbeit ergänzen, betrugen 1981 117,8 Mrd. DM (+7,5 vH); durch Anhebung der Beitragssätze sind sie erheblich stärker als die ihnen zugrundegelegten Löhne und Gehälter gestiegen.

Aus unternehmerischer bzw. selbständiger Tätigkeit[70] haben die privaten Haushalte im Jahr 1981 Einkommen in Höhe von 238,3 Mrd. DM erzielt. Ihre Vermögenseinkommen lagen dagegen wegen des hohen Zinsniveaus - die Umlaufsrendite festverzinslicher Wertpapiere betrug 1981 zeitweise mehr als 10% - im Berichtsjahr mit 88,2 Mrd. DM um nicht weniger als 25 vH über dem Vorjahreswert. Dies hat dazu beigetragen, daß

Übersicht 7.2

Einkommensverteilung und -umverteilung der privaten Haushalte[1)] in der volkswirtschaftlichen Gesamtrechnung in Mrd. DM

Jahr	Bruttoerwerbs- und -vermögenseinkommen			Empf. laufende Übertragungen			Brutto-einkommen	Geleistete laufende Übertragungen				Ver-fügbares Einkommen
	Bruttoeinkommen aus unselb-ständ. Arbeit[2)]	Unterneh-tätigk. u. Verm.[3)]	ins-gesamt	Soziale Leistungen[4)]	Sonstige übertra-gungen[5)]	ins-gesamt		Direkte Steuern	Sozial-beiträge[6)]	Sonstige Übertra-gungen[7)]	ins-gesamt	
1970	344,9	137,1	482,0	89,2	2,5	91,7	573,7	60,4	74,4	10,9	145,7	428,0
1971	391,7	151,3	543,0	99,8	2,9	102,7	645,7	73,4	85,4	13,5	172,3	473,4
1972	430,7	173,2	603,9	113,4	3,2	116,6	720,5	79,2	97,6	15,5	192,3	528,2
1973	488,0	190,5	678,5	126,8	3,7	130,5	809,0	100,1	115,7	18,0	233,8	575,2
1974	535,4	199,6	735,0	145,8	4,4	150,2	885,2	113,2	128,1	19,1	260,4	624,8
1975	557,8	216,8	774,6	179,2	4,9	184,1	958,7	109,4	140,3	19,6	269,3	689,4
1976	599,2	237,3	836,5	191,8	5,3	197,1	1 033,6	125,1	158,7	19,5	303,3	730,3
1977	643,2	251,5	894,7	205,6	5,9	211,5	1 106,2	140,0	170,6	20,2	330,8	775,4
1978	684,8	262,8	947,6	217,1	6,6	223,7	1 171,3	142,0	182,7	21,8	346,5	824,8
1979	736,8	286,9	1 023,7	229,5	7,6	237,1	1 260,8	147,3	196,8	24,7	368,8	892,0
1980	797,4	309,8	1 107,2	244,9	8,7	253,6	1 360,8	161,4	213,1	29,3	403,8	957,0
1981	835,0	329,3	1 164,3	263,2	9,3	272,5	1 436,8	162,7	228,9	34,6	426,2	1 010,6
1982	856,2	337,3	1 193,5	276,2	9,9	286,1	1 479,6	166,4	241,9	37,3	445,6	1 034,0

1) Einschließlich privater Organisationen ohne Erwerbszweck. – 2) Ohne unterstellte Sozialbeiträge. – 3) Ohne nichtentnommene Gewinne der Unternehmen ohne eigene Rechtspersönlichkeit. – 4) Ohne Sozialbeiträge des Staates für Empfänger sozialer Leistungen. – 5) Laufende Übertragungen des Staates an private Organisationen ohne Erwerbszweck und internationale private Übertragungen. – 6) Ohne unterstellte Sozialbeiträge und ohne Beiträge des Staates für Empfänger sozialer Leistungen. – 7) Zinsen auf Konsumentenschulden, Heimatüberweisungen ausländischer Arbeitnehmer und sonstige internationale private Übertragungen, Rückerstattungen im Rahmen der Sozialhilfe und ähnliche Erstattungen, Strafen, Verwaltungsgebühren u. ä., Nettoprämien für Schadenversicherungen abzüglich Schadenversicherungsleistungen, Saldo der sozialen Leistungen privater Haushalte als Arbeitgeber und der unterstellten Sozialbeiträge.

Quellen: Statistisches Bundesamt (Herausgeber): Fachserie 18, Volkswirtschaftliche Gesamtrechnungen, Reihe 1, Konten und Standardtabellen 1982, Reihe S.5, Revidierte Ergebnisse 1960 bis 1981. Berechnungen des DIW.

212

der Geldvermögensbestand der privaten Haushalte Ende 1981 den Betrag von 1 600 Mrd. DM überschritten hat; im statistischen Durchschnitt entfiel auf jeden Haushalt 1981 ein Geldvermögen von reichlich 65 000 DM. Die Streuung der Vermögensbestände ist aber erheblich breiter als bei den Einkommen.

7.1.2 Empfangene laufende Übertragungen

An sozialen Leistungen[71] sind den privaten Haushalten im Berichtsjahr insgesamt 263 Mrd. DM zugeflossen (+7,4 vH gegenüber 1980). Die Hälfte dieses Betrages machten Geldleistungen der Rentenversicherung aus, die um 5,3 vH größer waren als im Vorjahr und damit weniger als andere Sozialleistungen expandierten. Das 21. Rentenanpassungsgesetz hatte zum Anfang des Jahres 1981 eine Rentenerhöhung um 4 vH gebracht. Die öffentlichen Pensionen sind im Berichtsjahr um 5,8 vH höher ausgefallen als 1980.

Sehr stark - um rund die Hälfte - nahmen 1981 im Zusammenhang mit der bedrohlich ansteigenden Arbeitslosigkeit die Geldleistungen an Arbeitslose zu. Die Wohngeld- (+32,2 vH) und Kindergeldzahlungen (+9,0 vH) sowie die Sozialhilfe (+9,8 vH) stiegen ebenfalls überdurchschnittlich. Beim Kindergeld wirkten sich Anhebungen des Leistungsniveaus aus, denen inzwischen allerdings erhebliche Kürzungen gefolgt sind. Die Leistungen nach dem Bundesausbildungsförderungsgesetz dagegen stagnierten; hier waren die Förderungssätze und Einkommensgrenzen letztmals im Jahr 1979 erhöht worden. Kriegsfolgeleistungen haben indes wie schon seit langem weiter an Bedeutung verloren. Im Sozialbudget werden die an private Haushalte fließenden Übertragungen nach "sozialen Funktionen"

Übersicht 7.3

Leistungen des Sozialbudgets 1970 bis 1981
nach sozialen Funktionen

| Jahr | Kinder | Ehe und Familie | | | Gesundheit | Beschäftigung | Alter u. Hinterbliebene | Folgen politischer Ereign. | Wohnen | Spar-förderung | Allgem. Lebenshilfen | Ins-gesamt |
		Ehe-gatten	Mutter-schaft	Ins-gesamt								
							- in Mrd. DM -					
1970	15,8	14,7	1,4	31,9	55,1	5,8	73,4	5,6	6,6	7,9	0,9	187,2
1971	17,2	15,8	1,6	34,6	65,2	7,4	81,9	6,0	7,0	10,5	1,3	213,9
1972	18,1	16,9	1,6	36,6	75,1	8,9	94,1	6,4	7,7	12,3	1,4	242,5
1973	19,2	18,0	1,7	38,9	83,9	9,7	103,8	6,5	7,2	13,8	1,5	265,3
1974	20,6	18,5	2,0	41,1	96,0	13,0	119,4	7,2	7,9	15,0	1,7	301,3
1975	25,2	20,7	2,2	48,1	107,5	21,9	135,1	7,6	8,2	16,2	2,1	346,7
1976	25,4	22,5	2,3	50,2	117,2	20,0	150,4	8,1	8,6	16,7	2,6	373,8
1977	25,5	24,3	2,4	52,2	123,8	20,1	163,1	8,5	9,2	18,9	2,9	398,7
1978	27,7	24,9	2,5	55,1	134,7	23,3	167,5	8,7	9,8	17,4	3,0	419,5
1979	29,8	25,9	2,9	58,6	146,2	26,1	175,4	8,7	10,0	16,5	3,1	444,7
1980	32,6	28,0	4,0	64,6	157,8	29,9	184,5	9,1	10,4	17,1	3,3	476,7
1981	34,8	28,6	4,3	67,7	167,0	38,7	193,9	9,6	11,6	17,5	3,3	509,3
1982	33,5	29,3	4,2	67,0	167,3	45,9	204,1	9,7	9,9	17,3	3,1	524,3
							- In vH -					
1970	8,4	7,9	0,8	17,1	29,4	3,1	39,2	3,0	3,5	4,2	0,5	100,0
1971	8,0	7,4	0,7	16,1	30,5	3,5	38,3	2,8	3,3	4,9	0,6	100,0
1972	7,5	7,0	0,6	15,1	30,9	3,7	38,8	2,6	3,2	5,1	0,6	100,0
1973	7,2	6,8	0,6	14,6	31,6	3,7	39,1	2,5	2,7	5,2	0,6	100,0
1974	6,8	6,1	0,7	13,6	31,9	4,3	39,6	2,4	2,6	5,0	0,6	100,0
1975	7,3	6,0	0,6	13,9	31,0	6,3	39,0	2,2	2,4	4,7	0,6	100,0
1976	6,8	6,0	0,6	13,4	31,3	5,4	40,2	2,2	2,3	4,5	0,7	100,0
1977	6,4	6,1	0,6	13,1	31,0	5,0	40,9	2,1	2,3	4,7	0,7	100,0
1978	6,6	5,9	0,6	13,1	32,1	5,6	39,9	2,1	2,3	4,1	0,7	100,0
1979	6,7	5,8	0,7	13,2	32,9	5,9	39,4	2,0	2,2	3,7	0,7	100,0
1980	6,8	5,9	0,8	13,6	33,1	6,3	38,7	1,9	2,2	3,6	0,7	100,0
1981	6,8	5,6	0,8	13,3	32,8	7,6	38,1	1,9	2,3	3,4	0,6	100,0
1982	6,4	5,6	0,8	12,8	31,9	8,8	38,9	1,9	1,9	3,3	0,6	100,0

Quellen: Johannes Brakel: Sozialbudget 1983. Fallende Tendenz, in: Bundesarbeitsblatt, Nr. 6/1984; Berechnungen des DIW nach Angaben in: Der Bundesminister für Arbeit und Sozialordnung (Herausgeber): Sozialbericht (mehrere Jahrgänge).

gegliedert. Übersicht 7.3 läßt erkennen, daß die Leistungen für Ehe und Familie schwächer zugenommen haben als die übrigen sozialen Leistungen; ihr Anteil hat sich von 17 vH (1970) auf 13 vH (1982) verringert.

Insgesamt beliefen sich 1981 die Zahlungen des Staates einschließlich der Zusatzversorgung an Arbeiter und Angestellte im öffentlichen Dienst auf 95 vH aller sozialen Leistungen. Aus dem Unternehmensbereich erhielten die privaten Haushalte im Berichtsjahr etwa 12 Mrd. DM (+10,0 vH) an betrieblichen Pensionen und Renten der Versorgungswerke für Angehörige freier Berufe.

Übersicht 7.4

Leistungen des Sozialbudgets 1981 nach sozialen Funktionen in Mrd. DM

	Einkommens-leistungen	Sonstige Leistungen 1)	Ins-gesamt
Ehe und Familie	59,3	8,4	67,7
davon: Kinder	28,4	6,4	34,8
Ehegatten	28,4	0,2	28,6
Mutterschaft	2,5	1,8	4,3
Gesundheit	57,3	109,7	167,0
Beschäftigung	27,7	11,0	38,7
Alter und Hinterbliebene	185,3	8,6	193,9
Folgen politischer Ereignisse	7,1	2,5	9,6
Wohnen	11,4	0,2	11,6
Sparförderung	17,5	-	17,5
Allgemeine Lebenshilfen	1,0	2,3	3,3
Insgesamt	366,6	142,7	509,3

1) Sachleistungen, Verwaltungsaufwendungen u.ä.

Quellen: Johannes Brakel: Sozialbudget 1983. Fallende Tendenz.
in: Bundesarbeitsblatt, Nr. 4/1984; Berechnungen des DIW.

7.1.3 Exkurs: Laufende Übertragungen zwischen privaten Haushalten

Neben den sozialen Leistungen, die den privaten Haushalten und Familien vom Staat und von Unternehmen zufließen, gibt es Einkommensströme, die für bestimmte Personengruppen - insbesondere für unvollständige Familien - erhebliche Bedeutung haben. Es sind dies laufende Unterhalts- und Unterstützungszahlungen an geschiedene Ehefrauen, an Familienangehörige, die außerhalb des Haushalts leben, Alimentenzahlungen und ähnliche Leistungen.

In Anlehnung an Schätzungen des Statistischen Bundesamtes[72] hat das DIW berechnet, daß die Einkommensübertragungen zwischen privaten Haushalten sich 1981 auf fast 13 Mrd. DM (4 vH aller empfangenen laufenden Übertragungen) beliefen (vgl. Übersicht 7.5). Dabei ist zu vermuten, daß diese Größe eher unterschätzt wird. Um sie in der Einkommens- und Transferschichtung berücksichtigen zu können, müßte man wissen, welche Familientypen von den Unterstützungs- und Alimentenzahlungen berührt werden. In der Einkommens- und Verbrauchsstichprobe findet man zwar Informationen darüber, welche Familien derartige Zahlungen empfangen; doch wer diese Zahlungen leistet, ist empirisch kaum zu belegen. Aus diesem Grunde bleiben die Einkommensströme zwischen privaten Haushalten und Familien hier außer Betracht.

7.1.4 Geleistete laufende Übertragungen

An direkten Steuern zahlten die privaten Haushalte im Berichtsjahr insgesamt 162,7 Mrd. DM. Gegenüber 1980 ist dieser Betrag nur wenig gestiegen. Die einzelnen Steuerarten haben sich allerdings unterschiedlich

216

Übersicht 7.5

Laufende Übertragungen an private Haushalte
unter Berücksichtigung innersektoraler Einkommensströme
in Mrd. DM

Jahr	Laufende Übertragungen			Ins-gesamt
	vom Staat 1)	von Unter-nehmen 2)	von privaten Haushalten 3)	
1970	85,0	4,2	6,1	95,3
1971	95,1	4,7	6,8	106,6
1972	108,3	5,1	7,4	120,8
1973	120,8	6,0	8,2	135,0
1974	139,1	6,7	8,8	154,6
1975	171,7	7,5	9,1	188,3
1976	183,7	8,1	9,7	201,5
1977	196,9	8,7	10,3	215,9
1978	207,9	9,2	10,8	227,9
1979	219,6	10,0	11,5	241,1
1980	234,0	11,0	12,3	257,3
1981	251,1	12,1	12,7	275,9
1982	263,8	12,4	13,0	289,2

1) Soziale Leistungen einschließlich öffentlicher Pensionen, ohne Sozialbeiträge für Empfänger sozialer Leistungen. - 2) Soziale Leistungen von Unternehmen, von privaten Organisationen ohne Erwerbszweck und von der übrigen Welt. - 3) Laufende Unterstützungs- und Unterhaltszahlungen an nicht im Haushalt lebende Familienangehörige, an geschiedene Ehefrauen und andere Personen, Alimentenzahlungen u. ä.

Quelle: Berechnungen des DIW nach Ergebnissen der volkswirtschaftlichen Gesamtrechnung.

entwickelt. Die Lohnsteuer[73] stieg 1981 gegenüber dem Vorjahr um 2 vH, die Steuern auf Einkommen aus Unternehmertätigkeit und Vermögen fielen um 2 vH geringer aus als 1980. Im Vergleich zu früheren Jahren hat das Lohnsteueraufkommen sehr mäßig expandiert; dies ist sowohl auf die Anfang 1981 wirksam gewordenen Steuererleichterungen als auch auf die schwache Entwicklung der Bruttolohn- und -gehaltsumme zurückzuführen. Bei der veranlagten Einkommensteuer[74] haben sich sowohl die Änderungen im Steuerrecht als auch die unbefriedigende Konjunktur so stark ausgewirkt, daß ihr Aufkommen 1981 rückläufig war. In der Steuerstatistik ist dieser Rückgang freilich überzeichnet, denn gegenüber dem Vorjahr sind die Beträge erstatteter Lohnsteuer (1981: 10,4 Mrd. DM), die das kassenmäßige Einkommensteueraufkommen mindern, erheblich gestiegen (+28 vH).

Die Steuerquote der privaten Haushalte - hier verstanden als das Verhältnis von direkten Steuern zum Bruttoeinkommen aus Erwerbstätigkeit und Vermögen (ohne Arbeitgeberbeiträge zur Sozialversicherung, einschließlich der lohnsteuerpflichtigen öffentlichen Pensionen) - betrug 1981 15,0 vH. Die Lohnsteuer der Arbeitnehmer, die knapp zwei Drittel aller von privaten Haushalten gezahlten direkten Steuern ausmacht, belief sich im Berichtsjahr auf 14,8 vH der Bruttolohn- und -gehaltsumme (1980: 15,1 vH). Das Einkommen aus Unternehmertätigkeit und Vermögen enthält wesentliche Teile, die nicht oder nur bedingt der Besteuerung unterliegen (unterstellte Mieteinnahmen, Eigenleistungen, Zinsen, Einkommen der Landwirte u. a.), so daß sich ebenfalls eine Steuerquote von 15 vH ergibt.

Als Sozialbeiträge der privaten Haushalte für 1981 werden in der volkswirtschaftlichen Gesamtrechnung 300 Mrd. DM ausgewiesen. Setzt man die unterstellten Sozialbeiträge und die vom Staat für Empfänger sozialer Leistungen gezahlten Beiträge ab, so ergaben sich 229 Mrd. DM. Reichlich die Hälfte davon waren Beiträge der Arbeitgeber, etwa zwei Fünftel Arbeitnehmerbeiträge, der Rest Pflichtbeiträge bestimmter selbständiger Berufsgruppen zur Sozialversicherung und zu den Versorgungswerken für Angehörige freier Berufe sowie sonstige Beiträge von Selbständigen, Hausfrauen zur Renten- und gesetzlichen Krankenversicherung. Mehr als die Hälfte aller Sozialbeiträge ist im Berichtsjahr an die Träger der Rentenversicherung geflossen, nicht ganz ein Drittel an die gesetzliche Krankenversicherung.

Gegenüber 1980 stiegen die Sozialbeiträge der privaten Haushalte um 7,1 vH. In der Renten-, Kranken- und Arbeitslosenversicherung wurden die Beitragsbemessungsgrenzen jeweils um knapp 5 vH erhöht; in der Rentenversicherung wurde außerdem der Beitragssatz um einen halben Prozentpunkt angehoben.

Die von Arbeitgebern und Arbeitnehmern getragenen Sozialbeiträge machten im Berichtsjahr 25,7 vH des Bruttoeinkommens aus unselbständiger Arbeit aus (1980: 25,1 vH). Lohnsteuer und Sozialbeiträge zusammen minderten dieses Einkommen um 40,9 vH (1980: 40,2 vH).

Unter den sonstigen laufenden Übertragungen[75], die private Haushalte an andere Wirtschaftssektoren leisten, sind insbesondere Zinsen auf Konsumentenschulden von Bedeutung. Sie beliefen sich 1981 auf reichlich 17,7 Mrd. DM und überschritten ihren Vorjahresstand - vor allem wegen des schon genannten hohen Zinsniveaus im Berichtsjahr - um mehr als 25 vH. Die Kreditaufnahme der privaten Haushalte hat aus dem gleichen Grund allerdings 1981 deutlich schwächer zugenommen als in früheren Jahren; der Bestand an Verpflichtungen blieb am Jahresende etwas unter 150 Mrd. DM, machte also knapp ein Zehntel des Geldvermögensbestandes aus.

Übersicht 7.6

Empfangene und geleistete laufende Übertragungen der privaten Haushalte 1981

in Mill. DM

Soziale Stellung des Haushaltsvorstands	Empfangene laufende Übertragungen					Geleistete laufende Übertragungen							
	Renten und Pensionen	Geldleist. d.Bundesanst. für Arbeit u. Sozialhilfe	Gesetzliches Kindergeld	Sonstige laufende Übertragungen	Summe d. empfang. Übertragungen	Direkte Steuern	Beiträge zur			Sonstige Sozialbeiträge	Sonstige laufende Übertragungen	Summe d. geleist. Übertragungen	Transfersaldo
							Renten-	Kranken-	Arbeitslosen- versicherung				
Selbständige in der Land- und Forstwirtschaft	250	140	930	370	1 690	850	1 170	850	160	520	600	4 150	-2 460
Selbständige in den sonst. Wirtschaftsbereichen	830	170	1 760	870	3 630	39 580	7 275	4 950	750	1 720	7 275	61 550	-57 920
Angestellte	4 880	6 220	5 780	10 650	27 530	61 620	51 695	28 605	8 250	5 760	15 520	171 450	-143 920
Beamte 1)	1 060	280	1 390	1 730	4 460	11 965	3 340	2 150	440	530	2 870	21 295	-16 835
Arbeiter	7 670	9 160	6 360	14 500	37 690	43 125	51 170	30 265	8 230	7 100	15 115	155 005	-117 315
Rentner 2)	124 400	7 530	1 780	20 500	154 210	720	3 900	3 000	950	1 060	2 000	11 630	+142 580
Versorgungsempfänger des öffentlichen Dienstes	28 910	400	300	2 480	32 090	3 040	550	480	120	110	420	4 720	+27 370
Insgesamt	168 000	23 900	18 300	51 100	261 300	160 900	119 100	70 300	18 900	16 800	43 800	429 800	-168 500

1) Einschließlich Richter, ohne Versorgungsempfänger. - 2) Einschließlich sonstiger Personen, die überwiegend von laufenden Übertragungen oder Vermögenseinkommen leben.

Quelle: Berechnungen des DIW unter Verwendung amtlicher Statistiken.

Ausländische Arbeitnehmer haben im Berichtsjahr 7,9 Mrd. DM in ihre Heimatländer überwiesen - eine halbe Milliarde DM oder 6,0 vH mehr als 1980.

7.1.5 Verfügbares Einkommen

Das Einkommen der privaten Haushalte nach der Umverteilung - ebenfalls in der Abgrenzung der volkswirtschaftlichen Gesamtrechnung - belief sich 1981 auf 1 010,6 Mrd. DM. Gegenüber dem Vorjahr ist es um 5,6 vH gestiegen. Seine Komponenten haben wie schon 1980 in sehr unterschiedlichem Ausmaß expandiert: die Nettolöhne und -gehälter nur um 3,8 vH, die entnommenen Gewinne und Vermögenseinkommen dagegen um 8,6 vH und die Sozialeinkommen kaum weniger, um 7,4 vH.

7.2   Überblick über die primäre Einkommensverteilung

Die in der Übersicht 7.7 ausgewiesene Verteilung der Bruttoeinkommen bezieht sich auf die in 5 "Blöcke" segmentierte Darstellung des Rechenverfahrens im fünften Kapitel (vgl. Schaubild 5.1). Die Bruttoeinkommen nach Einkommensarten wurden der VGR entnommen. Dabei ist anzumerken, daß die unterstellten Sozialbeiträge und die nichtentnommenen Gewinne der Unternehmen ohne eigene Rechtspersönlichkeit nicht enthalten sind. Die tatsächlichen Sozialbeiträge der Arbeitgeber sind also ausschließlich auf die ausgewiesenen Bruttolöhne und Bruttogehälter zu beziehen, an denen sie einen Anteil von fast einem Fünftel haben. Die unter den Sozialbeiträgen ausgewiesenen Zahlungen zur gesetzlichen Unfallversicherung und für sonstige Versicherungen (insgesamt 12,0 Mrd. DM) werden nicht durch Arbeitnehmerbeiträge aufgestockt.

Die Bruttoeinkommen der Haushalte in sozialer Gruppierung entsprechen in der Größenordnung nahezu den in der Gesamtrechnung des Statistischen Bundesamtes vorgegebenen Beträgen. Lediglich 23 Mrd. DM sind als Bruttoeinkommen der Anstaltsbevölkerung und den privaten Organisationen ohne Erwerbscharakter zugeflossen. Vor allem wegen des großen Anteils der Einpersonenhaushalte macht die Zahl der Familien nur rund 56 vH der Haushaltszahl aus. Aus dem gleichen Grund - Einpersonenhaushalte haben zumeist niedrigere Einkünfte - ist der entsprechende Anteil am Einkommen mit über zwei Dritteln beträchtlich höher.

Dies zeigt sich auch in den nach Größenklassen geschichteten Bruttoeinkommen aller privaten Haushalte und aller Familien. Das monatliche Durchschnittseinkommen je Haushalt betrug 1981 knapp 3 900 DM, das je Familie jedoch fast 4 700 DM. Ein Vergleich der hier ausgewiesenen

Übersicht 7.7

Block A
Verteilung der Bruttoerwerbs- und -vermögenseinkommen 1981

Bruttoeinkommen nach Einkommensarten

	In Mrd. DM
Bruttolöhne	307,8
Bruttogehälter	310,6
Bruttobezüge der Beamten	98,8
Sozialbeiträge der Arbeitgeber[1]	117,3
davon:	
Rentenversicherung	63,0
Gesetzl. Krankenversicherung	32,1
Arbeitslosenversicherung	10,2
Gesetzliche Unfallversicherung	8,6
Sonstige Versicherungen	3,4
Bruttoeinkommen aus unselbständiger Arbeit	836,5
Entnahmen	240,6
Einkommen aus Geldvermögen	89,8
Bruttoeinkommen aus Unternehmertätigkeit und Vermögen[2]	330,4
Bruttoerwerbs- und -vermögenseinkommen insgesamt	1 164,9

Bruttoeinkommen der Haushalte und Familien in sozialer Gruppierung

Soziale Stellung des Haushalts- oder Familienvorstands	Haushalte Zahl in 1000	Haushalte Br.-Eink. in Mrd. DM	Familien Zahl in 1000	Familien Br.-Eink. in Mrd. DM
Landwirt	430	23,2	345	18,0
Sonstige Selbständige	1 535	227,5	1 010	148,3
Angestellter	5 685	392,1	3 645	254,1
Beamter	1 445	86,5	945	59,4
Arbeiter	6 390	354,6	4 375	208,8
Rentner	8 115	49,7	2 995	25,8
Versorgungsempfänger	1 000	8,4	390	4,2
Haushalte od. Familien insgesamt	24 600	1 142,0	13 705	758,6
Sonstige Einkommen[3]		22,9		

Bruttoeinkommen nach Größenklassen

monatl. Br.-Eink. von ... bis unter ... DM	alle priv. Haush. Zahl in 1000	alle priv. Haush. Br.-Eink. in Mrd. DM	alle Familien Zahl in 1000	alle Familien Br.-Eink. in Mrd. DM
unter 1 000	6 950	18,9	2 169	8,1
1 000 - 2 000	2 604	45,5	1 619	24,7
2 000 - 3 000	2 367	72,1	1 627	43,7
3 000 - 4 000	2 864	120,3	1 977	83,1
4 000 - 5 000	2 382	128,1	1 646	88,7
5 000 - 6 000	2 001	131,1	1 364	89,4
6 000 - 7 000	1 570	121,3	1 079	83,4
7 000 - 8 000	1 183	105,3	829	73,9
8 000 - 9 000	880	88,6	615	61,9
9 000 - 10 000	641	72,0	437	49,1
10 000 und mehr	1 158	238,8	763	152,6
Insgesamt	24 600	1 142,0	13 705	758,6

1) Ohne unterstellte Sozialbeiträge. – 2) Ohne nichtentnommene Gewinne der Unternehmen ohne eigene Rechtspersönlichkeit. –
3) Bruttoeinkommen der Anstaltsbevölkerung und der privaten Organisationen ohne Erwerbscharakter.

zusammengefaßten Einkommensklassen zeigt, daß der Anteil der Familien an der entsprechenden Haushaltszahl bei Bruttoeinkommen unter 1 000 DM weniger als ein Drittel, von 1 000 bis unter 3 000 DM gut die Hälfte, von 3 000 bis unter 10 000 DM sieben Zehntel und schließlich bei Einkommen von 10 000 DM und mehr zwei Drittel betrug.

7.3 Umverteilung der Einkommen durch monetäre Transfers

In der Übersicht 7.8 werden sowohl für Haushalte als auch für Familien die empfangenen und geleisteten Übertragungen in ihrer absoluten und relativen Verteilungswirkung gegenübergestellt. Beschränkt man die Inanspruchnahme und Zahlung monetärer Transfers in der weiteren Darstellung lediglich auf die Familien, so kommen Renten und Pensionen selbstverständlich ganz überwiegend den Rentner- und Versorgungs-empfänger-Familien zugute; den von ihnen empfangenen 76 Mrd. DM standen 1981 lediglich rund 11 Mrd. DM gegenüber, die anderen sozialen Gruppen zuflossen. Ganz anders sieht die Verteilung der Geldleistungen der Bundesanstalt für Arbeit und der Sozialhilfe aus; mit 6,6 Mrd. DM dominierten eindeutig Arbeiter-Familien, mit jeweils reichlich 4 Mrd. DM gefolgt von der Gruppe der Angestellten und Rentner, wobei letztere diesen Transfer überwiegend in Form von Sozialhilfe erhielten. Relativ gleichmäßig wird - wie zu erwarten war - das gesetzliche Kindergeld von Arbeitnehmer-Familien in Anspruch genommen; der absoluten Summe nach machte dies jeweils mit reichlich 5 Mrd. DM in Arbeiter- und Angestellten-Familien am meisten aus, relativ waren es 2,3 bzw. 2,0 vH der jeweiligen Bruttoeinkommen; auch die sonstigen laufenden empfangenen Übertragungen (Geldleistungen der gesetzlichen Kranken- und Unfallversicherung, Kriegsfolgeleistungen, Ausbildungsbeihilfen, Wohngeld, Betriebspensionen usw.) sind in sozialer Gruppierung nicht stark differenziert. Sie steuern zwar in Nichterwerbstätigen-Familien mit 12 Mrd. DM relativ viel bei, insgesamt sind jedoch auch den Erwerbstätigen-Familien knapp 19 Mrd. DM zugeflossen. Insgesamt betrugen die empfangenen Übertragungen bei Arbeiter-Familien 11,3 vH ihrer Bruttoeinkommen, bei Selbständigen-Familien dagegen lediglich 1,8 vH.

Übersicht 7.8

Block D
Umverteilung der Einkommen durch monetäre Transfers 1981

Transferart	Landwirt Haushalte in Mrd. DM	Familien in Mrd. DM	Familien in vH d. Br.Eink.	Selbständiger Haushalte in Mrd. DM	Familien in Mrd. DM	Familien in vH d. Br.Eink.	Angestellter Haushalte in Mrd. DM	Familien in Mrd. DM	Familien in vH d. Br.Eink.	Beamter Haushalte in Mrd. DM	Familien in Mrd. DM	Familien in vH d. Br.Eink.	Arbeiter Haushalte in Mrd. DM	Familien in Mrd. DM	Familien in vH d. Br.Eink.	Rentner Haushalte in Mrd. DM	Familien in Mrd. DM	Familien in vH d. Br.Eink.	Versorgungsempfänger Haushalte in Mrd. DM	Familien in Mrd. DM	Familien in vH d. Br.Eink.
Renten und Pensionen	0,3	0,2	1,1	0,8	0,6	0,4	4,9	3,3	1,3	1,1	0,8	1,3	7,8	6,0	2,4	123,9	57,7	223,5	29,2	13,1	308,4
Geldleistungen d. Bundesanstalt für Arbeit u. Sozialhilfe	0,1	0,1	0,6	0,2	0,1	0,1	6,2	4,3	1,7	0,3	0,2	0,3	7,5	6,6	2,6	7,5	4,1	15,8	0,4	0,2	4,7
Gesetzliches Kindergeld	0,9	0,8	4,2	1,8	1,4	1,0	5,8	5,1	2,0	1,4	1,4	2,3	6,3	5,7	2,3	1,8	0,9	3,6	0,3	0,1	3,5
Sonst. lfd. Übertragungen	0,4	0,3	1,7	0,9	0,6	0,4	10,6	6,9	2,7	1,7	1,2	2,0	14,5	9,9	3,9	20,5	10,7	41,5	22,5	1,3	29,6
Empfangene Übertragungen, insg.	1,7	1,4	7,7	3,7	2,7	1,8	27,6	19,6	7,7	4,5	3,6	6,0	37,8	28,1	11,3	153,7	73,5	284,6	32,4	14,7	366,1
Direkte Steuern	0,9	0,6	3,5	39,6	26,5	17,9	61,6	39,8	15,5	12,0	8,7	14,4	43,1	30,6	12,2	0,7	0,4	1,4	3,0	1,5	35,3
Beiträge zur Rentenvers.	1,2	1,0	5,4	7,3	5,0	3,3	51,7	33,8	13,2	3,3	2,7	4,5	51,2	35,9	14,3	3,9	1,8	7,1	0,5	0,3	6,4
Beiträge zur Krankenvers.	0,8	0,7	3,7	5,0	3,3	2,3	28,6	18,6	7,3	2,1	1,5	2,5	30,3	21,3	8,5	3,0	1,6	6,0	0,5	0,2	5,4
Beiträge zur Arbeitslosenvers.	0,2	0,1	0,7	0,7	0,6	0,3	8,3	5,5	2,1	0,4	0,3	0,5	8,2	5,8	2,3	1,0	0,5	1,9	0,1	0,1	1,4
Sonstige Sozialbeiträge	0,5	0,4	2,2	1,7	1,2	0,8	5,8	3,9	1,5	0,5	0,4	0,6	7,1	5,0	2,0	1,1	0,5	2,1	0,1	0,1	1,2
Sonst. lfd. Übertragungen	0,6	0,5	2,6	7,3	4,9	3,2	15,5	10,2	4,0	2,9	2,0	3,3	15,1	10,8	4,3	2,0	1,0	4,1	0,4	0,2	4,9
Geleistete Übertragungen, insg.	4,2	3,3	18,0	61,6	41,5	27,8	171,5	111,8	43,6	21,2	15,7	26,4	155,0	109,4	43,6	11,7	5,8	22,4	4,6	2,3	54,6
Transfersaldo	-2,5	-1,9		-57,9	-38,8		-163,9	-92,2		-16,8	-12,1		-117,2	-81,3		+142,0	+67,7		+27,7	+12,0	
nachrichtlich: Nettoquoten in vH	89,4	89,2		74,5	73,9		63,3	63,7		80,5	79,6		66,9	67,3		385,7	362,1		429,5	391,5	

Ganz anders ist die Verteilung der geleisteten Übertragungen. Die Nichterwerbstätigen-Familien waren daran nur mit 8,1 Mrd. DM beteiligt. Bei den direkten Steuern ist in den Familien der Selbständigen die durchschnittliche Belastung mit 18,3 vH am höchsten, jedoch schichtspezifisch, also nach der Höhe der jeweiligen Einkommen, in der Regel gegenüber anderen sozialen Gruppen der Erwerbstätigen sogar niedriger. Für Arbeiter-und Angestellten-Familien machten die direkten Steuern und die Sozialbeiträge (einschließlich der Arbeitgeberbeiträge) 1981 rund 42 vH ihres Bruttoeinkommens aus.

Gemessen an der Nettoquote führte 1981 der sich aus empfangenen und geleisteten Übertragungen ergebende negative Transfersaldo in Angestellten-Familien lediglich zu einem Anteil der verfügbaren Einkommen am Bruttoeinkommen von 64 vH. Andererseits wurde mit knapp 90 vH in der Gruppe der Erwerbstätigen der günstigste Wert bei den Familien der Landwirte registriert.

7.4 Empfangene und geleistete Transfers nach Überprüfung durch die Parenté-Vorschriften

7.4.1 Durchschnittliche Anteile einzelner Transfers am Bruttoerwerbs- und -vermögenseinkommen

In der Übersicht 7.9 werden relative Transferbeträge (bezogen auf das Bruttoerwerbs- und -vermögenseinkommen) ausgewiesen. Um eine übersichtliche Gesamtschau zu vermitteln, wird dabei die Darstellung auf einzelne Familientypen sowie auf zusammengefaßte Bruttoeinkommensklassen beschränkt.

Die relativen familialen Transferwerte lassen allerdings hinsichtlich genereller Differenzierungsverläufe kein allzu klares Bild erkennen, da die sozialen Gruppen an einzelnen Familientypen recht unterschiedlich beteiligt sind. Grundsätzlich fällt auf, daß Alleinerziehende mit einem Kind zumeist die relativ höchsten Transfers empfangen und damit auch den höchsten positiven Transfersaldo aufweisen. Ein eindeutiges Gefälle zeigt sich jedoch beim nach Familientypen aufgegliederten Kindergeld. Kinderreiche Familien (mit vier und mehr Kindern) erhalten mit 9,5 vH, bezogen auf ihr Bruttoeinkommen, die höchsten Zahlungen aus dieser Transferart.

Die Differenzierung einzelner Transferanteile nach der Höhe der monatlichen Bruttoerwerbs- und -vermögenseinkommen ist dagegen sehr eindrucksvoll ausgeprägt. Dies gilt insbesondere für die empfangenen Übertragungen und hier natürlich am stärksten für Renten und Pensionen. Wenn man die unterste Einkommensklasse (monatliches Familieneinkommen unter 1 000 DM), die nur wenig charakteristisch ist für Bezieher von Erwerbseinkommen, außer acht läßt, so ist die Differenzierung der durch-

Block C

Durchschnittliche Anteile einzelner Transfers am Bruttoerwerbs- und -vermögenseinkommen
in vH

Transferart	Familien mit 1 Einkommensbezieher							Familien mit 2 u. m. Einkommensbeziehern						
	Ehepaare mit ... Kind(ern)				Ehepaare ohne Kind	Alleinerziehende mit		Ehepaare mit ... Kind(ern)				Ehepaare ohne Kind	Alleinerziehende mit	
	1	2	3	4 oder mehr		1 Kind	2 oder mehr K.	1	2	3	4 oder mehr		1 Kind	2 oder mehr K.
Renten und Pensionen	4,2	2,2	1,4	0,5	19,4	32,2	9,8	5,1	3,9	5,2	4,4	29,2	21,8	15,7
Geldleistungen der Bundesanstalt für Arbeit und Sozialhilfe	1,8	1,4	1,0	1,3	2,6	7,7	4,8	1,7	1,5	1,4	1,5	2,9	4,5	4,0
Gesetzl. Kindergeld	1,3	3,5	7,0	10,8	-	3,0	5,9	1,1	2,9	6,2	9,0	-	1,9	4,9
Sonstige laufende Übertragungen	2,7	2,2	1,9	2,3	4,8	12,5	6,5	3,3	3,0	3,1	3,6	7,0	9,3	7,7
Empf. Übertragungen insgesamt	10,0	9,4	11,2	15,0	26,9	55,5	27,0	11,1	11,2	15,9	18,4	39,1	37,6	32,3
Direkte Steuern	14,1	13,9	13,1	12,3	15,1	9,1	9,0	14,6	14,7	14,4	13,5	14,1	9,2	9,2
Beiträge zur Rentenversicherung	9,4	8,6	6,4	7,2	9,2	11,4	11,2	12,0	11,8	10,6	10,3	10,7	12,4	12,4
Beiträge zur Krankenversicherung	5,5	4,8	3,6	4,0	5,4	7,3	7,0	6,9	6,8	6,2	6,2	6,6	8,0	7,9
Beiträge zur Arbeitslosenversicherung	1,5	1,3	0,9	1,1	1,4	1,9	1,7	1,9	1,9	1,7	1,6	1,8	2,1	2,0
Sonstige Sozialbeiträge	1,3	1,2	1,0	1,0	1,4	1,7	1,6	1,6	1,6	1,5	1,6	1,6	2,0	2,1
Sonstige lfd. Übertragungen	4,0	3,8	3,5	3,2	4,1	3,3	3,1	4,0	4,0	3,7	3,2	3,9	3,0	3,0
Geleistete Übertragungen insgesamt	35,7	33,6	28,4	28,9	36,6	34,6	33,7	41,1	40,7	38,1	36,4	38,8	36,8	36,6
Transfersaldo	-25,7	-24,2	-17,2	-13,9	-9,8	+20,9	-6,8	-30,0	-29,5	-22,2	-18,0	+0,3	+0,7	-4,2

Transferart	Höhe der monatlichen Bruttoerwerbs- und -vermögenseinkommen, alle Familien, von ... bis unter ... DM										
	unter 1 000	1 000- 2 000	2 000- 3 000	3 000- 4 000	4 000- 5 000	5 000- 6 000	6 000- 7 000	7 000- 8 000	8 000- 9 000	9 000- 10 000	10 000 und mehr
Renten und Pensionen	535,5	98,9	10,3	3,0	2,1	1,7	1,4	1,2	1,0	0,8	0,4
Geldleistungen der Bundesanstalt für Arbeit und Sozialhilfe	38,9	8,2	5,1	3,1	2,0	1,5	1,1	0,9	0,7	0,5	0,2
Gesetzl. Kindergeld	5,7	2,7	2,5	2,8	2,6	2,3	2,1	2,0	1,8	1,7	0,9
Sonstige laufende Übertragungen	93,1	18,9	7,0	4,8	3,6	2,8	2,3	1,9	1,6	1,4	0,6
Empf. Übertragungen insgesamt	673,1	128,7	24,9	13,6	10,2	8,3	7,0	6,0	5,2	4,5	2,0
Direkte Steuern	(6,8)	4,7	4,8	6,9	9,9	12,3	14,2	15,7	17,2	18,4	23,4
Beiträge zur Rentenversicherung	6,7	8,9	12,7	13,1	13,1	12,8	11,8	11,2	10,8	10,2	5,5
Beiträge zur Krankenversicherung	5,8	7,1	8,9	8,7	7,9	7,1	6,6	6,1	5,7	5,2	2,9
Beiträge zur Arbeitslosenversicherung	2,0	1,9	2,1	2,1	2,1	2,0	1,8	1,7	1,6	1,5	0,8
Sonstige Sozialbeiträge	2,0	2,1	2,3	2,2	1,9	1,7	1,5	1,4	1,3	1,2	0,7
Sonstige lfd. Übertragungen	4,7	3,4	3,1	3,5	3,8	3,9	4,0	4,1	4,2	4,2	4,0
Geleistete Übertragungen insgesamt	27,9	28,1	34,0	36,6	38,7	39,8	39,9	40,2	40,8	40,7	37,4
Transfersaldo	+645,2	+100,5	-9,1	-23,0	-28,5	-31,5	-32,9	-34,3	-35,6	-36,4	-35,4

schnittlichen Anteile empfangener Übertragungen insgesamt für alle Familien zwischen dem höchsten und dem geringsten ausgewiesenen Wert, nämlich 130 vH und 2 vH, sehr stark.

Die Belastung durch direkte Steuern nimmt mit steigendem Einkommen von 5 vH auf 23 vH zu - stärker als bei anderen geleisteten Transfers. Für die Sozialbeiträge, gleich welcher Art, ist typisch, daß deren Anteile im mittleren Bereich jeweils ihren größten Wert aufweisen, wenn man die Familien aller sozialen Gruppen zusammenfaßt. Dagegen haben die sonstigen laufenden Übertragungen in allen ausgewiesenen Einkommensklassen etwa den gleichen Anteil. Der ausgewiesene Transfersaldo vermittelt einen guten Einblick in die sehr unterschiedlichen Umverteilungswirkungen. Er weist in den beiden Einkommensklassen bis unter 2 000 DM einen positiven Wert aus. Bei Einkommen von 2 000 bis unter 3 000 DM wird der Transfersaldo dann negativ (-9 vH) und fällt bei steigenden Einkommen bis auf -36,4 vH in der vorletzten Einkommensklasse.

7.4.2 Monatliche Durchschnittsbeträge einzelner Transfers

Die monatlichen DM-Beträge einzelner Transfers vermitteln schon auf den ersten Blick ein klares Bild der durch das monetäre Transfersystem bewirkten Zahlungsvorgänge (vgl. Übersicht 7.10). Für die familiale Gliederung gelten allerdings die gleichen Einschränkungen wie bei den ausgewiesenen relativen Anteilswerten. Lediglich beim Kindergeld wird eine sehr eindeutige Differenzierung ausgewiesen. Kinderreiche Familien können ihr Budget, gleich ob Familien mit einem oder mit mehreren Einkommensbeziehern, um rund 700 DM monatlich aufbessern, was bei dem erstgenannten Familientyp fast drei Viertel, dem zweiten rund die Hälfte

230

Block D

Monatliche Durchschnittsbeträge einzelner Transfers je Familie
in DM

Transferart	Familien mit 1 Einkommensbezieher							Familien mit 2 u. m. Einkommensbeziehern						
	Ehepaare mit ... Kind(ern)				Ehepaare ohne Kind	Alleinerziehende mit		Ehepaare mit ... Kind(ern)				Ehepaare ohne Kind	Alleinerziehende mit	
	1	2	3	4 oder mehr		1 Kind	2 oder mehr K.	1	2	3	4 oder mehr		1 Kind	2 oder mehr K.
Renten und Pensionen	196	119	85	35	624	603	318	291	258	371	338	1 109	674	614
Geldleistungen der Bundesanstalt für Arbeit und Sozialhilfe	83	77	62	84	84	144	156	96	96	100	116	98	139	156
Gesetzl. Kindergeld	59	189	434	688	-	56	192	60	192	440	691	-	57	191
Sonstige laufende Übertragungen	127	122	116	148	156	234	209	188	195	225	275	238	285	302
Empf. Übertragungen insgesamt	465	507	697	955	864	1 037	875	635	741	1 136	1 420	1 445	1 155	1 263
Direkte Steuern	651	752	816	781	486	170	292	838	968	1 031	1 043	483	284	360
Beiträge zur Rentenversicherung	435	464	396	459	295	213	364	689	779	761	795	366	380	485
Beiträge zur Krankenversicherung	253	262	227	256	174	136	228	397	449	445	470	225	246	307
Beiträge zur Arbeitslosenversicherung	67	70	55	67	46	35	56	109	123	121	127	62	64	80
Sonstige Sozialbeiträge	62	63	62	63	43	31	52	93	106	110	122	55	63	81
Sonstige lfd. Übertragungen	183	206	217	206	133	61	100	231	261	266	249	135	93	115
Geleistete Übertragungen insgesamt	1 651	1 817	1 773	1 832	1 177	646	1 092	2 357	2 686	2 734	2 814	1 326	1 130	1 428
Transfersaldo	-1 186	-1 310	-1 076	-677	-313	+391	-217	-1 722	-1 945	-1 598	-1 394	+119	+25	-165

Transferart	Höhe der monatlichen Bruttoerwerbs- und -vermögenseinkommen, alle Familien, von ... bis unter ... DM										
	unter 1 000	1 000-2 000	2 000-3 000	3 000-4 000	4 000-5 000	5 000-6 000	6 000-7 000	7 000-8 000	8 000-9 000	9 000-10 000	10 000 und mehr
Renten und Pensionen	1 660	1 437	263	104	94	93	91	89	85	79	60
Geldleistungen der Bundesanstalt für Arbeit und Sozialhilfe	120	119	130	107	89	82	73	65	57	49	34
Gesetzl. Kindergeld	18	39	65	99	116	125	135	146	153	162	152
Sonstige laufende Übertragungen	289	275	179	167	159	155	150	144	138	129	100
Empf. Übertragungen insgesamt	2 086	1 870	637	477	458	455	449	444	434	419	346
Direkte Steuern	21	68	123	243	443	673	912	1 168	1 439	1 721	3 999
Beiträge zur Rentenversicherung	21	130	324	460	590	700	760	829	904	957	947
Beiträge zur Krankenversicherung	18	103	227	307	352	387	425	455	478	491	496
Beiträge zur Arbeitslosenversicherung	6	28	54	75	95	110	117	127	138	145	139
Sonstige Sozialbeiträge	6	30	59	76	85	90	98	104	110	117	123
Sonstige lfd. Übertragungen	14	49	80	122	172	215	260	305	351	396	697
Geleistete Übertragungen insgesamt	86	408	867	1 283	1 737	2 175	2 572	2 988	3 420	3 827	6 401
Transfersaldo	-2 000	+1 462	-230	-806	-1 279	-1 720	-2 123	-2 544	-2 986	-3 408	-6 055

aller empfangenen Übertragungen ausmacht. Dennoch überwiegen auch bei diesen beiden Gruppen die geleisteten Übertragungen, so daß sich für sie ein durchschnittlicher negativer Transfersaldo von 880 bzw. 1 395 DM ergibt.

Die Umverteilung durch monetäre Transfers ist auch in nach der Einkommenshöhe differenzierten Durchschnittsbeträgen ausgewiesen. Renten und Pensionen sind mit rund 1 700 bzw. 1 400 DM ganz eindeutig in den beiden untersten Einkommensklassen konzentriert. Geldleistungen der Bundesanstalt für Arbeit und aus der Sozialhilfe dominieren zwar auch im unteren Bereich, sind aber mit rund 120 DM monatlich in den Klassen bis unter 3 000 DM gleich hoch. Weil die Zahl der Kinder tendenziell mit steigendem Erwerbseinkommen zunimmt, wird auch der durchschnittliche Kindergeldbetrag von Einkommensklasse zu Einkommensklasse größer.

Im Bereich der geleisteten Übertragungen sind die direkten Steuern, in absoluten Beträgen gemessen, der wichtigste Transferstrom. Bei Einkommen zwischen 2 000 und 3 000 DM mit rund 120 DM noch ein vergleichsweise geringer Betrag, übersteigt dieser bei 7 000 DM die 1 000-DM-Grenze und erreicht schließlich in der höchsten hier ausgewiesenen Einkommensklasse einen Durchschnittsbetrag von 4 000 DM. Sozialbeiträge steigen mit dem monatlichen Einkommen allmählich an und belaufen sich bei Einkommen von 9 000 bis unter 10 000 DM auf insgesamt 1 700 DM. Die sonstigen geleisteten Übertragungen spielen bis in mittlere Bereiche hinein keine übermäßig bedeutende Rolle, in der höchsten Einkommensklasse werden für sie indes Durchschnittsbeträge von knapp 700 DM aufgewendet.

7.5   Einkommensverteilung der übrigen Haushalte (Nicht-Familien)

Die Übersicht 7.11 gibt einen Überblick über die Einkommensverteilung auf diejenigen Haushalte, die in dieser Untersuchung nicht zu den
Familien zählen. Wie schon erwähnt, sird dies

- Einpersonenhaushalte,

- Ehepaare, die lediglich mit Kindern von 18 oder mehr Jahren zusammenleben,

- Elternteile, deren sämtliche Kinder das 18. Lebensjahr erreicht oder
  überschritten haben,

- Haushalte aus drei oder mehr Generationen,

- Haushalte aus nichtverwandten Personen,

- Haushalte aus nichtgeradlinigverwandten Personen.

Diese "Nichtfamilien" werden hier gegenüber der detaillierteren
Darstellung aller Haushalte und der Familien nur mit Gesamt- und Durchschnittswerten berücksichtigt. Ein erster Blick zeigt, daß es sich um eine
sehr heterogene Gruppe handelt, die an der Zahl aller Haushalte fast zur
Hälfte, am Einkommen jedoch nur zu einem Drittel beteiligt ist. Zahlenmäßig dominierten 1981 eindeutig Einpersonenhaushalte, mit weitem Abstand gefolgt von Ehepaaren mit Kindern über 18 Jahren. Die Zahl der
Personen belief sich in Einpersonenhaushalten auf rund 7,6 Mill., in allen
anderen hier ausgewiesenen Haushalten jedoch auf rund 10,5 Mill.

Im Vergleich 1981 zu 1973 ist im Gegensatz zur rückläufigen Zahl der
Familien eine kräftige Zunahme der übrigen Haushalte zu beobachten. Sie
war mit fast einem Drittel bei Einpersonenhaushalten und Nichtver-
wandten-Haushalten weitaus am stärksten, verhältnismäßig dicht gefolgt

	Familien bzw. Haushalte	Zahl der Personen	Einkommens-bezieher	Bruttoerwerbs- und -vermögenseinkommen	
				insgesamt	je Familie bzw. Haushalt/Monat
-	in 1 000			in Mrd. DM	in DM
Familien	13 705	42 465	23 295	758,6	4 613
Einpersonenhaushalte	7 610	7 610	7 610	169,7	1 858
Ehepaare mit Kindern über 18 Jahre	1 390	4 565	3 350	104,7	6 277
Elternteile mit Kindern über 18 Jahre	780	1 800	1 425	40,5	4 327
Haushalte aus drei oder mehr Generationen	500	2 505	1 230	36,2	6 033
Nichtverwandten-Haushalte	420	1 080	775	22,9	4 544
Nichtgeradlinigverwandten-Haushalte	195	595	395	9,4	4 017
Insgesamt	24 600	60 620	38 080	1 142,0	3 869

II. Geleistete Transfers

	Direkte Steuern		Beiträge zur Rentenversicherung		Beiträge zur gesetzl. Krankenversicherung	
	insgesamt	je Familie bzw. Haush./Monat	insgesamt	je Familie bzw. Haush./Monat	insgesamt	je Familie bzw. Haush./Monat
-	in Mrd. DM	in DM	in Mrd. DM	in DM	in Mrd. DM	in DM
Familien	108,1	657	80,5	490	47,2	287
Einpersonenhaushalte	25,9	283	16,6	182	9,9	109
Ehepaare mit Kindern über 18 Jahre	13,1	785	10,9	653	6,5	390
Elternteile mit Kindern über 18 Jahre	4,9	524	4,0	427	2,4	256
Haushalte aus drei oder mehr Generationen	4,8	800	3,4	567	2,1	350
Nichtverwandten-Haushalte	2,8	556	2,5	496	1,5	298
Nichtgeradlinigverwandten-Haushalte	1,3	556	1,2	513	0,7	299
Insgesamt	160,9	545	119,1	403	70,3	238

Renten und Pensionen		Arbeitslosenvers. und Sozialhilfe		Gesetzliches Kindergeld		Sonst. empfangene lfd. Übertragungen		Empfangene lfd. Übertragungen	
insgesamt	je Familie bzw. Haush./Monat	insgesamt	je Familie bzw. Haush./Monat	insgesamt	je Familie bzw. Haush./Monat	insgesamt	je Familie bzw. Haush./Monat	insgesamt	je Familie bzw. Haush./Monat
in Mrd. DM	in DM	in Mrd. DM	in DM	in Mrd. DM	in DM	in Mrd. DM	in DM	in Mrd. DM	in DM
81,7	497	15,6	95	15,4	94	30,9	188	143,6	873
69,3	759	6,0	66	0,3	3	13,2	144	88,8	972
6,8	408	1,0	60	1,0	60	3,0	180	11,8	707
5,1	545	0,5	53	0,6	64	1,7	182	7,9	844
2,2	367	0,4	67	0,5	83	1,0	167	4,1	683
2,0	397	0,3	60	0,4	79	0,9	179	3,6	714
0,9	385	0,1	43	0,1	43	0,4	171	1,5	641
168,0	569	23,9	81	18,3	62	51,1	173	261,3	885

und verfügbares Einkommen

Beiträge zur Arbeitslosenvers.		Sonstige Sozialbeiträge		Sonstige geleistete lfd. Übertragungen		Geleistete lfd. Übertragungen		Verfügbares Einkommen		Netto-rela-tion
insgesamt	je Familie bzw. Haush./Monat	insgesamt	je Familie bzw. Haush./Monat	insgesamt	je Familie bzw. Haush./Monat	insgesamt	je Familie bzw. Haush./Monat	insgesamt	je Familie bzw. Haush./M.	
in Mrd. DM	in DM	in Mrd. DM	in DM	in Mrd. DM	in DM	in Mrd. DM	in DM	in Mrd.DM	in DM	in vH
12,8	78	11,5	70	29,7	180	289,8	1 762	612,4	3 724	80,7
2,7	30	2,4	27	7,5	82	65,0	712	193,5	2 119	114,0
1,6	96	1,4	84	3,1	186	36,6	2 194	79,9	4 790	76,3
0,7	75	0,5	53	1,3	139	13,8	1 474	34,6	3 697	85,4
0,5	83	0,5	83	1,0	167	12,3	2 050	28,0	4 667	77,4
0,4	79	0,3	60	0,8	159	8,3	1 647	18,2	3 611	79,5
0,2	85	0,2	85	0,4	171	4,0	1 709	6,9	2 949	73,4
18,9	64	16,8	57	43,8	148	429,8	1 456	973,5	3 298	85,2

von Nichtgeradlinigverwandten-Haushalten. Die Zahl der Ehepaare mit Kindern über 18 Jahren und von Haushalten mit drei Generationen hat dagegen im genannten Zeitabschnitt nur geringfügig zugenommen.

Die Bruttoerwerbs- und -vermögenseinkommen je Haushalt und Monat betrugen in Einpersonenhaushalten - hier sind Rentner stark vertreten - lediglich 1 860 DM; überdurchschnittlich waren die Bruttoeinkommen jedoch mit rund 6 300 DM bei Ehepaaren mit Kindern über 18 Jahren und mit 6 000 DM bei Drei-Generationen-Haushalten.

Die Nettorelation überschritt erwartungsgemäß in Einpersonenhaushalten die 100 vH-Grenze. Bei Elternteilen mit Kindern über 18 Jahren war sie höher als im gesamten Familiendurchschnitt, bei allen anderen übrigen Haushalten jedoch erheblich niedriger.

Eine Gegenüberstellung der empfangenen und geleisteten Übertragungen der übrigen Haushalte in sozialer Gruppierung (vgl. Übersicht 7.12) ergibt in ihren Umverteilungswirkungen ein den Familien ähnliches Bild. Bei einem insgesamt negativen Transfersaldo von knapp 22 Mrd. DM erhalten Rentner und Versorgungsempfänger rund 90 Mrd. DM mehr als sie an geleisteten Übertragungen abführen. Dabei ist in den fünf Gruppen der Erwerbspersonen der durchschnittliche Transfersaldo stets negativ und weist mit 52 Mrd. DM bei den Angestellten-Haushalten den absolut höchsten Betrag aus.

Empfangene und geleistete laufende Übertragungen der übrigen privaten Haushalte[1] 1981

in Mill. DM

Soziale Stellung des Haushalts-vorstands	Empfangene laufende Übertragungen					Geleistete laufende Übertragungen							
	Renten und Pensionen	Geldleist. d.Bundes-anst. für Arbeit u. Sozialhilfe	Gesetz-liches Kinder-geld	Sonstige laufende Übertra-gungen	Summe d. empfang. Übertra-gungen	Direkte Steuern	Beiträge zur Renten-	Kranken-versicherung	Arbeits-losen-	Sonstige Sozial-beiträge	Sonstige laufende Übertra-gungen	Summe d. geleist. Übertra-gungen	Transfer-saldo
Selbständige in der Land- und Forstwirtschaft	30	60	150	60	300	210	180	170	30	110	110	810	-510
Selbständige in den sonst. Wirtschaftsbereichen	270	60	340	260	930	13 070	2 245	1 650	190	540	2 395	20 090	-19 160
Angestellte	1 600	1 950	635	3 720	7 905	21 840	17 865	9 965	2 800	1 860	5 280	59 610	-51 705
Beamte 2)	250	60	30	550	890	3 240	600	620	120	160	865	5 605	-4 715
Arbeiter	1 705	2 540	705	4 620	9 570	12 545	15 290	8 945	2 420	2 080	4 325	45 605	-36 035
Rentner 3)	66 685	3 420	840	9 790	80 735	350	2 100	1 450	460	530	950	5 840	+74 895
Versorgungsempfänger des öffentlichen Dienstes	15 805	200	150	1 220	17 375	1 540	280	250	60	60	210	2 400	+14 975
Insgesamt	86 345	8 290	2 850	20 220	117 705	52 795	38 560	23 050	6 080	5 340	14 135	139 960	-22 255

1) Haushalte insgesamt, abzüglich der Familien. - 2) Einschließlich Richter, ohne Versorgungsempfänger. - 3) Einschließlich sonstiger Personen, die überwiegend von laufenden Übertragungen oder Vermögenseinkommen leben.

Quelle: Berechnungen des DIW unter Verwendung amtlicher Statistiken.

7.6 Die Einkommenslage der Familien 1981

7.6.1 Bruttoerwerbs- und -vermögenseinkommen

Die Familien in ihrer Gesamtheit haben 1981 Bruttoeinkommen aus Erwerbstätigkeit und Vermögen in Höhe von 759 Mrd. DM erzielt (vgl. Übersicht 7.13). Diese Summe umfaßt alle 'primären' Einkommen, d. h. sowohl Löhne, Gehälter, Sozialbeiträge der Arbeitgeber als auch Gewinne, Zinsen und ähnliche Vermögenseinkünfte.

Mit 729 Mrd. DM entfielen 96 vH des Erwerbs- und Vermögenseinkommens auf Familien von Selbständigen oder Arbeitnehmern. Für Familien von Rentnern und Beamtenpensionären sind Einkommen dieser Art untypisch: Falls es hier Erwerbseinkommen gibt, werden sie ganz über wiegend von erwerbstätigen Personen erzielt, die als weitere Einkommensbezieher in diesen Familien leben. Vermögenseinkommen sind zwar in Familien von Rentnern oder Versorgungsempfängern nicht selten - auch in beträchtlicher Höhe - anzutreffen, doch haben sie in der Regel nicht das Gewicht wie das Primäreinkommen eines im Erwerbsleben stehenden Familienvorstands.

Dieser Sachverhalt ist beim Vergleich von Einkommensmittelwerten (Übersicht 7.15) zu beachten. Insbesondere der vergleichsweise niedrige Medianwert für von Ehepaare ohne Kind - für 1981 wurden 2 313 DM je Familie und Monat berechnet - wird ganz wesentlich durch den niedrigen Zentralwert bei den Familien von Rentnern und Versorgungsempfängern des öffentlichen Dienstes beeinflußt. Klammert man diese Familien aus, so ergibt sich für Ehepaare ohne Kind, die im Erwerbsleben stehen, ein Medianwert der Einkommensschichtung von monatlich 4 440 DM, fast dop-

Übersicht 7.13   Bruttoerwerbs- und -vermögenseinkommen der Familien 1981
nach Einkommensarten und nach sozialen Gruppen

in Mrd. DM

Einkommensart	Familien von							Ins-gesamt
	Selbständigen		Ange-stellten	Beamten 1)	Arbeitern	Rentnern 2)	Versorgungs-empfängern des öffentl. Dienstes	
	in der Land- und Forst-wirtschaft	in den sonst. Wirtsch.-bereichen						
Bruttolöhne	1,2	3,7	7,8	1,7	176,0	4,8	0,7	195,9
Bruttogehälter 3)	1,3	4,1	191,0	51,0	19,1	6,1	0,8	273,4
Sozialbeiträge der Arbeitgeber 4)	0,4	1,2	35,4	1,1	36,6	1,7	0,2	76,6
Einkommens aus Unternehmertätigkeit 5)	12,5	120,1	5,1	1,4	3,5	2,0	0,2	144,8
Erwerbseinkommen	15,4	129,1	239,3	55,2	235,2	14,6	1,9	690,7
Vermögenseinkommen	2,6	19,2	14,8	4,2	13,6	11,2	2,3	67,9
Insgesamt	18,0	148,3	254,1	59,4	248,8	25,8	4,2	758,6

1) Einschließlich Richter, ohne Versorgungsempfänger. – 2) Einschließlich sonstiger Personen, die überwiegend von laufenden Übertragungen oder Vermögenseinkommen leben. – 3) Einschließlich Beamtenbezüge. – 4) Ohne unterstellte Sozialbeiträge. – 5) Einschließlich Einkommen aus Wohnungsvermietung, ohne nichtentnommene Gewinne der Unternehmen ohne eigene Rechtspersönlichkeit.

Quelle: Berechnungen des DIW unter Verwendung amtlicher Statistiken.

Übersicht 7.14

Bruttoerwerbs- und -vermögenseinkommen*) der Familien 1981

in Mill. DM

Familientyp	Selbständigen in der Land- und Forstwirtschaft	in den sonst. Wirtsch.-bereichen	Ange-stellten	Beamten 1)	Arbeitern	Rentnern 2)	Versorgungs-empfängern des öffentl. Dienstes	Ins-gesamt
Familien mit einem Einkommensbezieher								
Ehepaare mit								
einem Kind 3)	3 810	18 480	25 835	6 685	24 960	400	120	80 290
zwei Kindern 3)	2 895	11 390	16 055	2 750	8 050	95	30	41 265
drei Kindern 3)	1 615	5 485	3 345	1 125	1 500	20	0	13 090
vier oder mehr Kindern 3)	740	2 410	2 050	590	1 055	0	0	6 845
Ehepaare mit Kindern 3)	9 060	37 765	47 285	11 150	35 565	515	150	141 490
Ehepaare ohne Kind	2 230	31 560	41 305	8 650	28 570	3 415	745	116 475
Ehepaare	11 290	69 325	88 590	19 800	64 135	3 930	895	257 965
Alleinerziehende mit								
einem Kind 3)	135	1 430	4 485	545	2 815	780	140	10 330
mehreren Kindern 3)	150	1 005	1 695	0	965	45	30	3 890
Alleinerziehende	285	2 435	6 180	545	3 780	825	170	14 220
Familien mit Kindern 3)	9 345	40 200	53 465	11 695	39 345	1 340	320	155 710
Insgesamt	11 575	71 760	94 770	20 345	67 915	4 755	1 065	272 185
Familien mit mehreren Einkommensbeziehern								
Ehepaare mit								
einem Kind 3)	370	19 640	47 750	14 625	69 905	2 270	460	144 020
zwei Kindern 3)	2 145	20 770	55 690	11 995	54 920	1 470	410	147 400
drei Kindern 3)	1 825	9 430	13 910	4 960	12 880	760	115	43 880
vier oder mehr Kindern 3)	1 430	4 420	5 495	1 705	4 835	200	0	18 085
Ehepaare mit Kindern 3)	5 770	54 260	122 845	33 285	142 540	4 700	985	364 385
Ehepaare ohne Kind	345	20 600	31 280	5 005	33 900	15 310	2 035	108 475
Ehepaare	6 115	74 860	154 125	38 290	176 440	20 010	3 020	472 860
Alleinerziehende mit								
einem Kind 3)	0	505	1 575	250	1 465	550	75	4 420
mehreren Kindern 3)	260	1 135	3 625	545	2 975	505	90	9 135
Alleinerziehende	260	1 640	5 200	795	4 440	1 055	165	13 555
Familien mit Kindern 3)	6 030	55 900	128 045	34 080	146 980	5 755	1 150	377 940
Insgesamt	6 375	76 500	159 325	39 085	180 880	21 065	3 185	486 415
Insgesamt								
Ehepaare mit								
einem Kind 3)	4 180	38 120	73 585	21 310	94 865	2 670	580	235 310
zwei Kindern 3)	5 040	32 160	71 745	14 745	62 970	1 565	440	188 665
drei Kindern 3)	3 440	14 915	17 255	6 085	14 380	780	115	56 970
vier oder mehr Kindern 3)	2 170	6 830	7 545	2 295	5 890	200	0	24 930
Ehepaare mit Kindern 3)	14 830	92 025	170 130	44 435	178 105	5 215	1 135	505 875
Ehepaare ohne Kind	2 575	52 160	72 585	13 655	62 470	18 725	2 780	224 950
Ehepaare	17 405	144 185	242 715	58 090	240 575	23 940	3 915	730 825
Alleinerziehende mit								
einem Kind 3)	135	1 935	6 060	795	4 280	1 330	215	14 750
mehreren Kindern 3)	410	2 140	5 320	545	3 940	550	120	13 025
Alleinerziehende	545	4 075	11 380	1 340	8 220	1 880	335	27 775
Familien mit Kindern 3)	15 375	96 100	181 510	45 775	186 325	7 095	1 470	533 650
Insgesamt	17 950	148 260	254 095	59 430	248 795	25 820	4 250	758 600

*) Ohne unterstellte Sozialbeiträge und ohne nichtentnommene Gewinne der Unternehmen ohne eigene Rechtspersönlichkeit.
1) Einschließlich Richter, ohne Versorgungsempfänger. - 2) Einschließlich sonstiger Personen, die überwiegend von laufenden Übertragungen oder Vermögenseinkommen leben. - 3) Kinder unter 18 Jahren.

Quelle: Berechnungen des DIW unter Verwendung amtlicher Statistiken.

Übersicht 7.15

Medianwerte der Einkommensschichtung der Familien 1981
nach der Höhe des Bruttoerwerbs- und -vermögenseinkommens*)
in DM je Familie und Monat

| Familientyp | Selbständigen | | Familien von | | | | | Ins-gesamt |
	in der Land- und Forstwirtschaft	in den sonst. Wirtsch.-bereichen	Ange-stellten	Beamten 1)	Arbeitern	Rentnern 2)	Versorgungs-empfängern des öffentl. Dienstes	
Ehepaare mit								
einem Kind 3)	3 347	8 333	5 409	4 789	4 301	844	1 104	4 601
zwei Kindern 3)	3 958	8 875	6 023	5 638	5 053	1 214	1 531	5 530
drei Kindern 3)	4 500	9 091	6 484	5 929	5 422	1 446	1 875	5 951
vier oder mehr Kindern 3)	5 750	9 167	6 400	5 857	5 321	1 667	x	6 197
Ehepaare mit Kindern 3)	3 842	8 729	5 799	5 260	4 669	1 007	1 319	5 099
Ehepaare ohne Kind	3 250	7 875	4 718	3 827	3 667	747	824	2 313
Ehepaare	3 730	8 430	5 438	4 851	4 372	779	907	4 080
Alleinerziehende mit								
einem Kind 3)	2 188	7 400	3 250	3 250	2 740	653	790	1 784
mehreren Kindern 3)	3 000	8 000	3 802	4 333	3 240	1 069	1 125	3 392
Alleinerziehende	2 562	7 727	3 516	3 750	2 978	699	870	2 476
Familien mit Kindern 3)	3 792	8 623	5 557	5 135	4 509	857	1 112	4 795
Insgesamt	3 697	8 377	5 282	4 782	4 264	771	903	3 930

*) Ohne unterstellte Sozialbeiträge und ohne nichtentnommene Gewinne der Unternehmen ohne eigene Rechtspersönlichkeit. 1) Einschließlich Richter, ohne Versorgungsempfänger. – 2) Einschließlich sonstiger Personen, die überwiegend von laufenden Übertragungen oder Vermögenseinkommen leben. – 3) Kinder unter 18 Jahren.

Quelle: Berechnungen des DIW unter Verwendung amtlicher Statistiken.

pelt so viel wie der oben genannte Wert. Für Ehepaare mit Kindern hat die entsprechende 'Bereinigung' einen erheblich schwächeren Effekt, da die Zahl der Familien von Rentnern und Versorgungsempfängern, in denen Kinder unter 18 Jahre leben, von vergleichsweise geringer Bedeutung ist.

Es wurde darauf verzichtet, in der Übersicht 7.15 neben dem Medianwert der Einkommensschichtung auch den arithmetischen Mittelwert - das sehr einfach zu berechnende "Durchschnittseinkommen" - anzugeben. Denn arithmetische Mittelwerte stellen die Einkommenslage stets günstiger dar, als sie für die Mehrheit einer sozialen Gruppe oder eines Familientyps tatsächlich ist. Dies liegt in der linkssteilen Form von Einkommensschichtungen begründet. Das DIW hat diesen Sachverhalt schon häufig beschrieben und dabei auch vor der Fehlinterpretation solcher Durchschnittseinkommenswerte gewarnt.

7.6.1.1 Einkommensschichtung nach sozialen Gruppen

Mittelwerte beschreiben die Einkommenssituation nur punktuell. Wesentlich informativer ist die Anordnung der Familien nach der Einkommenshöhe (Einkommensschichtung). In Übersicht 7.16 wurden die Familien außerdem nach der sozialen Stellung des Familienvorstands gegliedert. Noch einmal sei darauf hingewiesen, daß bei den Arbeitnehmereinkommen die Arbeitgeberbeiträge einbezogen sind, die aber in der Regel bei den individuellen Lohn- und Gehaltsabrechnungen nicht in Erscheinung treten.

Naturgemäß dominieren im unteren Einkommensbereich die Familien von Rentnern und Versorgungsempfängern; wie erwähnt haben diese Familien in der Regel allenfalls geringfügige Einkommen aus Erwerbstätigkeit oder aus Vermögen. Der mittlere Einkommensbereich ist typisch für

242

Übersicht 7.16 Einkommensschichtung der Familien 1981 nach der Höhe des Bruttoerwerbs- und -vermögenseinkommens*) und nach sozialen Gruppen

Zahl der Familien in 1 000

Monatliches Familieneinkommen von... bis unter... DM	Familien von							Insgesamt
	Selbständigen in der Land- und Forstwirtschaft	Selbständigen in d. sonst. Wirtschaftsbereichen	Angestellten	Beamten[1]	Arbeitern	Rentnern[2]	Versorgungsempfängern des öffentl. Dienstes	
unter 1 000					9	1 944	216	2 169
1 000 ... 1 250			3	2	21	376	53	455
1 250 ... 1 500			10	5	45	274	40	375
1 500 ... 1 750			22	10	73	172	31	308
1 750 ... 2 000	4		35	16	103	103	23	281
2 000 ... 2 250	14		51	19	135	59	14	293
2 250 ... 2 500	20		69	25	172	30	8	324
2 500 ... 2 750	28		87	33	212	16	4	380
2 750 ... 3 000	29	1	105	40	243	10	1	429
3 000 ... 3 250	29	2	129	44	263	6		473
3 250 ... 3 500	28	6	153	52	265	4		509
3 500 ... 3 750	26	9	173	52	244	1		505
3 750 ... 4 000	25	16	181	51	214			487
4 000 ... 5 000	44	83	650	158	714			1 649
5 000 ... 6 000	32	103	547	129	554			1 365
6 000 ... 7 000	28	118	443	97	393			1 079
7 000 ... 8 000	17	124	339	77	272			829
8 000 ... 9 000	9	114	257	56	179			615
9 000 ... 10 000	8	100	176	38	115			437
10 000 oder mehr	4	334	215	41	149			743
Insgesamt	345	1 010	3 645	945	4 375	2 995	390	13 705

*) Ohne unterstellte Sozialbeiträge und ohne nichtentnommene Gewinne der Unternehmen ohne eigene Rechtspersönlichkeit.
1) Einschließlich Richter, ohne Versorgungsempfänger. - 2) Einschließlich sonstiger Personen, die überwiegend von laufenden Übertragungen oder Vermögenseinkommen leben.

Quelle: Berechnungen des DIW unter Verwendung amtlicher Statistiken.

Familien von Arbeitnehmern; hier war 1981 die Einkommensspanne von 3 000 bis unter 4 000 DM je Familie und Monat am stärksten besetzt. Die Hälfte der Angestellten-Familien hatte dabei ein Bruttoeinkommen von mindestens 5 300 DM, die Hälfte der Beamten-Familien von mindestens 4 800 DM, die Hälfte der Arbeiter-Familien von mindestens 4 300 DM im Monat. Von allen Arbeitnehmer-Familien haben die der Angestellten eine relativ große, die der Arbeiter eine vergleichsweise geringe Einkommens-differenzierung. Der Einkommensabstand zwischen den Familien von An-gestellten und Beamten kommt vor allem dadurch zustande, daß im Einkommen der Angestellten Sozialbeiträge (Arbeitgeber- und Arbeit-nehmerbeiträge) enthalten sind, Beamte aber keine Sozialbeiträge zah-len[76].

Die Familien von Selbständigen in der Land- und Forstwirtschaft waren 1981 im Einkommensbereich um 3 000 DM im Monat am häufigsten vertreten; die Hälfte von ihnen hatte ein Bruttoeinkommen von mehr als 3 700 DM. Zur Statistik der Einkommenslage in der Landwirtschaft ist allerdings anzumerken, daß diese dürftiger ist als für andere soziale Gruppen: Der Agrarbericht, der vornehmlich auf die landwirtschaftliche Erzeugung ausgerichtet ist, reicht für Zwecke einer detaillierten Ein-kommensstatistik nicht aus, und bei Einkommensbefragungen werden die Haushalte und Familien von Landwirten oft ausgenommen. Unlängst hat sich das Statistische Bundesamt skeptisch über die Güte amtlicher Daten zur Einkommenslage in der Landwirtschaft geäußert[77].

Auch beim Haushaltseinkommen der Selbständigen in den übrigen Wirtschaftsbereichen - das sich in der Höhe deutlich vom Einkommen der anderen sozialen Gruppen abhebt - bestehen statistische Unschärfen. Das Ausgangsdatum der Berechnungen wird in der volkswirtschaftlichen Gesamtrechnung als Restgröße ermittelt und ist in seiner Höhe von Bewertungsansätzen bei den Abschreibungen und den Vorratsveränderungen abhängig.

In der Schichtung der Selbständigen-Familien in den sonstigen Wirtschaftsbereichen nach ihrem Bruttoeinkommen war 1981 die Einkommensklasse von 7 000 bis unter 8 000 DM am stärksten besetzt. Die Hälfte der Familien hatte ein Einkommen, das 8 400 DM im Monat überstieg; mehr als ein Drittel der Familien lag mit den Bruttoeinkünften über 10 000 DM. Andererseits entfielen auf ein Zehntel der Selbständigen-Familien Einkommen unter 5 000 DM brutto im Monat. Wieder einmal zeigt sich die große Streuung der Einkommenshöhe bei den Selbständigen: In dieser sozialen Gruppe werden neben den Familien von gewerblichen Unternehmern und Angehörigen freier Berufe mit Spitzeneinkünften auch solche von Selbständigen im Handel, Handwerk, Verkehr und Dienstleistungsbereichen zusammengefaßt, die mitunter das Einkommen gut verdienender Arbeitnehmer-Familien nicht erreichen.

7.6.1.2   Einkommensschichtung nach Familientypen

In der Gliederung nach Familientypen (Übersicht 7.17) - als Gesamtüberblick über alle sozialen Gruppen - ist zu erkennen, daß mit steigender Kinderzahl im Durchschnitt auch das Familieneinkommen zunimmt: Bei Ehepaaren verschiebt sich der Median, der für die Hälfte aller Familien des jeweiligen Typs die obere Grenze für das monatliche Bruttoeinkommen bildet, im Jahr 1981 von 4 600 DM (ein Kind) auf etwa 6 200 DM (vier oder mehr Kinder), bei unvollständigen Familien von 1 800 DM (ein Kind) auf nahezu 3 400 DM (mehrere Kinder).

Monatliches Familieneinkommen von ... bis unter ... DM	Ehepaare mit				Ehepaare ohne Kind	Alleinerziehende mit		Insgesamt
	einem	zwei	drei Kind(ern)[1)]	vier oder mehr		einem	mehreren Kind(ern)[1)]	
unter 1 000	180	49	12	1	1 696	207	24	2 169
1 000 ... 1 250	46	17	5	1	341	33	12	455
1 250 ... 1 500	46	21	7	1	265	25	10	375
1 500 ... 1 750	51	24	7	3	192	22	9	308
1 750 ... 2 000	61	23	9	2	157	22	7	281
2 000 ... 2 250	78	29	6	1	145	25	9	293
2 250 ... 2 500	102	36	5	1	144	25	11	324
2 500 ... 2 750	126	48	8	1	154	29	14	380
2 750 ... 3 000	146	62	11	3	161	28	18	429
3 000 ... 3 250	162	78	15	4	167	26	21	473
3 250 ... 3 500	172	94	21	8	169	23	22	509
3 500 ... 3 750	173	99	23	11	158	20	21	505
3 750 ... 4 000	164	103	27	13	143	16	21	487
4 000 ... 5 000	571	381	99	42	487	31	38	1 649
5 000 ... 6 000	464	346	92	43	383	17	20	1 365
6 000 ... 7 000	354	293	84	38	283	13	14	1 079
7 000 ... 8 000	266	238	73	34	199	8	11	829
8 000 ... 9 000	190	189	59	26	140	5	6	615
9 000 ... 10 000	129	139	47	20	95	3	4	437
10 000 oder mehr	219	226	75	32	186	2	3	743
Insgesamt	3 700	2 495	605	285	5 665	580	295	13 705

[*)] Ohne unterstellte Sozialbeiträge und ohne nichtentnommene Gewinne der Unternehmen ohne eigene Rechtspersönlichkeit.
1) Kinder unter 18 Jahren.

Quelle: Berechnungen des DIW unter Verwendung amtlicher Statistiken.

Wiederum sei vor einer Fehlinterpretation gewarnt. Kinderreichtum hat keineswegs ein hohes Einkommen zur Folge, wie gelegentlich aus Statistiken herausgelesen wird. Richtig ist eher der Umkehrschluß: Familien sind mit steigendem Einkommen zunehmend in der Lage und auch willens, mehrere Kinder aufzuziehen. Daß dabei neben anderen objektiven Gründen, wie das Alter der Eltern, das in Zusammenhang mit der beruflichen Karriere und der relativen Position auf der Lebenseinkommenskurve gesehen werden muß, auch weitere subjektive Gesichtspunkte eine Rolle spielen, liegt auf der Hand.

246

Das Einkommensniveau von Ehepaaren ohne Kind erscheint vergleichsweise ungünstig; für diesen Familientyp wurde für das monatliche Bruttoeinkommen ein Medianwert von reichlich 2 300 DM berechnet. Wie schon oben erwähnt, ist diese Gruppe aber sehr heterogen zusammengesetzt; enthalten sind einmal jung verheiratete Ehepaare, die am Anfang ihrer Erwerbsphase stehen, und Familien, die wegen ihres geringen Einkommens auf Kinder verzichtet haben. Von dominierender Bedeutung ist jedoch, daß 1981 fast die Hälfte aller Ehepaare ohne Kind Familien von Rentnern und Beamtenpensionären waren, die in der Regel überhaupt keine oder allenfalls geringe Erwerbseinkünfte erzielen. Dieser Sachverhalt ist auch für die Einkommenslage unvollständiger Familien von Bedeutung: Hier machten 1981 die Familien von Rentnern und Beamtenpensionären mehr als ein Drittel, bei Ehepaaren mit Kindern unter 18 Jahren hingegen nicht einmal ein Zehntel aus.

An dieser Stelle zeigt sich erneut, daß es zu unbefriedigenden Ergebnissen führt, die Einkommensschichtung der Familien isoliert nach der Familiengröße zu interpretieren. Vor allem der Einfluß, der von der sozialen Stellung des Familienvorstands auf die Einkommenshöhe ausgeht, tritt in einer nur nach Familientypen - insbesondere nach der Kinderzahl - gegliederten Einkommensschichtung nicht deutlich hervor.

Schließlich bleibt in einer lediglich nach Familientypen differenzierenden Einkommensschichtung der überaus bedeutsame Effekt der Einkommenskumulation durch mehrere Einkommensbezieher verborgen: Je größer eine Familie ist - so weisen es die vorliegenden Ergebnisse aus -, um so eher gibt es neben dem Familienvorstand weitere Einkommensbezieher, die zur materiellen Versorgung beisteuern.

7.6.2 Empfangene Einkommensübertragungen der Familien

Die Familien haben im Jahr 1981 Einkommensübertragungen von 143,6 Mrd. DM erhalten (Übersicht 7.18). Dies waren überwiegend Übertragungen vom Staat (einschließlich der Parafisci) wie Renten, öffentliche Pensionen und sonstige Leistungen der sozialen Sicherung; in der genannten Summe sind aber in geringerem Umfang auch Betriebspensionen, Leistungen der Versorgungswerke für Angehörige freier Berufe und ähnliche Übertragungen aus dem Unternehmensbereich enthalten.

Der größte Teil der Einkommensübertragungen ist im Rahmen der horizontalen Umverteilung von den Erwerbstätigen an Familien von Rentnern und Versorgungsempfängern geflossen. Mehr als ein Drittel aller Transfers indes erhielten 1981 Familien von Erwerbspersonen in Form von Kindergeld, Arbeitslosenunterstützung, Sozialhilfe, Wohngeld, Rentenzahlungen und sonstigen sozialen Leistungen. Für Arbeiter-Familien mit Brutto-Erwerbseinkünften von weniger als 2 000 DM im Monat besserten die empfangenen Transfers dieses niedrige Primäreinkommen um mehr als ein Drittel auf.

Im Durchschnitt betrug das Verhältnis der empfangenen Transfers zum Bruttoerwerbs- und -vermögenseinkommen bei

- Familien von Selbständigen   2 vH,
- Familien von Beamten   6 vH,
- Familien von Landwirten   8 vH,
- Familien von Angestellten   8 vH,
- Familien von Arbeitern   11 vH,
- Familien von Rentnern   285 vH,
- Familien von Versorgungsempfängern   346 vH.

Übersicht 7.18

Empfangene laufende Übertragungen der Familien 1981
in Mill. DM

Familientyp	Selbständigen in der Land- und Forstwirtschaft	Selbständigen in d. sonst. Wirtschaftsbereichen	Angestellten	Beamten[1]	Arbeitern	Rentnern[2]	Versorgungsempfängern des öffentl. Dienstes	Insgesamt
Familien mit einem Einkommensbezieher								
Ehepaare mit								
einem Kind 3)	157	145	1 544	229	2 366	2 867	758	8 065
zwei Kindern 3)	212	201	1 356	162	1 024	702	209	3 866
drei Kindern 3)	222	201	441	131	295	173	0	1 462
vier oder mehr Kindern 3)	142	133	379	98	278	0	0	1 030
Ehepaare mit Kindern 3)	733	680	3 720	621	3 962	3 742	968	14 424
Ehepaare ohne Kind	55	92	1 830	193	2 195	22 509	4 422	31 295
Ehepaare	787	772	5 550	814	6 156	26 251	5 389	45 719
Alleinerziehende mit								
einem Kind 3)	13	20	532	36	543	3 840	746	5 731
mehreren Kindern 3)	21	32	284	0	254	272	189	1 051
Alleinerziehende	34	52	816	36	797	4 112	935	6 782
Familien mit Kindern 3)	766	732	4 536	657	4 759	7 854	1 903	21 206
Insgesamt	821	824	6 366	849	6 953	30 363	6 325	52 501
Familien mit mehreren Einkommensbeziehern								
Ehepaare mit								
einem Kind 3)	17	324	3 080	765	7 097	4 749	1 174	17 206
zwei Kindern 3)	130	529	4 769	832	6 501	2 837	972	16 571
drei Kindern 3)	172	431	1 799	537	2 178	1 594	261	6 972
vier oder mehr Kindern 3)	198	301	977	275	1 123	452	0	3 326
Ehepaare mit Kindern 3)	517	1 585	10 625	2 409	16 899	9 632	2 407	44 074
Ehepaare ohne Kind	12	215	1 769	212	3 215	31 443	5 539	42 405
Ehepaare	529	1 800	12 394	2 621	20 114	41 075	7 947	86 480
Alleinerziehende mit								
einem Kind 3)	0	18	212	26	301	900	203	1 660
mehreren Kindern 3)	41	59	654	76	754	1 133	237	2 954
Alleinerziehende	41	77	866	101	1 054	2 034	440	4 614
Familien mit Kindern 3)	558	1 663	11 491	2 511	17 953	11 666	2 847	48 688
Insgesamt	570	1 878	13 261	2 723	21 168	43 108	8 387	91 094
Insgesamt								
Ehepaare mit								
einem Kind 3)	174	469	4 624	994	9 463	7 616	1 932	25 271
zwei Kindern 3)	342	729	6 125	995	7 525	3 539	1 182	20 437
drei Kindern 3)	394	632	2 240	669	2 472	1 767	261	8 434
vier oder mehr Kindern 3)	340	434	1 356	373	1 401	452	0	4 356
Ehepaare mit Kindern 3)	1 249	2 265	14 344	3 030	20 860	13 374	3 375	58 498
Ehepaare ohne Kind	67	307	3 600	404	5 410	53 951	9 961	73 701
Ehepaare	1 316	2 572	17 944	3 435	26 270	67 325	13 336	132 199
Alleinerziehende mit								
einem Kind 3)	13	38	744	61	844	4 741	949	7 390
mehreren Kindern 3)	62	91	938	76	1 007	1 405	426	4 005
Alleinerziehende	75	130	1 682	137	1 851	6 146	1 375	11 396
Familien mit Kindern 3)	1 324	2 395	16 027	3 167	22 712	19 520	4 750	69 894
Insgesamt	1 391	2 702	19 626	3 572	28 122	73 471	14 711	143 595

1) Einschließlich Richter, ohne Versorgungsempfänger. - 2) Einschließlich sonstiger Personen, die überwiegend von laufenden Übertragungen oder Vermögenseinkommen leben . - 3) Kinder unter 18 Jahren.

Quelle: Berechnungen des DIW unter Verwendung amtlicher Statistiken.

Diese Bezugszahlen sind freilich für die Familien von Rentnern und Beamtenpensionären weniger aussagekräftig als für die Familien der anderen sozialen Gruppen, für die Einkünfte aus Erwerbstätigkeit die familiale Haupteinkommensart sind. In der Gliederung nach Familientypen sind die Relationen gleichmäßiger; sie betrugen hier für

- Ehepaare mit Kindern unter 18 Jahren   12 vH,

- Ehepaare ohne Kind   33 vH,

- Alleinerziehende   41 vH.

Über die Hälfte der Übertragungen ist 1981 an Familien geflossen, deren primäres Einkommen monatlich weniger als 1 500 DM betrug; das waren fast ausschließlich Familien von Rentnern und Versorgungsempfängern des öffentlichen Dienstes. Insgesamt haben Rentner- und Pensionärs-Familien im Berichtsjahr mit 88 Mrd. DM nahezu zwei Drittel, Arbeitnehmer-Familien mit 51 Mrd. DM etwa ein Drittel aller familialen Einkommensübertragungen erhalten. An Familien von Selbständigen ist mit 4 Mrd. DM nur ein vergleichsweise geringer Teil der gesamten Transfersumme geflossen.

Nicht unerheblich aufgestockt wurde das Primäreinkommen kinderreicher Ehepaare und alleinerziehender Elternteile mit mehreren Kindern im Jahre 1981 durch die Kindergeldzahlungen. Gegenüber 1973 hatte sich der Familienlastenausgleich erheblich verbessert: Die Kindergeldsätze betrugen (in DM je Monat)

	1973	1981
für Erstkinder	-	50
für Zweitkinder	25	120
für Dritt- und Viertkinder	je 60	je 240
für fünfte und weitere Kinder	je 70	je 240

250

Familien mit zwei Kindern erhielten bis 1974 nur dann Kindergeld, wenn ihr Jahreseinkommen eine Grenze nicht überschritt (1983 wurden erneut einkommensabhängige Kindergeldsätze eingeführt).

Bei Arbeiter-Familien mit nur einem Einkommensbezieher und vier oder mehr Kindern unter 18 Jahren belief sich das Kindergeld 1981 teilweise auf mehr als ein Viertel des Primäreinkommens. Insgesamt wurde fast die Hälfte der an Familien fließenden Kindergeldsumme[78] an kinderreiche Ehepaare und alleinerziehende Elternteile gezahlt, die zahlenmäßig nur knapp ein Viertel aller Familien mit Kindern ausmachten. Neben dem gesetzlichen Kindergeld gibt es kindbezogene Leistungen in mehreren anderen Transfers (z. B. als Familienzuschläge im öffentlichen Dienst oder als Kindergeldzuschläge in der Renten- und Unfallversicherung); nach Berechnungen im Rahmen des Sozialbudgets sind 1981 weitere 9 Mrd. DM als kindbezogene direkte Einkommensleistungen gezahlt worden (vgl. Übersicht 7.19).

Übersicht 7.19

Kindbezogene Leistungen 1981

in Mrd. DM

	Einkom- menslei- stungen	Sonstige Leistungen 1)	Ins- gesamt
Gesetzliches Kindergeld	18,5	0,7	19,2
Kindbezogene Leistungen			
im öffentlichen Dienst	3,9	0,1	4,0
in der Rentenversicherung 2)	2,9	0,5	3,4
in öffentlichen Pensionen	0,3	0,0	0,3
in der gesetzlichen Unfallversicherung	0,5	0,0	0,5
in Entschädigungsleistungen	0,3	0,0	0,3
in der Jugend- u. Sozialhilfe	0,3	5,1	5,4
in Arbeitgeberleistungen 3)	0,7	0,0	0,7
Direkte Leistungen	27,4	6,4	33,8
Indirekte Leistungen (Steuerermäßigungen)	1,0	-	1,0
Insgesamt	28,4	6,4	34,8

1) Barerstattungen, Waren und Dienstleistungen u. ä. im Modell nicht berücksichtigt. - 2) Rentenversicherung der Arbeiter und der Angestellten, knappschaftliche Rentenversicherung, Altershilfe für Landwirte, Zusatzversicherung im öffentlichen Dienst. - 3) Einschließlich Versorgungswerke.

Quellen: Johannes Brakel: Sozialbudget 1983. Fallende Tendenz. In: Bundesarbeitsblatt 4/1984; Berechnungen des DIW.

7.6.3   Geleistete Einkommensübertragungen der Familien

An direkten Steuern, Sozialbeiträgen (einschließlich der Arbeitgeberbeiträge[79]) und sonstigen laufenden Übertragungen wie Kirchensteuern,
Zinsen auf Konsumentenschulden, Heimatüberweisungen ausländischer Arbeitnehmer haben die Familien im Jahr 1981 insgesamt 289,8 Mrd. DM
gezahlt (Übersicht 7.20). Die geleisteten Transfers waren erheblich höher
als die empfangenen. Freilich wird hier nur ein Teil der von den Familien
empfangenen und geleisteten Strömen betrachtet. Doch bezöge man die
den Familien zugute kommenden Sachleistungen (hauptsächlich Leistungen
der gesetzlichen Krankenversicherung) auf der einen, die indirekten
Steuern auf der anderen Seite in die Berechnungen ein, fiele der Transfersaldo nicht viel anders aus.

Mehr als drei Viertel der geleisteten Übertragungen entfielen im
Berichtsjahr auf Familien von Angestellten und Arbeitern. Die übrigen
sozialen Gruppen zahlten vergleichsweise weniger an Abzügen, da sie
entweder von direkten Steuern oder von Sozialbeiträgen in schwächerem
Maße betroffen waren. Nach dem durchschnittlichen Verhältnis der geleisteten Transfers zum Bruttoerwerbs- und -vermögenseinkommen ergibt
sich für 1981 die folgende Rangordnung:

- Familien von Landwirten   19 vH,

- Familien von Rentnern   22 vH,

- Familien von Beamten   26 vH,

- Familien von Selbständigen   28 vH,

- Familien von Arbeitern   44 vH,

- Familien von Angestellten   44 vH,

- Familien von Versorgungsempfängern   55 vH.

Übersicht 7.20

Geleistete laufende Übertragungen*) der Familien 1981
in Mill. DM

Familientyp	Familien von							
	Selbständigen in der Land- und Forstwirtschaft	in d. sonst. Wirtschaftsbereichen	Angestellten	Beamten[1]	Arbeitern	Rentnern[2]	Versorgungsempfängern des öffentl. Dienstes	Insgesamt
Familien mit einem Einkommensbezieher								
Ehepaare mit								
einem Kind[3]	604	5 009	11 044	1 273	10 584	64	50	28 628
zwei Kindern[3]	429	2 910	6 655	510	3 325	12	9	13 850
drei Kindern[3]	226	1 337	1 356	192	612	2	0	3 725
vier oder mehr Kindern[3]	97	563	804	94	419	0	0	1 977
Ehepaare mit Kindern[3]	1 356	9 819	19 859	2 069	14 940	78	59	48 180
Ehepaare ohne Kind	375	9 054	18 100	1 704	12 408	653	370	42 664
Ehepaare	1 731	18 873	37 959	3 773	27 348	731	429	90 844
Alleinerziehende mit								
einem Kind[3]	20	339	1 834	70	1 143	113	54	3 573
mehreren Kindern[3]	20	223	676	0	382	5	11	1 317
Alleinerziehende	40	562	2 510	70	1 525	118	65	4 890
Familien mit Kindern[3]	1 396	10 381	22 369	2 139	16 465	196	124	53 070
Insgesamt	1 771	19 435	40 469	3 843	28 873	849	494	95 734
Familien mit mehreren Einkommensbeziehern								
Ehepaare mit								
einem Kind[3]	86	5 689	21 515	4 416	31 267	551	254	63 778
zwei Kindern[3]	532	5 863	24 932	3 690	24 385	365	197	59 964
drei Kindern[3]	460	2 616	6 212	1 522	5 677	191	52	16 730
vier oder mehr Kindern[3]	359	1 201	2 396	513	2 073	47	0	6 589
Ehepaare mit Kindern[3]	1 437	16 784	55 055	10 141	63 402	1 154	503	147 061
Ehepaare ohne Kind	79	6 212	14 164	1 507	15 337	3 548	1 233	42 080
Ehepaare	1 516	22 996	69 219	11 648	78 739	4 702	1 736	189 141
Alleinerziehende mit								
einem Kind[3]	0	137	661	62	598	126	43	1 627
mehreren Kindern[3]	54	308	1 485	140	1 192	116	48	3 343
Alleinerziehende	54	445	2 146	202	1 790	242	91	4 970
Familien mit Kindern[3]	1 491	17 229	57 201	10 343	65 192	1 396	594	152 031
Insgesamt	1 570	23 441	71 365	11 850	80 529	4 944	1 827	194 111
Insgesamt								
Ehepaare mit								
einem Kind[3]	690	10 698	32 559	5 689	41 851	615	304	92 406
zwei Kindern[3]	961	8 773	31 587	4 200	27 710	377	206	73 814
drei Kindern[3]	686	3 953	7 568	1 714	6 289	193	52	20 455
vier oder mehr Kindern[3]	456	1 764	3 200	607	2 492	47	0	8 566
Ehepaare mit Kindern[3]	2 793	25 188	74 914	12 210	78 342	1 232	562	195 241
Ehepaare ohne Kind	454	15 266	32 264	3 211	27 745	4 201	1 603	84 744
Ehepaare	3 247	40 454	107 178	15 421	106 087	5 433	2 165	279 985
Alleinerziehende mit								
einem Kind[3]	20	476	2 495	132	1 741	239	97	5 200
mehreren Kindern[3]	74	531	2 161	140	1 574	121	59	4 669
Alleinerziehende	94	1 007	4 656	272	3 315	360	156	9 860
Familien mit Kindern[3]	2 887	26 195	79 570	12 482	81 657	1 592	718	205 101
Insgesamt	3 341	41 461	111 834	15 693	109 402	5 793	2 321	289 845

*) Ohne unterstellte Sozialbeiträge.
1) Einschließlich Richter, ohne Versorgungsempfänger. - 2) Einschließlich sonstiger Personen, die überwiegend von laufenden Übertragungen oder Vermögenseinkommen leben . - 3) Kinder unter 18 Jahren.

Quelle: Berechnungen des DIW unter Verwendung amtlicher Statistiken.

Für Familien von Beamtenpensionären wird die Relation von geleisteten Transfers zum Bruttoeinkommen aussagekräftiger, wenn man die (lohnsteuerpflichtigen) Pensionen in den Nenner des Quotienten einbezieht; dann ergibt sich mit 24 vH ein Wert, der nicht wesentlich über der "Abgabenrelation" von Rentner-Familien liegt. In der Gliederung nach Familientypen ist das Verhältnis der geleisteten Transfers zum Erwerbs- und Vermögens einkommen - ebenso wie dies schon bei den empfangenen Transfers zu sehen war - weniger differenziert als in sozialer Gruppierung; es betrug 1981 im Durchschnitt für

- Alleinerziehende   36 vH,

- Ehepaare ohne Kind   38 vH,

- Ehepaare mit Kindern unter 18 Jahren   39 vH.

Direkte Steuern (Lohn- und Einkommensteuer, Vermögensteuer, Kraftfahrzeugsteuer u. ä.) machten 1981 reichlich ein Drittel der von den Familien geleisteten Übertragungen aus. Die Steuerquote nimmt mit steigendem Einkommen aufgrund der tariflichen Progression stark zu; sie betrug im Berichtsjahr bei einem monatlichen Bruttoeinkommen (einschließlich der zumeist nicht besteuerten Arbeitgeberbeiträge zur Sozialversicherung) unter 3 000 DM rund 5 vH, stieg bei einem Einkommen von 4 000 DM bis unter 5 000 DM auf ein Zehntel und erreichte bei einem Einkommen von 10 000 DM oder mehr knapp ein Viertel. Die einzelnen Gruppen werden durch direkte Steuern in recht unterschiedlichem Maße belastet (Übersicht 7.21). Selbständige reichen mit ihren vergleichsweise hohen Einkünften weit in die Progressionszone des Einkommensteuertarifs hinein; aus diesem Grunde haben Selbständigen-Familien - mit Ausnahme der Familien von Landwirten - im Durchschnitt die höchste Steuerquote aller sozialen Gruppen.

Übersicht 7.21

Verhältnis der geleisteten laufenden Übertragungen[1] der Familien 1981 zum

Bruttoerwerbs- und -vermögenseinkommen

in vH

Soziale Stellung des Familienvorstands	Direkte Steuern	Sozial- beiträge[1]	Sonstige laufende Übertragungen[2]	Insgesamt
Selbständige				
in der Land- und Forstwirtschaft	3,6	12,3	2,7	18,6
in den sonstigen Wirtschaftsbereichen	17,9	6,8	3,3	28,0
Angestellte	15,7	24,3	4,0	44,0
Beamte 3)	14,7	8,3	3,4	26,4
Arbeiter	12,3	27,4	4,3	44,0
Rentner 4)	1,4	16,9	4,1	22,4
Versorgungsempfänger des öffentlichen Dienstes	8,2 5)	14,4	1,1 5)	23,7 5)
Insgesamt	14,0 5)	20,0	3,8 5)	27,8 5)

1) Ohne unterstellte Sozialbeiträge. - 2) Kirchensteuern, Zinsen auf Konsumentenschulden, Heimatüberweisungen ausländischer Arbeitnehmer, Verwaltungsgebühren, Erstattungen von Sozialleistungen u. ä. - 3) Einschließlich Richter, ohne Versorgungsempfänger. - 4) Einschließlich sonstiger Personen, die überwiegend von laufenden Übertragungen oder Vermögenseinkommen leben. - 5) Abzüge bezogen auf Bruttoerwerbs- und -vermögenseinkommen zuzüglich öffentlicher Pensionen.

Quelle: Berechnungen des DIW unter Verwendung amtlicher Statistiken.

Bei gleich hohem Einkommen indes zahlen die Familien von Selbständigen deutlich weniger an Steuern als Arbeitnehmer. Landwirte werden durch eine spezielle Regelung des Einkommensteuerrechts[80] gegenüber anderen sozialen Gruppen erheblich begünstigt.

Vom Familieneinkommen der Rentner wird faktisch nur ein Bruchteil - das Einkommen erwerbstätiger Familienmitglieder - besteuert. Renten aus der Sozialversicherung bleiben in der Regel steuerfrei, weil nur der "Ertragsanteil" einer Rente[81] der Besteuerung unterliegt, dieser aber fast immer niedriger ist als der Steuerfreibetrag. Ruhegehälter an Beamtenpensionäre und ihre Hinterbliebenen dagegen sind - unter Berücksichtigung von Freibeträgen - lohnsteuerpflichtig.

Mehr als die Hälfte der im Berichtsjahr von den Familien geleisteten Übertragungen waren Sozialbeiträge. Sie konzentrierten sich auf die Familien von Arbeitern und Angestellten, bei denen die Beiträge zur Sozialversicherung etwa ein Viertel ihres Bruttoerwerbs- und -vermögenseinkommens ausmachten. Dabei werden neben den Arbeitnehmer- auch die Arbeitgeberbeiträge erfaßt; enthalten sind neben den Beiträgen zur Renten-, Kranken- und Arbeitslosenversicherung auch die Beiträge zur Unfallversicherung für Arbeitnehmer, die als Lohnnebenkosten in voller Höhe von den Arbeitgebern getragen werden.

Beamte zahlen für ihre Altersversorgung keine eigenen Beiträge; von der Versicherungspflicht in der gesetzlichen Kranken-, Arbeitslosen- und Unfallversicherung ist dieser Personenkreis ebenfalls befreit[82]. Landwirte sind pflichtversichert in den landwirtschaftlichen Alterskassen und in der gesetzlichen Unfallversicherung. Für Selbständige in den übrigen Wirtschaftsbereichen gibt es einige besondere gesetzliche Versicherungsformen: die Rentenversicherung der Handwerker im Rahmen der Arbeiterrenten-

Übersicht 7.22

Empfangene und geleistete laufende Übertragungen der Familien 1981

in Mill. DM

Soziale Stellung des Familienvorstands	Empfangene laufende Übertragungen					Geleistete laufende Übertragungen							
	Renten und Pensionen	Geldleist. d.Bundesanst. für Arbeit u. Sozialhilfe	Gesetzliches Kindergeld	Sonstige laufende Übertragungen	Summe d. empfang. Übertragungen	Direkte Steuern	Beiträge zur Renten-	Kranken-	Arbeitslosen-versicherung	Sonstige Sozialbeiträge	Sonstige laufende Übertragungen	Summe d. geleist. Übertragungen	Transfer-saldo
Selbständige in der Land- und Forstwirtschaft	220	80	780	310	1 390	640	990	680	130	410	490	3 340	-1 950
Selbständige in den sonst. Wirtschaftsbereichen	560	110	1 420	610	2 700	26 510	5 030	3 300	560	1 180	4 880	41 460	-38 760
Angestellte	3 280	4 270	5 145	6 930	19 625	39 780	33 830	18 640	5 450	3 900	10 240	111 840	-92 215
Beamte 1)	810	220	1 360	1 180	3 570	8 725	2 740	1 530	320	370	2 005	15 690	-12 120
Arbeiter	5 965	6 620	5 655	9 880	28 120	30 580	35 880	21 320	5 810	5 020	10 790	109 400	-81 280
Rentner 2)	57 715	4 110	940	10 710	73 475	370	1 800	1 550	490	530	1 050	5 790	+67 685
Versorgungsempfänger des öffentlichen Dienstes	13 105	200	150	1 260	14 715	1 500	270	230	60	50	210	2 320	+12 395
Insgesamt	81 655	15 610	15 450	30 880	143 595	108 105	80 540	47 250	12 820	11 460	29 665	289 840	-146 245

1) Einschließlich Richter, ohne Versorgungsempfänger. – 2) Einschließlich sonstiger Personen, die überwiegend von laufenden Übertragungen oder Vermögenseinkommen leben.

Quelle: Berechnungen des DIW unter Verwendung amtlicher Statistiken.

versicherung und die Versorgungseinrichtungen der freien Berufe (Ärzte, Steuerberater u. ä.). Ein nicht unterheblicher Teil der Selbständigen hat von der Möglichkeit Gebrauch gemacht, sich aufgrund des Rentenreformgesetzes von 1972 in der gesetzlichen Rentenversicherung zu versichern.

Ebenso wie in Familien von Beamten werden auch in Familien von Rentern und Beamtenpensionären Sozialbeiträge fast ausschließlich auf Erwerbseinkünfte zusätzlicher Einkommensbezieher geleistet. Rentner sind zwar grundsätzlich krankenversicherungspflichtig, doch ist die individuelle Beitragsberechnung erst 1983 in Kraft getreten[83].

Die Sozialbeiträge werden bis zur jeweiligen Beitragsbemessungsgrenze[84] proportional zum Einkommen erhoben. Beitragsbemessungsgrenzen waren (in DM je Monat)

		1973	1981
in der	Rentenversicherung	2 300	4 400
in der	gesetzlichen Krankenversicherung	1 725	3 300
in der	Arbeitslosenversicherung	2 300	4 400

Die Beitragssätze[84] (Arbeitgeber- und Arbeitnehmeranteil) betrugen (in vH)

		1973	1981
in der	Rentenversicherung	18,0	18,5
in der	gesetzlichen Krankenversicherung	9,2	11,8
in der	Arbeitslosenversicherung	1,7	3,0

Überschreitet das Einkommen die Beitragsbemessungsgrenze, so nimmt die Abgabenquote ab. Die sonstigen geleisteten Übertragungen - eine sehr heterogene Gruppe (Beiträge und Spenden an private Organisationen ohne Erwerbszweck, Zinszahlungen für Konsumentenkredi-te, Überweisungen der Gastarbeiter) - zeigten 1981 eine schwach progressive Entwicklung.

Betrachtet man alle geleisteten Übertragungen zusammen, so ergibt sich, daß die Abgabenquote infolge der progressiven Wirkung der Einkommensteuer einerseits und der degressiv wirkenden Sozialbeiträge andererseits mit steigendem Einkommen zunächst zunimmt, bis sie im Bereich von 8 000 bis unter 10 000 DM an monatlichem Bruttoerwerbs- und -vermögenseinkommen bei 41 vH stagniert; bei hohen Einkommen von 10 000 DM und mehr im Monat beläuft sich die Abgabenbelastung dann nur noch auf durchschnittlich 37 vH.

7.6.4 Verfügbares Einkommen der Familien

Nach der Umverteilung stand den Familien im Berichtsjahr eine Einkommenssumme von 612,4 Mrd. DM zur Verfügung (Übersicht 7.23). Das verfügbare Einkommen machte etwa vier Fünftel des primären Einkommens aus, das die Familien aus Erwerbstätigkeit oder Vermögensbesitz erzielt hatten.

Auf Familien, in denen nur der Familienvorstand Einkünfte bezog, entfielen 37 vH des gesamten verfügbaren Einkommens. An der Gesamtzahl der Familien waren sie - wie schon erwähnt - mit 43 vH beteiligt. Das durchschnittlich verfügbare Einkommen dieser Familien war mit 3 220 DM monatlich um 880 DM oder ein Fünftel geringer als der Durchschnittswert für Familien, in denen mehrere Personen Einkommen bezogen (4 100 DM). Vor der Umverteilung gab es zwischen dem Durchschnittseinkommen von Familien mit einem und mit mehreren Einkommensbeziehern einen Abstand von 1 380 DM.

Übersicht 7.23

Verfügbares Einkommen*) der Familien 1981
in Mill. DM

Familientyp	Familien von							Insgesamt
	Selbständigen		Angestellten	Beamten[1]	Arbeitern	Rentnern[2]	Versorgungsempfängern des öffentl. Dienstes	
	in der Land- u. Forstwirtschaft	in d. sonst. Wirtschaftsbereichen						
Familien mit einem Einkommensbezieher								
Ehepaare mit								
einem Kind 3)	3 363	13 616	16 335	5 641	16 742	3 203	828	59 728
zwei Kindern 3)	2 678	8 681	10 756	2 402	5 749	785	230	31 281
drei Kindern 3)	1 611	4 349	2 430	1 064	1 183	191	0	10 828
vier oder mehr Kindern 3)	785	1 980	1 625	594	914	0	0	5 898
Ehepaare mit Kindern 3)	8 437	28 626	31 146	9 701	24 588	4 179	1 058	107 735
Ehepaare ohne Kind	1 910	22 598	25 035	7 139	18 357	25 271	4 797	105 107
Ehepaare	10 347	51 224	56 181	16 840	42 945	29 450	5 855	212 842
Alleinerziehende mit								
einem Kind 3)	128	1 111	3 183	510	2 215	4 508	832	12 487
mehreren Kindern 3)	151	814	1 303	0	837	312	209	3 626
Alleinerziehende	279	1 925	4 486	510	3 052	4 820	1 041	16 113
Familien mit Kindern 3)	8 716	30 551	35 632	10 211	27 640	8 999	2 099	123 848
Insgesamt	10 626	53 149	60 667	17 350	45 997	34 270	6 896	228 955
Familien mit mehreren Einkommensbeziehern								
Ehepaare mit								
einem Kind 3)	301	14 275	29 315	10 974	45 735	6 468	1 380	108 448
zwei Kindern 3)	1 743	15 436	35 527	9 137	37 036	3 942	1 185	104 006
drei Kindern 3)	1 537	7 245	9 497	3 975	9 381	2 163	324	34 122
vier oder mehr Kindern 3)	1 269	3 520	4 076	1 467	3 885	605	0	14 822
Ehepaare mit Kindern 3)	4 850	40 476	78 415	25 553	96 037	13 178	2 889	261 398
Ehepaare ohne Kind	278	14 603	18 885	3 710	21 778	43 205	6 341	108 800
Ehepaare	5 128	55 079	97 300	29 263	117 815	56 383	9 230	370 198
Alleinerziehende mit								
einem Kind 3)	0	386	1 126	213	1 168	1 324	235	4 452
mehreren Kindern 3)	247	886	2 794	481	2 537	1 522	279	8 746
Alleinerziehende	247	1 272	3 920	695	3 705	2 846	514	13 198
Familien mit Kindern 3)	5 097	41 748	82 335	26 249	99 742	16 024	3 403	274 596
Insgesamt	5 375	56 351	101 220	29 959	121 520	59 229	9 744	383 396
Insgesamt								
Ehepaare mit								
einem Kind 3)	3 664	27 891	45 650	16 615	62 477	9 671	2 208	168 176
zwei Kindern 3)	4 421	24 117	46 283	11 539	42 785	4 727	1 415	135 287
drei Kindern 3)	3 148	11 594	11 927	5 039	10 564	2 354	324	44 950
vier oder mehr Kindern 3)	2 054	5 500	5 701	2 061	4 799	605	0	20 720
Ehepaare mit Kindern 3)	13 287	69 102	109 561	35 254	120 625	17 357	3 947	369 133
Ehepaare ohne Kind	2 188	37 201	43 920	10 849	40 135	68 476	11 138	213 907
Ehepaare	15 475	106 303	153 481	46 103	160 760	85 833	15 085	583 040
Alleinerziehende mit								
einem Kind 3)	128	1 497	4 309	723	3 383	5 832	1 067	16 939
mehreren Kindern 3)	398	1 700	4 097	481	3 374	1 834	488	12 372
Alleinerziehende	526	3 197	8 406	1 204	6 757	7 666	1 555	29 311
Familien mit Kindern 3)	13 813	72 299	117 967	36 458	127 382	25 023	5 502	398 444
Insgesamt	16 001	109 500	161 887	47 307	167 517	93 499	16 640	612 351

*) Ohne nichtentnommene Gewinne der Unternehmen ohne eigene Rechtspersönlichkeit.
1) Einschließlich Richter, ohne Versorgungsempfänger. - 2) Einschließlich sonstiger Personen, die überwiegend von laufenden Übertragungen oder Vermögenseinkommen leben. - 3) Kinder unter 18 Jahren.

Quelle: Berechnungen des DIW unter Verwendung amtlicher Statistiken.

Ebenso wie bei der Verteilung des primären Einkommens zeigen die Medianwerte auch für die Verteilung des verfügbaren Einkommens eine deutliche Differenzierung sowohl nach sozialen Gruppen als auch nach Familientypen (Übersicht 7.24). Im Durchschnitt heben sich die Familien von Selbständigen deutlich von den übrigen sozialen Gruppen ab; bei Familien von Arbeitnehmern haben die von Beamten das höchste Ein-

Übersicht 7.24

Medianwerte der Einkommensschichtung der Familien 1981[*]
nach der Höhe des verfügbaren Einkommens[*]
in DM je Familie und Monat

Familientyp	Familien von							
	Selbständigen		Ange-stellten	Beamten[1]	Arbeitern	Rentnern[2]	Versorgungs-empfängern des öffentl. Dienstes	Ins-gesamt
	in der Land- und Forst-wirtschaft	in d. sonst. Wirtschafts-bereichen						
Ehepaare mit								
einem Kind[3]	2 913	6 371	3 304	3 712	2 836	2 798	3 625	3 166
zwei Kindern[3]	3 650	6 967	3 784	4 315	3 365	3 400	4 100	3 756
drei Kindern[3]	4 350	7 273	4 377	4 815	3 938	4 045	5 500	4 540
vier oder mehr Kindern[3]	5 333	7 600	4 867	5 750	4 389	4 500	x	5 083
Ehepaare mit Kindern[3]	3 618	6 807	3 671	4 150	3 137	3 122	3 906	3 577
Ehepaare ohne Kind	2 679	5 815	2 810	3 119	2 397	2 350	3 125	2 616
Ehepaare	3 420	6 440	3 388	3 850	2 915	2 444	3 267	3 138
Alleinerziehende mit								
einem Kind[3]	1 875	5 600	2 382	3 000	2 257	1 808	2 625	2 181
mehreren Kindern[3]	2 750	6 400	3 010	3 750	2 938	3 156	3 625	3 141
Alleinerziehende	2 459	6 000	2 679	3 250	2 575	1 980	3 000	2 546
Familien mit Kindern[3]	3 549	6 740	3 560	4 078	3 087	2 705	3 538	3 452
Insgesamt	3 380	6 415	3 328	3 817	2 892	2 409	3 243	3 094

[*] Ohne nichtentnommene Gewinne der Unternehmen ohne eigene Rechtspersönlichkeit.
1) Einschließlich Richter, ohne Versorgungsempfänger. - 2) Einschließlich sonstiger Personen, die überwiegend von laufenden Übertragungen oder Vermögenseinkommen leben. - 3) Kinder unter 18 Jahren.

Quelle: Berechnungen des DIW unter Verwendung amtlicher Statistiken.

kommensniveau, selbst die Versorgungsempfänger liegen mit dem Median-wert ihres verfügbaren Einkommens über dem von Arbeiter-Familien. In der Betrachtung nach Familientypen haben Ehepaare mit Kindern im Mittel ein höheres Einkommen als Ehepaare ohne Kind; Alleinerziehende stehen fast immer am Ende der Einkommenshierarchie. Auf die Bedeutung der unterschiedlichen Familiengröße für das Versorgungsniveau der einzelnen sozialen Gruppen wird später eingegangen.

7.6.4.1   Einkommensschichtung nach sozialen Gruppen

Die Familien von Selbständigen in der Land- und Forstwirtschaft waren 1981 nach der Umverteilung bei einem Einkommen von 2 550 DM am häufigsten vertreten. Die Hälfte der Familien hatte ein verfügbares Einkommen, das 3 400 DM im Monat nicht überstieg. Für ein Zehntel dieser sozialen Gruppe wurde ein Monatswert von 6 000 DM und mehr berechnet (vgl. Übersicht 7.25).

Für die Familien von Selbständigen außerhalb der Land- und Forst-wirtschaft lag der häufigste Wert für das monatlich verfügbare Einkommen im Berichtsjahr bei reichlich 5 100 DM. Die Hälfte dieser Gruppe hatte maximal 6 400 DM, ein Fünftel mehr als 10 000 DM im Monat zur Verfügung. Das Durchschnittseinkommen von Selbständigen-Familien war mehr als doppelt so hoch wie das von Arbeitnehmer-Familien. Daß die Streuung bei Selbständigen größer ist als bei den übrigen sozialen Gruppen, wurde schon gesagt und ist erneut an der Schichtung der Familien nach der Höhe ihres verfügbaren Einkommens zu erkennen (Übersicht 7.26). Auch sei darauf verwiesen, daß Selbständige - im Gegensatz zu Arbeitnehmern - in der Regel aus ihrem verfügbaren Einkommen die Altersvorsorge finan-zieren.

Übersicht 7.25

Block E
Verfügbare Einkommen der Familien nach Netto-Einkommensklassen

Monatliches Nettoeinkommen von... bis unter... DM	Selbständiger in der Land- und Forstwirtschaft			Selbständiger in den sonstigen Wirtschaftsbereichen			Angestellter			Beamter			Arbeiter			Rentner			Versorgungsempfänger des öffentl. Dienstes		
	Zahl in 1000	Zahl in vH	durchschnittl. Netto-quote	Zahl in 1000	Zahl in vH	durchschnittl. Netto-quote	Zahl in 1000	Zahl in vH	durchschnittl. Netto-quote	Zahl in 1000	Zahl in vH	durchschnittl. Netto-quote	Zahl in 1000	Zahl in vH	durchschnittl. Netto-quote	Zahl in 1000	Zahl in vH	durchschnittl. Netto-quote	Zahl in 1000	Zahl in vH	durchschnittl. Netto-quote
unter 1 000	14	4,1	95,0				302	8,3	81,6	37	3,9	101,8	628	14,4	89,5	946	31,6	850	25	6,4	880
1 000 ... 2 000	121	35,1	94,0	5	0,5	86,7	1 122	30,8	72,4	212	22,4	95,2	1 738	39,7	74,3	1 192	39,8		135	34,6	
2 000 ... 3 000	90	26,1	91,3	83	8,2	85,4	1 045	28,7	68,2	272	28,8	87,6	1 092	25,0	68,8	586	19,6	305	123	31,5	420
3 000 ... 4 000	51	14,8	88,2	176	17,4	82,9	561	15,4	64,8	182	19,3	80,2	492	11,2	62,6	179	6,0	275	57	14,6	290
4 000 ... 5 000	34	9,9	86,5	182	18,0	80,8	288	7,9	60,4	111	11,7	75,4	237	5,4	59,8	63	2,1	180	31	7,9	230
5 000 ... 6 000	18	5,2	84,6	142	14,1	79,1	159	4,4	59,2	65	6,9	72,3	116	2,7	58,6	22	0,7	161	11	2,8	200
6 000 ... 7 000	6	1,7	82,5	100	9,9	77,5	86	2,4	57,8	38	4,0	70,1	50	1,1	56,3	7	0,2	152	6	1,5	170
7 000 ... 8 000	6	1,7	82,1	73	7,2	75,8	48	1,3	56,2	20	2,1	68,4	16	0,4	54,2				2	0,5	140
8 000 ... 9 000	3	0,9	81,8	52	5,1	73,3	21	0,6	55,0	9	1,0	66,0	5	0,1	53,0						
9 000 ... 10 000																					
10 000 oder mehr	2	0,6	81,5	197	19,5	70,2	13	0,4	53,0	2	0,2	64,5	1	0,0	51,5						
Insgesamt	345	100,0	89,2	1 010	100,0	73,9	3 645	100,0	63,7	945	100,0	79,6	4 375	100,0	67,3	2 995	100,0	362	390	100,0	392
Modal in DM	2 542			5 130			2 867			3 083			2 492			2 156			2 813		
Median in DM	3 380			6 415			3 328			3 817			2 892			2 409			3 243		
Arithm. Mittel in DM	3 864			9 034			3 701			4 171			3 190			2 601			3 555		

Übersicht 7.26   Einkommensschichtung der Familien 1981 nach der Höhe des verfügbaren Einkommens*)
und nach sozialen Gruppen

Zahl der Familien in 1 000

Monatliches Familieneinkommen von ... bis unter ... DM	Familien von							Insgesamt
	Selbständigen		Angestellten	Beamten[1]	Arbeitern	Rentnern[2]	Versorgungsempfängern des öffentl. Dienstes	
	in der Land- und Forstwirtschaft	in d. sonst. Wirtschaftsbereichen						
unter 1 000			2	1	8	71		82
1 000 ... 1 250			32	3	88	272	1	396
1 250 ... 1 500	4		101	12	227	291	5	640
1 500 ... 1 750	10		167	21	305	312	19	834
1 750 ... 2 000	25		212	34	399	345	27	1 042
2 000 ... 2 250	33		270	48	463	325	31	1 170
2 250 ... 2 500	34	1	313	60	461	284	38	1 191
2 500 ... 2 750	29	4	327	70	415	238	39	1 122
2 750 ... 3 000	25	9	311	72	355	194	36	1 002
3 000 ... 3 250	24	14	279	68	296	158	34	873
3 250 ... 3 500	21	25	243	67	243	129	29	757
3 500 ... 3 750	20	35	212	62	198	105	24	656
4 000 ... 5 000	51	176	561	182	492	179	57	1 698
5 000 ... 6 000	34	182	288	111	237	63	31	946
6 000 ... 7 000	18	142	159	65	116	22	11	533
7 000 ... 8 000	6	100	86	38	50	7	6	293
8 000 ... 9 000	6	73	48	20	16		2	165
9 000 ... 10 000	3	52	21	9	5			90
10 000 oder mehr	2	197	13	2	1			215
Insgesamt	345	1 010	3 645	945	4 375	2 995	390	13 705

*) Ohne nichtentnommene Gewinne der Unternehmen ohne eigene Rechtspersönlichkeit.
1) Einschließlich Richter, ohne Versorgungsempfänger. – 2) Einschließlich sonstiger Personen, die überwiegend von laufenden Übertragungen oder Vermögenseinkommen leben.

Quelle: Berechnungen des DIW unter Verwendung amtlicher Statistiken.

Für die Familien von Angestellten lag der häufigste Einkommenswert etwas unter 2 900 DM im Monat, für Familien von Beamten etwas über 3 000 DM. Für Arbeiter-Familien war die Einkommensskala im Berichtsjahr bei 2 500 DM verfügbarem Einkommen im Monat am dichtesten besetzt. Zwar gab es Arbeiter-Familien auch im höheren Einkommensbereich von 6 000 DM oder mehr, doch war ihr Anteil (5 vH) erheblich geringer als bei den Familien von Angestellten (10 vH) oder Beamten (15 vH).

Die Sonderstellung der Beamten im Umverteilungsprozeß - sie sind nicht wie andere Arbeitnehmer versicherungspflichtig - gleicht den Rückstand, den Beamten-Familien mit ihrem Bruttoeinkommen gegenüber Angestellten-Familien haben, mehr als aus: Vor der Umverteilung lagen die Familien von Beamten 1981 im Durchschnitt um 570 DM im Monat unter den Familien von Angestellten, nach der Umverteilung indes hatten die Beamten-Familien einen durchschnittlichen Einkommensvorsprung von monatlich 470 DM.

Für die Familien von Rentnern lag der häufigste Wert des verfügbaren Einkommens im Jahr 1981 bei 2 155 DM, für die Familien von Versorgungsempfängern bei 2 815 DM monatlich. Die Hälfte der Pensionärs-Familien hatte im Berichtsjahr bis zu 2 245 DM je Monat zur Verfügung, während für Rentner-Familien ein Medianwert von 2 410 DM berechnet wurde.

Die materielle Besserstellung der Versorgungsempfänger gegenüber Sozialrentnern ist überwiegend strukturell bedingt. Einmal sind die Durchschnittsgehälter vom Beamten, die als Grundlage für Ruhegehaltsberechnungen herangezogen werden, höher als die durchschnittlichen Löhne und Gehälter von Arbeitern und Angestellten: Beamte haben oft eine qualifiziertere Ausbildung als andere Arbeitnehmer. Pensionierte Beamte

Transfersalden der Familien 1981
in Mill. DM

Familientyp	Selbständigen in der Land- und Forstwirtschaft	Selbständigen in d. sonst. Wirtschaftsbereichen	Familien von Angestellten	Beamten[1]	Arbeitern	Rentnern[2]	Versorgungsempfängern des öffentl. Dienstes	Insgesamt
Familien mit einem Einkommensbezieher								
Ehepaare mit								
einem Kind 3)	-448	-4 865	-9 501	-1 045	-8 219	+2 803	+708	-20 563
zwei Kindern 3)	-218	-2 710	-5 300	-349	-2 302	+690	+200	-9 985
drei Kindern 3)	-5	-1 137	-916	-62	-318	+171	x	-2 262
vier oder mehr Kindern 3)	+45	-431	-426	+4	-142	x	x	-947
Ehepaare mit Kindern 3)	-623	-9 139	-16 140	-1 450	-10 978	+3 664	+908	-33 757
Ehepaare ohne Kind	-321	-8 963	-16 271	-1 512	-10 214	+21 856	+4 052	-11 368
Ehepaare	-942	-18 102	-32 410	-2 960	-21 191	+25 520	+4 961	-45 125
Alleinerziehende mit								
einem Kind 3)	-8	-320	-1 303	-36	-601	+3 728	+692	+2 157
mehreren Kindern 3)	+1	-192	-393	x	-129	+267	+179	-265
Alleinerziehende	-6	-510	-1 694	-36	-728	+3 995	+871	+1 892
Familien mit Kindern 3)	-629	-9 650	-17 833	-1 486	-11 706	+7 659	+1 779	-31 865
Insgesamt	-948	-18 612	-34 104	-2 998	-21 919	+29 515	+5 831	-43 233
Familien mit mehreren Einkommensbeziehern								
Ehepaare mit								
einem Kind 3)	-70	-5 366	-18 436	-3 652	-24 171	+4 198	+920	-46 572
zwei Kindern 3)	-403	-5 335	-20 164	-2 859	-17 885	+2 472	+775	-43 393
drei Kindern 3)	-289	-2 186	-4 414	-986	-3 500	+1 403	+209	-9 757
vier oder mehr Kindern 3)	-162	-901	-1 420	-239	-951	+405	x	-3 263
Ehepaare mit Kindern 3)	-919	-13 784	-44 430	-7 731	-46 502	+8 479	+1 903	-102 985
Ehepaare ohne Kind	-68	-5 998	-12 396	-1 296	-12 123	+27 895	+4 306	+326
Ehepaare	-986	-19 782	-56 825	-9 026	-58 624	+36 374	+6 209	-102 659
Alleinerziehende mit								
einem Kind 3)	x	-120	-450	-38	-298	+774	+160	+32
mehreren Kindern 3)	-14	-250	-832	-65	-439	+1 017	+189	-386
Alleinerziehende	-14	-368	-1 280	-103	-735	+1 791	+349	-356
Familien mit Kindern 3)	-932	-14 152	-45 710	-7 834	-47 238	+10 270	+2 252	-103 341
Insgesamt	-999	-20 150	-58 105	-9 130	-59 360	+ 38 165	+6 558	-103 015
Insgesamt								
Ehepaare mit								
einem Kind 3)	-516	-10 229	-27 935	-4 695	-32 388	+7 001	+1 628	-67 135
zwei Kindern 3)	-619	-8 043	-25 463	-3 206	-20 185	+3 163	+975	-53 378
drei Kindern 3)	-291	-3 321	-5 328	-1 046	-3 816	+1 575	+209	-12 019
vier oder mehr Kindern 3)	-115	-1 330	-1 844	-234	-1 091	+405	x	-4 210
Ehepaare mit Kindern 3)	-1 542	-22 924	-60 570	-9 180	-57 481	+12 143	+2 812	-136 742
Ehepaare ohne Kind	-387	-14 960	-28 665	-2 806	-22 335	+49 751	+8 358	-11 042
Ehepaare	-1 928	-37 883	-89 235	-11 986	-79 815	+61 894	+11 170	-147 784
Alleinerziehende mit								
einem Kind 3)	-7	-439	-1 751	-74	-897	+4 502	+852	+2 189
mehreren Kindern 3)	-12	-440	-1 223	-65	-566	+1 284	+368	-653
Alleinerziehende	-19	-878	-2 973	-139	-1 463	+ 5 786	+1 220	+1 536
Familien mit Kindern 3)	-1 561	-23 802	-63 543	-9 319	-58 944	+17 929	+4 032	-135 206
Insgesamt	-1 948	-38 762	-92 209	-12 125	-81 279	+67 680	+12 390	-146 248

1) Einschließlich Richter, ohne Versorgungsempfänger. - 2) Einschließlich sonstiger Personen, die überwiegend von laufenden Übertragungen oder Vermögenseinkommen leben . - 3) Kinder unter 18 Jahren.

Quelle: Berechnungen des DIW unter Verwendung amtlicher Statistiken.

Übersicht 7.28

Nettorelationen *) sozialer Gruppen 1981
in vH

Monatliches Familieneinkommen von ... bis unter ...DM	Selbständigen in der Land- und Forstwirtschaft	Selbständigen in d. sonst. Wirtschaftsbereichen	Angestellten	Beamten 1)	Arbeitern	Rentnern 2)	Versorgungsempfängern des öffentl. Dienstes
				Familien von			
unter 1 000					144,2	747,0	792,4
1 000 ... 1 250			113,7	107,2	119,0	270,6	342,8
1 250 ... 1 500			100,9	104,5	105,3	234,0	299,3
1 500 ... 1 750			92,2	101,9	96,8	209,0	264,8
1 750 ... 2 000	94,3		85,4	100,7	90,7	188,9	239,0
2 000 ... 2 250	95,3		81,9	98,9	86,8	173,5	213,0
2 250 ... 2 500	95,5		79,3	96,7	83,8	164,2	189,5
2 500 ... 2 750	94,5		77,2	95,1	81,7	150,3	166,8
2 750 ... 3 000	94,2	87,4	75,1	93,5	79,5	143,8	140,5
3 000 ... 3 250	93,4	86,4	74,0	91,6	77,5	137,1	
3 250 ... 3 500	93,6	86,2	73,0	91,1	75,7	125,8	
3 500 ... 3 750	93,5	85,3	72,2	89,5	73,9	109,4	
3 750 ... 4 000	92,2	85,4	71,0	88,5	72,4		
4 000 ... 5 000	89,6	84,1	68,0	84,7	69,2		
5 000 ... 6 000	87,3	82,4	64,7	80,9	65,6		
6 000 ... 7 000	85,9	80,8	63,2	77,2	63,4		
7 000 ... 8 000	84,3	79,5	61,3	74,7	61,1		
8 000 ... 9 000	82,6	78,1	59,7	71,8	59,1		
9 000 ... 10 000	81,5	76,5	58,2	69,9	57,4		
10 000 oder mehr	81,1	70,3	55,4	65,7	53,6		
Insgesamt	89,2	73,9	63,7	79,6	67,3	362,1	391,5

*) Relation des verfügbaren Einkommens zum Bruttoerwerbs- und -vermögenseinkommen.
1) Einschließlich Richter, ohne Versorgungsempfänger. - 2) Einschließlich sonstiger Personen, die überwiegend von laufenden Übertragungen oder Vermögenseinkommen leben.

Quelle: Berechnungen des DIW unter Verwendung amtlicher Statistiken.

erhalten bereits, wenn sie 35 Jahre erwerbstätig gewesen sind, 75 vH ihres letzten Gehalts als Altersruhegeld, während Sozialrentner diese Quote auch bei wesentlich längerer Erwerbstätigkeit zumeist nicht erreichen[85]. Durch die Besteuerung der Pensionen wird der Einkommensvorteil der Beamtenpensionäre zwar gemindert, aber keineswegs aufgezehrt. Allerdings ist zu berücksichtigen, daß Versorgungsempfänger in der Regel Beiträge zu einer privaten Krankenversicherung zahlen, während Rentner zu ihrer Krankenversicherung in der Berichtszeit keine eigenen Beiträge leisteten[86].

7.6.4.2   Einkommensschichtung nach Familientypen

Nach der Umverteilung lag der häufigste Einkommenswert im Jahr 1981 für Ehepaare mit Kindern unter 18 Jahren bei knapp 2 900 DM, für Alleinerziehende bei 2 570 DM monatlich. Betrachtet man die Einkommenslage nach der Familiengröße, so zeigt sich erneut, daß mit wachsender Kinderzahl auch das Familieneinkommen zunimmt (Übersicht 7.29). Auf diesen Sachverhalt und seine Begründung war schon bei der primären Einkommensverteilung hingewiesen worden; hier sei die Warnung vor einer Fehlinterpretation wiederholt.

Wie schon an der Schichtung der Familien nach der Höhe ihres Erwerbs- und Vermögenseinkommens zu sehen war, zeigt sich auch in der Schichtung nach dem verfügbaren Einkommen, daß die materielle Lage einzelner Familientypen sehr stark von der Zugehörigkeit zu bestimmten sozialen Gruppen geprägt wird. Für Ehepaare ohne Kind beispielsweise lag der Modalwert des verfügbaren Einkommens im Jahr 1981 bei monatlich 2 220 DM - hier waren Rentner-Familien (Modalwert 2 150 DM) besonders stark vertreten.

Die Einkommenslage alleinerziehender Elternteile wird durch die Umverteilung deutlich verbessert. Dennoch hatten drei Zehntel aller Familien 1981 weniger als 2 000 DM monatlich zur Verfügung (vgl. Übersicht 7.30). Für die Hälfte der unvollständigen Familien lag das Einkommen vor der Umverteilung bei höchstens 2 475 DM, nach der Umverteilung bei 2 550 DM im Monat (vgl. Übersichten 7.15 und 7.24). In diesem Zusammenhang sei daran erinnert, daß Alimente- und andere Unterstützungszahlungen in den vorliegenden Ergebnissen nicht enthalten sind, weil ihre statistische Erfassung, mehr noch aber ihre Verteilung auf Familientypen nach wie vor Schwierigkeiten bereitet. Wie schon erwähnt[87], beliefen sich die Einkommensübertragungen zwischen privaten Haushalten 1981 auf schätzungsweise 13 Mrd. DM oder 4 vH aller von den Haushalten empfangenen laufenden Übertragungen.

Übersicht 7.29

Nettorelationen*) nach Familientypen 1981
in vH

Monatliches Brutto-erwerbs- und -ver-mögenseinkommen der Familien von ... bis unter ... DM	Ehepaare mit Kindern 1)	Ehepaare ohne Kind: Familien von		Allein-erziehende	Ins-gesamt
		Erwerbs-personen	Nichterwerbs-personen		
unter 1 000	791,0	138,9	729,7	885,9	745,2
1 000 ... 1 250	314,6	112,0	269,4	267,0	270,1
1 250 ... 1 500	248,0	99,7	231,1	211,0	219,4
1 500 ... 1 750	191,4	92,1	204,6	163,2	175,7
1 750 ... 2 000	147,2	86,0	183,9	127,9	138,3
2 000 ... 2 250	113,7	82,3	169,8	102,2	110,4
2 250 ... 2 500	99,0	79,4	155,7	88,4	94,5
2 500 ... 2 750	90,2	76,9	143,5	86,5	86,5
2 750 ... 3 000	86,0	74,8	131,4	84,2	82,4
3 000 ... 3 250	83,1	72,6	122,6	82,1	79,6
3 250 ... 3 500	81,3	71,0	116,6	80,6	78,0
3 500 ... 3 750	79,1	69,4	109,5	79,8	76,2
3 750 ... 4 000	77,7	68,1		79,6	75,0
4 000 ... 5 000	73,8	65,8		74,6	71,5
5 000 ... 6 000	70,5	63,4		70,1	68,5
6 000 ... 7 000	68,4	62,9		70,9	67,1
7 000 ... 8 000	66,7	62,0		73,3	65,7
8 000 ... 9 000	65,0	61,9		72,5	64,4
9 000 ... 10 000	64,0	61,8		71,5	63,6
10 000 und mehr	64,8	64,0		72,5	64,6
Insgesamt	73,0	66,0	370,2	105,5	80,7

*) Relation des verfügbaren Einkommens zum Bruttoerwerbs- und -vermögenseinkommen.
1) Kinder unter 18 Jahren.
Quelle: Berechnungen des DIW unter Verwendung amtlicher Statistiken.

Übersicht 7.30   Einkommensschichtung der Familien 1981 nach der Höhe des verfügbaren Einkommens*)
und nach Familientypen

Zahl der Familien in 1 000

Monatliches Familieneinkommen von ... bis unter ... DM	Ehepaare mit einem	zwei	drei	vier oder mehr Kind(ern)[1]	Ehepaare ohne Kind	Alleinerziehende mit einem	mehreren Kind(ern)[1]	Insgesamt
unter 1 000					48	33		82
1 000 ... 1 250	1				313	71	1	396
1 250 ... 1 500	11				445	77	4	640
1 500 ... 1 750	106	8			545	67	12	834
1 750 ... 2 000	175	35			622	58	19	1 042
2 000 ... 2 250	280	60	3		611	59	21	1 170
2 250 ... 2 500	353	120	6		535	47	37	1 191
2 500 ... 2 750	375	183	14		445	38	36	1 122
2 750 ... 3 000	348	223	28	4	361	30	31	1 002
3 000 ... 3 250	303	225	43	9	297	22	29	873
3 250 ... 3 500	255	206	51	13	245	19	21	757
3 500 ... 3 750	216	184	55	17	245	19	21	757
3 750 ... 4 000	182	158	54	23	205	15	19	656
4 000 ... 5 000	490	448	164	72	464	24	36	1 698
5 000 ... 6 000	264	260	103	54	239	12	14	946
6 000 ... 7 000	152	151	63	36	120	3	8	533
7 000 ... 8 000	79	95	36	21	57	2	3	293
8 000 ... 9 000	40	54	22	14	32	1	2	165
9 000 ... 10 000	18	29	15	8	18	1	1	90
10 000 oder mehr	52	56	28	14	63	1	1	215
Insgesamt	3 700	2 495	685	285	5 665	580	295	13 705

*) Ohne nichtentnommene Gewinne der Unternehmen ohne eigene Rechtspersönlichkeit.
1) Kinder unter 18 Jahren.

Quelle: Berechnungen des DIW unter Verwendung amtlicher Statistiken.

Übersicht 7.31

Einkommensschichtung der Familien 1981

vor und nach der Umverteilung nach zusammengefaßten Einkommensklassen

in vH

Monatliches Familieneinkommen von ... bis unter ... DM	Ehepaare mit Kindern 1)	Ehepaare ohne Kind: Familien von		Allein-erziehende	Ins-gesamt
		Erwerbs-personen	Nichterwerbs-personen		
Familien nach der Höhe des Bruttoerwerbs- und -vermögenseinkommens[2][3]					
unter 1 000	3,4	0,2	66,3	26,4	15,8
1 000 ... 2 000	4,5	6,1	30,0	16,0	10,4
2 000 ... 3 000	9,3	16,6	3,4	18,2	10,4
3 000 ... 4 000	16,3	20,3	0,2	19,4	14,4
4 000 ... 5 000	15,3	15,6		7,9	12,0
5 000 ... 6 000	13,2	12,3		4,2	10,0
6 000 ... 7 000	10,7	9,1		3,1	7,9
7 000 ... 8 000	8,5	6,4		2,2	6,0
8 000 ... 9 000	6,5	4,5		1,3	4,5
9 000 ... 10 000	4,7	3,0		0,8	3,2
10 000 oder mehr	7,7	6,0		0,6	5,4
Familien nach der Höhe des verfügbaren Einkommens[3]					
unter 1 000					
1 000 ... 2 000	2,9	19,1	29,6	30,3	14,2
2 000 ... 3 000	27,9	36,3	42,4	36,0	33,0
3 000 ... 4 000	27,8	19,3	19,9	21,3	24,0
4 000 ... 5 000	16,4	10,5	5,3	6,9	12,4
5 000 ... 6 000	9,5	6,2	1,8	3,0	6,9
6 000 ... 7 000	5,6	3,3	0,6	1,3	3,9
7 000 ... 8 000	3,2	1,6	0,3	0,6	2,1
8 000 ... 9 000	1,8	1,0		0,3	1,2
9 000 ... 10 000	1,0	0,6		0,2	0,7
10 000 oder mehr	2,1	2,0		0,2	1,6

1) Kinder unter 18 Jahren. - 2) Ohne unterstellte Sozialbeiträge. - 3) Ohne nichtentnommene Gewinne der Unternehmen ohne eigene Rechtspersönlichkeit.

Quelle: Berechnungen des DIW unter Verwendung amtlicher Statistiken.

8 Einkommensgefälle zwischen sozialen Gruppen und Familientypen

8.1 Personenbezogene Mittelwerte

Will man die Einkommenslage verschiedener Familientypen vergleichen, so muß man berücksichtigen, daß vom jeweiligen Familieneinkommen mitunter eine recht unterschiedliche Zahl von Personen versorgt werden muß: Ehepaare ohne Kind bestehen aus zwei Personen, Alleinerziehende haben im Durchschnitt knapp drei Personen zu ernähren, für Ehepaare mit Kindern unter 18 Jahren wurde eine mittlere Familiengröße von vier Personen errechnet.

Das Familieneinkommen nimmt mit wachsender Familiengröße im Durchschnitt kräftig zu. Bezieht man aber das Familieneinkommen auf die Zahl der aus diesem Einkommen zu versorgenden Familienmitglieder, kehrt sich diese Tendenz um. Eine Tendenzumkehr ergibt sich aber auch dann, wenn man bei einer Berechnung des "Lebensstandards" der einzelnen Familienmitglieder die relative Ersparnis der Wirtschaftsführung in größeren Familien - die "economies of scale in consumption" - berücksichtigt.

Familien, in denen mehrere Personen leben, sind bei ihren Ausgaben für Wohnen, dauerhafte Konsumgüter und einige weitere Verbrauchsbereiche gegenüber Kleinfamilien relativ begünstigt. Bei diesen Ausgaben nimmt rechnerisch der "marginale" Aufwand mit jeder zusätzlichen Person im Familienverbund ab. Dieser Sachverhalt läßt sich statistisch berücksichtigen, indem man die einzelnen Familienmitglieder in "Vollversorgungspersonen" umrechnet und dabei die Kosten für den Verbrauch des Familienvorstands als Bezugsgröße für den "Versorgungsbedarf" der weiteren Familienmitglieder heranzieht. Wie eingangs erwähnt, wird in dieser Untersuchung für den "Wohlstandsvergleich" einzelner Familientypen die folgende Äquivalenzziffernskala[88] verwendet:

- "Bedarf" des Familienvorstands   1,0,
- "Bedarf" des Ehepartners   0,8,
- "Bedarf" jeder weiteren Person   0,7.

Gewichtet man die Zahl der Familienmitglieder mit diesen Faktoren, so werden die Verzerrungen einer einfachen Pro-Kopf-Einkommens-Rechnung vermieden.

1981 lebten in den Familien durchschnittlich 3,1 Personen oder - mit den oben genannten Faktoren umgerechnet - nicht ganz 2,6 "Vollversorgungspersonen". In der Schichtung der Familien nach der Höhe ihres verfügbaren Einkommens lag der Medianwert bei knapp 3 100 DM je Monat, d. h. die Hälfte der Familien lag mit ihrem Einkommen unter, die andere Hälfte über diesem Wert. In einer Familie, deren verfügbares Einkommen dem Medianwert entsprach - auch als "Medianfamilie" von 1981 bezeichnet - stand rechnerisch also jeder "Vollversorgungsperson" ein Einkommen in Höhe von monatlich 1 200 DM zur Verfügung.

In der Übersicht 8.1 wurden für alle hier unterschiedenen sozialen Gruppen und Familientypen die personenbezogenen Medianwerte unter Berücksichtigung der erwähnten "economies of scale in consumption" zusammengestellt. Die Daten der Übersicht belegen die oben genannte These, daß die bereinigten Pro-Kopf-Einkommenswerte mit zunehmender Familiengröße abnehmen: Erwartungsgemäß stehen Ehepaare ohne Kind an der Spitze der "Einkommenshierarchie", während das Wohlstandsniveau für kinderreiche Familien am niedrigsten ausfällt.

Personenbezogene Medianwerte der Verteilung des verfügbaren Einkommens der Familien 1981
in DM je Familienangehörigen und Monat unter Berücksichtigung der "economies of scale in consumption"

Familientyp	Familien von							Insgesamt
	Selbständigen in der Land- und Forstwirtschaft	den sonst. Wirtsch.-bereichen	Angestellten	Beamten 1)	Arbeitern	Rentnern 2)	Versorgungsempfängern des öffentl. Dienstes	
Familien mit einem Einkommensbezieher								
Ehepaare mit								
einem Kind 3)	1 058	2 344	1 102	1 273	888	811	1 200	1 041
zwei Kindern 3)	901	1 973	953	1 085	760	686	977	943
drei Kindern 3)	843	1 647	891	1 023	696	679	x	925
vier oder mehr Kindern 3)	777	1 500	853	1 015	683	x	x	876
Ehepaare mit Kindern 3)	941	2 040	1 021	1 194	837	775	1 152	994
Ehepaare ohne Kind	1 438	3 136	1 413	1 627	1 120	1 004	1 463	1 238
Ehepaare	1 004	2 410	1 166	1 345	938	965	1 399	1 099
Alleinerziehende mit								
einem Kind 3)	781	2 292	1 099	1 298	932	962	1 397	1 031
mehreren Kindern 3)	786	2 061	898	x	800	1 000	1 406	924
Alleinerziehende	818	2 198	1 045	1 298	893	956	1 445	1 019
Familien mit Kindern 3)	932	2 042	1 017	1 192	843	873	1 303	988
Insgesamt	991	2 393	1 149	1 337	935	965	1 409	1 086
Familien mit mehreren Einkommensbeziehern								
Ehepaare mit								
einem Kind 3)	1 700	2 463	1 336	1 464	1 096	1 139	1 389	1 238
zwei Kindern 3)	1 557	2 027	1 162	1 321	980	1 044	1 296	1 120
drei Kindern 3)	1 412	1 752	1 090	1 227	967	1 005	1 196	1 114
vier oder mehr Kindern 3)	1 250	1 478	1 053	1 220	920	909	x	1 074
Ehepaare mit Kindern 3)	1 427	2 032	1 207	1 370	1 031	1 067	1 331	1 159
Ehepaare ohne Kind	2 153	3 375	1 751	1 905	1 526	1 507	1 944	1 625
Ehepaare	1 453	2 285	1 286	1 417	1 095	1 365	1 667	1 257
Alleinerziehende mit								
einem Kind 3)	x	2 396	1 226	1 406	1 110	1 124	1 406	1 210
mehreren Kindern 3)	1 169	2 258	1 064	1 210	1 020	1 097	1 250	1 093
Alleinerziehende	1 169	2 311	1 106	1 243	1 051	1 111	1 318	1 135
Familien mit Kindern 3)	1 414	2 038	1 199	1 361	1 029	1 081	1 299	1 154
Insgesamt	1 437	2 285	1 275	1 408	1 093	1 350	1 643	1 250
Insgesamt								
Ehepaare mit								
einem Kind 3)	1 085	2 406	1 257	1 404	1 041	1 029	1 290	1 179
zwei Kindern 3)	1 051	2 002	1 114	1 267	950	984	1 178	1 084
drei Kindern 3)	1 031	1 711	1 049	1 182	928	943	1 196	1 079
vier oder mehr Kindern 3)	1 029	1 483	991	1 162	869	909	x	1 013
Ehepaare mit Kindern 3)	1 023	2 037	1 157	1 312	990	1 001	1 239	1 120
Ehepaare ohne Kind	1 488	3 231	1 561	1 733	1 332	1 306	1 736	1 453
Ehepaare	1 062	2 352	1 253	1 387	1 058	1 215	1 563	1 217
Alleinerziehende mit								
einem Kind 3)	781	2 333	1 162	1 348	1 037	987	1 445	1 093
mehreren Kindern 3)	887	2 188	1 015	1 210	983	1 072	1 318	1 058
Alleinerziehende	858	2 254	1 097	1 291	1 019	987	1 463	1 096
Familien mit Kindern 3)	1 013	2 043	1 148	1 301	988	1 010	1 277	1 114
Insgesamt	1 054	2 345	1 238	1 379	1 054	1 198	1 555	1 207

1) Einschließlich Richter, ohne Versorgungsempfänger. - 2) Einschließlich sonstiger Personen, die überwiegend von laufenden Übertragungen oder Vermögenseinkommen leben. - 3) Kinder unter 18 Jahren.

Quelle: Berechnungen des DIW unter Verwendung amtlicher Statistiken.

Einige der in Übersicht 8.1 ausgewiesenen Werte sollten freilich nicht auf die "Goldwaage" gelegt werden. Denn nur solche Familientypen, deren Einkommensschichtung eine starke Besetzung aufweist, haben auch einen "stabilen" Zentralwert. Bei untypischen Familien dagegen - solchen von Rentnern und Beamtenpensionären mit Kindern unter 18 Jahren, die 1981 allerdings nur rund 10 vH aller Familien ausmachten - gibt es größere Unsicherheitsmomente. Eben weil diese Familien zahlenmäßig schwach vertreten sind, können sich Rundungsfehler vergleichsweise stark auswirken. Auch das Phänomen "externer Durchschnitte" tritt auf. Das sind Mittelwerte für zusammengefaßte Familientypen, die aus dem Bereich der Einzelwerte herausfallen. So lauten die bereinigten Medianwerte des Jahre 1981 für alleinerziehende Versorgungsempfänger

- mit einem Kind   1 445 DM,

- mit mehreren Kindern   1 318 DM,

- mit Kindern insgesamt   1 463 DM.

Hinzu kommt, daß Familien von Nichterwerbspersonen mit Kindern in der Schichtung nach der Höhe des Bruttoerwerbs- und -vermögenseinkommens sich auf die nach unten nicht genau abgegrenzte erste Einkommensklasse konzentrieren; weil diese Schichtung aber Ausgangspunkt für das "Parenté-System" der DIW-Berechnungen ist, kommt auf diese Weise ein weiteres Unsicherheitsmoment ins Spiel. Für die Pro-Kopf-Medianwerte der Einkommensschichtung insgesamt - über alle sozialen Gruppen hinweg gerechnet - haben die genannten Einflußgrößen allerdings nur geringes Gewicht.

Die Daten der Übersicht 8.1 lassen erkennen, daß die Einkommensunterschiede zwischen den nach der Zahl der Kinder gegliederten Familien

nicht besonders stark ausgeprägt sind, wenn man das verfügbare Familieneinkommen auf die nach "Vollversorgungspersonen" umgerechnete Zahl von
Familienangehörigen bezieht. Auf jede Standardperson des "Medianehe-
paares" mit einem Kind entfielen im Berichtsjahr rechnerisch 1 180 DM,
bei Ehepaaren mit vier oder mehr Kindern waren es 1 015 DM monatlich.
Alleinerziehende standen sich finanziell nach der bereinigten Pro-Kopf-
Rechnung im Durchschnitt kaum schlechter als Ehepaare mit Kindern.

Freilich ist auch in einer bereinigten Pro-Kopf-Einkommensrechnung
der Einfluß zu erkennen, den die soziale Stellung des Familienvorstands auf
die materielle Lage der Familienmitglieder hat. So waren Personen in
Familien von Selbständigen außerhalb der Land- und Forstwirtschaft 1981
in allen Familientypen finanziell besser gestellt als Familienangehörige
anderer Gruppen. Für jede "Vollversorgungsperson" der "Medianfamilie" von
Selbständigen ohne Kind wurde ein verfügbares Einkommen von monatlich
3 230 DM berechnet; in den übrigen sozialen Gruppen lag der entsprechende
Wert um etwa die Hälfte niedriger. Familien von Selbständigen, in denen
Kinder leben, lagen mit ihrem Einkommen zwar nicht unerheblich unter
dem Niveau kinderloser Selbständigen-Familien, doch auch sie hatten
gegenüber anderen sozialen Gruppen einen beträchtlichen Einkommens-
vorsprung. Bei "Median"-Ehepaaren mit zwei Kindern hatte jede Person im
Berichtsjahr rechnerisch etwa 2 000 DM monatlich zur Verfügung, wenn der
Familienvorstand eine selbständige Tätigkeit außerhalb der Land- und
Forstwirtschaft ausübte, dagegen nur etwa die Hälfte davon, wenn der
Familienvorstand Angestellter oder Arbeiter war. Selbst Ehepaare von
Arbeitern ohne Kind standen sich im Durchschnitt finanziell schlechter als
kinderreiche Familien von Selbständigen.

Recht günstig sind die Ergebnisse der bereinigten Pro-Kopf-Einkommensrechnung für die Familien von Beamtenpensionären. Auf die materielle Besserstellung dieser Gruppe gegenüber Rentnern der gesetzlichen Rentenversicherung und ihre Begründung wurde schon hingewiesen; Familien von Versorgungsempfängern des öffentlichen Dienstes haben indes - wie es die personenbezogenen Medianwerte ausweisen - im Mittel auch einen höheren Einkommensstandard als Familien von Arbeitnehmern. Allerdings hängt die Einkommensposition von Beamtenpensionärs-Familien nicht zuletzt auch davon ab, ob der Familienvorstand der einzige Einkommensbezieher in der Familie ist oder ob weitere Familienmitglieder zum gemeinsamen Einkommen beitragen. Dies gilt - mit Ausnahme der Familien von Selbständigen außerhalb der Land- und Forstwirtschaft - auch für die übrigen sozialen Gruppen und ist bei Familien von Rentnern am stärksten ausgeprägt.

Es ist nicht möglich, an dieser Stelle sämtliche Ergebnisse der personenbezogenen Einkommensrechnung zu interpretieren. Im folgenden wird das Einkommensgefälle zwischen einzelnen ausgewählten Familientypen näher beleuchtet.

In der "Medianfamilie" von Angestellten-Ehepaaren mit zwei Kindern gab es 1981 ein bereinigtes Pro-Kopf-Einkommen von rund 1 115 DM im Monat. Angestellten-Familien ohne Kind hatten mit 1 560 DM zwei Fünftel mehr, Selbständigen-Familien standen - wie oben zu sehen war - mit etwa 2 000 DM je Familienmitglied vier Fünftel mehr zur Verfügung. Für das "Medianehepaar" von Arbeitern mit zwei Kindern betrug das standardisierte Einkommen je Familienangehörigen 950 DM im Monat, für das von Arbeitern ohne Kind 1 330 DM und damit ebenfalls zwei Fünftel mehr. Angestellten-Ehepaare mit zwei Kindern hatten je "Vollversorgungsperson" etwa ein Sechstel mehr an Einkommen zur Verfügung als die entsprechenden Familien von Arbeitern.

Für die "Medianfamilie" von Rentner-Ehepaaren, in der zwei Kinder unter 18 Jahren lebten, wurde für 1981 ein auf "Vollversorgungspersonen" um-gerechnetes Pro-Kopf-Einkommen von monatlich 985 DM ermittelt; das war geringfügig mehr, als pro Person in der entsprechenden Familie von Arbeitern zur Verfügung stand. In Rentner-Familien ohne Kind entfielen auf jede "Vollversorgungsperson" 1 300 DM im Monat. Dieser Betrag lag um ein Drittel höher als der entsprechende Wert für Rentner-Ehepaare mit zwei Kindern.

8.2 Einkommenskategorien für den Lebensstandard

Recht anschaulich läßt sich das Einkommensgefälle zwischen einzelnen Familientypen darstellen, wenn man die Einkommensschichtung in relative Kategorien gliedert. In der untersten Einkommenskategorie können beispielsweise alle diejenigen Familien eines Typs zusammengefaßt werden, deren verfügbares Einkommen den "Sozialhilfestandard" des Bundessozial-hilfegesetzes nicht überschreitet[89]. Weitere Kategorien für den Lebens-standard lassen sich bilden, indem man den Sozialhilfesatz für die einzelnen Familientypen um einen relativen Beitrag aufstockt.

Die Regelsätze der Sozialhilfe unterscheiden sich zwischen den einzelnen Bundesländern nur wenig. Sie können durch Mehrbedarfsbeträge, wie einmalige Beihilfen, aufgestockt werden. Eine wichtige und nicht eindeutig zu bestimmende Größe ist aber die von den Sozialämtern zu erstattende Miete, über die keine unmittelbaren primärstatistischen Infor-mationen vorliegen. Die folgenden Berechnungen stützen sich auf eine Studie des Wirtschafts- und Sozialwissenschaftlichen Instituts des Deut-

schen Gewerkschaftsbundes (WSI), in der Angaben über das Sozialhilfeniveau erarbeitet wurden[90]. Für die Berechnung von Durchschnittsmieten
wird dort die Wohnungsstichprobe von 1978 zugrunde gelegt. Zur Ermittlung der Warmmiete, die an Sozialhilfeempfänger erstattet wird, wurde
dabei ein Zuschlag von 10 vH vorgenommen. Die durchschnittlichen Miet-
beträge, die dort schließlich in die Berechnung des Sozialhilfeniveaus
eingeflossen sind, belaufen sich für 1980 auf 267 DM für einen Einpersonenhaushalt und steigen auf 385 DM für Familien mit fünf und mehr Personen.
Aus der zitierten Studie wurden hier für sieben Familientypen die Sozialhilfeniveaus im Jahre 1981 errechnet. Sie differieren von 900 DM für Alleinerziehende mit einem Kind bis 2 190 DM für Ehepaare mit vier und mehr
Kindern.

Ausgehend von diesen Sozialhilfestandards, sind acht Einkommenskategorien gebildet worden, die sich in ihrer Höhe durch einen jeweiligen
Zuschlag von 40 vH des zugrunde gelegten Sozialhilfeniveaus unterscheiden
(vgl. Übersichten 8.2 und 8.3). Dies bedeutet, gleichmäßig für alle Familientypen, daß die obere Einkommensgrenze der achten Einkommenskategorie knapp das Vierfache des Sozialhilfeniveaus beträgt. Anders als
bei den sonst in diesem Gutachten verwendeten zwanzig Einkommensklassen werden hier also Einkommensschichten ausgewiesen, die zumeist
nur den unteren und mittleren Einkommensbereich erfassen, während etwa
ein Fünftel der dem oberen Teil der Einkommensschichtung zugeordneten
Familien ausgeschlossen bleibt. Die Schichtungsanordnung führt zu "unge-
raden Einkommensgrenzen", die auf den ersten Blick den Vergleich mit der
"normalen" Einkommensschichtung an anderer Stelle erschweren. Sie er-
leichtert indes den "Wohlstandsvergleich" zwischen den einzelnen Familientypen.

Übersicht 8.2

Verteilung der Familien mit Kindern unter 18 Jahren 1981
auf Kategorien[1] für den Lebensstandard
in vH

Einkommens-kategorie	Ehepaare mit				Alleinerziehende mit	
	einem	zwei	drei	vier oder mehr	einem	mehreren
			Kind(ern)			Kind(ern)
I	0,1	0,0	0,0	0,0	0,0	0,2
II	4,2	3,2	1,5	2,1	6,1	5,6
III	14,2	14,8	12,3	19,1	18,4	16,9
IV	20,7	22,0	22,4	23,4	17,5	27,6
V	17,0	17,3	18,7	17,6	14,6	20,5
VI	12,2	12,0	13,3	13,2	13,1	12,8
VII	8,4	8,3	9,4	8,4	9,4	5,8
VIII	6,1	6,2	6,6	5,3	6,5	3,1
Zusammen	82,9	83,8	84,2	89,1	85,6	92,5
Nachrichtlich: Obere Grenzen der Einkommenskategorien in DM je Familie und Monat						
I	1 295	1 555	1 805	2 190	900	1 430
II	1 815	2 175	2 525	3 065	1 260	2 000
III	2 330	2 800	3 250	3 940	1 620	2 575
IV	2 850	3 420	3 970	4 820	1 980	3 145
V	3 365	4 045	4 695	5 695	2 340	3 720
VI	3 885	4 665	5 415	6 570	2 700	4 290
VII	4 405	5 285	6 135	7 445	3 060	4 860
VIII	4 920	5 910	6 860	8 320	3 420	5 435

1) Kategorie I: verfügbares Familieneinkommen bis zur Sozialhilfegrenze, Kategorien II bis VIII: verfügbares Familieneinkommen bis zu 40, 80, ..., 280 vH über der Sozialhilfegrenze. Die relativen Häufigkeiten wurden durch kubische Splineinterpolation berechnet.

Quelle: Berechnungen des DIW unter Verwendung amtlicher Statistiken.

Wenn im folgenden die unterschiedliche Verteilung im Bereich dieser acht Einkommenskategorien dargestellt wird, ist zu beachten, daß die nach der Höhe des monatlich verfügbaren Einkommens in jeder Kategorie differierenden Klassengrenzen Ausdruck des unterschiedlichen Einkommensbedarfs sind. So ist das Sozialhilfeniveau der Ehepaare ohne Kinder in Höhe von 990 DM monatlich, am "Wohlstand" gemessen, nach den Vorstellungen des Gesetzgebers gleichwertig mit dem der Ehepaare mit vier oder mehr Kindern in Höhe von 2 190 DM. Gleiches gilt für alle anderen Grenzwerte der beiden genannten Familientypen, beispielsweise die achte Einkommenskategorie in Höhe von 3 760 DM bzw. 8 320 DM.

Übersicht 8.3

Verteilung der Ehepaare ohne Kind 1981
auf Kategorien[1] für den Lebensstandard
in vH

Einkommens-kategorie	Familien von		Nachrichtlich: Obere Grenze der Einkommens-kategorien in DM je Familie und Monat
	Erwerbs-personen	Nichterwerbs-personen	
I	0,0	0,0	990
II	1.3	5,8	1 385
III	9,9	14,5	1 780
IV	15,0	18,2	2 180
V	15,7	18,3	2 575
VI	12,7	14,3	2 970
VII	9,4	10,2	3 365
VIII	7,2	7,2	3 760
Zusammen	71,2	88,5	x

1) Kategorie I: verfügbares Familieneinkommen bis zur Sozialhilfe-grenze, Kategorien II bis VIII: verfügbares Familieneinkommen bis zu 40, 80, ..., 280 vH über der Sozialhilfegrenze. Die relativen Häufigkeiten wurden durch kubische Splineinterpolation berechnet.

Quelle: Berechnungen des DIW unter Verwendung amtlicher Statistiken.

Übersicht 8.4

Haushalte mit Empfängern[1] laufender Hilfe zum Lebensunterhalt
nach dem Bundessozialhilfegesetz 1972 und 1981,
die gleichzeitig andere Einkommensarten beziehen
in 1 000

	1972	1981	Nach-richtl.: Veränder. in vH
Bezieher von Sozialhilfe und			
Erwerbseinkommen	13	45	+241,7
Arbeitslosengeld oder -hilfe	2	58	+2 518,5
Krankengeld	1	4	+423,6
Renten[2]	180	191	+5,7
Wohngeld	147	307	+109,3
Kindergeld	59	273	+364,1
privaten Unterhaltsleistungen	38	87	+129,1
sonstigem Einkommen	45	55	+22,9
Zusammen[3]	300	1 049	+249,2

1) Ohne Anstaltsbevölkerung. - 2) Leistungen aus der gesetzlichen Unfall- und Rentenversicherung (einschließlich Handwerkerversicherung und Altershilfe für Landwirte). - 3) Haushalte, die neben der Sozialhilfe Einkommen aus mehreren Quellen hatten, wurden nur einmal gezählt.

Quelle: Statistisches Bundesamt (Herausgeber): Fachserie K, Öffentliche Sozialleistungen, Reihe 1, Sozialhilfe, Kriegsopferfürsorge, Sonderbeitrag, Laufende Leistungen der Hilfe zum Lebensunterhalt Juni 1972; Fachserie 13, Reihe 2, Sozialhilfe 1982.

Die Grenzen der untersten Einkommenskategorie, dem mit dem gesellschaftlichen Existenzminimum gleichzusetzenden Sozialhilfeniveau, werden in den einzelnen Familientypen nicht oder nur ganz wenig unterschritten, häufig deshalb, weil diese Familien Sozialhilfe beziehen. Die Leistungen der Sozialhilfe oder andere Transfers sind also offenbar ein materieller Ausgleich für etwa existierende "absolute" Armut bei Fehlen anderer Einkünfte. Wie die Übersicht 8.4 zeigt, hat freilich die Zahl der

Fälle, bei denen Renten der gesetzlichen Sozialversicherung durch Sozialhilfe aufgestockt werden, an Bedeutung verloren: "Der 'arme alte Rentner' als klassische Manifestation des Armuts- und Fürsorgepotentials ist zwar noch nicht völlig ausgestorben, erscheint aber in der Statistik mit abnehmendem relativen und absoluten Gewicht".[91] Andererseits hat die Kumulation von Sozialhilfe mit anderen Transferzahlungen wie Wohngeld, Kindergeld und auch Ausbildungsförderung mehr und mehr an Gewicht gewonnen. Auch haben immer mehr Arbeitslose inzwischen den Anspruch auf das zeitlich begrenzte Arbeitslosengeld verloren und sind nun auf die niedrigere Arbeitslosenhilfe angewiesen, die durch Leistungen der Sozialhilfe aufgestockt werden muß.

Die kumulierten Anteile aller acht Einkommenskategorien werden in den Schaubildern 8.1 und 8.2 dargestellt. Wiederum wird das Einkommensgefälle zwischen den einzelnen Familientypen deutlich. Dabei ist die relative Einkommensposition jeweils für denjenigen Familientyp am günstigsten, dessen kumulierter Anteil am niedrigsten ausfällt. Dies trifft in allen hier unterschiedenen Einkommenskategorien für kinderlose Ehepaare von Erwerbspersonen zu. Ehepaare mit Kindern bleiben demgegenüber im Niveau ihres materiellen Wohlstandes deutlich zurück: sie liegen hier eher in der Nähe von kinderlosen Ehepaaren, deren Familienvorstand bereits aus dem Erwerbsleben ausgeschieden ist. Für Alleinerziehende ergibt sich in fast allen Einkommenskategorien der höchste kumulierte Anteil und damit das geringste Wohlstandsniveau der hier unterschiedenen Familientypen. Mit steigender Kinderzahl nimmt der kumulierte Anteil in den einzelnen Einkommenskategorien tendenziell zu. Es bestätigt sich also erneut, daß Kinderreichtum mit Abstrichen an der relativen Einkommensposition verbunden ist.

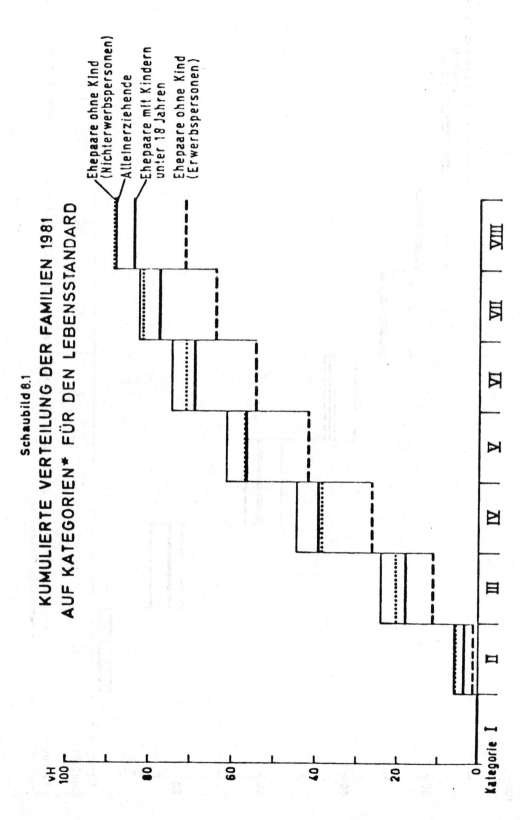

Schaubild 8.1

KUMULIERTE VERTEILUNG DER FAMILIEN 1981
AUF KATEGORIEN* FÜR DEN LEBENSSTANDARD

Ehepaare ohne Kind
(Nichterwerbspersonen)

Alleinerziehende

Ehepaare mit Kindern
unter 18 Jahren

Ehepaare ohne Kind
(Erwerbspersonen)

vH
100

80

60

40

20

0

Kategorie I   II   III   IV   V   VI   VII   VIII

* Kategorie I: verfügbares Familieneinkommen bis zur Sozialhilfegrenze, Kategorien II bis VIII: verfügbares
Familieneinkommen bis zu 40,80,...,280 vH über der Sozialhilfegrenze.

285

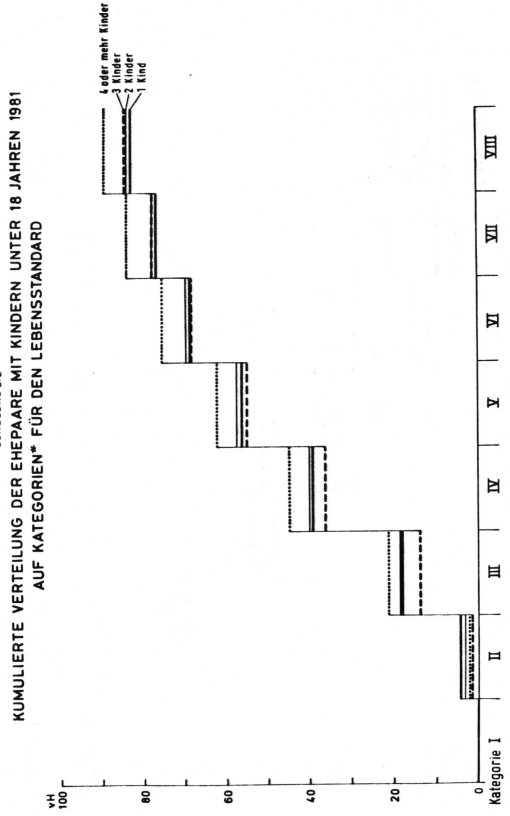

Schaubild 8.2

KUMULIERTE VERTEILUNG DER EHEPAARE MIT KINDERN UNTER 18 JAHREN 1981

AUF KATEGORIEN* FÜR DEN LEBENSSTANDARD

* Kategorie I : verfügbares Familieneinkommen bis zur Sozialhilfegrenze, Kategorien II bis VIII : verfügbares Familieneinkommen bis zu 40, 80,...,280 vH über der Sozialhilfegrenze.

286

Faßt man die ersten vier Kategorien zur "unteren Hälfte", die folgenden vier Kategorien zur "oberen Hälfte" zusammen, so kommt die Wohlstandsrangordnung noch deutlicher zum Ausdruck. In der "unteren Hälfte" sind kinderlose Ehepaare von Erwerbspersonen nur mit 26 vH aller Familien dieses Typs, Ehepaare mit vier oder mehr Kindern dagegen mit 45 vH vertreten.

Wie zu sehen war, gab es 1981 kaum Familien, deren verfügbares Einkommen unter dem Sozialhilfeniveau lag. Wie aber war die Situation im Jahre 1973? Um diese Frage beantworten zu können, wurden die für das Jahr 1981 ermittelten "Kategorien für den Lebensstandard" auf 1973 "zurückgeschrieben". Der Rückschreibung zugrunde gelegt wurden einmal die Entwicklung des Regelsatzes der Sozialhilfe, der 1973 um ein Drittel niedriger gelegen hatte als 1981, zum anderen die Entwicklung der durchschnittlichen Mietaufwendungen, die 1973 um 40 vH geringer gewesen waren als acht Jahre später.

Die Rückschreibung liefert Sozialhilfestandards für einzelne Familientypen im Jahr 1973, die wiederum - am Wohlstandsniveau dieser Familien gemessen - vergleichbar sind. Durch konstante Zuschläge auf den Sozialhilfestandard wurden - ebenso wie in der Darstellung für 1981 - mehrere Kategorien für den Lebensstandard gebildet; dabei beträgt die obere Einkommensgrenze der achten Einkommenskategorie wieder knapp das Vierfache des Sozialhilfestandards.

Die Übersichten 8.5 und 8.6 lassen erkennen, daß bei allen hier unterschiedenen Familientypen die unteren Einkommenskategorien 1973 deutlich stärker besetzt waren als acht Jahre später. 3 bis 4 vH der Familien hatten 1973 ein verfügbares Einkommen, das das Niveau der Sozialhilfe nicht überschritt. Der Anteil war besonders hoch bei Ehepaaren

Übersicht 8.5

Verteilung der Familien mit Kindern unter 18 Jahren 1973
auf Kategorien[1] für den Lebensstandard

in vH

Einkommens-kategorie	Ehepare mit				Alleinerziehende mit	
	einem	zwei	drei	vier oder mehr	einem	mehreren
			Kind(ern)			Kind(ern)
I	2,5	1,5	1,2	1,9	7,9	3,4
II	9,2	9,1	7,0	9,6	14,2	9,4
III	15,5	16,9	16,4	22,1	15,4	19,4
IV	18,5	17,9	18,8	20,8	14,8	23,0
V	11,7	13,9	14,9	13,5	12,0	17,7
VI	10,1	10,2	10,8	9,7	9,9	10,7
VII	7,7	7,8	8,3	5,9	7,2	6,5
VIII	5,9	6,3	6,2	4,2	5,8	3,2
Zusammen	81,1	83,6	83,6	87,7	87,2	93,3
	Nachrichtlich: Obere Grenzen der Einkommenskategorien in DM je Familie und Monat					
I	840	1 015	1 180	1 440	580	930
II	1 175	1 420	1 650	2 015	810	1 300
III	1 510	1 825	2 125	2 590	1 045	1 675
IV	1 850	2 235	2 595	3 170	1 275	2 045
V	2 185	2 640	3 070	3 745	1 510	2 420
VI	2 520	3 045	3 540	4 320	1 740	2 790
VII	2 855	3 450	4 010	4 895	1 970	3 160
VIII	3 190	3 855	4 485	5 470	2 205	3 535

1) Kategorie I: verfügbares Familieneinkommen bis zur Sozialhilfegrenze,
Kategorie II bis VIII: verfügbares Familieneinkommen bis zu 40, 80, ..., 280 vH
über der Sozialhilfegrenze. Die relativen Häufigkeiten wurden durch kubische
Splineinterpolation berechnet.

Quelle: Berechnungen des DIW unter Verwendung amtlicher Statistiken.

von Nichterwerbspersonen ohne Kind (12 vH) und in unvollständigen Familien mit einem Kind unter 18 Jahren (8 vH).

Die Einkommensposition derjenigen Familien, die 1973 in den unteren
Kategorien für den Lebensstandard zu finden waren, hat sich in der
Berichtszeit deutlich verbessert. Hierfür war eine Reihe von Gründen
maßgeblich.

Einmal kommen in dieser Entwicklung die mannigfachen Verbesserungen zum Ausdruck, die es während der siebziger Jahre im System der sozialen Sicherung gegeben hat. Neben den regelmäßigen Rentenerhöhungen mit zeitweise recht hohen Anpassungsraten sind hier vor allem die Einführung einer Rente nach Mindesteinkommen, die Reform des Familienlastenausgleichs sowie Leistungsverbesserungen beim Wohngeld und bei der Ausbildungsförderung zu nennen.

Zum anderen haben aber wohl auch "Wandlungen sozialpsychologischer Erwartungshaltungen" eine Rolle gespielt, die sich in der zunehmenden Inanspruchnahme von Sozialhilfeleistungen zeigen. Die an Personen in privaten Haushalten fließenden Ausgaben nach dem Bundessozialhilfe-

Übersicht 8.6

Verteilung der Ehepaare ohne Kind 1973
auf Kategorien[1] für den Lebensstandard
in vH

Einkommens-kategorie	Familien von		Nachrichtlich: Obere Grenzen der Einkommens-kategorien in DM je Familie und Monat
	Erwerbs-personen	Nicht-erwerbs-personen	
I	1,3	11,9	640
II	4,8	13,7	895
III	11,5	12,7	1 150
IV	14,9	16,3	1 410
V	12,7	15,1	1 665
VI	10,1	10,4	1 920
VII	7,7	7,1	2 175
VIII	6,1	4,6	2 430
Zusammen	69,1	91,8	x

1) Kategorie I: verfügbares Familieneinkommen bis zur Sozialhilfegrenze, Kategorie II bis VIII: verfügbares Familieneinkommen bis zu 40, 80, ..., 280 vH über der Sozialhilfegrenze. Die relativen Häufigkeiten wurden durch kubische Splineinterpolation berechnet.

Quelle: Berechnungen des DIW unter Verwendung amtlicher Statistiken.

gesetz haben sich in der Berichtszeit von 2,6 Mrd. DM (1973) auf 5,5 Mrd. DM (1981) erhöht, also mehr als verdoppelt; die Zahl der Sozialhilfeempfänger ist dabei von 1,3 Mill. auf 1,6 Mill. Personen gestiegen (Übersicht 8.7). Laufende Hilfe zum Lebensunterhalt bezogen 1973 etwas über 0,9 Mill., 1981 mehr als 1,2 Mill. Personen.

Übersicht 5.7

Ausgaben und Empfänger[1] von Leistungen nach dem
Bundessozialhilfegesetz 1973 und 1981

	1973	1981	Nach-richtl.: Veränder. in vH
Sozialhilfeaufwand in Mrd. DM			
Laufende Hilfe zum Lebensunterhalt	1,4	3,3	+144,8
Hilfe zur Pflege	0,2	0,8	+249,6
Eingliederungshilfe für Behinderte	0,3	0,2	-41,2
Sonstige Hilfe	0,7	1,2	+68,4
Zusammen	2,6	5,5	+113,5
Sozialhilfeempfänger in 1 000 Personen			
Laufende Hilfe zum Lebensunterhalt	861	1 224	+42,2
Hilfe zur Pflege	148	224	+51,4
Eingliederungshilfe für Behinderte	66	55	-16,7
Sonstige Hilfe	495	396	-20,0
Zusammen[2]	1 292	1 584	+22,6
Durchschnittliche Sozialleistungen in DM je Sozialhilfeempfänger			
Laufende Hilfe zum Lebensunterhalt	1 581	2 722	+72,2
Hilfe zur Pflege	1 500	3 465	+131,0
Eingliederungshilfe für Behinderte	3 865	2 729	-29,4
Sonstige Hilfe	1 498	3 152	+110,4
Zusammen	1 997	3 476	+74,1

1) Ohne Anstaltsbevölkerung. - 2) Personen, die Hilfe verschiedener Art erhielten, wurden nur einmal gezählt.

Quelle: Statistisches Bundesamt (Herausgeber): Fachserie K, Öffentliche Sachleistungen, Reihe 1, Sozialhilfe, Kriegsopferfürsorge, I. Sozialhilfe 1973; Fachserie 13, Sozialleistungen. Reihe 2, Sozialhilfe 1981.

Der Regelsatz der Sozialhilfe ist von 1973 bis 1981 um insgesamt 50 vH erhöht worden. Der im Durchschnitt als Hilfe zum Lebensunterhalt gezahlte Betrag freilich ist in dieser Zeit um 72 vH gestiegen - um fast 8 vH-Punkte stärker als das verfügbare Einkommen, je privaten Haushalt gerechnet.

9 Einkommensumverteilung der Familien 1973 und 1981

9.1 Einkommen der privaten Haushalte 1973 und 1981 in der volkswirtschaftlichen Gesamtrechnung

Das Erwerbs- und Vermögenseinkommen der privaten Haushalte hat sich von 1973 bis 1981 um reichlich 70 vH erhöht (vgl. Übersicht 9.1). Dabei sind die Komponenten des Primäreinkommens in unterschiedlichem Ausmaß gestiegen; das Bruttoeinkommen aus Unternehmertätigkeit (ohne die nicht-entnommenen Gewinne) um 5,5 vH, das Bruttoeinkommen aus Vermögensbesitz indes um 146 vH.

Mehr als verdoppelt haben sich in dieser Zeit die an private Haushalte geflossenen sozialen Leistungen. Noch stärker als die tatsächlich gezahlten Geldleistungen sind allerdings die Sozialbeiträge gestiegen, die der Staat für Empfänger sozialer Leistungen getragen hat - das sind im wesentlichen Renten- und Krankenversicherungsbeiträge für Arbeitslose und Krankenversicherungsbeiträge für Rentner.

Die von den privaten Haushalten geleisteten laufenden Übertragungen haben in den siebziger Jahren weniger stark zugenommen als die empfangenen Transfers. Die Sozialbeiträge haben sich ebenso wie die sozialen Leistungen von 1973 bis 1981 etwa verdoppelt. Die von den privaten Haushalten getragenen direkten Steuerarten haben in unterschiedlichem Ausmaß expandiert: das Lohnsteueraufkommen war 1981 um 85 vH, das Aufkommen an Steuern auf Einkommen aus Unternehmertätigkeit und Vermögen lediglich um 20 vH höher als 1973.

Das verfügbare Einkommen der privaten Haushalte hat in der Berichtzeit um 4 vH-Punkte stärker zugenommen als das Erwerbs- und Vermögenseinkommen. Die Nettorelation - das Verhältnis des verfügbaren

Übersicht 9.1

Einkommen der privaten Haushalte[1] 1973 und 1981
in der volkswirtschaftlichen Gesamtrechnung
in Mrd. DM

	1973	1981	Nach-richtl.: Veränder. in vH
Bruttoeinkommen aus			
unselbständiger Arbeit[2]	488,0	835,0	+71,1
Unternehmertätigkeit u. Vermögen[3]	190,5	329,3	+72,9
+ Empfangene laufende Übertragungen			
Soziale Leistungen[4]	126,8	263,2	+107,6
Sonstige Übertragungen	3,7	9,3	+152,0
- Geleistete laufende Übertragungen			
Direkte Steuern	100,1	162,7	+62,5
Sozialbeiträge[2,4]	115,7	228,9	+97,8
Zinsen auf Konsumentenschulden	6,3	17,8	+182,2
Sonstige Übertragungen	11,7	16,8	+44,4
= Verfügbares Einkommen	575,2	1 010,6	+75,7

1) Einschließlich privater Organisationen ohne Erwerbszweck. - 2) Ohne unterstellte Sozialbeiträge. -3) Ohne nichtentnommene Gewinne der Unternehmen ohne eigene Rechtspersönlichkeit. - 4) Ohne Sozialbeiträge des Staates für Empfänger sozialer Leistungen.

Quellen: Statistisches Bundesamt (Herausgeber): Fachserie 18, Volkswirtschaftliche Gesamtrechnungen, Reihe 1, Konten und Standardtabellen 1982, Reihe S. 5, Revidierte Ergebnisse 1960 bis 1981.

Einkommens zum Bruttoerwerbs- und -vermögenseinkommen - hat sich in der Berichtszeit von 85 vH auf 87 vH erhöht:

	1973	1981
Primäreinkommen	100,0	100,0
+ Empfangene Transfers	19,2	23,4
- Geleistete Transfers	34,4	36,6
= Verfügbares Einkommen	84,8	86,8

9.2 Strukturwandel im Transfersystem

Im Transfersystem der Bundesrepublik Deutschland hat es während der siebziger Jahre spürbare Strukturverschiebungen gegeben. Hierfür waren mehrere Faktoren verantwortlich:

- Veränderungen im Transferrecht,

- Veränderungen in den ökonomischen Rahmenbedingungen,

- Veränderungen im Altersaufbau der Bevölkerung.

Zu Beginn der siebziger Jahre führte der Gesetzgeber die flexible Altersgrenze für Rentner ein, öffnete die gesetzliche Rentenversicherung für Selbständige und Hausfrauen, reformierte den Familienlastenausgleich, dynamisierte eine Reihe von Sozialleistungen. Als dann zur Mitte der siebziger Jahre die wirtschaftliche Aktivität nachließ und auf dem Arbeitsmarkt eine beträchtliche Lücke zwischen Angebot und Nachfrage entstand, waren erhebliche Beiträge für Arbeitslosen- und Kurzarbeitergeld erforderlich, stiegen die Ausgaben für Sozialhilfe, gingen arbeitslose Arbeitnehmer vorzeitig in den Ruhestand. Weil der Anteil älterer Personen an der Wohnbevölkerung wächst, hat auch aus diesem Grunde die Zahl der Beitragszahler in der Rentenversicherung tendenziell ab-, die der Leistungsempfänger hingegen zugenommen.

Deutlich zu erkennen sind die Strukturverschiebungen an den Daten des Sozialbudgets (vgl. Übersicht 9.2). Wie schon weiter vorn erwähnt, zeigen sie insbesondere, daß die kind- und ehegattenbezogenen Leistungen zwischen 1973 und 1981 nur unterdurchschnittlich expandiert haben[92]. Hier ist freilich zu beachten, daß die Daten des Sozialbudgets auch die Steuerermäßigungen einschließen, die vor der Reform des Familienlasten-

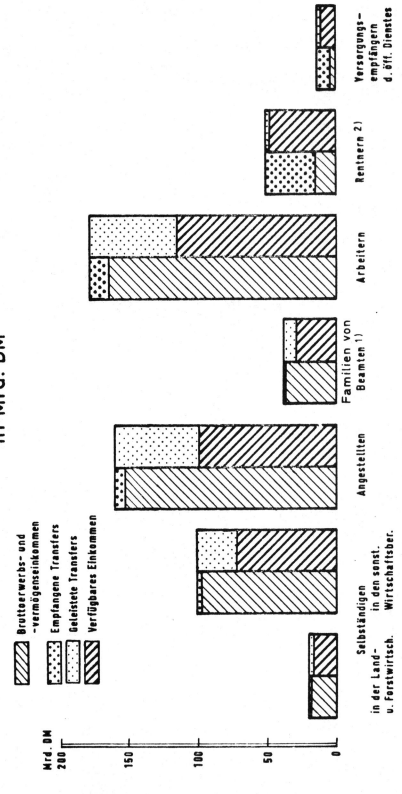

Schaubild 9.1

Einkommensverteilung und -umverteilung der Familien 1973 in sozialer Gruppierung in Mrd. DM

1) Einschließlich Richter, ohne Versorgungsempfänger.— 2) Einschließlich sonstiger Personen, die überwiegend von laufenden Übertragungen oder Vermögenseinkommen leben.

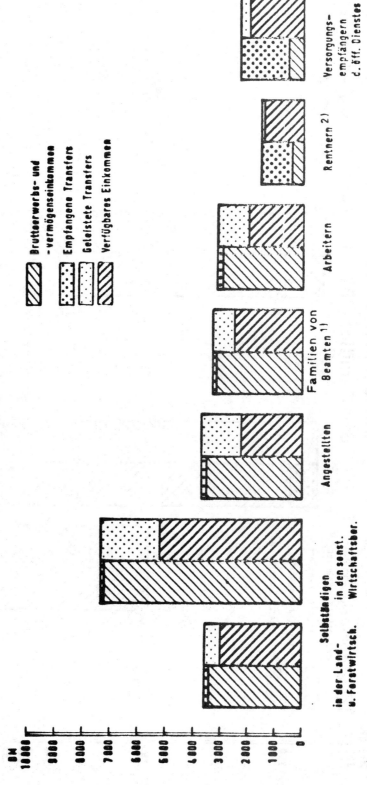

Schaubild 9.2

Einkommensverteilung und -umverteilung der Familien 1973 in sozialer Gruppierung in DM je Monat

Bruttoerwerbs- und -vermögenseinkommen
Empfangene Transfers
Geleistete Transfers
Verfügbares Einkommen

Selbständigen
in der Land-
u. Forstwirtsch.
in den sonst.
Wirtschaftsber.

Angestellten

Familien von
Beamten [1]

Arbeitern

Rentnern [2]

Versorgungs-
empfängern
d. öff. Dienstes

1) Einschließlich Richter, ohne Versorgungsempfänger. — 2) Einschließlich sonstiger Personen, die überwiegend von laufenden Übertragungen oder Vermögenseinkommen leben.

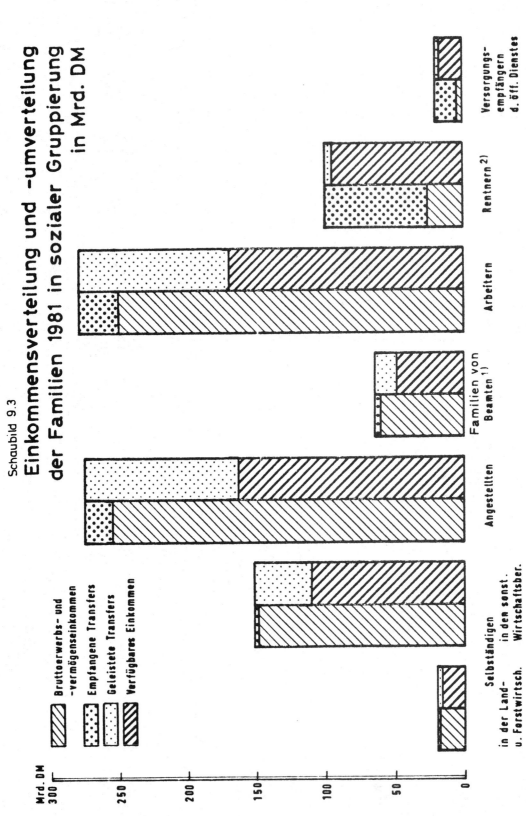

Schaubild 9.3

Einkommensverteilung und -umverteilung der Familien 1981 in sozialer Gruppierung in Mrd. DM

1) Einschließlich Richter, ohne Versorgungsempfänger. — 2) Einschließlich sonstiger Personen, die überwiegend von laufenden Übertragungen oder Vermögenseinkommen leben.

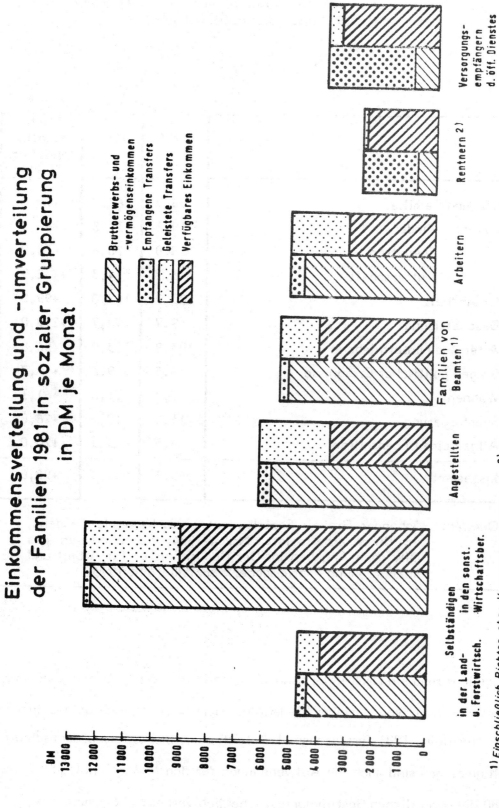

Schaubild 9.4

Einkommensverteilung und -umverteilung der Familien 1981 in sozialer Gruppierung in DM je Monat

Bruttoerwerbs- und -vermögenseinkommen
Empfangene Transfers
Geleistete Transfers
Verfügbares Einkommen

Selbständigen
in der Land- u. Forstwirtsch.
in den sonst. Wirtschaftsber.
Angestellten
Familien von Beamten[1]
Arbeitern
Rentnern[2]
Versorgungs-empfängern d. öff. Dienstes

1) Einschließlich Richter, ohne Versorgungsempfänger.– 2) Einschließlich sonstiger Personen, die überwiegend von laufenden Übertragungen oder Vermögenseinkommen leben.

DM
13 000
12 000
11 000
10 000
9 000
8 000
7 000
6 000
5 000
4 000
3 000
2 000
1 000
0

Übersicht 9.2

Leistungen an private Haushalte nach sozialen Funktionen
1973 und 1981 im Sozialbudget
in Mrd. DM

	1973	1981	Nach-richtl.: Veränder. in vH
Ehe und Familie	38,9	67,7	+74,0
davon: Kinder	19,2	34,8	+81,3
Ehegatten	18,0	28,6	+58,9
Mutterschaft	1,7	4,3	+152,9
Gesundheit	83,9	167,0	+99,0
Beschäftigung	9,7	38,7	+299,0
Alter und Hinterbliebene	103,8	193,9	+86,8
Folgen politischer Ereignisse	6,5	9,6	+47,7
Wohnen	7,2	11,6	+61,1
Sparförderung	13,8	17,5	+26,8
Allgemeine Lebenshilfen	1,5	3,3	+120,0
Insgesamt	265,3	509,3	+92,0

Quellen: Johannes Brakel: Sozialbudget 1983. Fallende Tendenz, in: Bundesarbeitsblatt, Nr. 4/1984; Berechnungen des DIW nach Angaben in: Der Bundsminister für Arbeit und Sozialordnung (Herausgeber): Sozialbericht 1973.

ausgleichs rund ein Drittel der kindbezogenen Leistungen ausmachten, 1981 indes nur noch von geringer Bedeutung waren. Die Kindergeldzahlungen dagegen fielen 1981 fast sechsmal so hoch aus wie 1973. Überduchschnittlich gestiegen sind auch die Aufwendungen für den Mutterschutz; hier sind 1980 die gesetzlichen Bestimmungen erheblich verbessert worden.

9.3 Dimensionen der Einkommensumverteilung

Welche Auswirkungen die Umverteilung des im Produktionsprozeß entstandenen Einkommens auf die materielle Lage sozialer Gruppen hat, läßt sich in der Querschnittsbetrachtung grundsätzlich nach drei Richtungen analysieren[93]:

- horizontaler Einkommensausgleich (Umverteilung zwischen sozialen Gruppen),

- vertikaler Einkommensausgleich (Umverteilung nach der Höhe des Faktoreinkommens)

- Familienlastenausgleich (Umverteilung zur finanziellen Besserstellung von Familien mit Kindern).

Alle drei genannten Formen der Einkommensumverteilung beschreiben spezielle Verteilungswirkungen des Transfersystem[94]. In der Praxis können sie sich allerdings überlagern[95]; sie lassen sich isoliert nur näherungsweise quantifizieren.

Die Einkommensumverteilung ist freilich nur ein Teilbereich der gesamtwirtschaftlichen Redistribution. Denn neben den direkten monetären Transfers gibt es andere Formen von Transferleistungen, die die Einkommensposition eines privaten Haushalts beeinflussen (z. B. indirekte monetäre oder reale Übertragungen). Diese Transferformen bleiben aber in dieser Untersuchung ausgeklammert.

Die Einkommensumverteilung zwischen Familien wiederum schließt die direkten monetären Transferströme, die private Haushalte von anderen Sektoren der Volkswirtschaft und aus der übrigen Welt erhalten, nicht in voller Höhe ein. Insbesondere die an allein lebende Personen fließenden

Transfers - 1981 war dies mit kanpp 89 Mrd. DM etwa ein Drittel der von privaten Haushalten insgesamt empfangenen laufenden Übertragungen - werden von den Berechnungen dieser Untersuchung, die die Einkommenslage der Familien beschreibt, nicht eingeschlossen. Wie aus der Übersicht 7.11 zu sehen war, entfielen auf die Familien in der Abgrenzung dieses Gutachtens im Jahr 1981 etwa 55 vH aller empfangenen und 67 vH aller geleisteten laufenden Übertragungen, wie sie in der volkswirtschaftlichen Gesamtrechnung für die privaten Haushalte ausgewiesen werden.

9.3.1 Horizontale Einkommensumverteilung

Für die einzelnen sozialen Gruppen gibt es im Umverteilungsprozeß des primären Einkommens grundsätzlich zwei alternative Positionen. Für Familien, deren Vorstand als Selbständiger oder als Arbeitnehmer im Erwerbsleben steht, ist in der Regel die Summe der geleisteten Transfers höher als die Summe der empfangenen Übertragungen; diese Familien bringen im wesentlichen die finanziellen Mittel für das System der sozialen Sicherung auf. Demgegenüber erhalten Familien, deren Vorstand aus dem Erwerbsleben ausgeschieden ist und seinen Lebensunterhalt aus einer Rente oder einer Beamtenpension bestreitet, in der Zeit seiner früheren Erwerbstätigkeit indes selbst an der Finanzierung der Umverteilung beteiligt war, Sozialeinkommen in mehrfacher Höhe der von ihnen jetzt geleisteten laufenden Übertragungen.

Grundidee der Einkommensumverteilung zwischen einer "aktiven" und einer "nicht mehr aktiven" Gruppe der Gesellschaft ist es, daß die Aktiven einer Generation aus dem von ihnen erarbeiteten Einkommen die Inaktiven finanziell unterhalten und in der nächsten Periode von den dann Aktiven

302

versorgt werden. In der Sozialpolitik bezeichnet man die intergenerative Umverteilung daher als "Generationenvertrag". Allerdings muß man berücksichtigen, daß dieser Vertrag prinzipiell eine weitere Dimension hat: "Die aktiv erwerbstätige Generation muß nicht nur eigene Beiträge leisten, sie muß gleichzeitig auch für die individuelle Reproduktion sorgen. Nur wenn eine Generation später wieder eine gleich große Zahl von potentiellen Beitragszahlern bereitstellt, können die jetzigen Beitragszahler später eine eigene Rente erwarten"[96]. Hier wird deutlich, in welcher Weise horizontale Umverteilung und Familienlastenausgleich miteinander verbunden sind.

1973 haben die Familien von Arbeitnehmern in ihrer Gesamtheit fast sechsmal, Familien von Selbständigen außerhalb der Land- und Forstwirtschaft sogar vierundzwanzigmal so viel an Übertragungen geleistet, wie sie bekommen haben. Selbst Familien von Landwirten, deren Erwerbseinkommen durch Steuerzahlungen kaum gemindert wird, haben fast das Vierfache der von ihnen empfangenen laufenden Übertragungen (ohne Subventionen an die Land- und Forstwirtschaft) gezahlt. Demgegenüber haben die Familien von Rentnern elfmal, die Familien von Beamtenpensionären sechsmal so viel an Transfers erhalten, wie sie geleistet haben. Insgesamt errechnete sich für die Familien von Erwerbspersonen ein Transfersaldo in Höhe von -141 Mrd. DM, für die Familien von Nichterwerbspersonen in Höhe von + 40 Mrd. DM (Übersicht 9.3).

Bis 1981 hat sich das Verhältnis von geleisteten zu empfangenen Transfers für die Familien von Arbeitnehmern auf 5:1, für die Familien von Selbständigen auf 15:1 erhöht, für die Familien von Landwirten auf 2:1 verringert.

Hinter dieser Entwicklung steht die Tatsache, daß von 1973 bis 1981 die Summe der empfangenen laufenden Übertragungen stärker gestiegen ist

Übersicht 9.3

Horizontaler Einkommensausgleich zwischen Familien
in Mrd.DM

	Empfangene	Geleistete	Transfersaldo	Nachr.: Netto-relation[1] in vH
	Transfers			
1973				
Familien von				
Erwerbspersonen	25,0	166,0	-141,0	70,0
Nichterwerbspersonen	44,8	4,9	+39,9	324,1
Insgesamt	69,8	170,9	-101,1	79,3
1981				
Familien von				
Erwerbspersonen	55,4	281,7	-226,3	68,9
Nichterwerbspersonen	88,2	8,1	+80,1	366,3
Insgesamt	143,6	289,8	-146,2	80,7

1) Relation des verfügbaren Einkommens zum Bruttoerwerbs- und -vermögenseinkommen.

Quelle: Berechnungen des DIW unter Verwendung amtlicher Statistiken.

als die Summe der geleisteten Transfers. Hierfür läßt sich eine Reihe von Gründen anführen. Einmal hat es in dieser Zeit Verschiebungen in der Altersstruktur der Bevölkerung gegeben: Am Anfang der siebziger Jahre entfielen auf 100 Personen im erwerbsfähigen Alter (von 15 bis unter 65 Jahren) 23 Personen im Rentenalter (von 65 oder mehr Jahren); am Anfang der achtziger Jahre betrug dieses Verhältnis 100:25. Von größerer Bedeutung als die demographische Entwicklung war indes die Einführung der flexiblen Altersgrenze: Ihre starke Inanspruchnahme hat - zusammen mit einer Änderung der Rechtsprechung zur Gewährung von Berufsunfähigkeitsrenten - dazu geführt, daß das Verhältnis von Rentenempfängern zu Versicherten der gesetzlichen Rentenversicherung in der Berichtszeit um fast ein Drittel gestiegen ist. Von Bedeutung für die vergleichsweise starke Zunahme der an Familien fließenden Transfers war nicht zuletzt auch die Entwicklung am Arbeitsmarkt. Wie schon erwähnt, sind 1973 im Jahresdurchschnitt 0,3 Mill. Personen, 1981 aber 1,3 Mill. Personen arbeitslos gewesen; die Leistungen der Arbeitslosenversicherung (einschließlich Arbeitslosenhilfe) haben sich in dieser Zeit fast verfünffacht.

Schließlich hat es 1975 eine grundsätzliche Neuregelung des Familienlastenausgleichs gegeben, auf deren Auswirkungen noch näher eingegangen wird.

Per Saldo haben die Familien von Erwerbspersonen im Rahmen der Umverteilung 1981 rund 226 Mrd. DM geleistet, die Familien von Nichterwerbspersonen etwa 80 Mrd. DM empfangen. Die Nettorelation - das Verhältnis des verfügbaren Einkommens zum Bruttoerwerbs- und -vermögenseinkommen - war für die Familien von Erwerbspersonen im Jahr 1981 etwas geringer, für die Familien von Nichterwerbspersonen allerdings erheblich höher als acht Jahre zuvor.

Insgesamt haben von 1973 bis 1981 sowohl die empfangenen als auch die geleisteten Transfers stärker zugenommen als das primäre Einkommen der Familien. 1981 wurde ein größerer Teil des Gesamteinkommens in die Umverteilung einbezogen als 1973; der Grad der Umverteilung hat sich in den siebziger Jahren erhöht.

9.3.2 Vertikale Einkommensumverteilung

Neben dem Einkommensausgleich zwischen sozialen Gruppen hat die Umverteilung zwischen Familien mit vergleichsweise hohem und solchen mit geringem Erwerbseinkommen erhebliche Bedeutung. Dieser vertikale Ausgleich verringert Disparitäten in der Verteilung des primären Einkommens und mildert finanzielle Einbußen im Fall von Krankheit, Behinderung, Ausbildung, Arbeitslosigkeit sowie einer Reihe weiterer sozialer Bedarfssituationen.

Realisiert wird das Prinzip des vertikalen Einkommensausgleichs durch die Ausgestaltung sowohl der empfangenen als auch der geleisteten Übertragungen. Auf der einen Seite kommen positive Transfers vor allem solchen Familien zugute, die keine oder nur geringe Arbeitseinkommen haben; auf der anderen Seite werden die Erwerbs- und Vermögenseinkommen mit einem progressiv steigenden Tarifsatz besteuert. Bei Arbeitnehmern wird diese Progressionswirkung im Bereich höheren Einkommens allerdings durch eine degressiv verlaufende Sozialabgabenquote gemildert: In allen Zweigen der gesetzlichen Sozialversicherung gibt es Höchstbeiträge, die an der jeweiligen Beitragsbemessungsgrenze erreicht werden - mit weiter steigendem Einkommen geht ihre Bedeutung zurück. Freilich ist die Progression des Einkommensteuertarifs erheblich stärker als die regressive Wirkung der Sozialbeiträge.

Der typische Verlauf des vertikalen Einkommensausgleichs ist bei allen sozialen Gruppen und Familientypen zu erkennen. Er hat sich prinzipiell auch im Zeitverlauf nicht geändert. Wie die Schaubilder 9.5 bis 9.8 zeigen, sind allerdings die relativen - negativen - Transfersalden sowohl bei Selbständigen- als auch bei Arbeitnehmer-Familien im Jahr 1981 höher ausgefallen als 1973. Zu berücksichtigen ist dabei freilich, daß die Bezugsgröße der relativen Transfersalden - das Bruttoerwerbs- und -vermögenseinkommen je Familie und Monat - von 1973 bis 1981 um mehr als die Hälfte zugenommen hat (1973 : 2 912 DM; 1981 : 4 613 DM)[97].

Übersicht 9.4   Vertikaler Einkommensausgleich zwischen Familien
in Mrd.DM

	Empfangene	Geleistete	Transfer-saldo	Nachr.: Netto-relation[1] in vH
	Transfers			
1973				
Familien mit				
positivem Transfersaldo	45,2	8,8	+36,4	219,5
negativem Transfersaldo	24,6	162,1	-137,5	70,0
Insgesamt	69,8	170,9	-101,1	79,3
1981				
Familien mit				
positivem Transfersaldo	89,4	11,7	+77,7	292,6
negativem Transfersaldo	54,2	278,2	-223,2	68,8
Insgesamt	143,6	289,9	-146,3	80,7

1) Relation des verfügbaren Einkommens zum Bruttoerwerbs- und -vermögenseinkommen.

Quelle: Berechnungen des DIW unter Verwendung amtlicher Statistiken.

Zu einem großen Teil fließen die Mittel, die im Rahmen des vertikalen Einkommensausgleichs durch Familien von Selbständigen und Arbeitnehmern aufgebracht werden, an Familien von Rentnern und Versorgungsempfängern des öffentlichen Dienstes. Hier ist zu erkennen, daß sich auch vertikale und horizontale Umverteilung überlappen: Unter den Familien mit positivem Transfersaldo waren 1973 die von Rentnern und Beamtenpensionären mit 73 vH, acht Jahre später sogar mit 85 vH vertreten. Dabei ist die Zahl der Familien mit positivem Transfersaldo in dieser Zeit von 4,1 Mill. auf 3,8 Mill. zurückgegangen. 1973 wurde für alle diejenigen Familien ein positiver Transfersaldo berechnet, deren Erwerbs- und Vermögenseinkommen nicht höher war als 1 500 DM im Monat, acht Jahre später lag diese Einkommensschwelle bei 2 250 DM.

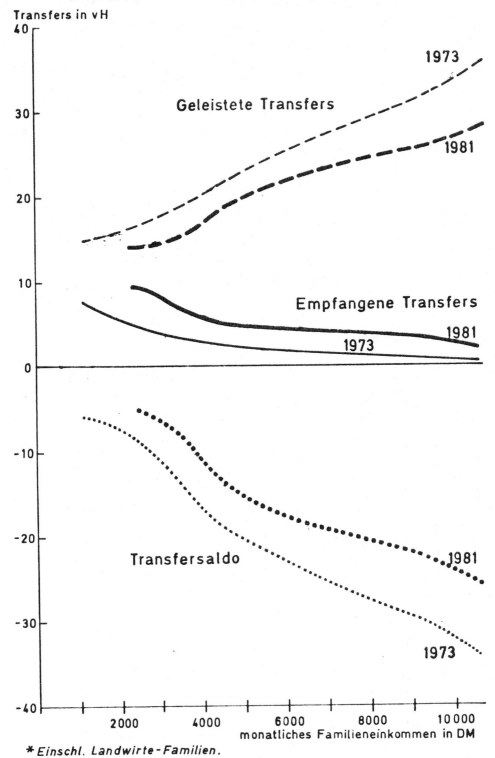

Schaubild 9.5
Transfers der Selbständigen-Familien
1973*/1981*
in vH des Bruttoerwerbs- und -vermögenseinkommens

Transfers in vH

Geleistete Transfers

1973

1981

Empfangene Transfers

1981

1973

Transfersaldo

1981

1973

monatliches Familieneinkommen in DM

*Einschl. Landwirte-Familien.

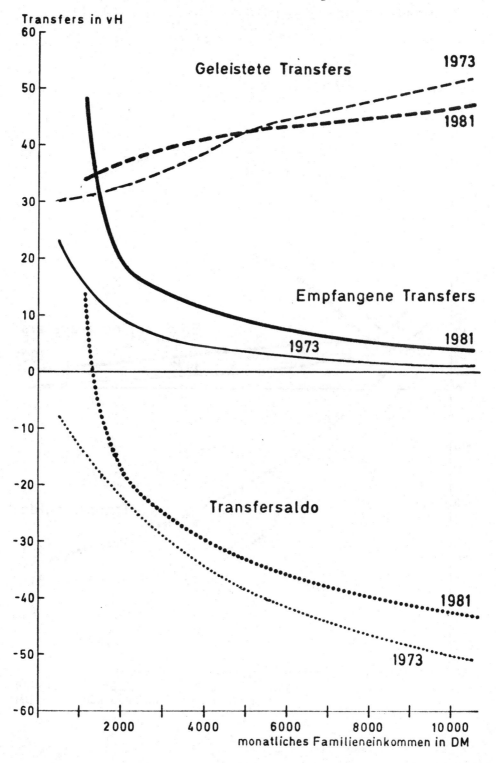

Schaubild 9.6

Transfers der Angestellten–Familien 1973/1981

in vH des Bruttoerwerbs- und -vermögenseinkommens

Transfers in vH

Geleistete Transfers

1973

1981

Empfangene Transfers

1981

1973

Transfersaldo

1981

1973

2000   4000   6000   8000   10 000

monatliches Familieneinkommen in DM

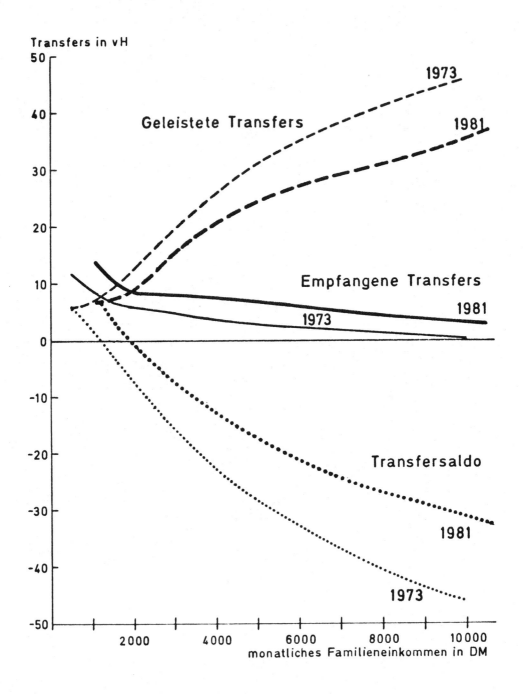

Schaubild 9.7

Transfers der Beamten-Familien 1973/1981

in vH des Bruttoerwerbs- und -vermögenseinkommens

Transfers in vH

Geleistete Transfers

1973

1981

Empfangene Transfers

1981

1973

Transfersaldo

1981

1973

monatliches Familieneinkommen in DM

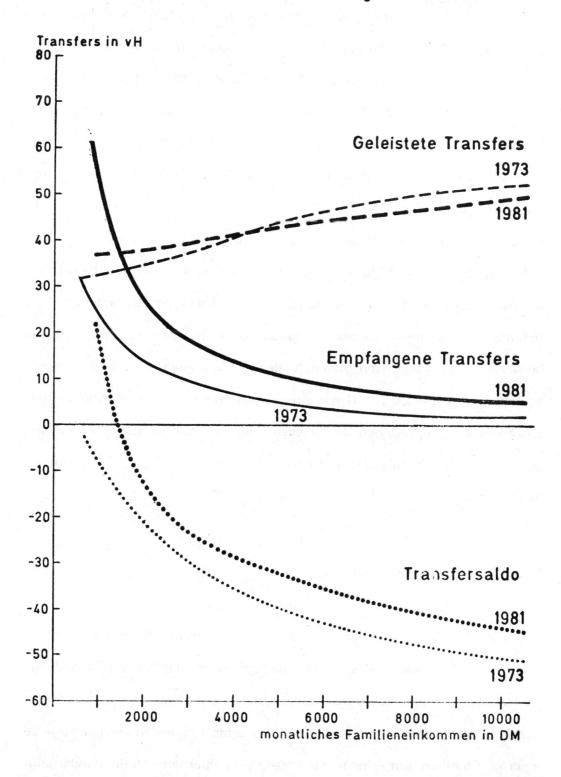

Schaubild 9.8

Transfers der Arbeiter–Familien 1973/1981
in vH des Bruttoerwerbs- und -vermögenseinkommens

Transfers in vH

Geleistete Transfers

1973

1981

Empfangene Transfers

1981

1973

Transfersaldo

1981

1973

2000   4000   6000   8000   10000

monatliches Familieneinkommen in DM

311

Per Saldo sind den Familien, die mehr Transfers empfangen als sie leisten, 1973 etwa 36 Mrd. DM, 1981 78 Mrd. DM zugeflossen: Die Netto-relation - das Verhältnis des verfügbaren Einkommens zum Bruttoerwerbs- und -vermögenseinkommen - ist im Jahr 1981 deutlich höher ausgefallen als 1973, während sie für die übrigen Familien leicht zurückgegangen ist. Bei diesen Vergleichen ist freilich zu berücksichtigen, daß - wie oben gezeigt - der Einkommenswert, der Familien mit positivem und solche mit negativem Transfersaldo trennt, von 1973 bis 1981 um die Hälfte gestiegen ist.

In Übersicht 9.5 sind die nach der Einkommenshöhe geordneten Net-torelationen der Familien für diese beiden Jahre zusammengestellt. In sämtlichen Einkommensklassen ist das Nettoverhältnis 1981 günstiger aus-gefallen, als es für 1973 berechnet wurde. Sehr stark verbessert haben sich die Relationen für die Familien in den unteren Einkommensklassen. Natür-lich muß man bei einem solchen Vergleich die oben erwähnte Einschränkung berücksichtigen, daß sich nämlich der Schwerpunkt der Einkommens-schichtung von 1973 bis 1981 um einige Klassen nach oben verschoben hat; trotzdem läßt sich sagen, daß ebenso wie die horizontale Umverteilung auch der vertikale Einkommensausgleich in der Berichtszeit an Bedeutung gewonnen hat.

9.3.3   Familienlastenausgleich

Eine Einkommensumverteilung zugunsten von Familien mit Kindern hat es 1973 nur in Ansätzen gegeben. Der Kinderlastenausgleich wurde damals als Kombination von einkommensteuerlichen Freibeträgen und direkten Kin dergeldleistungen durchgeführt. Die Kindergeldsätze waren vergleichsweise niedrig; Familien mit einem Kind erhielten überhaupt kein Kindergeld,

Übersicht 9.5

Nettorelationen[1] der Familien 1973 und 1981 nach der Höhe des Bruttoerwerbs- und -vermögenseinkommens in vH

Monatliches Familieneinkommen von ... bis unter ... DM	1973	1981
unter 1 000	390,0	745,2
1 000 ... 1 250	134,5	270,1
1 250 ... 1 500	109,1	219,4
1 500 ... 1 750	94,2	175,7
1 750 ... 2 000	85,3	138,3
2 000 ... 2 250	80,4	110,4
2 250 ... 2 500	78,1	94,5
2 500 ... 2 750	76,4	86,5
2 750 ... 3 000	75,2	82,4
3 000 ... 3 250	73,7	79,6
3 250 ... 3 500	72,4	78,0
3 500 ... 3 750	71,2	76,2
3 750 ... 4 000	70,1	75,0
4 000 ... 5 000	67,2	71,5
5 000 ... 6 000	65,2	68,5
6 000 ... 7 000	63,8	67,1
7 000 ... 8 000	63,3	65,7
8 000 ... 9 000	62,5	64,4
9 000 ... 10 000	61,6	63,6
10 000 oder mehr	61,4	64,6
Insgesamt	79,3	80,7

1) Relation des verfügbaren Einkommens zum Bruttoerwerbs- und -vermögenseinkommen.

Quelle: Berechnungen des DIW unter Verwendung amtlicher Statistiken.

Familien mit zwei Kindern wurden nur berücksichtigt, wenn ihr Einkommen eine bestimmte Grenze nicht überschritt. Die gesamten Kindergeldzahlungen beliefen sich auf knapp 3 Mrd.DM; diese Summe war zu gering, als daß sie einen echten Familienlastenausgleich hätte bewirken können. Allerdings hat es 1973 kindbezogene Einkommensleistungen in zahlreichen anderen Transfers (z.B. als Familienzuschläge im öffentlichen Dienst oder als Kinderzuschläge in der Renten- und Unfallversicherung) gegeben, die sich nach Berechnungen im Rahmen des Sozialbudgets auf rund 7 Mrd.DM beliefen. Insgesamt haben die Familien mit Kindern im Jahr 1973 Transfers in Höhe von 34 Mrd.DM empfangen und in Höhe von 127 Mrd.DM geleistet (Übersicht 9.6). Nach der Umverteilung hatten diese Familien damals durchschnittlich 74 vH ihres primären Einkommens zur Verfügung, Familien ohne Kind - wenn man aus Gründen der Vergleichbarkeit hier die Familien von Rentnern und Beamtenpensionären ausklammert - rund 70 vH.

Durch die Reform des Familienlastenausgleichs von 1975 wurde das duale System von Steuerfreibeträgen und Kindergeldzahlungen durch ein einkommensunabhängiges Kindergeldsystem ersetzt. Kindergeld wurde nun auch für das erste Kind einer Familie gezahlt; für die weiteren Kinder wurden die Beträge erhöht[98]. Als Folge der Reform stiegen die Kindergeldzahlungen um 11 Mrd.DM, andererseits entfielen aber Steuerermäßigungen in Höhe von etwa 6 Mrd.DM[99].

1981 haben die Familien mit Kindern Transferleistungen erhalten, die in ihrer Summe doppelt so hoch waren wie 1973. Die Einkommensabzüge dieser Familien dagegen sind in diesen acht Jahren nur um etwas über die Hälfte gestiegen. Per Saldo haben die Familien mit Kindern 1981 reichlich 135 Mrd.DM an Transfers geleistet; ihre Nettorelation hat sich von 74 vH auf 75 vH erhöht. Familien von Erwerbspersonen ohne Kinder indes standen

Übersicht 9.6

Familienlastenausgleich
in Mrd.DM

	Empfangene	Geleistete	Transfersaldo	Nachr.: Netto-relation[1] in vH
	Transfers			
1973				
Familien				
mit Kindern 2)	34,0	127,4	-93,4	74,1
ohne Kind 3)	4,7	40,1	-35,4	69,5
Insgesamt	38,7	167,5	-128,8	73,0
1981				
Familien				
mit Kindern 2)	69,9	205,1	-135,2	74,7
ohne Kind 3)	9,8	78,9	-69,1	66,0
Insgesamt	79,7	284,0	-204,3	72,3

1) Relation des verfügbaren Einkommens zum Bruttoerwerbs- und -vermögenseinkommen. - 2) Kinder unter 18 Jahren. - 3) Ohne Familien von Rentnern und Versorgungsempfängern des öffentlichen Dienstes.

Quelle: Berechnungen des DIW unter Verwendung amtlicher Statistiken.

sich 1981 nach der Umverteilung ungünstiger als 1973; ihr Nettoverhältnis ist von 70 vH auf 66 vH zurückgegangen.

Insgesamt hat die Einkommensumverteilung zugunsten der Familien mit Kindern also in den siebziger Jahren an Bedeutung gewonnen. Allerdings zeigt sich eine unterschiedliche Entwicklung, wenn man nach Familien von Erwerbspersonen und solchen von Nichterwerbspersonen unterscheidet (vgl. Übersicht 9.7). Für Ehepaare von Erwerbspersonen mit Kindern ist das Nettoverhältnis ihres Einkommens von 1973 bis 1981 leicht

Übersicht 9.7

Nettorelationen[1] der Familien 1973 und 1981
nach Familientypen
in vH

| Familientyp | Familien von | | Ins-gesamt |
	Erwerbs-personen	Nicht-erwerbs-personen	
1973			
Ehepaare mit Kindern[2]	69,9	302,1	72,9
Ehepaare ohne Kind	69,5	329,2	94,0
Alleinerziehende	79,5	356,9	103,4
Insgesamt	70,0	324,1	79,3
1981			
Ehepaare mit Kindern[2]	69,6	335,5	73,0
Ehepaare ohne Kind	66,0	370,2	95,1
Alleinerziehende	78,6	416,3	105,5
Insgesamt	68,9	366,3	80,7

1) Relation des verfügbaren Einkommens zum Bruttoerwerbs- und -vermögenseinkommen. - 2) Kinder unter 18 Jahren.

Quellen: Berechnungen des DIW unter Verwendung amtlicher Statistiken.

zurückgegangen, und für alleinerziehende Erwerbspersonen war die Netto-quote 1981 sogar deutlich geringer als acht Jahre zuvor. Die zuletzt genannten Familien sind in den letzten Jahren in eine vergleichsweise hohe Steuerbelastung hineingewachsen, denn im Gegensatz zu Ehepaaren haben sie keine Möglichkeit, ihre Steuerschuld durch den "Splitting-Effekt" des Einkommensteuertarifs[100] zu verringern. Inzwischen sind die entsprechen-den Vorschriften des Steuerrechts, die der unterschiedlichen Leistungs-fähigkeit von Ehepaaren und Alleinerziehenden bei der Besteuerung nicht

Rechnung tragen, vom Bundesverfassungsgericht als verfassungswidrig erklärt worden[101]. Zugleich hat das Gericht mehrere Möglichkeiten genannt, wie der Gesetzgeber die Verfassungswidrigkeit der Besteuerung von Alleinerziehenden beseitigen könnte:

- durch steuerliche Berücksichtigung des zusätzlichen Betreuungsaufwands, der berufstätigen Alleinstehenden mit Kindern entsteht,

- durch Einbeziehung der Alleinerziehenden in das Splitting-Verfahren,

- durch die Einführung eines Familien-Splitting-Systems.

Durch das Steuerbereinigungsgesetz 1985 wurde Alleinerziehenden der steuerliche Abzug erhöhter Kinderbetreuungskosten ermöglicht.

9.4 Auswirkungen der Umverteilung 1973 und 1981 auf die Einkommenslage einzelner Familientypen

9.4.1 Einkommensumverteilung nach Familientypen

Insgesamt hat das DIW Einkommensstrukturen für 98 Grundfamilientypen berechnet. Nachgewiesen wird die Schichtung dieser Familien nach der Höhe ihres Bruttoerwerbs- und -vermögenseinkommens (vor der Umverteilung) und nach der Höhe ihres verfügbaren Einkommens (nach der Umverteilung) für die Jahre 1973 und 1981. Hinzu kommt eine Reihe von zusammenfassenden Übersichten für aggregierte Familientypen. Ein großer Teil dieser Strukturen ist im statistischen Anhang zu finden. Nicht alle der vom DIW berechneten Einkommensstrukturen und deren Veränderungen können hier ausführlich kommentiert werden.

Einen Überblick darüber, wie die einzelnen Familientypen von der Umverteilung durch empfangene und geleistete Übertragungen berührt worden sind, erhält man, wenn man etwa die jeweiligen Transferströme auf eine Bezugsgröße normiert, wie dies in den Übersichten 9.8 bis 9.15 geschehen ist.

Die Übersicht 9.8 läßt erkennen, daß die Umverteilung die einzelnen Familientypen in recht unterschiedlichem Ausmaß erfaßt hat. Sie zeigt erneut, daß sich in der Berichtszeit die Nettoeinkommensrelation von Familien mit Kindern verbessert hat - im Durchschnitt allerdings weniger als die von kinderreichen Ehepaaren.

Übersicht 9.8

Auswirkungen der Umverteilung auf die Einkommenslage der Familien 1973 und 1981
Bruttoerwerbs- und -vermögenseinkommen = 100

Familientyp	Bruttoer- werbs- und vermögens- einkommen 1)	Empfangene Transfers	Geleistete	Verfüg- bares Einkommen
1973				
Ehepaare mit				
einem Kind[2]	100,0	8,7	35,6	73,1
zwei Kindern[2]	100,0	7,3	36,6	70,7
drei Kindern[2]	100,0	9,2	34,6	74,6
vier oder mehr Kindern[2]	100,0	10,4	33,3	77,1
Ehepaare mit Kindern[2]	100,0	8,5	35,6	72,9
Ehepaare ohne Kind	100,0	27,9	33,9	94,0
Ehepaare	100,0	13,7	35,1	78,6
Alleinerziehende mit				
einem Kind[2]	100,0	45,4	30,8	114,6
mehreren Kindern[2]	100,0	23,4	30,4	93,0
Alleinerziehende	100,0	34,0	30,6	103,4
Familien mit Kindern[2]	100,0	9,4	35,3	74,1
Insgesamt	100,0	14,3	35,0	79,3
1981				
Ehepaare mit				
einem Kind[2]	100,0	10,7	39,3	71,4
zwei Kindern[2]	100,0	10,8	39,1	71,7
drei Kindern[2]	100,0	14,8	35,9	78,9
vier oder mehr Kindern[2]	100,0	17,5	34,4	83,1
Ehepaare mit Kindern[2]	100,0	11,6	38,6	73,0
Ehepaare ohne Kind	100,0	32,8	37,7	95,1
Ehepaare	100,0	18,1	38,3	79,8
Alleinerziehende mit				
einem Kind[2]	100,0	50,1	35,3	114,8
mehreren Kindern[2]	100,0	30,8	35,8	95,0
Alleinerziehende	100,0	41,0	35,5	105,5
Familien mit Kindern[2]	100,0	13,1	38,4	74,7
Insgesamt	100,0	18,9	38,2	80,7

1) Ohne unterstellte Sozialbeiträge und ohne nichtentnommene Gewinne der Unternehmen ohne eigene Rechtspersönlichkeit. - 2) Kinder unter 18 Jahren.

Quelle: Berechnungen des DIW unter Verwendung amtlicher Statistiken.

9.4.1.1 Ehepaare mit Kindern unter 18 Jahren

Das Einkommen, das Ehepaare mit Kindern unter 18 Jahren aus Erwerbstätigkeit und Vermögensbesitz erzielten, hat von 1973 bis 1981 - je Familie gerechnet - um rund 60 vH zugenommen. Die von den Ehepaaren empfangenen Transfers haben sich in dieser Zeit mehr als verdoppelt, während die geleisteten Transfers 1981 "nur" um 74 vH höher waren als 1973. Der Transfersaldo allerdings - jeweils bezogen auf das Brutto-erwerbs- und -vermögenseinkommen - ist nahezu konstant gebleiben, weil die geleisteten Transfers für Ehepaare mit Kindern wesentlich stärkeres Gewicht haben als die von ihnen empfangenen Einkommensübertragungen. Aus diesem Grunde ist auch die Nettorelation des Einkommens für diesen Familientyp - ohne Differenzierung nach der Zahl der Kinder und über alle sozialen Gruppen gerechnet - 1981 nicht sehr viel höher ausgefallen wie 1973, und das verfügbare Einkommen hat mit fast der gleichen Raten expandiert wie das primäre Einkommen.

Je nach der Kinderzahl ist die Entwicklung allerdings unterschiedlich verlaufen. Für Ehepaare mit einem Kind belief sich das verfügbare Einkommen 1973 auf durchschnittlich 73 vH, 1981 nur noch auf 71 vH ihre Bruttoerwerbs- und -vermögenseinkommens (vgl. Übersicht 9.9); diese Familien haben sich also in ihrer Einkommensposition nach der Umverteilung verschlechtert. In sozialer Differenzierung gibt es allerdings Ausnahmen: Ehepaare von Selbständigen und vor allem solche von Nichterwerbsperso-nen, die ein Kind unter 18 Jahren hatten, standen sich 1981 nach der Umverteilung günstiger als 1973. Verschlechtert haben sich mithin die Arbeitnehmer-Ehepaare mit einem Kind.

Übersicht 9.9

Auswirkungen der Umverteilung auf die Einkommenslage von Ehepaaren
mit einem Kind unter 18 Jahren 1973 und 1981

Bruttoerwerbs- und -vermögenseinkommen = 100

Familientyp	Bruttoer-werbs- und -vermögens-einkommen 1)	Empfangene Transfers	Geleistete Transfers	Verfüg-bares Einkommen
1973				
Selbständige				
in der Land- und Forstwirtschaft	100,0	2,5	15,1	87,4
in den sonstigen Wirtschaftsbereichen	100,0	0,7	28,8	71,9
Angestellte	100,0	4,2	39,8	64,4
Beamte 2)	100,0	3,3	24,4	78,9
Arbeiter	100,0	7,6	39,0	68,6
Rentner 3)	100,0	266,0	21,7	344,3
Versorgungsempf. d. öffentl. Dienstes	100,0	302,2	49,9	352,3
Insgesamt	100,0	8,7	35,6	73,1
1981				
Selbständige				
in der Land- und Forstwirtschaft	100,0	4,2	16,5	87,7
in den sonstigen Wirtschaftsbereichen	100,0	1,2	28,1	73,1
Angestellte	100,0	6,3	44,3	62,0
Beamte 2)	100,0	4,7	26,7	78,0
Arbeiter	100,0	10,0	44,1	65,9
Rentner 3)	100,0	285,3	23,1	362,2
Versorgungsempf. d. öffentl. Dienstes	100,0	333,1	52,4	380,7
Insgesamt	100,0	10,7	39,3	71,4

1) Ohne unterstellte Sozialbeiträge und ohne nichtentnommene Gewinne der Unternehmen ohne eigene Rechtspersönlichkeit. - 2) Einschließlich Richter, ohne Versorgungsempfänger. - 3) Einschließlich sonstiger Personen, die überwiegend von laufenden Übertragungen oder Vermögenseinkommen leben.

Quelle: Berechnungen des DIW unter Verwendung amtlicher Statistiken.

Übersicht 9.10

Auswirkungen der Umverteilung auf die Einkommenslage von Ehepaaren
mit zwei Kindern unter 18 Jahren 1973 und 1981

Bruttoerwerbs- und -vermögenseinkommen = 100

Familientyp	Bruttoer-werbs- und -vermögens-einkommen 1)	Empfangene	Geleistete	Verfüg-bares Einkommen
		Transfers		
1973				
Selbständige				
in der Land- und Forstwirtschaft	100,0	3,1	16,6	86,5
in den sonstigen Wirtschaftsbereichen	100,0	1,0	29,9	71,1
Angestellte	100,0	4,7	40,7	64,0
Beamte[2]	100,0	4,1	26,6	77,5
Arbeiter	100,0	7,7	40,3	67,4
Rentner[3]	100,0	205,0	21,4	283,6
Versorgungsempf. d. öffentl.Dienstes	100,0	238,6	43,5	295,1
Insgesamt	100,0	7,3	36,6	70,7
1981				
Selbständige				
in der Land- und Forstwirtschaft	100,0	6,8	19,1	87,7
in den sonstigen Wirtschaftsbereichen	100,0	2,3	27,3	75,0
Angestellte	100,0	8,5	44,0	64,5
Beamte[2]	100,0	6,7	28,5	78,2
Arbeiter	100,0	11,9	44,0	67,9
Rentner[3]	100,0	226,0	24,0	302,0
Versorgungsempf. d. öffentl. Dienstes	100,0	268,6	47,0	322,6
Insgesamt	100,0	10,8	39,1	71,7

1) Ohne unterstellte Sozialbeiträge und ohne nichtentnommene Gewinne der Unternehmen ohne eigene Rechtspersönlichkeit. - 2) Einschließlich Richter, ohne Versorgungsempfänger. - 3) Einschließlich sonstiger Personen, die überwiegend von laufenden Übertragungen oder Vermögenseinkommen leben.

Quelle: Berechnungen des DIW unter Verwendung amtlicher Statistiken.

Übersicht 9.11

Auswirkungen der Umverteilung auf die Einkommenslage von Ehepaaren
mit drei Kindern unter 18 Jahren 1973 und 1981

Bruttoerwerbs- und -vermögenseinkommen = 100

Familientyp	Bruttoer-werbs- und -vermögens-einkommen 1)	Empfangene Transfers	Geleistete	Verfüg-bares Einkommen
1973				
Selbständige				
in der Land- und Forstwirtschaft	100,0	5,6	17,5	80,1
in den sonstigen Wirtschaftsbereichen	100,0	2,1	29,9	72,2
Angestellte	100,0	7,1	41,1	66,0
Beamte2)	100,0	4,5	27,2	77,3
Arbeiter	100,0	10,6	40,7	69,9
Rentner3)	100,0	174,0	20,9	253,1
Versorgungsempf. d. öffentl. Dienstes	100,0	196,7	37,4	259,3
Insgesamt	100,0	9,2	34,6	74,6
1981				
Selbständige				
in der Land- und Forstwirtschaft	100,0	11,4	19,9	91,5
in den sonstigen Wirtschaftsbereichen	100,0	4,2	26,5	77,7
Angestellte	100,0	13,0	43,9	69,1
Beamte2)	100,0	11,0	28,2	82,8
Arbeiter	100,0	17,2	43,7	73,5
Rentner3)	100,0	226,6	24,6	302,0
Versorgungsempf. d. öffentl. Dienstes	100,0	226,9	45,6	281,3
Insgesamt	100,0	14,8	35,9	78,9

1) Ohne unterstellte Sozialbeiträge und ohne nichtentnommene Gewinne der Unternehmen ohne eigene Rechtspersönlichkeit. - 2) Einschließlich Richter, ohne Versorgungsempfänger. - 3) Einschließlich sonstiger Personen, die überwiegend von laufenden Übertragungen oder Vermögenseinkommen leben.

Quelle: Berechnungen des DIW unter Verwendung amtlicher Statistiken.

Übersicht 9.12

Auswirkungen der Umverteilung auf die Einkommenslage von Ehepaaren
mit vier oder mehr Kindern unter 18 Jahren 1973 und 1981

Bruttoerwerbs- und -vermögenseinkommen = 100

Familientyp	Bruttoer-werbs- und -vermögens-einkommen 1)	Empfangene Transfers	Geleistete	Verfüg-bares Einkommen
1973				
Selbständige				
in der Land- und Forstwirtschaft	100,0	7,8	18,3	89,5
in den sonstigen Wirtschaftsbereichen	100,0	3,6	29,6	74,0
Angestellte	100,0	10,4	40,1	70,3
Beamte[2]	100,0	5,1	26,5	78,6
Arbeiter	100,0	15,0	39,8	75,2
Rentner[3]	100,0	158,8	19,7	239,1
Versorgungsempf. d. öffentl. Dienstes	x	x	x	x
Insgesamt	100,0	10,4	33,3	77,1
1981				
Selbständige				
in der Land- und Forstwirtschaft	100,0	15,7	21,0	94,7
in den sonstigen Wirtschaftsbereichen	100,0	6,3	25,8	80,5
Angestellte	100,0	18,0	42,4	75,6
Beamte[2]	100,0	16,2	26,4	89,8
Arbeiter	100,0	23,8	42,3	81,5
Rentner[3]	100,0	226,0	23,7	302,3
Versorgungsempf. d. öffentl. Dienstes	x	x	x	x
Insgesamt	100,0	17,5	34,4	83,1

1) Ohne unterstellte Sozialbeiträge und ohne nichtentnommene Gewinne der Unternehmen ohne eigene Rechtspersönlichkeit. - 2) Einschließlich Richter, ohne Versorgungsempfänger. - 3) Einschließlich sonstiger Personen, die überwiegend von laufenden Übertragungen oder Vermögenseinkommen leben.

Quelle: Berechnungen des DIW unter Verwendung amtlicher Statistiken.

Für Ehepaare mit mehreren Kindern dagegen hat sich die Nettorelation des Einkommens 1981 gegenüber 1973 verbessert (vgl. Übersichten
9.10 bis 9.12); dies gi t im Durchschnitt für alle hier unterschiedenen
sozialen Gruppen. Für kinderreiche Familien hat sich die Nettorelation des
Einkommens in der Berichtszeit sogar kräftig erhöht - für Ehepaare mit
drei Kindern von 75 vH (1973) auf 79 vH (1981), für Ehepaare mit vier oder
mehr Kindern von 77 vH (1973) auf 83 vH (1981).

9.4.1.2   Ehepaare ohne Kind

Das Erwerbs- und Vermögenseinkommen der Ehepaare ohne Kind war
1981 - wiederum je Familie gerechnet - um 67 vH höher als 1973, das
verfügbare Einkommen hat um 69 vH expandiert. Damit ist die Einkommensentwicklung für kinderlose Ehepaare deutlich günstiger verlaufen
als für Familien, in denen Kinder unte 18 Jahren lebten.

Erneut hinzuweisen ist freilich auf den hohen Anteil, den Familien
von Rentnern und Versorgungsempfängern des öffentlichen Dienstes unter
den Ehepaaren ohne Kind haben. Denn nur für diese Familien ist die
Nettorelation des Einkommens gestiegen, weil nämlich die Renten und
Pensionen in der Berichtszeit kräftiger zugenommen haben als die Einkommen aus Erwerbstätigkeit und Vermögen (vgl. Übersicht 9.13). Für
kinderlose Ehepaare von Erwerbspersonen hingegen ist die Nettorelation
des Einkommens 1981 geringer ausgefallen als 1973. Insbesondere Arbeitnehmer-Ehepaare ohne Kinder haben in der Berichtszeit relative "Umver-
teilungseinbußen" hinnehmen müssen, weil die aus ihrem Faktoreinkommen
zu leistenden Übertragungen stärker expandiert haben als dieses Einkommen selbst. Dabei haben sich kinderlose Arbeitnehmer-Ehepaare in der
Nettorelation ihres Einkommens noch mehr verschlechtert als entsprechende Ehepaare mit einem Kind.

Übersicht 9.13

Auswirkungen der Umverteilung auf die Einkommenslage von Ehepaaren
ohne Kind 1973 und 1981

Bruttoerwerbs- und -vermögenseinkommen = 100

Familientyp	Bruttoer-werbs- und -vermögens-einkommen 1)	Empfangene	Geleistete	Verfüg-bares Einkommen
		Transfers		
1973				
Selbständige				
in der Land- und Forstwirtschaft	100,0	2,2	16,3	85,9
in den sonstigen Wirtschaftsbereichen	100,0	0,5	28,7	71,8
Angestellte	100,0	3,9	39,1	64,8
Beamte[2]	100,0	2,9	20,2	82,7
Arbeiter	100,0	7,4	38,4	69,0
Rentner[3]	100,0	246,0	22,6	323,4
Versorgungsempf. d. öffentl. Dienstes	100,0	325,6	61,1	364,5
Insgesamt	100,0	27,9	33,9	94,0
1981				
Selbständige				
in der Land- und Forstwirtschaft	100,0	2,6	17,6	85,0
in den sonstigen Wirtschaftsbereichen	100,0	0,6	29,3	71,3
Angestellte	100,0	5,0	44,5	60,5
Beamte[2]	100,0	2,9	23,5	79,4
Arbeiter	100,0	8,6	44,4	64,2
Rentner[3]	100,0	288,2	22,6	365,6
Versorgungsempf. d. öffentl. Dienstes	100,0	358,4	57,6	400,8
Insgesamt	100,0	32,8	37,7	95,1

1) Ohne unterstellte Sozialbeiträge und ohne nichtentnommene Gewinne der Unternehmen ohne eigene Rechtspersönlichkeit. - 2) Einschließlich Richter, ohne Versorgungsempfänger. - 3) Einschließlich sonstiger Personen, die überwiegend von laufenden Übertragungen oder Vermögenseinkommen leben.

Quelle: Berechnungen des DIW unter Verwendung amtlicher Statistiken.

Übersicht 9.14

Auswirkungen der Umverteilung auf die Einkommenslage von Alleinerziehenden
mit einem Kind unter 18 Jahren 1973 und 1981

Bruttoerwerbs- und -vermögenseinkommen = 100

Familientyp	Bruttoerwerbs- und -vermögenseinkommen 1)	Empfangene Transfers	Geleistete Transfers	Verfügbares Einkommen
1973				
Selbständige				
in der Land- und Forstwirtschaft	100,0	6,7	14,3	92,4
in den sonstigen Wirtschaftsbereichen	100,0	1,7	18,0	83,7
Angestellte	100,0	8,9	34,7	74,2
Beamte[2]	100,0	6,8	8,8	98,0
Arbeiter	100,0	14,5	34,1	80,4
Rentner[3]	100,0	318,0	20,8	397,2
Versorgungsempf. d. öffentl. Dienstes	100,0	374,8	51,8	423,0
Insgesamt	100,0	45,4	30,8	114,6
1981				
Selbständige				
in der Land- und Forstwirtschaft	100,0	9,6	14,7	94,9
in den sonstigen Wirtschaftsbereichen	100,0	1,9	24,6	77,3
Angestellte	100,0	12,3	41,2	71,1
Beamte[2]	100,0	7,7	16,7	91,0
Arbeiter	100,0	19,7	40,7	79,0
Rentner[3]	100,0	356,3	18,0	438,3
Versorgungsempf. d. öffentl. Dienstes	100,0	443,9	45,2	498,7
Insgesamt	100,0	50,1	35,3	114,8

1) Ohne unterstellte Sozialbeiträge und ohne nichtentnommene Gewinne der Unternehmen ohne
eigene Rechtspersönlichkeit. -   2) Einschließlich Richter, ohne Versorgungsempfänger. -
3) Einschließlich sonstiger Personen, die überwiegend von laufenden Übertragungen oder
Vermögenseinkommen leben.

Quelle: Berechnungen des DIW unter Verwendung amtlicher Statistiken.

Übersicht 9.15

Auswirkungen der Umverteilung auf die Einkommenslage von Alleinerziehenden
mit mehreren Kindern unter 18 Jahren 1973 und 1981

Bruttoerwerbs- und -vermögenseinkommen = 100

Familientyp	Bruttoer-werbs- und -vermögens-einkommen 1)	Empfangene	Geleistete	Verfüg-bares Einkommen
		Transfers		
1973				
Selbständige				
in der Land- und Forstwirtschaft	100,0	8,2	15,5	92,7
in den sonstigen Wirtschaftsbereichen	100,0	2,4	24,1	78,3
Angestellte	100,0	10,9	35,4	75,5
Beamte[2]	100,0	8,4	15,4	93,0
Arbeiter	100,0	17,2	34,6	82,6
Rentner[3]	100,0	190,1	20,0	270,1
Versorgungsempf. d. öffentl. Dienstes	100,0	281,3	43,8	337,5
Insgesamt	100,0	23,4	30,4	93,0
1981				
Selbständige				
in der Land- und Forstwirtschaft	100,0	15,1	18,1	97,0
in den sonstigen Wirtschaftsbereichen	100,0	4,3	24,8	79,5
Angestellte	100,0	17,6	40,6	77,0
Beamte[2]	100,0	13,9	25,6	88,3
Arbeiter	100,0	25,5	39,9	85,6
Rentner[3]	100,0	255,3	22,2	333,1
Versorgungsempf. d. öffentl. Dienstes	100,0	355,0	48,3	406,7
Insgesamt	100,0	30,7	35,7	95,0

1) Ohne unterstellte Sozialbeiträge und ohne nichtentnommene Gewinne der Unternehmen ohne
eigene Rechtspersönlichkeit. -   2) Einschließlich Richter, ohne Versorgungsempfänger. -
3) Einschließlich sonstiger Personen, die überwiegend von laufenden Übertragungen oder
Vermögenseinkommen leben.

Quelle: Berechnungen des DIW unter Verwendung amtlicher Statistiken.

9.4.1.3 Alleinerziehende

Für unvollständige Familien ist das Einkommen aus Erwerbstätigkeit und Vermögen von 1973 bis 1981 um durchschnittlich 63 vH gestiegen. Die an Alleinerziehende fließenden Transfers haben sich in dieser Zeit nahezu verdoppelt, freilich haben auch die geleisteten Transfers um rund 90 vH zugenommen. Der relative Transfersaldo und auch die Nettorelation dieser Familien haben sich in der Berichtszeit erhöht; d. h. auch Alleinerziehende konnten einen "Umverteilungsgewinn" für sich verbuchen.

Für unvollständige Familien mit einem Kind hat sich die Netto-relation des Einkommens nur wenig erhöht; sie belief sich sowohl 1973 als auch 1981 auf knapp 115 vH ihres Erwerbs- und Vermögenseinkommens (vgl. 9.14). Das Primäreinkommen dieser Familien wurde 1973 um 45 vH, 1981 um 50 vH durch Einkommensübertragungen aufgestockt, während die geleisteten Transfers nur 31 vH (1973) bzw. 35 vH (1981) des Primärein-kommens ausmachten. Zu berücksichtigen ist wiederum, daß mehr als ein Drittel der Familienvorstände nicht im Erwerbsleben stand; für allein-erziehende Rentner und Beamtenpensionäre hat sich die Nettorelation des Einkommens von 1973 bis 1981 deutlich erhöht.

Unter den unvollständigen Familien mit mehreren Kindern dagegen sind solche von Nichterwerbspersonen erheblich schwächer vertreten. Hier wurde auch für alleinerziehende Arbeitnehmer ein "Umverteilungsgewinn" berechnet (vgl. Übersicht 9.15).

9.4.2 Einkommensumverteilung bei Arbeitnehmer-Familien

Plastisch zeigen sich die Auswirkungen der Umverteilung auch, wenn man die entsprechenden Einkommensstrukturen gegenüberstellt, die vor und nach der Umverteilung gelten. In den Übersichten 9.16 bis 9.23 ist dies

Übersicht 9.16

Einkommensschichtungen der Arbeitnehmer-Familien 1973 und 1981
vor und nach der Umverteilung:

Ehepaare mit einem Kind unter 18 Jahren
in 1 000

Monatliches Familieneinkommen von...bis unter...DM	Zahl der Familien 1973			Zahl der Familien 1981		
	vor	nach	Verän-	vor	nach	Verän-
	der Umverteilung		derung	der Umverteilung		derung
unter 1 000	86	145	+59			
1 000 - 1 250	117	304	+187	4		-4
1 250 - 1 500	154	398	+244	13	4	-9
1 500 - 1 750	187	406	+219	28	81	+53
1 750 - 2 000	217	356	+139	45	150	+105
2 000 - 2 250	246	294	+48	65	245	+180
2 250 - 2 500	246	236	-10	89	310	+221
2 500 - 2 750	235	191	-44	112	331	+219
2 750 - 3 000	219	151	-68	133	309	+176
3 000 - 3 250	192	121	-71	151	267	+116
3 250 - 3 500	164	99	-65	161	223	+62
3 500 - 3 750	131	80	-51	163	185	+22
3 750 - 4 000	100	64	-36	152	152	0
4 000 - 5 000	300	103	-197	535	387	-148
5 000 - 6 000	181	26	-155	428	197	-231
6 000 - 7 000	102	5	-97	319	110	-209
7 000 - 8 000	54	1	-53	233	53	-180
8 000 - 9 000	26		-26	163	20	-143
9 000 - 10 000	17		-17	104	5	-99
10 000 und mehr	6		-6	132	1	-131
Insgesamt	2 980	2 980	0	3 030	3 030	0

Übersicht 9.17

Einkommensschichtungen der Arbeitnehmer-Familien 1973 und 1981
vor und nach der Umverteilung:

Ehepaare mit zwei Kindern unter 18 Jahren
in 1 000

| Monatliches Familieneinkommen von...bis unter...DM | Zahl der Familien 1973 | | | Zahl der Familien 1981 | | |
| | vor | nach | Verän- | vor | nach | Verän- |
	der Umverteilung		derung	der Umverteilung		derung
unter 1 000	23	28	+5			
1 000 - 1 250	33	103	+70			
1 250 - 1 500	53	188	+135	2		-2
1 500 - 1 750	81	249	+168	6	5	-1
1 750 - 2 000	113	267	+154	11	30	+19
2 000 - 2 250	138	241	+103	19	53	+34
2 250 - 2 500	155	206	+51	27	106	+79
2 500 - 2 750	162	172	+10	39	163	+124
2 750 - 3 000	161	139	-22	53	201	+148
3 000 - 3 250	154	115	-39	69	205	+136
3 250 - 3 500	137	94	-43	86	188	+102
3 500 - 3 750	118	79	-39	93	165	+72
3 750 - 4 000	95	64	-31	95	140	+45
4 000 - 5 000	270	128	-142	358	377	+19
5 000 - 6 000	177	32	-145	319	198	-121
6 000 - 7 000	110	11	-99	261	112	-149
7 000 - 8 000	65	4	-61	206	68	-138
8 000 - 9 000	40		-40	161	34	-127
9 000 - 10 000	23		-23	115	16	-99
10 000 und mehr	12		-12	150	9	-141
Insgesamt	2 120	2 120	0	2 070	2 070	0

331

Übersicht 9.18

Einkommensschichtungen der Arbeitnehmer-Familien 1973 und 1981
vor und nach der Umverteilung:

Ehepaare mit drei Kindern unter 18 Jahren
in 1 000

Monatliches Familieneinkommen von...bis unter...DM	Zahl der Familien 1973 vor der Umverteilung	nach	Verän-derung	Zahl der Familien 1981 vor der Umverteilung	nach	Verän-derung
unter 1 000	4	2	-2			
1 000 - 1 250	7	17	+10			
1 250 - 1 500	11	29	+18			
1 500 - 1 750	18	51	+33			
1 750 - 2 000	27	74	+47	1		-1
2 000 - 2 250	38	90	+52	1	3	+2
2 250 - 2 500	49	90	+41	1	6	+5
2 500 - 2 750	55	78	+23	4	9	+5
2 750 - 3 000	56	66	+10	7	20	+13
3 000 - 3 250	56	53	-3	10	34	+24
3 250 - 3 500	53	43	-10	16	42	+26
3 500 - 3 750	46	35	-11	19	47	+28
3 750 - 4 000	38	29	-9	23	45	+22
4 000 - 5 000	104	59	-45	87	133	+46
5 000 - 6 000	72	17	-55	80	69	-11
6 000 - 7 000	45	7	-38	68	37	-31
7 000 - 8 000	28		-28	58	21	-37
8 000 - 9 000	17		-17	44	12	-32
9 000 - 10 000	11		-11	33	8	-25
10 000 und mehr	5		-5	38	4	-34
Insgesamt	740	740	0	490	490	0

Übersicht 9.19

Einkommensschichtungen der Arbeitnehmer-Familien 1973 und 1981
vor und nach der Umverteilung:

Ehepaare mit vier oder mehr Kindern unter 18 Jahren
in 1 000

Monatliches Familieneinkommen von...bis unter...DM	Zahl der Familien 1973			Zahl der Familien 1981		
	vor	nach	Verän-	vor	nach	Verän-
	der Umverteilung		derung	der Umverteilung		derung
unter 1 000	2		-2			
1 000 - 1 250	3	4	+1			
1 250 - 1 500	5	10	+5			
1 500 - 1 750	10	17	+7			
1 750 - 2 000	15	29	+14			
2 000 - 2 250	20	42	+22			
2 250 - 2 500	24	51	+27			
2 500 - 2 750	29	51	+22	1		-1
2 750 - 3 000	33	46	+13	2	4	+2
3 000 - 3 250	32	39	+7	3	7	+4
3 250 - 3 500	31	31	0	6	10	+4
3 500 - 3 750	28	24	-4	8	13	+5
3 750 - 4 000	22	19	-3	11	20	+9
4 000 - 5 000	60	36	-24	39	63	+24
5 000 - 6 000	41	12	-29	37	39	+2
6 000 - 7 000	26	4	-22	30	22	-8
7 000 - 8 000	17		-17	24	13	-11
8 000 - 9 000	10		-10	17	8	-9
9 000 - 10 000	5		-5	12	4	-8
10 000 und mehr	2		-2	15	2	-13
Insgesamt	415	415	0	205	205	0

Übersicht 9.20

Einkommensschichtungen der Arbeitnehmer-Familien 1973 und 1981
vor und nach der Umverteilung:

Ehepaare ohne Kind
in 1 000

Monatliches Familieneinkommen von...bis unter...DM	Zahl der Familien 1973 vor der Umverteilung	nach	Verän-derung	Zahl der Familien 1981 vor der Umverteilung	nach	Verän-derung
unter 1 000	142	304	+162	5		-5
1 000 - 1 250	178	407	+229	17	6	-11
1 250 - 1 500	210	411	+201	37	95	+58
1 500 - 1 750	228	346	+118	57	216	+159
1 750 - 2 000	232	270	+38	76	271	+195
2 000 - 2 250	224	203	-21	95	299	+204
2 250 - 2 500	207	159	-48	116	306	+190
2 500 - 2 750	185	122	-63	135	269	+134
2 750 - 3 000	161	95	-66	148	223	+75
3 000 - 3 250	139	75	-64	156	179	+23
3 250 - 3 500	115	60	-55	157	145	-12
3 500 - 3 750	90	45	-45	146	117	-29
3 750 - 4 000	68	34	-34	130	95	-35
4 000 - 5 000	195	49	-146	437	241	-196
5 000 - 6 000	113	13	-100	332	124	-208
6 000 - 7 000	58	2	-56	236	58	-178
7 000 - 8 000	28		-28	159	19	-140
8 000 - 9 000	13		-13	103	10	-93
9 000 - 10 000	7		-7	63	2	-61
10 000 und mehr	2		-2	70		-70
Insgesamt	2 595	2 595	0	2 675	2 675	0

Übersicht 9.21

Einkommensschichtungen der Arbeitnehmer-Familien 1973 und 1981
vor und nach der Umverteilung:

Alleinerziehende mit einem Kind unter 18 Jahren
in 1 000

Monatliches Familieneinkommen von...bis unter...DM	Zahl der Familien 1973			Zahl der Familien 1981		
	vor der Umverteilung	nach	Verän-derung	vor der Umverteilung	nach	Verän-derung
unter 1 000	21	39	+18	4		-4
1 000 - 1 250	23	43	+20	4	5	+1
1 250 - 1 500	27	36	+9	7	23	+16
1 500 - 1 750	27	30	+3	11	34	+23
1 750 - 2 000	27	22	-5	15	32	+17
2 000 - 2 250	22	16	-6	20	31	+11
2 250 - 2 500	18	11	-7	24	38	+14
2 500 - 2 750	13	7	-6	28	32	+4
2 750 - 3 000	10	3	-7	28	25	-3
3 000 - 3 250	8	2	-6	26	20	-6
3 250 - 3 500	4	1	-3	23	14	-9
3 500 - 3 750	2		-2	20	11	-9
3 750 - 4 000	2		-2	16	8	-8
4 000 - 5 000	5		-5	30	9	-21
5 000 - 6 000	1		-1	15	3	-12
6 000 - 7 000				8		-8
7 000 - 8 000				3		-3
8 000 - 9 000				2		-2
9 000 - 10 000				1		-1
10 000 und mehr						
Insgesamt	210	210	0	285	285	0

Übersicht 9.22

Einkommensschichtungen der Arbeitnehmer-Familien 1973 und 1981
vor und nach der Umverteilung:

Alleinerziehende mit mehreren Kindern unter 18 Jahren
in 1 000

Monatliches Familieneinkommen von...bis unter...DM	Zahl der Familien 1973			Zahl der Familien 1981		
	vor	nach	Verän-derung	vor	nach	Verän-derung
	der Umverteilung			der Umverteilung		
unter 1 000	4	8	+4			
1 000 - 1 250	6	12	+6	1		-1
1 250 - 1 500	11	16	+5	2	1	-1
1 500 - 1 750	14	28	+14	3	4	+1
1 750 - 2 000	21	32	+11	3	10	+7
2 000 - 2 250	20	28	+8	6	14	+8
2 250 - 2 500	20	21	+1	9	15	+6
2 500 - 2 750	21	12	-9	13	30	+17
2 750 - 3 000	17	7	-10	17	30	+13
3 000 - 3 250	12	4	-8	21	26	+5
3 250 - 3 500	9	1	-8	22	21	-1
3 500 - 3 750	6	1	-5	20	15	-5
3 750 - 4 000	4		-4	19	12	-7
4 000 - 5 000	3		-3	36	25	-11
5 000 - 6 000	2		-2	19	6	-13
6 000 - 7 000				11	1	-10
7 000 - 8 000				5		-5
8 000 - 9 000				2		-2
9 000 - 10 000				1		-1
10 000 und mehr						
Insgesamt	170	170	0	210	210	0

Übersicht 9.23

Einkommensschichtungen der Arbeitnehmer-Familien 1973 und 1981
vor und nach der Umverteilung:

Familien mit Kindern unter 18 Jahren
in 1 000

Monatliches Familieneinkommen von...bis unter...DM	Zahl der Familien 1973			Zahl der Familien 1981		
	vor	nach	Verän-	vor	nach	Verän-
	der Umverteilung		derung	der Umverteilung		derung
unter 1 000	140	222	+82	4		-4
1 000 - 1 250	189	483	+294	9	5	-4
1 250 - 1 500	261	677	+416	24	28	+4
1 500 - 1 750	337	781	+444	48	124	+76
1 750 - 2 000	420	780	+360	75	222	+147
2 000 - 2 250	484	711	+227	111	346	+235
2 250 - 2 500	512	615	+103	150	475	+325
2 500 - 2 750	515	511	-4	197	565	+368
2 750 - 3 000	496	412	-84	240	589	+349
3 000 - 3 250	454	334	-120	280	559	+279
3 250 - 3 500	398	269	-129	314	498	+184
3 500 - 3 750	331	219	-112	323	436	+113
3 750 - 4 000	261	176	-85	316	377	+61
4 000 - 5 000	742	326	-416	1 085	994	-91
5 000 - 6 000	474	87	-387	898	512	-386
6 000 - 7 000	283	27	-256	697	282	-415
7 000 - 8 000	164	5	-159	529	155	-374
8 000 - 9 000	93		-93	389	74	-315
9 000 - 10 000	56		-56	266	33	-233
10 000 und mehr	25		-25	335	16	-319
Insgesamt	6 635	6 635	0	6 290	6 290	0

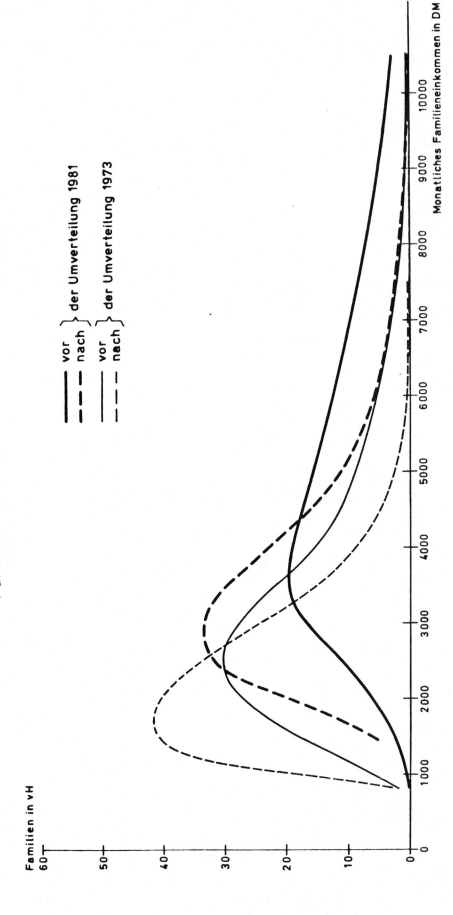

Schaubild 9.9

EINKOMMENSSCHICHTUNG DER ARBEITNEHMER - FAMILIEN 1973 und 1981:
Familien mit Kindern unter 18 Jahren

vor ⎱
nach ⎰ der Umverteilung 1981

vor ⎱
nach ⎰ der Umverteilung 1973

Familien in vH

Monatliches Familieneinkommen in DM

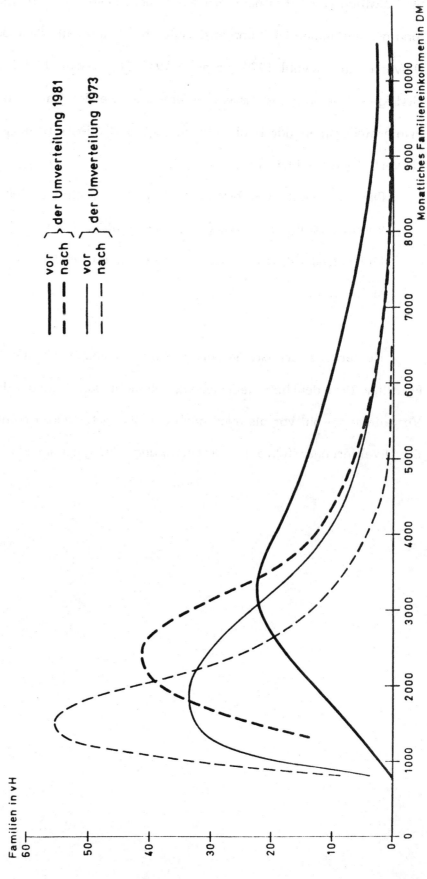

Schaubild 9.10

EINKOMMENSSCHICHTUNG
DER ARBEITNEHMER - FAMILIEN 1973 UND 1981 :

Ehepaare ohne Kind

vor
nach } der Umverteilung 1981

vor
nach } der Umverteilung 1973

Familien in vH

60 50 40 30 20 10 0

0 1000 2000 3000 4000 5000 6000 7000 8000 9000 10000

Monatliches Familieneinkommen in DM

339

für Familien von Arbeitnehmern geschehen. Deutlich sieht man die Bedeutung des vertikalen Einkommensausgleichs - einerseits "wandert" durch die Umverteilung sowohl 1973 als auch 1981 ein großer Teil der Familien in niedrigere Einkommensklassen, andererseits werden Familien mit geringem Primäreinkommen durch die Umverteilung begünstigt. Insgesamt hat die Umverteilung zwei Effekte:

- Der am dichtesten besetzte Bereich verschiebt sich auf der Einkommensskala nach "links" (vgl. Schaubilder 9.9 und 9.10).

- Die Disparität der Einkommensverteilung wird geringer (vgl. Übersicht 9.28).

Bemerkenswert ist, daß die Einkommensdisparität der Arbeitnehmer-Familien 1981 deutlich niedriger war als acht Jahre zuvor; dies gilt für die Verteilung sowohl vor als auch nach der Umverteilung. Freilich waren auch die Nivellierungseffekte der Umverteilung 1981 geringer als 1973.

9.5   Veränderung der Einkommensverteilung nach Mittelwerten und Quintilen

Veränderungen relativer Einkommenspositionen lassen sich an der unterschiedlichen Entwicklung von Mittelwerten erkennen (vgl. Übersichten 9.24 bis 9.27). Anschaulich und informativ ist auch eine Gegenüberstellung einzelner Quintile hinsichtlich ihrer Veränderung bei einem zeitlichen Vergleich.

In der Übersicht 9.29 werden in sozialer Gruppierung die Einkommensanteile der in Fünftelgruppen aufgegliederten Familien für die Jahre 1973 und 1981 vor und nach der Umverteilung dargestellt. Dabei sind unterschiedliche, in der Tendenz aber sehr deutliche Veränderungen zu erkennen. Bei den Selbständigen außerhalb der Land- und Forstwirtschaft ist die Einkommensdisparität von 1973 bis 1981 deutlich gestiegen; der Einkommensanteil, der auf die Familien in den unteren und mittleren Quintilen entfällt, ist geringer geworden, die Familien im obersten Quintil hingegen erzielten 1981 einen deutlich höheren Einkommensanteil als acht Jahre zuvor. Diese Entwicklung ist anders verlaufen als bei den übrigen sozialen Gruppen; sie ist sicherlich auch auf den Konzentrationsprozeß zurückzuführen, der das Ausscheiden von einkommensschwachen Betrieben und Unternehmen zur Folge gehabt hat. Für Familien von Landwirten ist die Einkommensentwicklung nach Quintilen nicht einheitlich verlaufen.

Für alle drei Arbeitnehmergruppen sind die Veränderungen in den gegenübergestellten Jahren überraschend gleichgerichtet gewesen. Die hier sehr deutliche Nivellierung hat sowohl bei Angestellten- und Beamten- als auch bei Arbeiter-Familien zur Zunahme der unteren vier Fünftel zu Lasten des obersten Fünftels geführt. Überdies sind die daraus resultierenden Anteilsgewinne mit insgesamt rund 2 vH-Punkten in allen drei Fällen fast gleich ausgefallen. Die für Rentner und Versorgungsempfänger

Veränderung der Medianwerte der Einkommensschichtung der Familien von 1973 bis 1981

nach der Höhe des verfügbaren Einkommens*

in vH

Familientyp	Familien von							
	Selbständigen		Angestellten	Beamten[1]	Arbeitern	Rentnern[2]	Versorgungs- empfängern des öffentl. Dienstes	Ins- gesamt
	in der Land- und Forst- wirtschaft	in d. sonst. Wirtschafts- bereichen						
Ehepaare mit								
einem Kind[3]	+35,7	+38,5	+59,5	+65,5	+60,4	+67,8	+65,7	+58,9
zwei Kindern[3]	+34,5	+38,6	+61,2	+63,3	+63,7	+65,5	+58,7	+59,1
drei Kindern[3]	+34,9	+33,9	+64,8	+70,7	+68,3	+78,5	+73,7	+62,8
vier oder mehr Kindern[3]	+36,5	+29,7	+67,2	+95,7	+72,1	+81,8	x	+67,6
Ehepaare mit Kindern[3]	+28,5	+35,5	+57,5	+62,7	+59,6	+62,5	+57,0	+55,3
Ehepaare ohne Kind	+32,6	+38,5	+63,3	+67,5	+59,6	+82,2	+78,0	+68,6
Ehepaare	+27,7	+35,4	+57,8	+61,2	+58,9	+78,7	+72,5	+58,5
Alleinerziehende mit								
einem Kind[3]	+15,4	+47,7	+57,7	+80,0	+75,6	+97,2	+67,9	+76,2
mehreren Kindern[3]	+29,4	+49,3	+48,9	+76,5	+61,5	+88,8	+61,1	+60,6
Alleinerziehende	+34,2	+50,9	+53,6	+71,1	+65,2	+94,7	+75,6	+65,5
Familien mit Kindern[3]	+29,1	+35,9	+55,9	+61,7	+59,3	+64,7	+59,0	+54,9
insgesamt	+28,2	+35,7	+56,8	+61,1	+59,0	+79,2	+72,8	+58,3

* Ohne nichtentnommene Gewinne der Unternehmen ohne eigene Rechtspersönlichkeit.
1) Einschließlich Richter, ohne Versorgungsempfänger. - 2) Einschließlich sonstiger Personen, die überwiegend von laufenden Übertragungen oder Vermögenseinkommen leben. - 3) Kinder unter 18 Jahren.

Quelle: Berechnungen des DIW unter Verwendung amtlicher Statistiken.

Übersicht 9.25

Veränderung der arithmetischen Mittelwerte der Einkommensschichtung der Familien von 1973 bis 1981
nach der Höhe des verfügbaren Einkommens*

in vH

Familientyp	Familien von							
	Selbständigen in der Land- und Forstwirtschaft	Selbständigen in d. sonst. Wirtschaftsbereichen	Angestellten	Beamten[1]	Arbeitern	Rentnern[2]	Versorgungsempfängern des öffentl. Dienstes	Insgesamt
Ehepaare mit								
einem Kind[3]	+35,3	+77,2	+60,7	+65,8	+59,2	+70,6	+71,7	+62,7
zwei Kindern[3]	+35,9	+80,0	+65,0	+65,4	+63,4	+65,9	+64,4	+65,1
drei Kindern[3]	+35,1	+81,0	+69,6	+73,0	+68,7	+78,0	+66,6	+68,8
vier oder mehr Kindern[3]	+37,6	+81,9	+72,2	+82,4	+72,2	+91,7	x	+71,2
Ehepaare mit Kindern[3]	+29,5	+76,3	+61,4	+65,0	+59,4	+66,8	+65,2	+60,5
Ehepaare ohne Kind	+35,0	+76,2	+60,4	+66,3	+58,4	+85,9	+82,5	+69,3
Ehepaare	+29,3	+75,0	+60,1	+64,2	+58,4	+80,0	+76,4	+61,7
Alleinerziehende mit								
einem Kind[3]	+32,0	+60,6	+57,8	+79,9	+62,6	+87,1	+86,8	+71,6
mehreren Kindern[3]	+46,3	+65,1	+59,1	+81,5	+62,4	+86,1	+81,4	+64,1
Alleinerziehende	+38,9	+61,8	+58,5	+72,3	+61,1	+82,6	+85,1	+66,1
Familien mit Kindern[3]	+29,9	+74,8	+59,7	+64,4	+58,9	+66,6	+68,5	+59,3
Insgesamt	+29,7	+74,3	+59,3	+64,0	+58,2	+79,9	+77,0	+61,3

* Ohne nichtentnommene Gewinne der Unternehmen ohne eigene Rechtspersönlichkeit.
1) Einschließlich Richter, ohne Versorgungsempfänger. - 2) Einschließlich sonstiger Personen, die überwiegend von laufenden Übertragungen oder Vermögenseinkommen leben. - 3) Kinder unter 18 Jahren.

Quelle: Berechnungen des DIW unter Verwendung amtlicher Statistiken.

343

Übersicht 9.26

Veränderung der personenbezogenen Medianwerte der Verteilung des verfügbaren Einkommens der Familien von 1973 bis 1981
unter Berücksichtigung der "economies of scale in consumption"

in vH

| Familientyp | Familien von | | | | | | | Insgesamt |
	Selbständigen in der Land- und Forstwirtschaft	in d. sonst. Wirtschaftsbereichen	Angestellten	Beamten[1]	Arbeitern	Rentnern[2]	Versorgungsempfängern des öffentl. Dienstes	
Familien mit einem Einkommensbezieher								
Ehepaare mit								
einem Kind[3]	+35,6	+38,1	+64,2	+71,3	+62,3	+119,2	+79,9	+61,6
zwei Kindern[3]	+36,5	+37,1	+68,7	+72,5	+67,0	+85,9	+61,2	+61,5
drei Kindern[3]	+37,3	+32,9	+68,1	+87,7	+64,2	+92,4	x	+55,5
vier oder mehr Kindern[3]	+40,5	+35,6	+73,7	+101,0	+74,7	x	x	+63,7
Ehepaare mit Kindern[3]	+40,7	+43,1	+70,7	+82,0	+68,1	+111,2	+71,4	+64,6
Ehepaare ohne Kind	+34,1	+39,1	+63,7	+70,9	+58,6	+118,7	+87,3	+75,1
Ehepaare	+40,8	+43,2	+70,7	+79,6	+65,1	+119,3	+86,0	+71,7
Alleinerziehende mit								
einem Kind[3]	+15,4	+34,3	+57,2	+59,7	+61,2	+100,8	+68,9	+75,0
mehreren Kindern[3]	+39,1	+51,1	+57,3	x	+64,9	+153,8	+100,0	+61,3
Alleinerziehende	+38,2	+45,6	+58,6	+75,4	+64,5	+103,0	+74,9	+76,0
Familien mit Kindern[3]	+40,8	+43,0	+69,8	+83,1	+68,3	+112,9	+77,0	+66,9
Insgesamt	+40,6	+42,8	+68,7	+79,5	+65,2	+117,3	+85,2	+71,8
Familien mit mehreren Einkommensbeziehern								
Ehepaare mit								
einem Kind[3]	+7,9	+47,8	+56,8	+60,2	+56,3	+44,2	+39,7	+55,5
zwei Kindern[3]	+25,3	+40,5	+60,1	+64,1	+59,6	+59,1	+60,4	+58,2
drei Kindern[3]	+27,6	+35,3	+62,7	+73,1	+67,6	+79,8	+73,8	+63,3
vier oder mehr Kindern[3]	+29,0	+32,3	+75,2	+98,4	+77,9	+84,4	x	+75,8
Ehepaare mit Kindern[3]	+31,3	+44,7	+62,0	+70,4	+61,9	+60,7	+53,5	+60,3
Ehepaare ohne Kind	+12,7	+36,9	+56,3	+55,6	+54,9	+68,4	+69,9	+62,3
Ehepaare	+31,6	+47,6	+62,2	+68,5	+61,7	+69,8	+68,2	+62,8
Alleinerziehende mit								
einem Kind[3]	x	+46,0	+36,4	x	+63,0	+47,7	+54,2	+48,6
mehreren Kindern[3]	+23,3	+52,2	+50,7	+53,9	+63,7	+81,3	+44,2	+59,1
Alleinerziehende	+23,3	+50,0	+46,1	+58,1	+63,5	+68,6	+45,0	+57,0
Familien mit Kindern[3]	+30,1	+45,5	+61,4	+69,5	+61,8	+62,1	+52,8	+60,1
Insgesamt	+30,5	+48,1	+61,4	+67,8	+61,9	+69,6	+66,1	+62,5
Insgesamt								
Ehepaare mit								
einem Kind[3]	+35,3	+43,0	+60,1	+65,8	+59,9	+61,0	+51,9	+58,5
zwei Kindern[3]	+36,1	+39,5	+61,7	+64,1	+61,8	+64,0	+56,6	+58,7
drei Kindern[3]	+36,6	+34,3	+63,1	+73,1	+67,2	+75,6	+73,8	+62,5
vier oder mehr Kindern[3]	+39,6	+33,0	+72,9	+100,3	+76,6	+84,4	x	+72,3
Ehepaare mit Kindern[3]	+37,7	+45,0	+63,9	+70,8	+63,9	+64,6	+55,3	+61,4
Ehepaare ohne Kind	+32,5	+38,5	+63,3	+67,6	+59,7	+82,1	+77,9	+68,6
Ehepaare	+37,9	+45,9	+65,1	+70,0	+64,0	+81,9	+73,9	+66,0
Alleinerziehende mit								
einem Kind[3]	+15,4	+33,3	+56,4	+65,8	+72,3	+99,4	+68,0	+74,3
mehreren Kindern[3]	+29,5	+49,4	+48,2	+76,6	+63,3	+93,9	+61,1	+61,8
Alleinerziehende	+36,8	+47,4	+52,4	+74,9	+66,2	+101,8	+75,6	+67,8
Familien mit Kindern[3]	+37,8	+45,3	+63,1	+70,3	+63,8	+72,4	+59,2	+61,9
Insgesamt	+38,0	+45,8	+63,8	+70,0	+63,9	+82,9	+74,1	+65,8

1) Einschließlich Richter, ohne Versorgungseinpfänger. – 2) Einschließlich sonstiger Personen, die überwiegend von laufenden Übertragungen oder Vermögenseinkommen leben. – 3) Kinder unter 18 Jahren.

Quelle: Berechnungen des DIW unter Verwendung amtlicher Statistiken.

Übersicht 9.27

Veränderung der personenbezogenen arithmetischen Mittelwerte der Verteilung des verfügbaren Einkommens der Familien von 1973 bis 1981
unter Berücksichtigung der "economies of scale in consumption"
in vH

Familientyp	Familien von							Ins-gesamt
	Selbständigen		Ange-stellten	Beamten[1]	Arbeitern	Rentnern[2]	Versorgungs-empfängern des öffentl. Dienstes	
	in der Land- und Forst-wirtschaft	in d. sonst. Wirtschafts-bereichen						
Familien mit einem Einkommensbezieher								
Ehepaare mit								
einem Kind[3]	+35,2	+79,3	+62,0	+69,6	+63,1	+118,3	+97,1	+66,8
zwei Kindern[3]	+39,0	+81,6	+67,1	+72,5	+68,3	+101,3	+91,7	+68,1
drei Kindern[3]	+42,2	+84,2	+70,4	+78,4	+69,1	+97,2	x	+71,3
vier oder mehr Kindern[3]	+46,9	+93,2	+76,2	+101,9	+72,4	x	x	+75,1
Ehepaare mit Kindern[3]	+43,4	+88,7	+69,0	+78,4	+68,3	+114,2	+96,2	+70,4
Ehepaare ohne Kind	+34,9	+78,7	+60,6	+68,9	+61,5	+122,1	+94,7	+75,3
Ehepaare	+43,7	+88,4	+67,3	+77,0	+67,0	+121,5	+94,5	+74,2
Alleinerziehende mit								
einem Kind[3]	+32,1	+42,6	+58,7	+60,1	+60,0	+99,3	+91,4	+76,1
mehreren Kindern[3]	+34,2	+69,3	+58,7	x	+64,4	+132,8	+102,9	+68,0
Alleinerziehende	+35,4	+57,3	+57,8	+79,9	+62,2	+101,5	+93,6	+74,3
Familien mit Kindern[3]	+43,4	+86,5	+68,1	+78,6	+67,7	+109,8	+94,8	+70,1
Insgesamt	+43,6	+86,6	+66,0	+76,9	+66,4	+118,9	+94,2	+73,5
Familien mit mehreren Einkommensbeziehern								
Ehepaare mit								
einem Kind[3]	+27,5	+86,3	+60,6	+63,9	+56,4	+41,4	+37,5	+55,6
zwei Kindern[3]	+31,2	+80,9	+64,6	+64,6	+60,2	+58,5	+59,2	+63,5
drei Kindern[3]	+30,8	+80,2	+66,3	+75,1	+66,8	+76,4	+66,5	+67,5
vier oder mehr Kindern[3]	+32,7	+82,8	+78,8	+80,5	+77,4	+94,3	x	+78,1
Ehepaare mit Kindern[3]	+35,4	+86,5	+67,5	+71,4	+62,3	+60,4	+55,5	+65,4
Ehepaare ohne Kind	+31,1	+71,6	+58,3	+60,6	+54,6	+67,3	+71,5	+62,5
Ehepaare	+36,1	+88,9	+67,6	+71,2	+62,2	+67,9	+68,4	+66,9
Alleinerziehende mit								
einem Kind[3]	x	+51,3	+49,0	x	+55,5	+51,6	+72,9	+50,7
mehreren Kindern[3]	+35,0	+61,5	+58,9	+58,3	+63,7	+84,7	+68,2	+63,7
Alleinerziehende	+35,0	+58,2	+56,5	+64,6	+61,8	+71,9	+70,2	+60,5
Familien mit Kindern[3]	+34,9	+87,3	+66,8	+70,9	+62,3	+62,3	+57,5	+65,0
Insgesamt	+35,9	+88,0	+66,7	+70,8	+62,1	+67,7	+68,3	+66,3
Insgesamt								
Ehepaare mit								
einem Kind[3]	+34,8	+82,9	+61,2	+66,1	+58,5	+63,5	+57,4	+62,4
zwei Kindern[3]	+37,6	+81,1	+65,5	+66,1	+61,7	+64,3	+62,1	+64,6
drei Kindern[3]	+36,9	+81,6	+67,9	+75,5	+67,5	+75,2	+66,5	+68,4
vier oder mehr Kindern[3]	+40,8	+86,6	+78,3	+86,8	+76,7	+94,3	x	+75,9
Ehepaare mit Kindern[3]	+38,8	+86,5	+67,8	+73,3	+63,8	+68,9	+63,5	+67,0
Ehepaare ohne Kind	+34,9	+76,2	+60,4	+66,3	+58,6	+86,0	+82,6	+69,4
Ehepaare	+39,6	+88,6	+67,3	+73,3	+63,4	+83,2	+77,8	+69,3
Alleinerziehende mit								
einem Kind[3]	+32,1	+45,0	+56,2	+65,7	+59,4	+89,2	+86,8	+69,8
mehreren Kindern[3]	+46,4	+65,1	+58,2	+81,6	+64,2	+90,9	+81,5	+65,5
Alleinerziehende	+41,7	+58,0	+57,0	+76,3	+62,3	+89,3	+85,0	+68,0
Familien mit Kindern[3]	+38,9	+87,0	+66,9	+73,2	+63,5	+74,4	+68,9	+66,5
Insgesamt	+39,6	+87,4	+66,5	+73,0	+63,3	+83,4	+76,2	+69,0

1) Einschließlich Richter, ohne Versorgungsempfänger. - 2) Einschließlich sonstiger Personen, die überwiegend von laufenden Übertragungen oder Vermögenseinkommen leben. - 3) Kinder unter 18 Jahren.
Quelle: Berechnungen des DIW unter Verwendung amtlicher Statistiken.

Übersicht 9.28

Gini-Koeffizienten der Einkommensschichtungen für Arbeitnehmer-Familien 1973 und 1981 vor und nach der Umverteilung:

Familientyp	Einkommensdisparität 1973			Einkommensdisparität 1981		
	vor | nach der Umverteilung		Verän-derung	vor | nach der Umverteilung		Verän-derung
Ehepaare mit						
einem Kind[1]	0,277	0,234	-0,043	0,247	0,208	-0,039
zwei Kindern[1]	0,263	0,221	-0,042	0,233	0,201	-0,032
drei Kindern[1]	0,250	0,198	-0,052	0,214	0,181	-0,033
vier o.mehr Kindern[1]	0,243	0,178	-0,065	0,206	0,167	-0,039
Ehepaare mit Kindern[1]	0,272	0,229	-0,043	0,242	0,212	-0,030
Ehepaare ohne Kind	0,290	0,245	-0,045	0,264	0,222	-0,042
Ehepaare	0,283	0,242	-0,041	0,253	0,225	-0,028
Alleinerziehende mit						
einem Kind[1]	0,235	0,199	-0,036	0,221	0,187	-0,034
mehreren Kindern[1]	0,186	0,158	-0,028	0,191	0,158	-0,033
Alleinerziehende	0,222	0,194	-0,028	0,214	0,187	-0,027
Familien mit Kindern[1]	0,275	0,231	-0,044	0,248	0,215	-0,033
Insgesamt	0,284	0,242	-0,042	0,256	0,225	-0,031

1) Kinder unter 18 Jahren.

Quelle: Berechnungen des DIW unter Verwendung amtlicher Statistiken.

Übersicht 9.29

Quintilendarstellung der Einkommensschichtungen 1973 und 1981 nach sozialen Gruppen in vH

	Familien von															
	Selbständigen in der Land- und Forstwirtschaft		Selbständigen in d. sonst. Wirtschaftsbereichen		Angestellten		Beamten[1]		Arbeitern		Rentnern[2]		Versorgungsempfängern des öffentl. Dienstes		Insgesamt	
	1973	1981	1973	1981	1973	1981	1973	1981	1973	1981	1973	1981	1973	1981	1973	1981
vor der Umverteilung																
1. Quintil	10,4	11,3	10,3	7,9	8,9	9,8	8,8	9,7	8,6	9,5	2,8	2,6	3,1	3,1	2,2	2,1
2. Quintil	13,9	14,2	13,9	11,0	13,8	14,2	13,6	14,1	13,4	13,9	8,5	6,9	9,2	8,7	10,4	10,3
3. Quintil	17,3	17,1	17,2	13,6	17,7	18,1	17,7	18,2	17,5	17,9	11,6	13,8	16,7	17,1	17,0	17,1
4. Quintil	21,9	22,6	21,2	18,3	23,0	23,1	23,0	23,8	22,9	23,6	21,8	27,9	22,7	28,5	24,5	24,7
5. Quintil	36,6	34,9	37,4	49,2	36,5	34,7	36,9	34,3	37,6	35,1	55,4	48,8	48,3	42,8	46,0	45,8
nach der Umverteilung																
1. Quintil	10,2	11,3	12,0	8,9	10,1	11,0	10,4	11,1	10,3	11,4	8,5	11,1	10,7	11,9	8,2	9,6
2. Quintil	13,7	14,1	15,1	11,6	14,4	14,8	14,8	14,9	14,3	15,1	13,1	15,0	15,2	15,5	12,9	13,3
3. Quintil	17,7	17,5	18,2	14,2	18,3	18,0	18,6	18,3	18,1	18,1	18,6	18,5	18,7	18,5	17,0	16,6
4. Quintil	23,3	22,5	22,4	18,5	23,2	22,4	23,2	22,9	23,1	22,3	23,9	22,8	22,9	22,3	22,8	21,3
5. Quintil	35,1	34,6	32,3	46,8	34,0	33,8	32,9	32,8	34,3	33,1	35,9	32,7	32,5	31,8	39,1	39,1

1) Einschließlich Richter, ohne Versorgungsempfänger. – 2) Einschließlich sonstiger Personen, die überwiegend von laufenden Übertragungen oder Vermögenseinkommen leben.

Quelle: Berechnungen des DIW unter Verwendung amtlicher Statistiken.

Übersicht 9.30

Quintilendarstellung der Einkommensschichtungen 1973 und 1981 nach Familientypen

in vH

	Ehepaare mit einem Kind(ern)[1]		zwei Kind(ern)[1]		drei Kind(ern)[1]		vier oder mehr		Ehepaare ohne Kind		Alleinerziehende mit einem Kind(ern)[1]		mehreren Kind(ern)[1]		Insgesamt	
	1973	1981	1973	1981	1973	1981	1973	1981	1973	1981	1973	1981	1973	1981	1973	1981
vor der Umverteilung																
1. Quintil	5,9	6,4	7,4	7,8	7,2	7,6	8,1	9,0	1,5	1,2	1,4	0,9	4,9	5,5	2,2	2,1
2. Quintil	12,6	12,9	13,0	13,3	12,7	13,0	12,9	13,3	4,7	5,4	3,8	4,5	13,6	14,1	10,4	10,3
3. Quintil	17,2	17,3	17,0	17,5	16,8	17,2	16,8	17,0	14,5	14,0	15,3	16,9	18,8	18,5	17,0	17,1
4. Quintil	23,2	23,1	23,1	22,7	23,4	22,0	23,4	21,4	25,3	25,3	28,0	27,6	24,3	23,1	24,5	24,7
5. Quintil	41,1	40,3	39,5	38,7	39,8	40,2	38,8	39,3	54,0	54,1	51,5	50,1	38,4	38,8	46,0	45,8
nach der Umverteilung																
1. Quintil	9,5	10,7	10,0	11,0	10,3	11,1	10,8	11,5	8,2	10,2	9,3	10,7	11,1	12,1	8,2	9,6
2. Quintil	13,5	13,8	13,8	13,9	13,9	13,8	14,2	13,9	13,0	13,6	13,3	14,1	15,5	15,4	12,9	13,3
3. Quintil	17,2	16,7	17,3	16,7	17,3	16,5	17,2	16,6	16,7	16,6	17,6	17,7	18,4	17,8	17,0	16,6
4. Quintil	22,7	21,2	22,5	21,1	22,3	20,4	22,0	20,4	22,2	21,0	23,2	22,1	22,1	21,4	22,8	21,3
5. Quintil	37,2	37,5	36,4	37,4	36,2	38,1	35,9	37,6	39,9	38,6	36,7	35,4	32,9	33,3	39,1	39,1

1) Kinder unter 18 Jahren.

Quelle: Berechnungen des DIW unter Verwendung amtlicher Statistiken.

ausgewiesenen Anteile der Bruttoeinkommen sind dagegen analytisch von geringerem Aussagewert, da, wie an anderen Stellen schon mehrfach betont, Bruttoerwerbs- und -vermögenseinkommen bei den meisten Rentner-Familien eine sehr untergeordnete Rolle spielen.

Die für die Struktur der Nettoeinkommen ausgewiesenen Anteile lassen im großen und ganzen für alle sozialen Gruppen ähnliche Tendenzen erkennen. Bemerkenswert ist jedoch, daß mit einer einzigen Ausnahme, nämlich den Selbständigen in den übrigen Wirtschaftsbereichen, die Anteilsgewinne der unteren Einkommensbereiche geringer ausgefallen sind als in der Quintilendarstellung vor der Umverteilung. Ein gewichtiger Grund dafür ist offensichtlich, daß die geleisteten Übertragungen in diesem Zeitabschnitt insgesamt stärker als die empfangenen Übertragungen zugenommen haben. Bei der Gruppe der Rentner und Versorgungsempfänger sind die Anteilsgewinne der unteren Einkommensschichten erheblich größer als bei den Arbeitnehmergruppen. Einiges spricht dafür, daß die sehr stark gestiegenen Rentenzahlungen im Zeitabschnitt 1973 bis 1977 (time-lag der Rentenanpassung!) mit einer fühlbaren Nivellierung verbunden waren.

Weniger ergiebig ist die nach gleicher Gliederung nach Familientypen durchgeführte Analyse, wie sie in Übersicht 9.30 dargestellt ist. Zunächst einmal sollten in der vorgelegten Bruttostruktur die Familientypen "Ehepaare ohne Kind" und "Alleinerziehende" bei der Betrachtung ausgeschlossen werden, da hier das Gewicht der Rentner-Familien zu stark durchschlägt. Für die Ehepaare mit Kindern sind die Veränderungen insoweit interessant, als in allen vier Gruppen Anteilsgewinne der drei unteren Quintile zu verzeichnen sind; bei den kinderreichen Familien hat auch das fünfte Quintil gewonnen.

Auch die Quintilendarstellung der verfügbaren Einkommen läßt eine Nivellierungstendenz erkennen. Insbesondere bei Ehepaaren ohne Kind und bei Alleinerziehenden mit einem Kind entfiel auf diejenigen Familien, die jeweils zum untersten Quintil zählen, 1981 ein deutlich höherer Einkommensanteil als 1973. Sicherlich hat hier der hohe Anteil von Rentner-Familien eine Rolle gespielt. Insgesamt ist festzustellen, daß - bei steigendem Einkommensniveau - ein immer größerer Anteil am Gesamt-einkommen einer Gruppe den unteren Einkommensschichten zugeflossen ist.

10   Mittelfristige Weiterentwicklung des Modells

10.1   Temporäre Parenté

Als Erweiterung der bisherigen Darstellung der Einkommenssituation der Familien böte es sich an, mit Hilfe des DIW-Modells auch zu versuchen, die künftige Einkommensverteilung und -umverteilung zu prognostizieren. Verfügt man über Transferstrukturen für mehrere vergangene Jahre, könnte die Parenté um die temporäre Dimension erweitert werden. Zusätzlich zu den bisher verwendeten Rangordnungskriterien wären dann weitere Strukturbeziehungen zu bestimmen, die die zeitliche Entwicklung von Transferleistungen erfassen. Für jeden Transferbereich i erhielte man so eine fünfdimensionale Matrix

$$(t^i_{k,l,m,n,z}) ,$$

wobei der Index z die temporäre Komponente der Zahlenstruktur gibt. Jede einzelne Transferzahl t^i_j wäre dann nach unten und nach oben durch fünf benachbarte Transfers begrenzt.

$$t^i_{j_{u1}} , t^i_{j_{02}} , t^i_{j_{u3}} , t^i_{j_{u4}} , t^i_{j_{05}} \le t^i_j \le t^i_{j_{01}} , t^i_{j_{02}} , t^i_{j_{03}} , t^i_{j_{04}} , t^i_{j_{05}}$$

Nicht zuletzt könnten mit diesem erweiterten "Ordnungsinstrument" die Möglichkeiten, Näherungswerte über die zukünftige Einkommensentwicklung zu erhalten, verbessert werden. Die Bruttoeinkommensschichtungen für ein Jahr, für das keine primärstatistischen Daten existieren, könnten mit Hilfe der für vergangene Jahre berechneten Strukturen fortgeschrieben werden. Die Transfers können aufgrund der die zeitliche Dimension der Parenté erfassenden Vorschriften extrapoliert werden. Die Schichtungen

der verfügbaren Einkommen schließen sich an, indem das übliche Umver-
teilungsverfahren angewendet wird.

Bei der Berechnung der Transferstrukturen sollte zunächst davon
ausgegangen werden, daß sich das Transferrecht und damit auch die
Parenté-Vorschriften für das zu prognostizierende Jahr gegenüber den
aktuellen Rechtsnormen nicht verändern. Sinnvoll wäre allerdings eine
Prognose auch dann, wenn durch eine Änderung der Parenté-Vorschriften
bereits geplanten oder schon beschlossenen Rechtsänderungen entsprochen
werden könnte.

10.2 Gliederung nach der Zahl der tatsächlich empfangenen und geleisteten Transferarten

Sämtliche im DIW-Modell ausgewiesenen Transferbeträge unterliegen bei der Berechnung von Durchschnitten der vereinfachenden Annahme, daß die in einer bestimmten Einkommensklasse ausgewiesenen Merkmalsträger (Haushalte oder Familien) an diesen Transfers gleichmäßig teilhaben. Tatsächlich gibt es jedoch Haushalte oder Familien, die - unterschiedlich nach einzelnen Bereichen - Transfers nicht empfangen oder leisten. Der Anteil der vom Transferprozeß "betroffenen" oder daran beteiligten Merkmalsträger differiert also typen- und klassenspezifisch nach der Transferart. Diese Differenzierung ergibt sich aus den rechtlichen Grundlagen, die auch durch eine "Betroffenheitsparenté" formalisiert werden können.

Betrachtet man zunächst die klassenspezifischen Transferströme einer sozialen Gruppe (Index i), so ergibt sich die folgende formale Darstellung: Aus dem bisherigen Rechenprozeß sind die Transfersumme TS_i (in Mill. DM) sowie die klassenspezifischen Merkmalsträger MT_k (in Tsd.) und Transfers $T_{k,i}$ (in Mill. DM) bekannt. Besitzt man zudem die für das weitere Verfahren notwendigen Informationen über die Zahl der Leistungsfälle LF_i (in Tsd.), so läßt sich unter der Annahme der Gleichverteilung der monatlichen Durchschnittsbeträge innerhalb der Schichtung die Zahl der durch einen empfangenen oder geleisteten Transfer betroffenen Merkmalsträger $BM_{k,i}$ für jede Einkommensklasse berechnen.

$$BM_{k,i} = LF_i \cdot \frac{T_{k,i}}{TS_i} .$$

Daraus leitet man dann die relative klassenspezifische Betroffenheit $B_{k,i}$ (in vH) ab:

$$B_{k,i} = \frac{BM_{k,i}}{MT_k} \cdot 100 = \frac{T_{k,i}}{TS_i} \cdot \frac{LF_i}{MT_k} \cdot 100 .$$

Die Zahl der von Transfers betroffenen Familien stellt jedoch nur dann die tatsächliche Zahl der an den Transfers beteiligten Merkmalsträger dar, wenn - entsprechend der Wirklichkeit - angenommen wird, daß ein Transfer nicht immer über ein volles Jahr geleistet wird. Dies gilt insbesondere für zeitlich begrenzte Transferleistungen wie das Arbeitslosengeld.

Kennt man einmal die relative Betroffenheit für die einzelnen Transferarten, kann man daraus auch mit Hilfe der statistischen Wahrscheinlichkeitsrechnung ableiten, wie hoch der Anteil der klassenspezifischen Merkmalsträger ist, die von z $(0 \leq z \leq 10)$ Transferleistungen betroffen sind, B_k^z (in vH). Nach dem Multiplikationsgesetz der Wahrscheinlichkeitsrechnung erhält man für 10 als voneinander unabhängig betrachtete Ereignisse - wie die Betroffenheiten von einzelnen Transferleistungen angesehen werden können - den Anteil von Merkmalsträgern, der an allen Transferleistungen teilhat.

$$B_k^{10} = 100 \cdot \prod_{i=1}^{10} \frac{B_{k,i}}{100} .$$

Entsprechend ermittelt man den Anteil von Merkmalsträgern, der nur von z $(0 \leq z \leq 9)$ Transferleistungen betroffen ist. Dabei verwendet man zusätzlich das Additionsgesetz der Wahrscheinlichkeitsrechnung sowie die einfache Tatsache, daß eine Nichtbetroffenheit bezüglich einer Transferart gerade die komplementäre Betroffenheit $\overline{B_{k,i}}$ ist, also

$$B_k^z = 100 \cdot \sum_{\substack{i_1, i_2, \ldots, i_x = 1 \\ i_1 < i_2 < \ldots < i_x}}^{10} \left(\frac{B_{k,1}}{100} \cdot \frac{B_{k,2}}{100} \cdot \ldots \cdot \frac{\overline{B_{k,i_1}}}{100} \cdot \frac{\overline{B_{k,i_2}}}{100} \cdot \ldots \cdot \frac{\overline{B_{k,i_x}}}{100} \cdot \ldots \cdot \frac{B_{k,10}}{100} \right)$$

$$= B_k^{10} \cdot \sum_{\substack{i_1, i_2, \ldots, i_x = 1 \\ i_1 < i_2 < \ldots < i_x}}^{10} Q_{k,i_1} \cdot Q_{k,i_2} \cdot \ldots \cdot Q_{k,i_x} ,$$

wobei

$$\overline{B_{k,i}} = 100 - B_{k,i} ,$$

$$Q_{k,i} = \overline{B_{k,i}} / B_{k,i} \quad \text{und}$$

$$x = 10 - z \quad \text{ist.}$$

Deutlicher noch werden die oben genannten generellen Regeln einer Betroffenheitsanalyse, wenn man sie auf einen speziellen Familientyp überträgt. Dieses soll an Hand von weitgehend hypothetischen Werten etwas ausführlicher für den zur Demonstration des Modellverfahrens ausgewählten Familientyp "Arbeiter-Ehepaare mit zwei Kindern und zwei oder mehr Einkommensbeziehern" beschrieben werden (vgl. Übersicht 10.1). Aufgrund der zur Verfügung stehenden Informationen über die Verteilung von einzelnen Transferfällen kann man bei diesem Beispiel annehmen, daß das gesetzliche Kindergeld an alle Familien geflossen ist. Weiter ist angenommen worden, daß fast die Hälfte der Familien Leistungen aus dem Transferbereich "Sonstige laufende Übertragungen" empfangen hat, während lediglich ein knappes Fünftel Renten und Pensionen (zum größeren Teil als weitere Einkommensbezieher, die überwiegend davon leben) und schließlich weniger als ein Sechstel Leistungen der Bundesanstalt für Arbeit oder auch Sozialhilfe empfangen hat.

Betroffenheitsanalyse 1981

Übersicht 10.1   Arbeiter-Familien mit zwei oder mehr Einkommensbeziehern : Ehepaare mit zwei Kindern

| Monatliches Familieneinkommen von ... bis unter ... DM | Bruttoschichtung der Familien in Tsd. | Zahl und Anteil der Familien, die Transfers empfangen | | | | | | | | Leistungskumulation Zahl der empfangenen Transfers 0-4 Leistungsfälle | | | | |
| | | Renten u. Pensionen | | Geldl. d. Bundesanstalt für Arbeit und Sozialhilfe | | Gesetzl. Kindergeld | | Sonstige laufende Übertragungen | | 0 | 1 | 2 | 3 | 4 |
	in Tsd.	in Tsd.	in vH	in Tsd.	in vH	in Tsd.	in vH	in Tsd.	in vH	in vH	in vH	in vH	in vH	in vH
unter 1 000	0	0,0	0,0	0,0	0,0	0,0	0,0	0,0	0,0	0,0	0,0	0,0	0,0	0,0
1 000 ... 1 250	0	0,0	0,0	0,0	0,0	0,0	0,0	0,0	0,0	0,0	0,0	0,0	0,0	0,0
1 250 ... 1 500	0	0,0	0,0	0,0	0,0	0,0	0,0	0,0	0,0	0,0	0,0	0,0	0,0	0,0
1 500 ... 1 750	0	0,0	0,0	0,0	0,0	0,0	0,0	0,0	0,0	0,0	0,0	0,0	0,0	0,0
1 750 ... 2 000	1	0,3	30,0	0,4	40,0	1,0	100,0	0,5	50,0	0,0	21,0	44,0	29,0	6,0
2 000 ... 2 250	4	1,1	27,5	1,5	37,5	4,0	100,0	2,3	57,5	0,0	19,3	44,9	29,9	5,9
2 250 ... 2 500	9	2,3	25,6	2,8	31,1	9,0	100,0	4,8	53,3	0,0	23,9	46,5	25,4	4,2
2 500 ... 2 750	15	3,6	24,0	4,2	28,0	15,0	100,0	8,0	53,3	0,0	25,6	47,1	23,7	3,6
2 750 ... 3 000	23	5,3	23,0	5,2	22,6	23,0	100,0	11,8	51,3	0,0	29,0	47,7	20,6	2,7
3 000 ... 3 250	31	7,0	22,6	6,5	21,0	31,0	100,0	15,4	49,7	0,0	30,8	47,5	19,3	2,4
3 250 ... 3 500	38	8,2	21,6	7,2	18,9	38,0	100,0	18,4	48,4	0,0	32,8	47,4	17,8	2,0
3 500 ... 3 750	41	8,6	21,0	7,3	17,8	41,0	100,0	19,4	47,3	0,0	34,2	47,2	16,8	1,8
3 750 ... 4 000	39	7,9	20,3	6,6	16,9	39,0	100,0	18,0	46,2	0,0	35,6	46,9	15,9	1,6
4 000 ... 5 000	146	28,4	19,5	22,8	15,6	146,0	100,0	66,0	45,2	0,0	37,2	46,6	14,8	1,4
5 000 ... 6 000	125	23,6	18,9	18,4	14,7	125,0	100,0	55,1	44,1	0,0	38,7	46,2	13,9	1,2
6 000 ... 7 000	97	17,6	18,1	13,0	13,4	97,0	100,0	41,7	43,0	0,0	40,4	45,8	12,8	1,0
7 000 ... 8 000	73	12,7	17,4	9,1	12,5	73,0	100,0	30,7	42,1	0,0	41,8	45,3	12,0	0,9
8 000 ... 9 000	54	9,1	16,9	6,0	11,1	54,0	100,0	22,2	41,1	0,0	43,5	44,2	11,5	0,8
9 000 ... 10 000	39	6,2	15,9	4,1	10,5	39,0	100,0	15,6	40,0	0,0	45,2	43,9	10,2	0,7
10 000 oder mehr	55	8,4	15,3	5,2	9,5	55,0	100,0	20,6	37,5	0,0	47,9	42,5	9,1	0,5
Insgesamt	790	150	19,0	120	15,2	790	100,0	350	44,3	0,0	38,3	46,2	14,2	1,3

Abgesehen von gleichmäßig in Anspruch genommenem Kindergeld werden die übrigen Transfers erheblich häufiger bei niedrigem als bei höherem Erwerbseinkommen bezogen. Besonders ausgeprägt ist dies bei Leistungen der Bundesanstalt für Arbeit und bei der Sozialhilfe, die in der Regel Lohnausfall- oder Lohnersatzfunktion haben. In der untersten Einkommensklasse waren davon zwei Fünftel, in der höchsten Einkommensklasse jedoch lediglich knapp ein Zehntel von solchen Zahlungen betroffen. Wie die Übersicht ausweist, ist die Kumulation durch Transfers der einzelnen Bereiche außerordentlich differenziert. In knapp zwei Fünfteln aller Familien dieses Typs ist das gesetzliche Kindergeld als einzige Transferleistung gezahlt worden. Neben dem Kindergeld ist in nahezu der Hälfte der Familien dieser Gruppe eine zweite Transferleistung (beide zusammen mit einem monatlichen Durchschnittsbetrag in Höhe von knapp 900 DM) zugeflossen. Immerhin hat jede siebte Familie drei Leistungen empfangen, und schließlich haben 1,3 vH - im untersten Einkommensbereich sogar 6 vH - dieses Familientyps über Transfers aus allen vier Bereichen verfügt. Die relative Häufigkeit des Leistungsbezugs wird auch durch folgende Relation deutlich: Im Durchschnitt haben diese Arbeiter-Familien 1,8 Transfers empfangen, eine Relation, die im untersten Einkommensbereich auf 2,3 ansteigt und im obersten Einkommensbereich auf 1,6 sinkt.

10.3 Zur Erweiterung des monetären Transfersystems um die indirekten Steuern

Im DIW-Modell sind bisher die negativen monetären Transfers auf direkte Abgaben beschränkt. Die Darstellung der Abgabenbelastung von privaten Haushalten und Familien würde sich sicherlich vertiefen, wenn neben den direkten auch die indirekten Steuern in die Berechnung der Verteilungswirkungen einbezogen würden, dies um so mehr, als das Aufkommen an indirekten Steuern den direkten Fiskalabgaben nur wenig nachstehen.

Grundsätzlich sollten alle Transfers, seien es positive und negative, monetäre und reale, explizite und implizite und nicht zuletzt direkte und indirekte in ihrer Wirkung auf die davon betroffenen Gruppen zusammen gesehen werden. Die Beschränkung auf einzelne Transfers könnte zu falschen Schlüssen führen. In einem nicht abgestimmten Transfersystem können angestrebte Wirkungen durch entgegengesetzte Verteilungseffekte abgeschwächt oder sogar aufgehoben werden.

Die Schwierigkeit bei der Beurteilung indirekter Steuern besteht zunächst darin, daß nicht von vornherein bekannt ist, wer die Steuer wirklich trägt. Gelingt nämlich die in der Regel beabsichtigte Überwälzung nicht, so muß anstelle des Letztkäufers der Produzent oder der Zwischenhändler die Steuer tragen. Die hierzu bisher durchgeführten Untersuchungen haben jedoch keine eindeutige Klärung zu erzielen vermocht. Folgt man der formalen Inzidenz, werden indirekte Steuern entsprechend den Intentionen des Gesetzgebers dem Letztverbraucher, also den Haushalten oder Familien zugerechnet.

Die Belastung der privaten Haushalte mit indirekten Steuern ist in früheren Veröffentlichungen des DIW - erstmals 1969 - dargestellt und analysiert worden[102]. Die Frage nach Unterschieden in der Belastung läßt sich nur dann befriedigend beantworten, wenn eine hinreichend tief gegliederte Schichtung der verfügbaren Einkommen und dem damit verknüpften privaten Verbrauch vorliegt.

Ob Haushalte oder Familien mit niedrigem Einkommen stärker durch indirekte Steuern belastet werden als solche mit höherem Einkommen, ist in den oben genannten Analysen des DIW zu beantworten versucht worden. Da zahlreiche Grundbedürfnisse vergleichsweise gering besteuert werden, ist die Belastung einkommensschwacher Familien insgesamt niedriger als die jener Gruppen, in denen die gehobene Nachfrage von größerer Bedeutung ist. Nach den dort gewonnenen Ergebnissen belasten die indirekten Steuern in ihrer Gesamtheit das verfügbare Familieneinkommen nicht regressiv, wie früher häufiger angenommen wurde, sondern nahezu proportional, wenn man von sehr hohen Einkommen einmal absieht.

10.4 Einbeziehung realer Transfers

Die Transfer-Enquete-Kommission hat sich in ihrem Schlußbericht erstmals auch mit einer zusammenfassenden Schau der Realtransfers beschäftigt. Dort wird darauf hingewiesen, daß Realtransfers - nämlich von der öffentlichen Hand kostenlos oder nicht kostendeckend zur Verfügung gestellte Güter und Dienstleistungen - die Versorgungslage von Haushalten und Familien beträchtlich beeinflussen. Ohne Berücksichtigung der Realtransfers ist die Darstellung der Verteilungseffekte staatlicher Transfertätigkeit unvollständig.

Das für die Transfer-Enquete-Kommission erstellte Gutachten über Realtransfers[103], das die Bereiche Gesundheit, Wohnung, Bildung, Verkehr und Kultur umfaßt, konnte keine unmittelbar verwertbare Klärung schaffen, inwieweit Realtransfers schon heute in einem umfassenden Transfersystem dargestellt werden können. Die Transfer-Enquete-Kommission hat daher in ihrem Schlußbericht das Fazit gezogen, daß der derzeitige Stand der Forschung im Bereich der Realtransfers es nicht erlaube, eine Verteilungsrechnung vorzulegen, für die eine konzeptionell und empirisch ausreichende Grundlage gefunden werden könnte.

Dennoch soll das Ziel nicht aus den Augen gelassen sowie Möglichkeiten überprüft werden, zumindest bestimmte Realtransfers in das Einkommensmodell des DIW einzubeziehen. Von der logischen Stringenz des vorliegenden Modells her käme als erstes eine Einbeziehung der Leistungen des Gesundheitsdienstes in Betracht. So finden die Sozialbeiträge zur Renten- und Arbeitslosenversicherung weitgehend in den empfangenen monetären Übertragungen ihr Äquivalent. Sachleistungen des Gesundheitswesens könnten, insoweit sie als Gegenleistungen der Beiträge zur gesetzlichen Krankenversicherung zu sehen sind, auf der Empfängerseite miteinbezogen werden.

Das im monetären Transfersystem enthaltene gesetzliche Wohngeld sollte darüber nachdenken lassen, inwieweit auch andere Vergünstigungen für Wohnungsmieten, insbesondere im sozialen Wohnungsbau, die nicht unmittelbar zu Geldleistungen führen, also in Form von Realtransfers gewährt werden, in das DIW-Modell integriert werden könnten.

11   Ausblick

11.1   Zunehmende Belastung des Transfersystems
durch schwache gesamtwirtschaftliche Entwicklung

Die ungünstige wirtschaftliche Entwicklung, die im zweiten Halbjahr 1982 ihren Tiefpunkt erreichte, hat die Finanzierungsschwierigkeiten im System der sozialen Sicherung verstärkt.

Sinkende Beschäftigung und steigende Arbeitslosigkeit waren die bedrückendsten Zeichen der unbefriedigenden Wirtschaftsentwicklung. Von Mitte 1981 bis Mitte 1983 hat sich die Arbeitslosenzahl nahezu verdoppelt; im Jahresdurchschnitt 1984 belief sie sich auf 2,27 Mill. Die Gesamtkosten der Arbeitslosigkeit, die das monetäre Transfersystem durch höhere empfangene und geringere geleistete Transfers belasten, sind nur schätzungsweise zu beziffern: Nach Berechnungen des Instituts für Arbeitsmarkt- und Berufsforschung betrugen sie 1983 rund 55 Mrd. DM und waren damit doppelt so hoch wie 1981.

Die finanziellen Engpässe im sozialen Sicherungssystem erforderten erhöhte Zuschüsse der Gebietskörperschaften sowie die Erhöhung der Beitragssätze in der Renten- und Arbeitslosenversicherung. Daneben wurden Einschränkungen des Leistungsrechts beim gesetzlichen Kindergeld, bei der Arbeits- und Ausbildungsförderung, beim Arbeitslosengeld, bei der Sozialhilfe und bei der gesetzlichen Krankenversicherung vorgenommen. Hinzu kamen die Verschiebung der Rentenanpassung um ein halbes Jahr, die stufenweise Einführung eines Krankenversicherungsbeitrages der Rentner und für den Bezug von Invaliditätsrenten die Bindung an eine unmittelbar vorausgegangene Erwerbstätigkeit.

Für die Anpassung der Renten ab 1984 gilt eine neue Berechnung. Die allgemeine Bemessungsgrundlage wird jetzt um denjenigen Satz erhöht, um den das durchschnittliche Bruttojahres-Arbeitsentgelt aller Versicherten im Vorjahr gegenüber dem Entgelt im vorausgegangenen Jahr gestiegen ist[104]. Damit wurde die bisherige Regelung aufgehoben, die die Entgeltssteigerung mit einer Verzögerung von etwa dreieinhalb Jahren berücksichtigte.

11.2 Längerfristige Aspekte der Umverteilung

Die zukünftigen demographischen Veränderungen - mehr ältere als jüngere Menschen - lassen schon seit einiger Zeit Zweifel aufkommen, ob die Finanzierung der sozialen Leistungen längerfristig ohne entsprechende Reformen gesichert werden kann. Nach den erwähnten einschneidenden Kürzungen sind weitere Abstriche an den Sozialleistungen im Gespräch. Pauschale Leistungsminderungen, wie sie im Bereich der Rentenversicherung beispielsweise durch Verschiebung der Rentenanpassungen oder die Einführung eines Krankenversicherungsbeitrages vollzogen worden sind, tendieren allerdings längerfristig auch dazu, die angestrebte Mindestsicherung zu gefährden. Angesichts der eher zunehmenden Polarisierung zwischen großzügiger Versorgung einerseits und der notwendigen Garantie eines Existenzminimums andererseits sollten differenzierten gegenüber pauschalierten Reformvorschlägen der Vorzug gegeben, familienpolitische Aktivitäten eher verstärkt als vermindert werden.

Seit längerem wird über Maßnahmen und Vorschläge diskutiert, die unserem historisch gewachsenen Transfersystem zu mehr Übersicht und Straffung, aber auch zu besserer Abstimmung verhelfen könnten:

- Harmonisierung von Alterssicherungssystemen

Das soziale Sicherungssystem kennt zahlreiche Konzeptionen, die sich deutlich voneinander unterscheiden. Heraus ragt die Alterssicherung der Beamten und der Beschäftigten im öffentlichen Dienst, die sich insbesondere durch günstigere Berücksichtigung der Beschäftigungszeit, aber auch durch andere "Privilegien" von der gesetzlichen Rentenversicherung unterscheidet. Im öffentlichen Dienst ist die Überversorgung der Rentenbezieher durch die Tarifvereinbarung 1983 eingeschränkt worden; bei Versorgungsbezügen in der privaten Wirtschaft gibt es sie ebenfalls - wenn auch in unbekanntem Umfange.

- Einkommensgrenzen der sozialen Leistungen

Bei Sozialleistungen, die nicht auf die Sicherung des Existenzminimums abgestellt sind und solchen, die nicht auf eigenen Beitragsleistungen beruhen, wird erwogen, sie als nachgeordnete Leistungen durch Einführung von Einkommensgrenzen zu beschränken (z. B. Grundrenten der Kriegsopferversorgung).

- Übergang vom Ehegatten- auf Familiensplitting

Es handelt sich um weitreichende Vorschläge zur Änderung der direkten Besteuerung des Einkommens von Ehepaaren. Dies würde bedeuten, daß einerseits die Kindererziehung bei der Besteuerung stärker und andererseits die Eheschließung allein weniger begünstigt wird als bei der geltenden Regelung.[105)]

12   LITERATURVERZEICHNIS

(1)   **Bäcker, Gerhard:**

Familienpolitik durch soziale Transfers - Globale Subventionie-
rung oder Problem- und Bedarfsorientierung? -

In: WSI-Mitteilungen, Heft 1/1980

(2)   **Becker, Gary S.:**

A Treatise on the Family
Cambridge and London 1981

(3)   **Bedau, Klaus-Dietrich, und Bernd Freitag:**

Ein Verfahren zur Größenklassenumsetzung. Konzeptionelle und
methodische Aspekte der Einkommens- und Transferschichtung
des DIW

In: Vierteljahrshefte zur Wirtschaftsforschung, Heft 2-3/1981

(4)   **Bedau, Klaus-Dietrich:**

Die Einkommenslage der Familien in der Bundesrepublik Deutschland im Jahr 1981

In: Vierteljahrshefte zur Wirtschaftsforschung, Heft 3/1985

(5)   **Bedau, Klaus-Dietrich, und Bernd Freitag:**

Ein Verfahren zur Größenklassenumsetzung. Konzeptionelle und
methodische Aspekte der Einkommens- und Transferschichtung
des DIW

In: Vierteljahreshefte zur Wirtschaftsforschung, Heft 2-3/1981

(6)   **Bedau, Klaus-Dietrich, Bernd Freitag,   Gerhard   Göseke,   Volker
Meinhardt, EDV-Programmierung Helmut Klatt:**

Methodische Aspekte und empirische Ergebnisse einer makroökonomisch orientierten Verteilungsrechnung. Schriften zum Bericht
der Transfer-Enquete-Kommission "Das Transfersystem in der
Bundesrepublik Deutschland", Band 1.

Stuttgart, Berlin, Köln, Mainz (1982).

(7)   **Besters, Hans (Herausgeber):**

Bevölkerungsentwicklung und Generationenvertrag

Baden-Baden (1980)

(8)   **Borries, Hans-Joachim:**

Die Entwicklung der Erwerbstätigkeit der Frauen und ihre Ein-
flußfaktoren

In: Wirtschaft und Statistik, Heft 3/1973

(9)   **Brakel, Johannes:**

Sozialbudget. Neuberechnung '74 bis '81.

In: Bundesarbeitsblatt, Heft 4/1983.

(10)   **Brakel, Johannes:**

Sozialbudget 1983. Fallende Tendenz.

In: Bundesarbeitsblatt Heft 4/1984.

(11)   **Breuer, Wilhelm, und Helmut Hartmann:**

Sozialhilfeniveau und Einkommen von Arbeitnehmern in unseren
Lohngruppen.

In: WSI-Mitteilungen, Heft 8/1982.

(12)   **Clausing, Peter:**

Das Erwerbsverhalten verheirateter Frauen - einige überraschende Ergebnisse. Entwicklung seit der Entscheidung des BVerfG zur
Neuregelung der Hinterbliebenenversorgung in der Rentenversicherung.

In: Die Angestelltenversicherung, Heft 2/1984.

(13)   **Datta, Gautam, and Jacob Meerman:**

Household Income or Household Income Per Capita in Welfare
Comparisons

In: The Review of Income and Wealth, Series 26 (1980)

(14) **Deutscher Bundestag (Herausgeber):**

Die Lage der Familien in der Bundesrepublik Deutschland - Dritter Familienbericht -

Bonn 1979

(15) **Dinkel, Reiner:**

Kinder und Alterslastenausgleich bei abnehmender Bevölkerung.

In: Finanzarchiv, Band 39 (1981).

(16) **Dornbusch, Hans-Ludwig:**

Ständiger Prioritätsverlust.

In: Arbeit und Sozialpolitik, Heft 10/1982.

(17) **Dornbusch, Hans-Ludwig:**

Entlastung vor und nach der 75er-Reform.

In: Arbeit und Sozialpolitik, Heft 11/1982.

(18) **Dornbusch, Hans-Ludwig:**

Kinderlastenausgleichssystem.

In: Arbeit und Sozialpolitik, Heft 1/1983.

(19) **Euler, Manfred:**

Haushalte mit ausgewählten staatlichen Transferzahlungen 1978

In: Wirtschaft und Statistik, Heft 8/1981

(20) **Euler, Manfred:**

Personen mit ausgewählten staatlichen Transferzahlungen 1978

In: Wirtschaft und Statistik, Heft 9/1981

(21) **Euler, Manfred:**

Erfassung und Darstellung der Einkommen privater Haushalte in der amtlichen Statistik.

In: Wirtschaft und Statistik, Heft 1/1985.

(22) **Euler, Manfred, und Frank Klanberg (Herausgeber):**

Personen mit ausgewählten staatlichen Transferzahlungen, Ergebnisse der Einkommens- und Verbrauchsstichprobe 1978. Haushalte mit ausgewählten staatlichen Transferzahlungen, Ergebnisse der Einkommens- und Verbrauchsstichprobe 1978 ergänzt durch Ergebnisse des Mikrozensus 1979.

Schriften zum Bericht der Transfer-Enquete-Kommission "Das Transfersystem in der Bundesrepublik Deutschland", Band 2.

Stuttgart, Berlin, Köln, Mainz (1982 und 1983).

(23) **Fürst, Gerhard (Herausgeber):**

Stand der Einkommenstatistik

Individual- und Haushaltseinkommen, Einkommensschichtung

Göttingen (1974)

(24) **Glick, Paul C.:**

The Family Cycle

In: American Sociological Review, Vol. 12 (1947)

(25) **Göseke, Gerhard, und Klaus-Dietrich Bedau,**
EDV-Programmierung: Helmut Klatt

Verteilung und Schichtung der Einkommen der privaten Haushalte in der Bundesrepublik Deutschland 1950 bis 1975

Berlin 1974

(26) **Göseke, Gerhard, und Klaus-Dietrich Bedau,**
EDV-Programmierung: Helmut Klatt

Einkommens- und Verbrauchsschichtung für die größeren Verwendungsbereiche des privaten Verbrauchs und die privaten Ersparnisse in der Bundesrepublik Deutschland 1955 bis 1974

Berlin 1978

(27) **Kamerman, Sheila B., and Alfred J. Kahn:**

Child Care, Family Benefits, and Working Parents: A Study in Comparative Policy

New York 1981

(28) **Kammann, Werner:**

Umverteilungswirkungen und zeitliche Entwicklung des Sozial-
transfersystems

Frankfurt am Main 1980

(29) **Klanberg, Frank, und Winfried Schmähl:**

Zur Brauchbarkeit und verteilungspolitischen Bedeutung unterschiedlicher Abgrenzungskonzepte der Bezugseinheit in der Einkommensstatistik

In: Allgemeines Statistisches Archiv, Band 64 (1980)

(30) **König, René (Herausgeber):**

Handbuch zur empirischen Sozialforschung Band 7: Familie, Alter
Stuttgart (1969, 1976)

(31) **König, René:**

Die Familie der Gegenwart
München (1978)

(32) **Kohler, Hans, und Lutz Reyher:**

Erwerbstätigkeitsphasen der Frauen

In: Mitteilungen aus der Arbeitsmarkt- und Berufsforschung
Heft 3/1970

(33) **Kommission für wirtschaftlichen und sozialen Wandel (Herausgeber):**

Wirtschaftlicher und sozialer Wandel in der Bundesrepublik
Deutschland
(Bonn 1976)

(34) **Krupp, Hans-Jürgen:**

Möglichkeiten der Verbesserung der Einkommens- und Vermögensstatistik, Konzeption einer Verteilungsrechnung für die Bundesrepublik Deutschland
Schriften der Kommission für wirtschaftlichen und sozialen Wandel, Band 50
(Bonn 1975)

(35)   **Lazear, Edward P., and Robert T. Michael:**

Family Size and the Distribution of Real Per Capita Income

In: American Economic Review, Vol. 70 (1980)

(36)   **Max-Planck-Institut** für ausländisches und internationales Privatrecht
(Herausgeber):

Die wirtschaftliche Situation "unvollständiger" Familien in der
Bundesrepublik Deutschland

Eine Sekundäranalyse der Einkommens- und Verbrauchsstichprobe
1973/74 über die Einkommens-, Vermögens-und Verbrauchslage
von Ein-Elternteil-Familien unter Berücksichtigung alleinlebender geschiedener und verwitweter Frauen ohne Kinder

Vorgelegt von Bernd Buchhofer unter Mitarbeit von Knut Holz-
scheck (als Manuskript vervielfältigt)

Hamburg 1978/79

(37)   **Neidthardt, Friedhelm:**

Die Familien in Deutschland

Gesellschaftliche Stellung, Struktur und Funktion

Opladen 1975

(38)   **Proebsting, Helmut:**

Kinderzahl ausgewählter Bevölkerungsgruppen.

In: Wirtschaft und Statistik, Heft 11/1983.

(39)   **Resch, Johannes, und Wolfgang Knipping:**

Die Auswirkungen des in der Bundesrepublik Deutschland beste-
henden gesetzlichen Alterssicherungssystems auf die wirtschaftliche Situation der Familie

In: Jahrbuch für Sozialwissenschaft, Band 33 (1982)

(40)   **Richter, Hans-Wilhelm, und Norbert Hartmann:**

Nachweis der Verteilung und Verwendung der Einkommen nach
Haushaltsgruppen in den Volkswirtschaftlichen Gesamtrechnungen
1962 bis 1975

In: Wirtschaft und Statistik, Heft 6/1977

(41)   **Rivlin, Alice M.:**

Income Distribution - Can Economists Help?

In: American Economic Review, Vol. 65 (1975)
Deutsche Übersetzung unter dem Titel: Einkommensverteilung - sind Ökonomen zu etwas Nutze?

In: Klanberg, Frank, und Hans-Jürgen Krupp (Herausgeber): Einkommensverteilung
Neue Wissenschaftliche Bibliothek 92
(Königstein 1981)

(42)   **Schmucker, Helga:**

Einfluß der Kinderzahl auf das Lebensniveau der Familien

In: Allgemeines Statistisches Archiv, Band 43 (1959)

(43)   **Schmucker, Helga:**

Die ökonomische Lage der Familie in der Bundesrepublik Deutschland
Stuttgart 1961

(44)   **Schmucker, Helga:**

Ansätze zu einer angemessenen Erfassung und Darstellung der privaten Haushalte in den Volkswirtschaftlichen Gesamtrechnungen

In: Hauswirtschaft und Wissenschaft, 27. Jahrgang (1979)

(45)   **Schmucker, Helga:**

Die materiellen Aufwendungen der Familie für die heranwachsende Generation

In: Jahrbuch für Sozialwissenschaft, Band 30 (1979)

(46)   **Schmucker, Helga:**

Studien zur empirischen Haushalts- und Verbrauchsforschung
Berlin (1980)

(47)   **Schüler, Klaus:**

Einkommensverteilung und -verwendung nach Haushaltsgruppen
Ergebnisse der Volkswirtschaftlichen Gesamtrechnungen 1962 bis
1980

In: Wirtschaft und Statistik, Heft 2/1982

(48)   **Schüler, Klaus:**

Private Haushalte nach sozio-ökonomischen Merkmalen in den
Volkswirtschaftlichen Gesamtrechnungen.

In: Allgemeines Statistisches Archiv, Heft 4/1983.

(49)   **Schüler, Klaus:**

Einkommensverteilung nach Haushaltsgruppen.
Ergebnisse der Volkswirtschaftlichen Gesamtrechnungen 1962 bis
1983.

In: Wirtschaft und Statistik, Heft 7/1984.

(50)   **Schwarz, Karl:**

Die Haushalte der Unverheirateten und der verheiratet Getrenntlebenden

In: Zeitschrift für Bevölkerungswissenschaft, 7. Jahrgang (1981)

(51)   **Schwarz, Karl:**

Eltern und Kinder in unvollständigen Familien.

In: Zeitschrift für Bevölkerungswissenschaft, 10. Jahrgang (1984).

(52)   **von Schweitzer, Rosemarie (Herausgeber):**

Leitbilder für Familie und Familienpolitik
Berlin (1981)

(53)   **Transfer-Enquete-Kommission (Herausgeber):**

Das Transfersystem in der Bundesrepublik Deutschland
(Bonn) 1981

13   Statistische Quellen

13.1   Fachserien des Statistischen Bundesamtes[106]

13.1.1 Fachserie 1:   Bevölkerung und Erwerbstätigkeit

Reihe 1:   Gebiet und Bevölkerung

Reihe 3:   Haushalte und Familien

(Ergebnisse des Mikrozensus)

Reihe 4:   Erwerbstätigkeit

Einzelveröffentlichungen: Volkszählung vom 27. Mai 1970

13.1.2 Fachserie 5:   Bautätigkeit und Wohnungen

Einzelveröffentlichungen: 1%-Wohnungsstichprobe 1978

13.1.3 Fachserie 13:   Sozialleistungen

Reihe 2:   Sozialhilfe

Reihe 4:   Wohngeld

Reihe 6:   Jugendhilfe

13.1.4 Fachserie 14:   Finanzen und Steuern

Reihe 7:   Einkommen- und Vermögensteuern

13.1.5 Fachserie 15:   Wirtschaftsrechnungen

Reihe 1:   Einnahmen und Ausgaben ausgewählter privater Haushalte

Einzelveröffentlichungen: Einkommens- und Verbrauchsstichprobe 1973 und 1978

13.1.6 Fachserie 16:   Löhne und Gehälter

Reihe 2:   Arbeitnehmerverdienste in Industrie und Handel

Einzelveröffentlichungen: Gehalts- und Lohnstrukturerhebung 1978

13.1.7 Fachserie 18:   Volkswirtschaftliche Gesamtrechnungen

Reihe 1:   Konten und Standardtabellen

Reihe S.5: Revidierte Ergebnisse 1960 bis 1981

13.2 Zusammenfassende Veröffentlichungen des Statistischen Bundesamtes

13.2.1 Thematische Querschnittsveröffentlichungen

Die Frau in Familie, Beruf und Gesellschaft

Die Lebensverhältnisse älterer Menschen

Die Situation der Kinder in der Bundesrepublik Deutschland

13.2.2 Allgemeine Querschnittsveröffentlichungen

Statistisches Jahrbuch für die Bundesrepublik Deutschland

Wirtschaft und Statistik

Lange Reihen zur Wirtschaftsentwicklung

13.3 Sonstige Veröffentlichungen

Sozialbericht und Sozialbudget

Bundesarbeitsblatt

Arbeits- und Sozialstatistik

Amtliche Nachrichten der Bundesanstalt für Arbeit

Monatsberichte der Deutschen Bundesbank

Bericht der Bundesregierung über die gesetzlichen Rentenversicherungen

Agrarbericht der Bundesregierung

ANMERKUNGEN

1 Einleitung

[1] Alice M. Rivlin: Income Distribution - Can Economists Help. In: American Economic Review, Vol. 65 (1975). Deutsche Übersetzung unter dem Titel: Einkommensverteilung - sind Ökonomen zu etwas Nutze? In: Frank Klanberg und Hans-Jürgen Krupp (Herausgeber): Einkommensverteilung, Königstein 1981. S. 269.

[2] Vgl. Kommission für wirtschaftlichen und sozialen Wandel (Herausgeber): Wirtschaftlicher und sozialer Wandel in der Bundesrepublik Deutschland, Bonn 1976, S. 85 bis 94.

[3] Vgl. Hans Besters (Herausgeber): Bevölkerungsentwicklung und Generationenvertrag. Baden-Baden 1980.

[4] Alice M. Rivlin: Income Distribution ... Deutsche Übersetzung: Einkommensverteilung ..., a.a.O., S. 272 und 273.

[5] Vgl. Hans-Jürgen Krupp: Möglichkeiten der Verbesserung der Einkommens- und Vermögensstatistik, Konzeption einer Verteilungsrechnung für die Bundesrepublik Deutschland. Schriften der Kommission für wirtschaftlichen und sozialen Wandel, Band 50. Bonn 1975. Transfer-Enquete-Kommission (Herausgeber): Das Transfersystem in der Bundesrepublik Deutschland. Bonn 1981, S. 123 bis 133.

[6] Vgl. Hans-Wilhelm Richter und Norbert Hartmann: nachweis der Verteilung und Verwendung der Einkommen nach Haushaltsgruppen in den Volkswirtschaftlichen Gesamtrechnungen 1962 bis 1975. In: Wirtschaft und Statistik, Heft 6/1977. Klaus Schüler: Einkommensverteilung und -verwendung nach Haushaltsgruppen. Ergebnisse der Volkswirtschaftlichen Gesamtrechnungen 1962 bis 1980. In: Wirtschaft und Statistik, Heft 2/1982. Klaus Schüler: Einkommensverteilung nach Haushaltsgruppen. Ergebnisse der Volkswirtschaftlichen Gesamtrechnungen 1962 bis 1983. In: Wirtschaft und Statistik, Heft 7/1984.

[7] Vgl. Manfred Euler: Haushalte mit ausgewählten staatlichen Transferzahlungen 1978. In: Wirtschaft und Statistik, Heft 8/1981.
Manfred Euler: Personen mit ausgewählten staatlichen Transferzahlungen 1978. In: Wirtschaft und Statistik, Heft 9/1981.

Manfred Euler und Frank Klanberg (Herausgeber): Personen mit ausgewählten staatlichen Transferzahlungen, Ergebnisse der Einkommens- und Verbrauchsstichprobe 1978. Haushalte mit ausgewählten staatlichen Transferzahlungen, Ergebnisse der Einkommens- und Verbrauchsstichprobe 1978 ergänzt durch Ergebnisse des Mikrozensus 1979.

Schriften zum Bericht der Transfer-Enquete-Kommission "Das Transfersystem in der Bundesrepublik Deutschland", Band 2. Stuttgart, Berlin, Köln, Mainz 1982 und 1983.

[8]Vgl. Klaus-Dietrich Bedau, Bernd Freita, Gerhard Göseke, Volker Meinhardt, EDV-Programmierung Helmut Klatt: Methodische Aspekte und empirische Ergebnisse einer makro-ökonomisch orientierten Verteilungsrechnung.

Schriften zum Bericht der Transfer-Enquete-Kommission "Das Transfersystem in der Bundesrepublik Deutschland", Band 1. Stuttgart, Berlin, Köln, Mainz 1982.

[9]Vgl. Klaus-Dietrich Bedau: Die aktuelle Einkommenslage der Familien in der Bundesrepublik Deutschland auf der Grundlage des DIW-Einkommensmodells. Gutachten des DIW im Auftrage des Bundesministeriums für Jugend, Familie und Gesundheit. Berlin 1980 (als Manuskript vervielfältigt).

2 Aufbau der DIW-Verteilungsrechnung

[10]Vgl. Gerhard Fürst (Herausgeber): Stand der Einkommensstatistik. Individual- und Haushaltseinkommen, Einkommensschichtung. Göttingen 1974. Manfred Euler: Erfassung und Darstellung der Einkommen privater Haushalte in der amtlichen Statistik. In: Wirtschaft und Statistik, Heft 1/1985.

[11]Vgl. Deutscher Bundestag (Herausgeber): Die lage der Familien in der Bundesrepublik Deutschland - Dritter Familienbericht - Bonn 1979.

[12]Auf dem Gebiet der Einkommensdarstellung im Rahmen der volkswirtschaftlichen Gesamtrechnung sind insbesondere die Trennung von Unternehmensgewinnen und Vermögenseinkommen, die Berechnung des Einkommens aus Wohnungsvermietung und der schon erwähnte Einkommensnachweis für Haushaltsgruppen zu nennen.

Vgl. Frank Dorow: Vermögenseinkommen und Unternehmensgewinne 1960 bis 1972. Ergebnisse der Volkswirtschaftlichen Gesamtrechnungen. In: Wirtschaft und Statistik, Heft 4/1974.

Frank Dorow und Norbert Hartmann: Einkommen aus Wohnungsvermietung. 1960 bis 1977. In: Wirtschaft und Statistik, Heft 5/1978. Hans-Wilhelm Richter und Norbert Hartmann: Nachweis der Verteilung ..., a.a.O.

Klaus Schüler: Einkommensverteilung und -verwendung ..., a.a.O.

Klaus Schüler: Einkommensverteilung nach Haushaltsgruppen ..., a.a.O.

[13]Gerhard Göseke und Klaus-Dietrich Bedau, EDV-Programmierung Helmut Klatt: Verteilung und Schichtung der Einkommen der privaten Haushalte in der Bundesrepublik Deutschland 1950 bis 1975. Berlin 1974, S. 15 und 16.

[14]Vgl. Statistisches Bundesamt (Herausgeber): Fachserie 18. Volkswirtschaftliche Gesamtrechnungen, Reihe 1, Konten und Standardtabellen 1983, Erläuterungen zum Inhalt und Aufbau der Volkswirtschaftlichen Gesamtrechnungen.

[15]Vgl. Hans-Wilhelm Richter und Norbert Hartmann: Nachweis der Verteilung ..., a.a.O.

Klaus Schüler: Einkommensverteilung und -verwendung ..., a.a.O.

Klaus Schüler: Einkommensverteilung nach Haushaltsgruppen ..., a.a.O.

[16]Vgl. Statistisches Bundesamt (Herausgeber): Fachserie 1, Bevölkerung und Erwerbstätigkeit, Reihe 3, Haushalte und Familien 1982, Definitionen von ausgewählten Begriffen und Merkmalen.

[17]Das Gesetz zu Artikel 131 des Grundgesetzes regelt die Rechtsverhältnisse früherer Angehöriger des öffentlichen Dienstes, die infolge der Nachkriegsereignisse ausgeschieden sind.

[18]Vgl. Frank Klanberg und Winfried Schmähl: Zur Brauchbarkeit und verteilungspolitischen Bedeutung unterschiedlicher Abgrenzungskonzepte der Bezugseinheit in der Einkommensstatistik, In: Allgmeines Statistisches Archiv, Band 64 (1980).

[19]René König: Die Familie der Gegenwart, München 1978, S. 45.

[20]Vgl. Karl Schwarz: Die Haushalte der Unverheirateten und der verheiratet Getrenntlebenden. In: Zeitschrift für Bevölkerungswissenschaft, 7. Jahrgang (1981).

[21]Vgl. Gautam Datta and Jacob Meerman: Household Income or Household Income Per Capita in Welfare Comparisons, In: The Review of Income and Wealth, Series 26 (1980).

[22]Vgl. Helga Schmucker: Studien zur empirischen Haushalts- und Verbrauchsforschung. Berlin 1980.

[23]Vgl. Edward P. Lazear and Robert T. Michael: Family Size and the Distribution of Real Per Capita Income. In: American Economic Review, Vol. 70 (1980).

[24]Vgl. Gary S. Becker: A Treatise on the Familiy. Cambridge and London 1981.

[25]Vgl. Hans Kohler und Lutz Reyher: Erwerbstätigkeitsphasen der Frauen. In: Mitteilungen aus der Arbeitsmarkt- und Berufsforschung, Heft 3/1970.

[26]Vgl. Klaus-Dietrich Bedau, Bernd Freitag, Gerhard Göseke, Volker Meinhardt, EDV-Programmierung Helmut Klatt: Methodische Aspekte ..., a.a.O., S. 21 bis 23.

[27]§§ 7 und 8 des Bundeskindergeldgesetzes in der für 1973 gültigen Fassung.

[28]Vgl. Max-Planck-Institut für ausländisches und internationales Privatrecht (Herausgeber): Die wirtschaftliche Situation "unvollständiger" Familien in der Bundesrepublik Deutschland, Hamburg 1978/79 (als Manuskript vervielfältigt).

[29]Hans-Wilhelm Richter und Norbert Hartmann: Nachweis der Verteilung ..., a.a.O.

Klaus Schüler: Einkommensverteilung und -verwendung ..., a.a.O.

Klaus Schüler: Einkommensverteilung nach Haushaltsgruppen ..., a.a.O.

[30] Die Veranlagung zur Einkommensteuer für Bezieher von Einkommen aus unselbständiger Tätigkeit ist in § 46 EStG geregelt.

[31] Abweichend von der Darstellung in der volkswirtschaftlichen Gesamtrechnung hat sich das Statistische Bundesamt in zwei Spezieaufsätzen diesem Vorgehen angeschlossen. Vgl. Klaus Schüler: Einkommensverteilung und -verwendung ..., a.a.O., S. 76 und 77. Klaus Schüler: Einkommensverteilung nach Haushaltsgruppen ..., a.a.O., S. 563.
Im Rahmen der volkswirtschaftlichen Gesamtrechnung wird ein entsprechendes Vorgehen noch diskutiert. Vgl. Frank Dorow, Günter Kopsch, Carsten Stahmer und Heinrich Lützel: Ansätze zur Weiterentwicklung der Volkswirtschaftlichen Gesamtrechnungen. In: Wirtschaft und Statistik, Heft 2/1985, S. 100.

Bei der VGR-Revision von 1985 wurde dieses Problem zurückgestellt. Vgl. Heinrich Lützel und Mitarbeiter: Revision der Volkswirtschaftlichen Gesamtrechnungen 1960 bis 1984. In: Wirtschaft und Statistik, Heft 8/1985, S. 604.

[32] Vgl. Klaus Schüler: Einkommensverteilung und -verwendung ..., a.a.O., S. 85.

[33] Vgl. Hans-Jürgen Krupp: Möglichkeiten der Verbesserung ..., a.a.O., S. 80 bis 90.

[34] Vgl. Hans-Jürgen Krupp: Möglichkeiten der Verbesserung ..., a.a.O., S. 85.

[35] Vgl. Klaus Schüler: Einkommensverteilung und -verwendung ..., a.a.O.

[36] Vgl. Hans-Jürgen Krupp: Möglichkeiten der Verbesserung ..., a.a.O., S. 82.

[37] Vgl. Manfred Euler: Erfassung und Darstellung ..., a.a.O., S. 56.

[38] Bis 1965 nach der Verordnung über die Aufstellung von Durchschnittssätzen zur Ermittlung des Gewinns aus Land- und Forstwirtschaft (VOL), danach bis 1974 nach dem Gesetz über die Ermittlung des Gewinns aus Land- und Forstwirtschaft nach Durchschnittssätzen (GDL), heute nach § 13a EStG.

[39] Vgl. Klaus-Dietrich Bedau, Bernd Freitag, Gerhard Göseke, Volker Meinhardt, EDV-Programmierung Helmut Klatt: Methodische Aspekte ..., a.a.O.

3   Methodische Aspekte

[40] Vgl. Gerhard Göseke: Verteilung und Schichtung der Einkommen der privaten Haushalte in der Bundesrepublik 1950 bis 1959. Berlin 1963.

Gerhard Göseke und Klaus-Dietrich Bedau, EDV-Programmierung Helmut Klatt: Verteilung und Schichtung ..., a.a.O.

Klaus-Dietrich Bedau: Die aktuelle Einkommenslage ..., a.a.O.

[41]Das Einkommen sozialer Gruppen in der Bundesrepublik Deutschland im jahr 1978 Bearb.: Klaus-Dietrich Bedau und Gerhard Göseke. In: Wochenbericht des DIW, Nr. 29/1979 Einkommensschichtung in der Bundesrepublik Deutschland 1978. Das Einkommen sozialer Gruppen vor und nach der Umverteilung. Bearb.: Klaus-Dietrich Bedau und Gerhard Göseke. In: Wochenbericht des DIW, Nr. 146/1979.

[42]Klaus-Dietrich Bedau, Bernd Freitag, Gerhard Göseke, Volker Meinhardt, EDV-Programmierung Helmut Klatt: Methodische Aspekte ..., a.a.O.

[43]Vgl. die Literaturhinweise bei Klaus-Dietrich Bedau und Bernd Freitag: Ein Verfahren zur Größenklassenumsetzung. Konzeptionelle und methodische Aspekte der Einkommens- und Transferschichtung des DIW. In: Vierteljahrshefte zur Wirtschaftsforschung, Heft 2-3/1981.

[44]Dichtefunktion ist jede meßbare und nichtnegative Funktion f(x), für die

$$\int_{-\infty}^{\infty} f(x)\, dx = 1$$

gilt. Der Übergang zur Verteilungsfunktion ist notwendig, weil - wie noch zu zeigen ist - die inverse Beziehung zwischen Einkommen und Familien benötigt wird, die Dichtefunktion aber nicht umkehrbar eindeutig ist.

[45]Der funktionale Zusammenhang zwischen der Einkommenshöhe und dem Saldo von empfangenen und geleisteten Transfers wird im folgenden verkürzt als "Transferfunktion" bezeichnet. Verwechslungen mit der in der Spektralanalyse verwendeten Funktion gleichen Namens sind nicht zu befürchten.

[46]Da die Familien in der Einkommens- und Transferschichtung des DIW nach der Höhe ihres Bruttoerwerbs- und -vermögenseinkommens geordnet werden, sind die Transfersalden für die Familien von Rentnern und Beamtenpensionären in dieser Einteilung freilich nur bedingt aussagekräftig.

[47]Wie erwähnt, ist die Verteilungsfunktion $F(x)$ umkehrbar eindeutig; daher ist auch $F^{-1}(z)$ eine Funktion.

[48]Die Auswirkungen der Umverteilung auf die Disparität in der Einkommensverteilung werden ausführlich dargestellt bei Piesch (32).

[49]Bei diesem Vorgehen wird die Varianz der empirischen Werte um die ausgeglichenen Werte minimiert.

[50]Daneben gibt es weitere Bedeutungen für die Existenz eines Minimums, die aus Platzgründen hier nicht aufgeführt werden.

[51]Wie üblich, bezeichnet $\hat{\beta}$ den Schätzwert des Parameters β.

[52]Unter einer Intervallschachtelung versteht man eine Folge (I_n) von Intervallen, wobei das Intervall I_n ganz im vorhergehenden Intervall I_{n-1} enthalten ist und die Breite von I_n mit wachsendem n gegen Null strebt.

[53]Das statistische Modell der Gleichverteilung sollte nicht mit der Gaußschen Normalverteilung verwechselt werden.

[54]Vgl. Walter Piesch: Statistische Konzentrationsmaße. Formale Eigenschaften und verteilungstheoretische Zusammenhänge. Tübingen 1975.

4 Die inneren Strukturbeziehungen der Transferschichtung (Parenté-System)

[55]In formaler Sicht ist das Parenté-System ein mehrdimensionales Gefüge von Zuordnungs- und Rangordnungsvorschriften sowie Nebenbedingungen. Auf die mathematischen Strukturen wird später eingegangen (vgl. 4.3).

[56]Seit 1982 wird Kindergeld nicht mehr für Kinder gezahlt, die älter als 16 Jahre sind und eine volle Erwerbstätigkeit ausüben.

[57]Bis 1975 wurde für Erstkinder kein Kindergeld gezahlt.

[58]Als Autokorrektur wird hier verkürzt ein automatisiertes Korrekturverfahren bezeichnet, durch das eine mehrdimensionale Zahlenstruktur so lange verändert wird, bis sie den Rangordnungsvorschriften des Parenté-Systems entspricht.

6 Entwicklung von Bevölkerung, privaten Haushalten und Familien 1973 bis 1981

[59]Aus der Diskussion über die Volkszählung ist bekannt, daß man die Zahl der Einwohner zur Zeit nur mit einer vermutlich nicht unerheblichen Fortschreibungsungenauigkeit angeben kann: Vgl. Volkszählung 1983. Notwendigkeit und Datenschutz im Widerspruch? Bearb.: Klaus-Dietrich Bedau, Georg Erber und Ingo Pfeiffer. In: Wochenbericht des DIW, Nr. 8/1983.

[60]Vgl. Bevölkerungsentwicklung 1981. In: Wirtschaft und Statistik, Heft 7/1982.

[61]Vgl. Helmut Proebsting/Henning Fleischer: Bevölkerungsentwicklung 1982. In: Wirtschaft und Statistik, Heft 7/1983.

[62]Vgl. Helmut Proebsting: Eheschließungen, Ehescheidungen, Geburten und Sterbefälle von Ausländern 1981. In: Wirtschaft und Statistik, Heft 2/1983.

[63]Das Gesetz zu Artikel 131 des Grundgesetzes regelt die Rechtsverhältnisse früherer Angehöriger des öffentlichen Dienstes, die infolge von Nachkriegsereignissen ausgeschieden sind.

[64]Schätzungsweise 1,1 Mill. Personen wohnten 1981 in Anstalten (Heimen, Kasernen und sonstigen Gemeinschaftsunterkünften).

[65]Privathaushalte sind hier sowohl alleinlebende Personen mit selbständiger Wirtschaftsführung (Einpersonenhaushalte) als auch zusammenlebende Personen, die eine Einkommens- und Verbrauchsgemeinschaft bilden (Mehrpersonenhaushalte).

[66]Familien sind hier sowohl Ehepaare ohne Kind (Eingenerationsfamilien) als auch Ehepaare und Alleinerziehende mit Kindern unter 18 Jahren (Zweigenerationenfamilien).

Als Familienmitglieder in den Zweigenerationenfamilien zu berücksichtigen sind neben den Kindern unter 18 Jahren auch solche von 18 oder mehr Jahren, die mit ihren Eltern und Geschwistern zusammenleben. Dies hat zur Folge, daß beispielsweise der Familientyp "Ehepaar mit zwei Kindern unter 18 Jahren" im Durchschnitt aus 4,4 Personen besteht.

Im Gegensatz zum Mikrozensus werden hier nicht zu den Familien gerechnet: Einpersonenhaushalte, Ehepaare und Elternteile, die ausschließlich mit Kindern von 18 oder mehr Jahren zusammenleben, Haushalte aus drei oder mehr Generationen sowie Haushalte aus nichtverwandten oder nichtgeradlinigverwandten Personen.

[67]Vgl. Peter Clausing: Das Erwerbsverhalten verheirateter Frauen - einige überraschende Ergebnisse. Entwicklung seit der Entscheidung des BVerfG zur Neuregelung der Hinterbliebenenversorgung in der Rentenversicherung. In: Die Angestelltenversicherung, Heft 2/1984.

7   Die Einkommensverteilung der Familien im Jahr 1981

[68]Vgl. Anmerkung 12.

[69]Ohne die in der volkswirtschaftlichen Gesamtrechnung für die Beamtenversorgung und betriebliche Ruhegeldverpflichtungen unterstellten Sozialbeiträge (1981: 46,7 Mrd. DM).

[70]Das Bruttoeinkommen der privaten Haushalte aus Unternehmertätigkeit und Vermögen insgesamt betrug 1981 rund 289,1 Mrd. DM; nach Abzug der Vermögenseinkommen (88,2 Mrd. DM) verblieben 200,9 Mrd. DM. Davon entfielen rechnerisch -40,2 Mrd. DM auf die nichtentnommenen Gewinne der Unternehmen ohne eigene Rechtspersönlichkeit, so daß sich ein entsprechend höherer Betrag für die entnommenen Gewinne ergibt.

[71]Soziale Leistungen sind hier - ebenso wie in der volkswirtschaftlichen Gesamtrechnung - als Geldleistungen abgegrenzt. Nicht enthalten sind die Sozialbeiträge, die der Staat für Empfänger sozialer Leistungen zahlt (Krankenversicherungsbeiträge für Rentner, Renten- und Krankenversicherungsbeiträge für Arbeitslose; 1981: 24,4 Mrd. DM).

[72] Vgl. Hans-Wilhelm Richter und Norbert Hartmann: Nachweis der Verteilung ..., a.a.O.

Klaus Schüler: Einkommensverteilung und -verwendung ..., a.a.O.

Klaus Schüler: Einkommensverteilung nach Haushaltsgruppen ..., a.a.O.

[73] Ohne überzahlte Lohnsteuer, die aus dem Aufkommen an veranlagter Einkommensteuer erstattet wurde (1981: 10,4 Mrd. DM); vor Abzug der Arbeitnehmersparzulage.

[74] Einschließlich der Erstattungsbeträge überzahlter Lohnsteuer; vor Abzug der Investitionszulage.

[75] Kirchensteuern (1981: 9,6 Mrd. DM) sowie Beiträge und Spenden an Parteien, Gewerkschaften, Vereine usw. (1981: schätzungsweise 6 Mrd. DM) werden in der volkswirtschaftlichen Gesamtrechnung nicht ausgewiesen, sind aber in der Verteilungsrechnung des DIW enthalten.

[76] Wie erwähnt, bleiben in der Verteilungsrechnung des DIW die in der volkswirtschaftlichen Gesamtrechnung für die Beamtenversorgung unterstellten Sozialbeiträge außer Betracht.

[77] Vgl. Manfred Euler: Einkommenserzielung und -verwendung 1978 nach Haushaltsgruppen. In: Wirtschaft und Statistik, Heft 11/1982, S. 863.

[78] Insgesamt betrug die für 1981 in der volkswirtschaftlichen Gesamtrechnung als gesetzliches Kindergeld verbuchte Summe 18,5 Mrd. DM; davon sind 15,5 Mrd. DM an Familien und 3,0 Mrd. DM an Kinder in Nichtfamilien und in Anstalten geflossen.

[79] Da das Bruttoeinkommen aus unselbständiger Arbeit die Arbeitgeberbeiträge zur Sozialversicherung als indirekte Lohn- und Gehaltsbestandteile einschließt, müssen diese auch bei der Umverteilung berücksichtigt werden.

[80] Vgl. Anmerkung 38.

[81] Im Einkommensteuerrecht wird unterstellt, daß sich der Gesamtbetrag einer Rente aus zwei Teilbeträgen zusammensetzt: einem steuerfreien "Stammrechtsanteil" (Rückzahlung des angesammelten Kapitals) und einem steuerpflichtigen "Ertragsanteil" (Ertrag aus dem angesammelten Kapital). Vgl. § 22 Abs. 1 EStG: Einkünfte aus wiederkehrenden Bezügen.

[82] Beamte finanzieren in der Regel die Kosten für ärztliche Versorgung und Medikamente zunächst aus eigenen Mitteln vor und bekommen sie später in voller Höhe oder teilweise als Beihilfen ihres Arbeitgebers oder aufgrund freiwilliger Krankenversicherungsverträge erstattet. Die von den Beamten-Haushalten selbst getragenen Aufwendungen für die Gesundheitspflege indes sind nach Ergebnissen der Einkommens- und Verbrauchsstichprobe von 1978 im Durchschnitt zweieinhalb mal so hoch wie bei den übrigen Arbeitnehmer-Haushalten. Vgl. Manfred Euler: Einkommenserzielung und -verwendung 1978 nach Haushaltsgruppen. In: Wirtschaft und Statistik. Heft 11/1982, S. 866.

[83]Die vom Staat gezahlten Krankenversicherungsbeiträge für Rentner sind in der Verteilungsrechnung des DIW nicht enthalten.

[84]Beitragspflichtiges Entgelt sind Bruttolöhne und -gehälter; diese werden durch die Arbeitgeberbeiträge zum Bruttoeinkommen aus unselbständiger Arbeit aufgestockt.
Die auf Bruttolöhne und -gehälter bezogenen Beitragssätze α_i lassen sich auf Beitragssätze α_i * umrechnen, die sich auf das Bruttoeinkommen aus unselbständiger Arbeit beziehen:

$$\alpha_i^* = 2\alpha_i(2 + \sum_i \alpha_i)^{-1} .$$

[85]Noch besser gestellt als Beamtenpensionäre sind nichtbeamtete frühere Arbeitnehmer des öffentlichen Dienstes, die eine Gesamtversorgung aus Leistungen der Rentenversicherung und der Zusatzversicherung des öffentlichen Dienstes erhalten.

[86]Wie erwähnt, zahlen Rentner individuelle Krankenversicherungsbeiträge erst ab 1983.

[87]Vgl. Kapitel 7.1.3.

8   Einkommensgefälle zwischen sozialen Gruppen und Familientypen

[88]Auf den differenzierteren Ansatz von Edward P. Lazaer und Robert T. Michael: Family Size ..., a.a.O., wurde schon hingewiesen.

[89]Vgl. Transfer-Enquete-Kommission (Herausgeber): Zur Einkommenslage der Rentner, Bonn, 1979, S. 100 und 101.

[90]Vgl. Wilhelm Breuer und Helmut Hartmann: Sozialhilfeniveau und Einkommen von Arbeitnehmern in unteren Lohngruppen. In: WSI-Mitteilungen 8/1982.

[91]Vgl. Frank Klanberg und Aloys Prinz: Anatomie der Sozialhilfe. In: Finanzarchiv N. F. Band 41 (1983), S. 293.

9   Einkommensumverteilung der Familien 1973 und 1981

[92]Vgl. Hans-Ludwig Dornbusch: Ständiger Prioritätsverlust. In: Arbeit und Sozialpolitik, Heft 10/1982.

[93]In einer längerfristigen und auf das Lebenseinkommen bezogenen Betrachtung kann außerdem die intertemporäre Umverteilung untersucht werden.

[94]Vgl. Transfer-Enquete-Kommission (Herausgeber): Das Transfersystem ..., a.a.O., S. 38 ff.

[95] Vgl. Ralf Zeppernick: Kritische Bemerkungen zum Zusammenhang zwischen Alterslastenausgleich und Kinderlastenausgleich. In: Finanzarchiv, N. F. Band 37 (1979).

[96] Reiner Dinkel: Kinder- und Alterslastenausgleich bei abnehmender Bevölkerung. In: Finanzarchiv, N. F. Band 39 (1981), S. 136.

[97] Diese Tatsache könnte man in der graphischen Darstellung berücksichtigen, in dem man die Einkommensskala für 1973 und für 1981 in der Weise normiert, daß die entsprechenden durchschnittlichen Bruttoerwerbs- und -vermögenseinkommen je Familie und Monat deckungsgleich sind.

[98] Vgl. Hans-Ludwig Dornbusch: Kinderlastenausgleichssystem. In: Arbeit und Sozialpolitik. Heft 1/1983.

[99] Vgl. Der Bundesminister für Arbeit und Sozialordnung (Herausgeber): Materialband zum Sozialbudget 1980, S. 38 und 40.

[100] Bei der steuerlichen Veranlagung von Ehepaaren werden in der Regel die Einkünfte beider Ehegatten zusammengerechnet; die tarifliche Einkommensteuer beträgt dann das Zweifache des Steuerbetrages, der sich für die Hälfte des gemeinsam zu versteuernden Einkommens ergibt (§ 32a Abs. 5 EStG). Durch dieses "Splitting"-Verfahren wird die Progression des Einkommensteuertarifs fast immer abgeschwächt.

Das "Splitting"-System für die Besteuerung von Ehepaaren wurde eingeführt, nachdem das Bundesverfassungsgericht die frühere Regelung, nach der das zusammengerechnete Einkommen der Ehegatten in voller Höhe der Steuerberechnung zugrunde gelegt wurde, im Beschluß vom 17.01.1957 aufgehoben hatte, weil sie gegen Art. 6 GG (Schutz von Ehe und Familie) verstößt.

[101] Urteil des Bundesverfassungsgerichts vom 03.11.1982.

10   Mittelfristige Weiterentwicklung des Modells

[102] Vgl. Gerhard Göseke und Démètre Zavlaris: Die Belastung des privaten Verbrauchs durch indirekte Steuern. In: Vierteljahreshefte zur Wirtschaftsforschung des DIW. Heft 1/1969.

Die Belastung der privaten Haushalte mit indirekten Steuern. Bearb.: Klaus- Dietrich Bedau und Gerhard Göseke. In: Wochenbericht des DIW. Nr. 44/1977.

[103] Internationales Institut für Empirische Sozialökonomie (INIFES): Verteilung öffentlicher Realtransfers auf Empfängergruppen in der Bundesrepublik Deutschland, Gutachten im Auftrage der Transfer-Enquete-Kommission. Leitershofen 1979. Als Subauftragnehmer waren an diesem Gutachten außerdem beteiligt: Horst Hanusch, Klaus-Dirk Henke sowie Klaus Mackscheidt.

11 Ausblick

[104]Vgl. Verband Deutscher Rentenversicherungsträger (Herausgeber): VDR-Information. ID 8/84, S. 5.

[105]Vgl. Ehegattensplitting versus Familientarif. Bearb.: Oskar de la Chevallerie. In: Wochenbericht des DIW. Nr. 49/1984.

12 Statistische Quellen

[106]Das Statistische Bundesamt hat sein Veröffentlichungswesen 1977 neu geordnet. Hier werden die Fachserien in der heute gültigen Gliederung genannt.

STATISTISCHER ANHANG

Einkommensverteilung und -umverteilung 1973

Familien, insgesamt

Monatliches Familien-Einkommen DM	Schichtung der Erw. u. Vermoegenseink. Familien		Bruttoerwerbs- und -vermoegenseinkommen Bruttoeinkommen		Renten und Pensionen		Geldleistg. d. Bund.-Anst. f. Arbeit und Sozialhilfe		Kindergeld		Sonstige laufende Uebertragung		Summe der empfang. Uebertrag.
	Tsd.	vH	Mill.DM	DM	Mill.DM	vH	Mill.DM	vH	Mill.DM	vH	Mill.DM	vH	Mill.DM
unter 1000	2872	20,6	11200	325	28111	25,1	1856	16,6	31	0,3	5936	53,4	35985
1000 ... 1250	628	4,5	8582	1139	3724	43,4	356	4,1	42	0,5	1113	13,0	5235
1250 ... 1500	644	4,6	10688	1393	2527	23,6	323	3,0	62	0,6	1036	9,7	3947
1500 ... 1750	682	4,9	13360	1632	1679	12,6	310	2,3	95	0,7	1006	7,5	3090
1750 ... 2000	728	5,2	16424	1880	1123	6,8	318	1,9	82	0,5	1023	6,2	2545
2000 ... 2250	762	5,5	19460	2128	806	4,1	317	1,6	109	0,6	1033	5,3	2264
2250 ... 2500	767	5,5	21867	2376	711	3,3	299	1,4	132	0,6	1001	4,6	2145
2500 ... 2750	746	5,3	23496	2625	628	2,7	275	1,2	151	0,6	937	4,0	1992
2750 ... 3000	706	5,1	24334	2872	576	2,4	238	1,0	162	0,7	846	3,5	1822
3000 ... 3250	646	4,6	24202	3122	511	2,1	206	0,9	154	0,6	732	3,0	1603
3250 ... 3500	572	4,1	23131	3370	431	1,9	167	0,7	147	0,6	607	2,6	1353
3500 ... 3750	486	3,5	21115	3621	348	1,6	123	0,6	131	0,6	477	2,3	1084
3750 ... 4000	396	2,8	18337	3869	270	1,5	95	0,5	114	0,5	359	2,0	839
4000 ... 5000	1156	3,3	61844	4458	754	1,2	254	0,4	326	0,5	969	1,6	2303
5000 ... 6000	804	5,8	52507	5442	478	0,9	152	0,3	271	0,5	605	1,2	1506
6000 ... 7000	527	3,8	40593	6419	278	0,7	83	0,2	195	0,5	348	0,9	904
7000 ... 8000	343	2,5	30925	7405	157	0,5	44	0,1	143	0,5	195	0,6	538
8000 ... 9000	222	1,6	22333	8383	86	0,4	21	0,1	97	0,4	105	0,5	311
9000 ... 10000	148	1,1	16642	9370	48	0,3	11	0,1	72	0,4	55	0,3	187
10000 und mehr	135	1,0	27212	16798	32	0,1	4	0,0	64	0,2	31	0,1	133
Insgesamt	13975	100,0	488305	2912	43280	8,9	5460	1,1	2582	0,5	18465	3,8	69786

Einkommensverteilung und -umverteilung 1973

Geleistete Uebertragungen und verfuegbares Einkommen

Familien, insgesamt

Monatliches Familien-Einkommen DM	Direkte Steuern Mill.DM	vH	Renten- Mill.DM	vH	Beitraege zur Kranken-Versicherung Mill.DM	vH	Arbeitslosen- Mill.DM	vH	Sonstige Sozial-Beitraege Mill.DM	vH	Sonstige laufende Uebertragung Mill.DM	vH	Gesamtes verfuegb. Eink. Mill.DM
unter 1000	725	5,5	938	8,4	671	6,0	108	1,0	279	2,5	785	7,0	43679
1000 ... 1250	295	3,4	908	10,6	549	6,4	94	1,1	180	2,1	248	2,9	11541
1250 ... 1500	374	3,5	1249	11,7	713	6,7	122	1,1	213	2,0	300	2,8	11663
1500 ... 1750	519	3,9	1651	12,4	910	6,8	158	1,2	256	1,9	370	2,8	12586
1750 ... 2000	750	4,6	2118	12,9	1132	6,9	201	1,2	306	1,9	450	2,7	14016
2000 ... 2250	1036	5,3	2558	13,1	1328	6,8	240	1,2	355	1,8	555	2,9	15651
2250 ... 2500	1369	6,3	2878	13,2	1373	6,3	263	1,2	384	1,8	652	3,0	17084
2500 ... 2750	1699	7,2	3018	12,3	1403	6,0	280	1,2	398	1,7	738	3,1	17952
2750 ... 3000	2014	8,3	2976	12,2	1392	5,7	271	1,1	399	1,6	815	3,4	18289
3000 ... 3250	2277	9,4	2857	11,8	1330	5,5	260	1,1	383	1,6	858	3,5	17840
3250 ... 3500	2441	10,6	2603	11,3	1225	5,3	237	1,0	356	1,5	864	3,7	16758
3500 ... 3750	2480	11,7	2256	10,7	1077	5,1	208	1,0	316	1,5	828	3,9	15034
3750 ... 4000	2375	12,9	1865	10,1	891	4,3	174	0,9	269	1,5	755	4,1	12896
4000 ... 5000	9822	15,9	5961	9,6	2757	4,5	549	0,9	920	1,3	2682	4,3	41557
5000 ... 6000	10149	19,3	4372	8,3	1921	3,7	392	0,7	595	1,1	2324	4,4	34260
6000 ... 7000	8876	21,9	2948	7,3	1277	3,1	262	0,6	402	1,0	1827	4,5	25906
7000 ... 8000	7292	23,6	1904	6,2	828	2,7	178	0,6	272	0,9	1422	4,6	19568
8000 ... 9000	5572	25,0	1198	5,4	534	2,4	118	0,5	180	0,8	1078	4,8	13963
9000 ... 10000	4397	26,4	779	4,7	358	2,2	80	0,5	123	0,7	834	5,0	10258
10000 und mehr	3154	30,0	698	2,6	312	1,1	68	0,2	114	0,4	1289	4,7	16710
Insgesamt	72617	14,9	45735	9,4	21981	9,4	4272	0,9	6604	1,4	19673	4,0	387210

Ehepaare mit einem Kind

Einkommensverteilung und -umverteilung 1973

Bruttoerwerbs- und -vermoegenseinkommen und empfangene Uebertragungen

Monatliches Familien-Einkommen DM	Schichtung der Brutto-Erw. u. Vermoegenseink. Familien		Bruttoerwerbs- und -vermoegenseinkommen		Renten und Pensionen		Geldleistg. d.Bund.Anst. f. Arbeit und Sozialhilfe		Kindergeld		Sonstige laufende Uebertragung		Summe der empfang. Uebertrag.
	Tsd.	vH	Mill.DM	DM	Mill.DM	vH	Mill.DM	vH	Mill.DM	vH	Mill.DM	vH	Mill.DM
unter 1000	107	4.1	650	506	1419	218.0	83	12.7	10	1.6	249	38.4	1763
1000 ... 1250	55	2.1	757	1147	447	59.0	34	4.4	14	1.8	110	14.5	605
1250 ... 1500	70	2.7	1168	1390	351	30.1	38	3.3	21	1.8	124	10.6	536
1500 ... 1750	95	3.7	1870	1640	243	13.3	43	2.6	33	1.7	156	8.4	425
1750 ... 2000	126	4.9	2855	1888	234	8.2	62	2.2	9	0.3	201	7.0	507
2000 ... 2250	149	5.8	3815	2134	184	4.3	71	1.9	11	0.3	230	6.0	496
2250 ... 2500	166	6.4	4740	2380	180	3.8	72	1.5	11	0.2	245	5.2	509
2500 ... 2750	171	6.6	5391	2627	165	3.1	71	1.3	11	0.2	242	4.5	490
2750 ... 3000	169	6.6	5827	2872	160	2.7	63	1.1	9	0.2	231	4.0	464
3000 ... 3250	163	6.3	6107	3122	150	2.5	58	0.9	9	0.1	213	3.5	432
3250 ... 3500	147	5.7	5948	3372	132	2.2	47	0.8	7	0.1	182	3.1	370
3500 ... 3750	130	5.0	5649	3621	111	2.0	36	0.6	6	0.1	151	2.7	305
3750 ... 4000	107	4.1	4949	3670	89	1.8	28	0.6	4	0.1	116	2.3	238
4000 ... 5000	315	12.2	16562	4451	254	1.5	80	0.5	13	0.1	322	1.9	669
5000 ... 6000	219	8.5	14298	5441	161	1.1	48	0.3	7	0.0	203	1.4	420
6000 ... 7000	146	5.7	11244	6418	96	0.9	27	0.2	3	0.0	118	1.0	246
7000 ... 8000	97	3.8	8612	7399	56	0.6	14	0.2	0	0.0	65	0.8	139
8000 ... 9000	66	2.6	6644	8380	21	0.5	7	0.1	0	0.0	36	0.5	76
9000 ... 10000	43	1.7	4834	9369	16	0.3	4	0.1	0	0.0	15	0.3	39
10000 und mehr	29	1.5	7570	16175	10	0.1	1	0.0	0	0.0	9	0.1	24
Insgesamt	2580	100.0	119910	3870	4499	3.8	903	0.8	190	0.2	3325	2.7	8216

Ehepaare mit einem Kind

Einkommensverteilung und -umverteilung 1973

Geleistete Uebertragungen und verfuegbares Einkommen

Monatliches Familien-Einkommen DM	Direkte Steuern		Renten-		Beitraege zur Kranken-Versicherung		Arbeitslosen-		Sonstige Sozial-Beitraege		Sonstige laufende Uebertragung.		Gesamtes verfuegb. Eink.
	Mill.DM	vH	Mill.DM	vH	Mill.DM	vH	Mill.DM	vH	Mill.DM	vH	Mill.DM	vH	Mill.DM
unter 1000	30	4.7	63	9.5	42	6.5	5	0.8	20	3.1	25	3.9	2223
1000 ... 1250	29	3.8	84	11.1	49	6.5	8	1.1	19	2.5	21	2.7	1150
1250 ... 1500	38	3.3	139	11.9	78	6.7	13	1.1	26	2.2	30	2.5	1377
1500 ... 1750	57	3.0	236	12.6	127	6.8	21	1.1	40	2.1	45	2.4	1826
1750 ... 2000	110	3.8	369	12.9	195	6.8	32	1.1	62	2.2	72	2.5	2520
2000 ... 2250	175	4.6	505	13.2	262	6.9	46	1.2	80	2.1	100	2.6	3147
2250 ... 2500	263	5.5	628	13.2	303	6.4	57	1.2	94	2.0	133	2.8	3770
2500 ... 2750	358	5.6	790	13.0	331	6.1	64	1.2	102	1.9	149	2.9	4166
2750 ... 3000	452	7.8	735	12.6	347	6.0	66	1.1	107	1.8	183	3.1	4399
3000 ... 3250	546	8.9	749	12.3	353	5.8	67	1.1	108	1.8	203	3.3	4512
3250 ... 3500	606	10.2	704	11.8	334	5.6	53	1.1	101	1.7	212	3.6	4297
3500 ... 3750	644	11.4	540	11.3	307	5.4	53	1.0	93	1.6	215	3.8	3997
3750 ... 4000	631	12.7	543	10.9	269	5.2	50	1.0	79	1.6	199	4.0	3446
4000 ... 5000	2630	15.6	1757	10.5	809	4.8	152	1.0	245	1.5	700	4.2	11208
5000 ... 6000	2773	19.4	1338	9.4	569	4.0	119	0.8	175	1.2	624	4.4	9120
6000 ... 7000	2608	22.3	937	8.3	333	3.5	81	0.7	119	1.1	507	4.5	5950
7000 ... 8000	2084	24.2	630	7.3	258	3.0	58	0.7	81	0.9	401	4.7	5239
8000 ... 9000	1712	25.9	421	6.3	179	2.7	40	0.6	57	0.9	327	4.9	3082
9000 ... 10000	1323	27.4	258	5.3	113	2.3	26	0.5	36	0.8	245	5.1	2870
10000 und mehr	2290	30.3	238	3.1	101	1.3	23	0.3	35	0.5	357	4.7	4551
Insgesamt	19252	16.1	11686	9.9	5466	4.5	1077	0.9	1683	1.4	4767	4.7	84746

Einkommensverteilung und -umverteilung 1973

Ehepaare mit zwei Kindern

Bruttoerwerbs- und -vermoegenseinkommen und empfangene Uebertragungen

Monatliches Familien-Einkommen DM	Schichtung der Erw. u. Vermoegenseink. Familien		Bruttoerwerbs- und Vermoegenseink. Einkommen		Renten und Pensionen		Geldleistg. d.Bund.Anst. f. Arbeit und Sozialhilfe		Kindergeld		Sonstige laufende Uebertragung.		Summe der empfang. Uebertrag.
	Tsd.	vH	Mill.DM	DM	Mill.DM	vH	Mill.DM	vH	Mill.DM	vH	Mill.DM	vH	Mill.DM
unter 1000	40	3.8	263	548	634	241	38	14.3	5	1.9	112	42.6	791
1000 ... 1250	20	1.9	274	1142	245	89.6	15	5.4	8	2.8	50	18.3	320
1250 ... 1500	21	2.0	350	1389	189	54.0	12	3.5	11	3.2	48	13.6	264
1500 ... 1750	28	2.7	550	1637	165	30.0	15	2.7	22	4.1	57	10.3	262
1750 ... 2000	36	3.4	816	1889	118	14.4	19	2.3	34	4.2	66	8.1	239
2000 ... 2250	46	4.4	1191	2139	80	6.8	23	1.9	46	3.9	78	6.6	227
2250 ... 2500	57	5.5	1633	2387	81	5.0	25	1.5	56	3.5	94	5.8	259
2500 ... 2750	63	6.0	1990	2632	73	3.7	27	1.3	64	3.2	99	5.0	263
2750 ... 3000	63	6.0	2175	2877	72	3.3	25	1.2	63	2.9	98	4.5	258
3000 ... 3250	62	5.9	2326	3126	68	2.9	24	1.0	61	2.6	93	4.0	246
3250 ... 3500	59	5.6	2387	3371	60	2.5	20	0.9	59	2.5	84	3.5	225
3500 ... 3750	52	5.0	2259	3620	50	2.2	16	0.7	52	2.3	72	3.2	190
3750 ... 4000	46	4.4	2137	3871	40	1.9	13	0.6	46	2.2	55	2.7	159
4000 ... 5000	132	12.6	7096	4420	114	1.6	36	0.5	134	1.9	158	2.2	442
5000 ... 6000	105	10.0	6888	5467	83	1.2	24	0.3	105	1.5	111	1.6	323
6000 ... 7000	75	7.2	5796	6440	53	0.9	13	0.2	76	1.3	69	1.2	214
7000 ... 8000	53	5.1	4713	7410	31	0.7	6	0.2	54	1.1	41	0.9	135
8000 ... 9000	37	3.5	3721	8311	19	0.5	3	0.1	37	1.0	24	0.6	84
9000 ... 10000	26	2.5	2922	9365	9	0.3	1	0.0	26	0.9	12	0.4	51
10000 und mehr	24	2.3	4963	17232	6	0.1	0	0.0	25	0.5	6	0.1	40
Insgesamt	1045	100.0	54440	4341	2173	4.0	373	0.7	987	1.9	1432	2.6	4991

Einkommensverteilung und -umverteilung 1973

Ehepaare mit zwei Kindern

Geleistete Uebertragungen und verfuegbares Einkommen

Monatliches Familien-Einkommen DM	Direkte Steuern Mill.DM	vH	Renten- Mill.DM	vH	Beitraege zur Kranken-Versicherung Mill.DM	vH	Arbeitslosen- Mill.DM	vH	Sonstige Sozial-Beitraege Mill.DM	vH	Sonstige laufende Uebertragung Mill.DM	vH	Gesamtes verfuegb Eink. Mill.DM
unter 1000	4	1,6	22	8,2	15	5,5	2	0,7	8	3,2	8	3,2	989
1000 ... 1250	8	3,1	24	8,7	16	5,7	2	0,8	8	2,9	8	2,8	525
1250 ... 1500	9	2,6	33	9,5	20	5,7	3	0,8	8	2,4	9	2,5	527
1500 ... 1750	18	3,2	59	10,7	33	6,0	4	0,9	11	1,9	14	2,5	669
1750 ... 2000	28	3,4	92	11,2	50	6,1	8	0,9	17	2,0	21	2,5	837
2000 ... 2250	48	4,1	134	11,4	72	6,1	11	1,0	23	1,9	28	7,4	1089
2250 ... 2500	83	5,1	191	11,7	95	5,8	16	1,0	31	1,9	42	2,6	1433
2500 ... 2750	120	6,0	229	11,5	111	5,6	20	1,0	36	1,3	54	2,7	1682
2750 ... 3000	155	7,1	248	11,4	119	5,5	22	1,0	39	1,8	63	2,9	1786
3000 ... 3250	195	8,4	259	11,1	123	5,3	23	1,0	40	1,7	72	3,1	1860
3250 ... 3500	228	9,6	263	11,0	125	5,2	24	1,0	40	1,7	79	3,3	1851
3500 ... 3750	245	10,9	241	10,7	116	5,1	22	1,0	37	1,6	80	3,5	1708
3750 ... 4000	254	11,9	215	10,1	104	4,9	19	0,9	34	1,6	79	3,7	1589
4000 ... 5000	1544	14,7	634	9,6	322	4,5	63	0,9	104	1,5	273	3,9	5047
5000 ... 6000	1223	17,8	574	8,3	258	3,7	51	0,7	86	1,2	270	3,0	4749
6000 ... 7000	1167	20,1	438	7,6	193	3,3	39	0,7	65	1,1	232	4,0	3876
7000 ... 8000	1044	22,1	309	6,6	135	2,9	29	0,6	46	1,0	199	4,2	3037
8000 ... 9000	895	23,3	210	5,7	94	2,5	20	0,5	32	0,9	167	4,5	2396
9000 ... 10000	741	25,3	145	5,0	66	2,2	13	0,5	22	0,8	137	4,7	1847
10000 und mehr	1465	29,5	147	3,0	60	1,2	13	0,2	22	0,4	220	4,4	3074
Insgesamt	8270	16,5	4217	8,3	2132	3,9	417	0,9	713	1,3	2060	3,8	49622

Einkommensverteilung und -umverteilung 1973

Ehepaare mit drei Kindern

Bruttoerwerbs- und -vermoegenseinkommen und empfangene Uebertragungen

Monatliches Familien-Einkommen DM	Schichtung der Erw. u. Vermoegenseink. Familien		Bruttoerwerbs- und -vermoegenseink. Einkommen		Renten und Pensionen		Geldleistg. d.Bund.Anst. f. Arbeit und Sozialhilfe		Kindergeld		Sonstige laufende Uebertragung.		Summe der empfang. Uebertrag.
	Tsd.	vH	Mill.DM	DM	Mill.DM	vH	Mill.DM	vH	Mill.DM	vH	Mill.DM	vH	
unter 1000	12	2,0	91	632	179	19,6	13	14,4	5	5,0	38	41,6	234
1000 ... 1250	8	1,4	110	1146	83	75,1	7	6,1	7	6,3	22	20,2	119
1250 ... 1500	9	1,5	150	1389	69	46,3	7	4,4	12	7,8	24	15,8	112
1500 ... 1750	13	2,2	257	1647	59	23,0	8	3,2	21	8,3	30	11,8	119
1750 ... 2000	18	3,1	408	1889	48	11,8	9	2,3	33	8,2	36	8,8	130
2000 ... 2250	23	3,9	593	2149	42	7,0	10	1,6	46	7,7	45	7,6	145
2250 ... 2500	28	4,7	803	2390	34	4,3	13	1,6	58	7,3	51	6,4	157
2500 ... 2750	34	5,8	1076	2637	43	4,0	15	1,4	71	6,6	60	5,6	189
2750 ... 3000	35	6,0	1348	2890	48	3,6	17	1,2	85	6,3	67	5,0	217
3000 ... 3250	37	6,3	1397	3124	46	3,3	15	1,1	81	5,9	63	4,5	205
3250 ... 3500	35	5,9	1416	3711	41	2,9	13	0,9	77	5,5	57	4,0	189
3500 ... 3750	31	5,3	1347	3621	35	2,6	10	0,7	71	5,2	49	3,7	167
3750 ... 4000	26	4,4	1203	3872	28	2,3	8	0,6	61	5,0	39	3,2	137
4000 ... 5000	76	12,9	4039	4484	78	1,3	24	0,6	177	4,3	110	2,7	399
5000 ... 6000	64	10,8	4217	5491	59	1,4	17	0,4	156	3,7	82	2,0	314
6000 ... 7000	47	8,0	3630	6436	38	1,0	10	0,3	114	3,1	53	1,5	216
7000 ... 8000	35	5,9	3112	7410	23	0,7	5	0,2	85	2,7	33	1,1	147
8000 ... 9000	24	4,1	2423	8413	13	0,5	1	0,1	59	2,4	18	0,8	94
9000 ... 10000	17	2,9	1912	9372	7	0,4	0	0,0	46	2,4	9	0,5	65
10000 und mehr	14	2,4	2933	17450	3	0,1	0	0,0	37	1,3	4	0,1	47
Insgesamt	589	100,0	32510	4592	981	3,0	217	0,7	1302	4,0	895	2,9	3395

394

Einkommensverteilung und -umverteilung 1973

Ehepaare mit drei Kindern

Geleistete Uebertragungen und verfuegbares Einkommen

Monatliches Familien-Einkommen DM	Direkte Steuern Mill.DM	vH	Renten- Mill.DM	vH	Beitraege zur Kranken-Versicherung Mill.DM	vH	Arbeitslosen- Mill.DM	vH	Sonstige Sozial-Beitraege Mill.DM	vH	Sonstige laufende Uebertragung Mill.DM	vH	Gesamtes verfuegb. Eink. Mill.DM
unter 1000	0	0,0	8	9,0	6	6,6	0	0,0	3	3,6	1	1,6	304
1000 ... 1250	0	0,0	11	9,7	7	6,2	0	0,0	3	2,4	1	1,0	205
1250 ... 1500	1	0,7	17	11,3	10	6,6	0	0,0	4	2,4	3	1,7	225
1500 ... 1750	4	1,7	30	11,8	17	6,4	2	0,7	5	1,8	4	1,5	310
1750 ... 2000	12	2,9	46	11,4	25	6,0	4	1,0	7	1,8	7	1,7	432
2000 ... 2250	23	3,8	70	11,7	37	6,3	6	1,0	9	1,5	11	1,8	577
2250 ... 2500	37	4,6	92	11,4	46	5,7	8	1,0	14	1,7	17	2,1	745
2500 ... 2750	61	5,6	120	11,1	58	5,4	10	0,9	18	1,7	25	2,3	972
2750 ... 3000	88	6,6	148	11,0	72	5,3	12	0,9	23	1,7	34	2,5	1186
3000 ... 3250	107	7,7	151	10,9	73	5,2	13	0,9	23	1,7	39	2,8	1185
3250 ... 3500	128	9,1	153	10,8	72	5,1	13	0,9	23	1,6	43	3,0	1171
3500 ... 3750	141	10,5	145	10,8	70	5,2	13	0,9	22	1,6	45	3,3	1078
3750 ... 4000	138	11,5	122	10,1	59	4,9	11	0,9	16	1,5	41	3,4	951
4000 ... 5000	579	14,2	389	9,5	184	4,5	36	0,9	61	1,5	145	3,5	3035
5000 ... 6000	703	16,7	350	8,3	159	3,9	31	0,7	56	1,3	150	3,6	3083
6000 ... 7000	690	19,0	271	7,5	121	3,3	24	0,7	42	1,2	133	3,7	2566
7000 ... 8000	643	20,7	199	6,4	89	2,9	18	0,6	32	1,0	121	3,9	2157
8000 ... 9000	539	22,3	135	5,6	61	2,5	12	0,5	21	0,9	102	4,7	1644
9000 ... 10000	446	23,3	92	4,8	44	2,3	9	0,4	16	0,8	84	4,4	1237
10000 und mehr	623	28,2	36	2,9	37	1,3	7	0,2	14	0,6	124	4,2	1896
Insgesamt	5173	15,9	2637	8,1	1249	3,8	241	0,7	420	1,3	1133	3,5	25049

Einkommensverteilung und -umverteilung 1973

Ehepaare mit vier und mehr Kindern

Bruttoerwerbs- und -vermoegenseinkommen und empfangene Uebertragungen

Monatliches Familien-Einkommen DM	Schichtung der Erw. u. Vermoegenseink. Familien		Bruttoerwerbs- und Vermoegenseink. Einkommen		Renten und Pensionen		Geldleistg. d.Bund.Anst. f. Arbeit und Sozialhilfe		Kindergeld		Sonstige laufende Uebertragung		Summe der empfang. Uebertrag.
	Tsd.	vH	Mill.DM	DM	Mill.DM	vH	Mill.DM	vH	Mill.DM	vH	Mill.DM	vH	Mill.DM
unter 1000	491	6.1	2695	467	5524	205	355	13.2	26	1.0	1072	39.8	6977
1000 ... 1250	232	2.9	3203	1151	1392	43.5	136	4.3	36	1.1	427	13.3	1992
1250 ... 1500	279	3.5	4649	1389	1070	23.0	148	3.2	51	1.1	467	10.1	1738
1500 ... 1750	342	4.3	6719	1637	896	12.9	166	2.5	83	1.2	536	8.0	1591
1750 ... 2000	412	5.2	9319	1885	667	7.2	193	2.1	77	0.8	623	6.7	1561
2000 ... 2250	478	6.1	12226	2131	546	4.5	215	1.9	104	0.9	699	5.7	1564
2250 ... 2500	508	6.5	14500	2379	506	3.5	211	1.5	128	0.9	717	4.9	1562
2500 ... 2750	514	6.5	16201	2627	476	2.9	203	1.3	146	0.9	696	4.3	1521
2750 ... 3000	503	6.4	17344	2873	456	2.6	181	1.0	158	0.9	657	3.8	1451
3000 ... 3250	466	5.9	17534	3122	416	2.4	160	0.9	151	0.9	583	3.3	1310
3250 ... 3500	420	5.3	16989	3371	357	2.1	132	0.8	144	0.8	494	2.9	1127
3500 ... 3750	361	4.6	15662	3620	293	1.9	103	0.7	129	0.8	398	2.5	923
3750 ... 4000	296	3.8	13746	3970	230	1.7	78	0.6	112	0.8	303	2.2	723
4000 ... 5000	874	11.1	46738	4461	656	1.4	212	0.5	324	0.7	834	1.8	2025
5000 ... 6000	615	7.8	40191	5446	420	1.0	130	0.3	269	0.7	526	1.3	1345
6000 ... 7000	410	5.2	31600	6423	250	0.8	73	0.2	194	0.6	310	1.0	827
7000 ... 8000	272	3.5	24162	7403	142	0.6	39	0.2	142	0.6	175	0.7	498
8000 ... 9000	178	2.3	17913	8336	79	0.4	19	0.1	97	0.5	95	0.5	292
9000 ... 10000	120	1.5	13489	9357	44	0.3	10	0.1	72	0.5	49	0.4	176
10000 und mehr	107	1.4	21455	16710	28	0.1	4	0.0	64	0.3	27	0.1	125
Insgesamt	7870	100.0	346495	3668	14360	4.1	2773	0.8	2508	0.7	9638	2.3	29329

Einkommensverteilung und -umverteilung 1973

Bruttoerwerbs- und -vermoegenseinkommen und empfangene Uebertragungen

Ehepaare ohne Kinder

Monatliches Familien-Einkommen DM	Schichtung der Erw. u. Vermoegenseink. Familien Tsd.	vH	Bruttoerwerbs- u. Vermoegenseink. Einkommen Mill.DM	DM	Renten und Pensionen Mill.DM	vH	Geldleistg. d.Bund.Anst. f. Arbeit und Sozialhilfe Mill.DM	vH	Kindergeld Mill.DM	vH	Sonstige laufende Uebertragung. Mill.DM	vH	Summe der empfang. Uebertrag. Mill.DM
unter 1000	2143	39.7	7812	304	20604	26.4	1338	17.1	0	0.0	4349	55.7	26291
1000 ... 1250	342	6.3	4646	1132	2008	43.2	188	4.1	0	0.0	571	12.3	2767
1250 ... 1500	311	5.8	5146	1379	1260	24.5	144	2.8	0	0.0	464	9.0	1869
1500 ... 1750	289	5.4	5643	1627	777	13.8	118	2.1	0	0.0	383	6.8	1278
1750 ... 2000	262	4.9	5890	1873	387	6.6	97	1.6	0	0.0	310	5.3	795
2000 ... 2250	239	4.4	6087	2122	214	3.5	79	1.3	0	0.0	258	4.2	553
2250 ... 2500	220	4.1	6260	2371	163	2.6	63	1.1	0	0.0	218	3.5	451
2500 ... 2750	197	3.6	6197	2621	113	1.8	56	0.9	0	0.0	181	2.9	351
2750 ... 3000	176	3.3	6062	2870	88	1.5	45	0.7	0	0.0	144	2.4	280
3000 ... 3250	157	2.9	5877	3119	71	1.2	36	0.6	0	0.0	115	2.0	223
3250 ... 3500	135	2.5	5457	3369	56	1.0	27	0.5	0	0.0	87	1.6	172
3500 ... 3750	112	2.1	4851	3617	44	0.9	20	0.4	0	0.0	64	1.3	130
3750 ... 4000	91	1.7	4222	3866	34	0.8	14	0.3	0	0.0	45	1.1	95
4000 ... 5000	266	4.9	14194	4447	89	0.6	37	0.3	0	0.0	121	0.9	250
5000 ... 6000	175	3.3	11454	5428	50	0.4	19	0.2	0	0.0	68	0.6	138
6000 ... 7000	112	2.1	8612	6409	25	0.3	9	0.1	0	0.0	35	0.4	70
7000 ... 8000	72	1.3	6390	7396	13	0.2	4	0.1	0	0.0	18	0.3	35
8000 ... 9000	44	0.8	4420	8371	7	0.2	0	0.0	0	0.0	10	0.2	18
9000 ... 10000	28	0.5	3153	9324	2	0.1	0	0.0	0	0.0	5	0.2	10
10000 und mehr	28	0.5	5757	17134	3	0.0	0	-	0	0.0	4	0.1	9
Insgesamt	5400	100.0	129150	1978	26017	20.3	2315	1.8	0	0.0	7454	5.8	35736

Ehepaare ohne Kinder

Geleistete Uebertragungen und verfuegbares Einkommen

Monatliches Familien-Einkommen DM	Direkte Steuern		Renten-		Beitraege zur Kranken-Versicherung		Arbeitslosen-		Sonstige Sozial-Beitraege		Sonstige laufende Uebertragung		Gesamtes verfuegb. Eink.
	Mill.DM	vH	Mill.DM	vH	Mill.DM	vH	Mill.DM	vH	Mill.DM	vH	Mill.DM	vH	Mill.DM
unter 1000	575	7.4	606	7.8	448	5.7	71	0.9	183	2.3	618	7.9	31602
1000 ... 1250	166	3.6	461	9.9	285	6.1	49	1.1	92	2.0	151	3.2	6209
1250 ... 1500	203	3.9	574	11.2	334	6.5	57	1.1	96	1.9	165	3.2	5584
1500 ... 1750	261	4.6	682	12.1	333	6.9	64	1.1	99	1.8	182	3.2	5247
1750 ... 2000	316	5.4	764	13.0	413	7.0	71	1.2	99	1.7	185	3.1	4835
2000 ... 2250	382	6.3	811	13.3	420	6.9	76	1.3	97	1.6	199	3.3	4654
2250 ... 2500	456	7.3	834	13.3	393	6.3	77	1.2	94	1.5	214	3.4	4639
2500 ... 2750	511	8.3	808	13.0	367	5.9	74	1.2	90	1.5	222	3.6	4473
2750 ... 3000	564	9.3	729	12.0	335	5.5	65	1.1	85	1.4	231	3.8	4331
3000 ... 3250	613	10.4	674	11.5	306	5.2	60	1.0	90	1.4	236	4.0	4130
3250 ... 3500	630	11.6	530	10.6	268	4.9	52	1.0	71	1.3	228	4.2	3798
3500 ... 3750	615	12.6	482	9.9	228	4.7	43	0.9	62	1.3	211	4.3	3348
3750 ... 4000	579	13.7	334	9.1	185	4.4	34	0.9	53	1.2	191	4.6	2890
4000 ... 5000	2371	16.7	1189	8.4	552	4.0	110	0.8	160	1.1	681	4.8	9370
5000 ... 6000	2319	20.2	734	6.8	363	3.2	72	0.6	109	1.0	563	4.9	7393
6000 ... 7000	1940	22.5	476	5.5	223	2.6	43	0.6	70	0.8	423	4.9	5504
7000 ... 8000	1529	23.9	273	4.3	136	2.1	27	0.4	47	0.7	316	4.9	4097
8000 ... 9000	1105	25.0	159	3.6	92	1.9	16	0.4	29	0.7	226	5.1	2820
9000 ... 10000	823	26.2	102	3.2	54	1.7	11	0.3	20	0.6	169	5.4	1979
10000 und mehr	1755	30.5	90	1.6	50	0.9	10	0.2	20	0.4	295	5.1	3546
Insgesamt	17719	13.8	11460	8.9	5837	4.5	1102	0.9	1665	1.3	5706	4.5	129449

Alleinerziehende mit einem Kind

Bruttoerwerbs- und -vermoegenseinkommen und empfangene Uebertragungen

Monatliches Familien-Einkommen DM	Schichtung der Brutto- Erw. u. Vermoegenseink. Familien Tsd.	vH	Bruttoerwerbs- und Einkommen Mill.DM	DM	Renten und Pensionen Mill.DM	vH	Geldleistg. d.Bund.Anst. f. Arbeit und Sozialhilfe Mill.DM	vH	Kindergeld Mill.DM	vH	Sonstige laufende Uebertragung. Mill.DM	vH	Summe der empfang. Uebertrag. Mill.DM
unter 1000	208	46.7	502	201	1536	306	128	25.5	1	0.2	452	90.0	2118
1000 ... 1250	38	8.5	516	1132	174	33.7	20	3.8	1	0.2	72	14.0	268
1250 ... 1500	36	8.1	594	1375	100	16.9	17	2.9	1	0.2	62	10.4	184
1500 ... 1750	33	7.4	644	1626	56	8.6	14	2.2	0	0.0	52	8.0	125
1750 ... 2000	29	6.5	652	1874	29	4.5	12	1.8	0	0.0	43	6.7	87
2000 ... 2250	23	5.2	585	2120	16	2.7	9	1.6	0	0.0	32	5.4	59
2250 ... 2500	18	4.0	510	2361	13	2.5	7	1.4	0	0.0	25	4.8	46
2500 ... 2750	13	2.9	407	2609	10	2.5	5	1.3	0	0.0	18	4.4	33
2750 ... 3000	10	2.2	342	2850	7	2.1	4	1.1	0	0.0	13	3.8	24
3000 ... 3250	8	1.8	299	3115	6	2.0	3	1.0	0	0.0	10	3.4	19
3250 ... 3500	5	1.1	201	3350	3	1.4	0	0.0	0	0.0	5	2.3	9
3500 ... 3750	5	1.1	217	3617	1	0.6	0	0.7	0	0.0	4	1.7	6
3750 ... 4000	3	0.7	138	3833	1	0.3	0	0.0	0	0.0	2	1.4	4
4000 ... 5000	8	1.8	433	4510	3	0.8	1	0.3	0	0.0	6	1.3	11
5000 ... 6000	5	1.1	328	5457	2	0.7	0	0.0	0	0.0	3	0.8	5
6000 ... 7000	2	0.4	153	6375	0	0.0	0	0.0	0	0.0	1	0.7	2
7000 ... 8000	1	0.2	89	7417	0	0.0	0	0.0	0	0.0	0	0.0	0
8000 ... 9000	0	0.0	0	0	0	0.0	0	0.0	0	0.0	0	0.0	0
9000 ... 10000	0	0.0	0	0	0	0.0	0	0.0	0	0.0	0	0.0	0
10000 und mehr	0	0.0	0	0	0	0.0	0	0.0	0	0.0	0	0.0	0
Insgesamt	445	100.0	6610	1238	1964	29.7	223	3.5	7	0.1	802	12.2	3003

Einkommensverteilung und -umverteilung 1973

Alleinerziehende mit einem Kind

Geleistete Uebertragungen und verfuegbares Einkommen

Monatliches Familien-Einkommen DM	Direkte Steuern		Renten-		Beitraege zur Kranken-Versicherung		Arbeitslosen-		Sonstige Sozial-Beitraege		Sonstige laufende Uebertragung		Gesamtes verfuegb. Eink.
	Mill.DM	vH	Mill.DM	vH	Mill.DM	vH	Mill.DM	vH	Mill.DM	vH	Mill.DM	vH	Mill.DM
unter 1000	37	7,3	49	9,8	33	6,5	5	0,9	9	1,9	41	8,2	2444
1000 ... 1250	18	3,5	56	10,8	34	6,5	5	1,1	8	1,6	11	2,2	650
1250 ... 1500	21	3,5	70	11,8	39	6,5	6	1,0	9	1,6	12	2,0	615
1500 ... 1750	23	3,6	78	12,1	44	6,8	7	1,1	10	1,5	13	2,0	591
1750 ... 2000	30	4,6	87	13,4	45	6,9	8	1,2	10	1,5	13	2,0	539
2000 ... 2250	33	5,6	92	14,1	41	7,0	8	1,3	9	1,5	14	2,4	454
2250 ... 2500	35	6,9	73	14,3	34	6,6	7	1,3	8	1,5	13	2,6	385
2500 ... 2750	32	8,0	60	14,7	26	6,5	6	1,4	6	1,6	12	3,0	297
2750 ... 3000	31	9,1	47	13,9	21	6,1	4	1,2	5	1,5	11	3,2	246
3000 ... 3250	31	10,4	40	13,4	18	5,9	4	1,2	4	1,5	10	3,4	211
3250 ... 3500	22	11,0	21	10,7	9	4,5	1	0,7	2	0,8	6	2,9	146
3500 ... 3750	24	10,9	14	5,3	8	3,5	0	0,0	2	1,2	6	2,6	169
3750 ... 4000	18	13,2	12	8,6	6	4,2	0	0,0	1	0,9	4	2,7	99
4000 ... 5000	70	15,1	33	7,6	16	3,7	3	0,5	5	1,1	16	3,6	301
5000 ... 6000	54	16,5	13	4,0	3	2,4	1	0,3	3	0,8	10	3,1	244
6000 ... 7000	27	17,7	4	2,5	3	1,8	0	0,0	1	0,8	5	3,0	115
7000 ... 8000	18	20,3	1	1,5	1	1,4	0	0,0	0	0,0	3	3,3	65
8000 ... 9000	0	0,0	0	0,0	0	0,0	0	0,0	0	0,0	0	0,0	0
9000 ... 10000	0	0,0	0	0,0	0	0,0	0	0,0	0	0,0	0	0,0	0
10000 und mehr	0	0,0	0	0,0	0	0,0	0	0,0	0	0,0	0	0,0	0
Insgesamt	527	3,0	742	11,2	390	5,9	70	1,1	100	1,5	208	3,1	7573

Einkommensverteilung und -umverteilung 1973

Alleinerziehende mit mehreren Kindern

Bruttoerwerbs- und -vermoegenseinkommen und empfangene Uebertragungen

Monatliches Familien-Einkommen DM	Schichtung der Erw. u. Vermoegenseink. Familien Tsd.	vH	Bruttoeinkommen Mill.DM	DM	Renten und Pensionen Mill.DM	vH	Geldleistg. d.Bund.Anst. f. Arbeit und Sozialhilfe Mill.DM	vH	Kindergeld Mill.DM	vH	Sonstige laufende Uebertragung Mill.DM	vH	Summe der empfang. Uebertrag. Mill.DM
unter 1000	40	15,4	191	398	447	234	35	18,2	2	1,1	114	59,7	599
1000 ... 1250	16	6,2	217	1130	150	69,0	11	5,3	4	1,9	41	18,8	206
1250 ... 1500	18	6,9	299	1384	94	31,3	12	3,9	8	2,6	41	13,6	157
1500 ... 1750	18	6,9	354	1639	38	10,7	9	2,7	11	3,0	35	10,1	96
1750 ... 2000	25	9,6	566	1887	38	6,7	11	1,9	4	0,7	46	8,1	102
2000 ... 2250	22	8,5	562	2129	28	4,9	11	2,0	4	0,8	42	7,4	88
2250 ... 2500	21	8,1	597	2369	28	4,8	11	1,8	5	0,8	40	6,7	86
2500 ... 2750	22	8,5	691	2617	29	4,2	10	1,5	5	0,9	41	5,9	87
2750 ... 3000	17	6,5	586	2873	23	4,0	8	1,3	4	0,7	32	5,4	68
3000 ... 3250	13	5,0	492	3154	17	3,5	5	1,1	3	0,6	24	4,9	51
3250 ... 3500	12	4,6	484	3351	15	3,1	4	0,8	3	0,5	21	4,3	44
3500 ... 3750	8	3,1	355	3698	8	2,2	2	0,4	1	0,3	11	3,2	25
3750 ... 4000	6	2,3	231	3903	5	1,6	1	0,4	0	0,0	8	2,7	16
4000 ... 5000	8	3,1	429	4469	5	1,2	1	0,2	1	0,3	8	1,9	18
5000 ... 6000	8	3,1	524	5458	5	1,0	0	0,0	2	0,3	8	1,4	17
6000 ... 7000	3	1,2	228	6333	2	0,7	0	0,0	0	0,0	2	0,9	5
7000 ... 8000	3	1,2	284	7389	1	0,5	0	0,0	0	0,0	2	0,6	4
8000 ... 9000	0	0,0	0	0	0	0,0	0	0,0	0	0,0	0	0,0	0
9000 ... 10000	0	0,0	0	0	0	0,0	0	0,0	0	0,0	0	0,0	0
10000 und mehr	0	0,0	0	0	0	0,0	0	0,0	0	0,0	0	0,0	0
Insgesamt	260	100,0	7140	2288	939	13,1	143	2,0	67	0,9	519	7,3	1668

Alleinerziehende mit mehreren Kindern

Geleistete Uebertragungen und verfuegbares Einkommen

Monatliches Familien-Einkommen DM	Direkte Steuern		Renten-		Beitraege zur Kranken-Versicherung		Arbeitslosen-		Sonstige Sozial-Beitraege		Sonstige laufende Uebertragung		Gesamtes verfuegb. Eink.
	Mill.DM	vH	Mill.DM	vH	Mill.DM	vH	Mill.DM	vH	Mill.DM	vH	Mill.DM	vH	Mill.DM
unter 1000	9	4,9	16	8,5	11	5,7	1	0,6	5	2,6	6	3,3	737
1000 ... 1250	9	4,1	21	9,5	13	6,0	0	0,0	3	1,3	4	1,7	367
1250 ... 1500	10	3,2	35	11,8	19	6,3	2	0,6	6	2,0	5	1,6	374
1500 ... 1750	8	2,3	43	12,2	23	6,6	4	1,0	5	1,5	6	1,7	355
1750 ... 2000	20	3,6	66	11,7	35	6,2	6	1,0	10	1,8	10	1,7	516
2000 ... 2250	26	4,7	75	13,4	39	6,9	7	1,2	11	1,9	11	2,0	479
2250 ... 2500	35	5,8	83	14,0	38	6,4	8	1,3	11	1,9	13	2,2	490
2500 ... 2750	48	6,9	92	13,3	43	6,2	8	1,2	12	1,7	17	2,5	556
2750 ... 3000	49	8,3	79	13,5	36	6,2	7	1,2	11	1,8	16	2,7	454
3000 ... 3250	45	9,2	61	12,4	29	5,8	5	1,0	9	1,8	13	2,5	378
3250 ... 3500	43	3,8	55	11,3	29	6,0	4	0,9	10	2,0	14	3,0	372
3500 ... 3750	39	11,1	37	10,5	18	5,1	3	0,9	0	1,6	10	2,7	264
3750 ... 4000	35	12,5	26	9,4	13	4,8	2	0,6	2	0,8	9	3,1	207
4000 ... 5000	58	13,4	28	6,5	15	3,6	2	0,4	5	1,3	12	2,3	326
5000 ... 6000	84	16,1	28	5,4	16	3,0	3	0,5	6	1,1	15	2,9	388
6000 ... 7000	38	16,8	7	3,1	5	2,2	0	0,0	2	0,9	7	2,9	173
7000 ... 8000	56	19,9	8	2,7	6	2,0	0	0,0	2	0,8	9	3,1	207
8000 ... 9000	0	0,0	0	0,0	0	0,0	0	0,0	0	0,0	0	0,0	0
9000 ... 10000	0	0,0	0	0,0	0	0,0	0	0,0	0	0,0	0	0,0	0
10000 und mehr	0	0,0	0	0,0	0	0,0	0	0,0	0	0,0	0	0,0	0
Insgesamt	620	8,7	762	10,7	396	5,6	70	1,0	123	1,8	137	2,6	6642

Einkommensverteilung und -umverteilung 1973

Familien mit einem Einkommensbezieher

Bruttoerwerbs- und -vermoegenseinkommen und empfangene Uebertragungen

Monatliches Familien-Einkommen DM	Schichtung der Erw. u. Vermoegenseink. Familien		Bruttoerwerbs- und Bruttovermoegenseink. Einkommen		Renten und Pensionen		Geldleistg. d.Bund.Anst. f. Arbeit und Sozialhilfe		Kindergeld		Sonstige laufende Uebertragung.		Summe der empfang. Uebertrag.
	Tsd.	vH	Mill.DM	DM	Mill.DM	vH	Mill.DM	vH	Mill.DM	vH	Mill.DM	vH	Mill.DM
unter 1000	127	5,8	833	547	2032	244	124	14,9	1	0,1	325	39,1	2485
1000 ... 1250	55	2,5	754	1142	505	66,9	44	5,9	2	0,2	122	16,1	673
1250 ... 1500	74	3,4	1236	1392	402	32,5	53	4,3	2	0,2	148	12,0	605
1500 ... 1750	92	4,2	1810	1639	286	15,8	56	3,1	2	0,1	168	9,3	514
1750 ... 2000	120	5,5	2716	1886	235	8,6	68	2,5	0	0,0	204	7,5	507
2000 ... 2250	149	6,8	3809	2130	212	5,6	78	2,1	0	0,0	238	6,3	529
2250 ... 2500	157	7,2	4479	2377	187	4,2	73	1,6	0	0,0	235	5,3	496
2500 ... 2750	154	7,0	4852	2626	174	3,6	67	1,4	0	0,0	217	4,5	458
2750 ... 3000	149	6,8	5136	2872	157	3,1	58	1,1	0	0,0	195	3,8	411
3000 ... 3250	134	6,1	5020	3122	135	2,7	49	1,0	0	0,0	163	3,2	347
3250 ... 3500	118	5,4	4774	3371	112	2,3	38	0,8	0	0,0	130	2,7	281
3500 ... 3750	100	4,6	4344	3620	88	2,0	28	0,6	0	0,0	98	2,3	217
3750 ... 4000	82	3,8	3803	3870	67	1,8	20	0,5	0	0,0	72	1,9	151
4000 ... 5000	260	11,9	13899	4455	198	1,4	62	0,4	0	0,0	202	1,5	464
5000 ... 6000	157	7,6	10389	5434	111	1,0	33	0,3	0	0,0	107	1,0	254
6000 ... 7000	104	4,8	8011	6419	59	0,7	17	0,2	0	0,0	56	0,7	134
7000 ... 8000	61	2,8	5413	7395	31	0,6	8	0,1	0	0,0	28	0,5	67
8000 ... 9000	37	1,7	3718	8374	16	0,4	4	0,1	0	0,0	13	0,3	34
9000 ... 10000	25	1,1	2805	9350	9	0,3	1	0,0	0	0,0	7	0,3	20
10000 und mehr	20	0,9	3739	15787	6	0,2	0	0,0	0	0,0	5	0,1	11
Insgesamt	2185	100,0	92095	3512	5027	5,5	892	1,0	8	0,0	2740	3,0	8667

Familien mit einem Einkommensbezieher

Geleistete Uebertragungen und verfuegbares Einkommen

Monatliches Familien- Einkommen DM	Direkte Steuern Mill.DM	vH	Renten- Mill.DM	vH	Beitraege zur Kranken- Versicherung Mill.DM	vH	Arbeitslosen- Mill.DM	vH	Sonstige Sozial- Beitraege Mill.DM	vH	Sonstige laufende Uebertragung Mill.DM	vH	Gesamtes verfuegb. Eink. Mill.DM
unter 1000	43	5.1	58	8.1	51	6.1	8	0.9	30	3.6	33	4.0	3083
1000 ... 1250	31	4.1	82	10.9	47	6.2	7	1.0	22	2.9	22	2.9	1211
1250 ... 1500	43	3.5	153	12.4	84	6.8	14	1.1	34	2.8	34	2.7	1477
1500 ... 1750	66	3.7	241	13.3	128	7.0	22	1.2	47	2.6	47	2.6	1771
1750 ... 2000	120	4.4	373	13.7	191	7.0	35	1.3	66	2.4	71	2.6	2365
2000 ... 2250	200	5.3	528	13.9	268	7.0	50	1.3	87	2.3	105	2.7	3090
2250 ... 2500	284	6.3	622	13.9	292	6.5	58	1.3	95	2.1	128	2.9	3496
2500 ... 2750	361	7.4	662	13.6	310	6.4	62	1.3	97	2.0	150	3.1	3668
2750 ... 3000	440	8.6	677	13.2	320	6.2	62	1.2	96	1.9	170	3.3	3790
3000 ... 3250	491	9.3	646	12.9	306	6.1	59	1.2	89	1.8	178	3.6	3597
3250 ... 3500	530	11.1	598	12.5	284	5.9	54	1.1	81	1.7	178	3.7	3330
3500 ... 3750	536	12.3	524	12.1	251	5.0	47	1.1	72	1.6	170	3.9	2959
3750 ... 4000	519	13.6	443	11.6	209	5.5	41	1.1	60	1.6	159	4.2	2537
4000 ... 5000	2516	16.7	1560	11.2	705	5.1	143	1.0	196	1.4	620	4.5	8923
5000 ... 6000	2251	20.7	1096	10.1	458	4.2	97	0.9	129	1.2	507	4.7	6604
6000 ... 7000	1830	23.5	710	8.9	289	3.6	62	0.8	83	1.0	392	4.8	4740
7000 ... 8000	1381	25.5	417	7.7	166	3.1	38	0.7	49	0.9	263	4.9	3165
8000 ... 9000	998	26.9	242	6.5	100	2.7	24	0.6	31	0.8	189	5.1	2168
9000 ... 10000	600	28.5	161	5.3	69	2.5	16	0.6	20	0.7	148	5.3	1608
10000 und mehr	1152	30.4	119	3.1	51	1.4	12	0.3	17	0.4	187	4.9	2252
Insgesamt	14446	15.7	9922	10.9	4581	5.0	919	1.0	1497	1.5	3744	4.1	55743

Einkommensverteilung und -umverteilung 1973

Familien mit zwei oder mehr Einkommensbeziehern

Bruttoerwerbs- und -vermoegenseinkommen und empfangene Uebertragungen

Monatliches Familien-Einkommen DM	Schichtung der Erw. u. Vermoegenseink. Familien		Bruttoerwerbs- und -vermoegenseink. Einkommen		Renten und Pensionen		Geldleistg. d.Bund.Anst. f. Arbeit und Sozialhilfe		Kindergeld		Sonstige laufende Uebertragung.		Summe der empfang. Uebertrag.
	Tsd.	vH	Mill.DM	DM	Mill.DM	vH	Mill.DM	vH	Mill.DM	vH	Mill.DM	vH	Mill.DM
1000 unter	322	8.8	1691	438	3291	19.5	220	13.0	6	0.3	671	39.7	4189
1000 ... 1250	149	4.1	2062	1153	615	29.8	79	3.8	7	0.4	245	11.9	948
1250 ... 1500	179	4.9	2931	1388	458	15.4	87	2.9	8	0.3	272	9.1	826
1500 ... 1750	206	5.6	4042	1635	332	8.2	92	2.3	7	0.2	293	7.2	724
1750 ... 2000	232	6.3	5240	1882	265	5.1	101	1.9	0	0.0	319	6.1	685
2000 ... 2250	260	7.1	6637	2127	241	3.6	109	1.6	0	0.0	345	5.2	695
2250 ... 2500	257	7.0	7324	2375	211	2.9	100	1.4	0	0.0	326	4.5	637
2500 ... 2750	246	6.7	7744	2623	195	2.5	90	1.2	0	0.0	294	3.8	579
2750 ... 3000	232	6.3	7994	2871	176	2.2	75	0.9	0	0.0	260	3.3	512
3000 ... 3250	206	5.6	7714	3121	150	1.9	62	0.8	0	0.0	214	2.8	427
3250 ... 3500	179	4.9	7238	3370	123	1.7	48	0.7	0	0.0	169	2.3	342
3500 ... 3750	143	4.0	6427	3619	97	1.5	35	0.6	0	0.0	126	2.0	259
3750 ... 4000	117	3.2	5432	3869	73	1.3	24	0.4	0	0.0	89	1.6	188
4000 ... 5000	351	9.6	18741	4449	209	1.1	72	0.4	0	0.0	243	1.3	525
5000 ... 6000	227	6.2	14798	5429	117	0.9	39	0.3	0	0.0	129	0.9	287
6000 ... 7000	142	3.9	10930	6414	62	0.6	19	0.2	0	0.0	63	0.6	151
7000 ... 8000	97	2.4	7725	7399	32	0.4	9	0.1	0	0.0	35	0.4	76
8000 ... 9000	51	1.4	5125	8374	17	0.3	4	0.1	0	0.0	16	0.3	38
9000 ... 10000	37	0.9	3821	9265	9	0.2	2	0.1	0	0.0	9	0.2	22
10000 und mehr	30	0.8	5989	16636	6	0.1	0	0.0	0	0.0	6	0.1	12
Insgesamt	3655	100.0	139645	3134	5692	4.3	1290	0.9	28	0.0	4135	3.0	12127

Einkommensverteilung und -umverteilung 1973

Familien mit zwei oder mehr Einkommensbeziehern

Geleistete Uebertragungen und verfuegbares Einkommen

Monatliches Familien-Einkommen DM	Direkte Steuern		Renten-		Beitraege zur Kranken-Versicherung		Arbeitslosen-		Sonstige Sozial-Beitraege		Sonstige laufende Uebertragung.		Gesamtes verfuegb. Eink.
	Mill.DM	vH	Mill.DM	vH	Mill.DM	vH	Mill.DM	vH	Mill.DM	vH	Mill.DM	vH	Mill.DM
unter 1000	57	4,0	174	10,3	114	6,7	18	1,0	46	2,7	79	4,7	5380
1000 ... 1250	60	2,9	252	12,2	143	7,0	24	1,2	43	2,1	50	2,4	2434
1250 ... 1500	89	3,0	378	12,7	209	7,0	35	1,2	60	2,0	73	2,5	2960
1500 ... 1750	143	3,5	522	12,9	282	7,0	48	1,2	78	1,9	102	2,5	3588
1750 ... 2000	229	4,4	692	13,2	363	6,9	64	1,2	99	1,9	138	2,6	4336
2000 ... 2250	348	5,2	831	13,3	455	6,9	81	1,2	123	1,9	198	2,8	5255
2250 ... 2500	459	6,3	977	13,3	462	6,3	90	1,2	130	1,8	218	3,0	5623
2500 ... 2750	563	7,3	1009	13,0	466	6,0	93	1,2	131	1,7	248	3,2	5805
2750 ... 3000	674	8,4	989	12,4	461	5,8	89	1,1	129	1,6	277	3,5	5887
3000 ... 3250	740	9,6	923	12,0	427	5,5	83	1,1	119	1,5	285	3,7	5563
3250 ... 3500	793	10,8	826	11,4	395	5,3	74	1,0	108	1,5	231	3,9	5123
3500 ... 3750	771	12,0	698	10,9	330	5,1	63	1,0	94	1,5	260	4,1	4470
3750 ... 4000	720	13,3	562	10,3	264	4,9	51	0,9	77	1,4	231	4,3	3714
4000 ... 5000	3069	15,4	1871	10,0	848	4,5	171	0,9	240	1,3	546	4,5	12219
5000 ... 6000	2992	20,2	1284	8,7	549	3,7	114	0,3	160	1,1	691	4,7	9285
6000 ... 7000	2505	22,9	816	7,5	344	3,1	72	0,7	102	0,9	520	4,8	6722
7000 ... 8000	1913	24,8	433	5,3	203	2,6	45	0,6	64	0,8	373	4,8	4716
8000 ... 9000	1330	26,0	272	5,3	119	2,3	27	0,5	39	0,8	256	5,0	3120
9000 ... 10000	1059	27,7	131	4,7	81	2,1	18	0,5	26	0,7	200	5,2	2275
10000 und mehr	1816	30,3	138	2,3	65	1,1	14	0,2	23	0,4	293	4,9	3654
Insgesamt	20341	14,6	13931	10,0	6572	4,7	1291	0,9	1895	1,4	5612	4,0	102129

Einkommensverteilung und -umverteilung 1973

Landwirte - Familien, insgesamt

Bruttoerwerbs- und -vermoegenseinkommen und empfangene Uebertragungen

Monatliches Familien-Einkommen DM	Schichtung der Erw. u. Vermoegenseink. Familien		Bruttoerwerbs- und -vermoegenseink. Einkommen		Renten und Pensionen		Geldleistg. d.Bund.Anst. f. Arbeit und Sozialhilfe		Kindergeld		Sonstige laufende Uebertragung		Summe der empfang. Uebertrag.
	Tsd.	vH	Mill.DM	DM	Mill.DM	vH	Mill.DM	vH	Mill.DM	vH	Mill.DM	vH	Mill.DM
unter 1000	0	0,0	0	0	0	0,0	0	0,0	0	0,0	0	0,0	0
1000 ... 1250	2	0,5	28	1167	1	2,0	0	1,4	0	0,2	1	3,9	2
1250 ... 1500	12	2,8	204	1417	4	1,8	2	1,2	1	0,6	7	3,5	14
1500 ... 1750	26	6,0	515	1651	8	1,5	5	1,0	6	1,1	16	3,1	35
1750 ... 2000	34	7,8	772	1892	10	1,3	7	0,9	8	1,0	21	2,7	46
2000 ... 2250	39	9,0	1000	2137	11	1,1	7	0,7	12	1,2	23	2,3	54
2250 ... 2500	40	9,2	1141	2377	11	1,0	7	0,6	18	1,6	24	2,1	50
2500 ... 2750	39	9,0	1226	2620	11	0,9	7	0,6	21	1,7	23	1,8	62
2750 ... 3000	35	8,0	1203	2864	10	0,8	6	0,5	22	1,9	20	1,6	58
3000 ... 3250	31	7,1	1159	3116	9	0,8	5	0,4	19	1,7	18	1,6	52
3250 ... 3500	29	6,7	1171	3365	10	0,8	4	0,4	16	1,4	19	1,6	49
3500 ... 3750	25	5,7	1085	3617	8	0,8	3	0,3	12	1,1	15	1,4	38
3750 ... 4000	21	4,8	975	3869	8	0,8	3	0,3	12	1,2	13	1,4	36
4000 ... 5000	33	7,6	1790	4520	22	1,2	5	0,3	26	1,5	31	1,7	84
5000 ... 6000	29	6,7	1924	5529	24	1,2	5	0,2	34	1,8	30	1,5	92
6000 ... 7000	18	4,1	1396	6463	15	1,1	3	0,2	23	1,6	18	1,3	58
7000 ... 8000	12	2,8	1066	7403	9	0,8	1	0,1	17	1,6	11	1,0	38
8000 ... 9000	7	1,6	715	8512	5	0,6	1	0,1	10	1,4	5	0,7	20
9000 ... 10000	2	0,5	229	9542	1	0,5	0	0,1	4	1,6	1	0,6	6
10000 und mehr	1	0,2	131	10917	0	0,3	0	0,0	3	2,0	1	0,5	4
Insgesamt	435	100,0	17730	3397	177	1,0	72	0,4	265	1,5	295	1,7	809

Einkommensverteilung und -umverteilung 1973

Landwirte - Familien, insgesamt

Geleistete Uebertragungen und verfuegbares Einkommen

Monatliches Familien-Einkommen DM	Direkte Steuern Mill.DM	vH	Renten- Mill.DM	vH	Beitraege zur Kranken-Versicherung Mill.DM	vH	Arbeitslosen- Mill.DM	vH	Sonstige Sozial-Beitraege Mill.DM	vH	Sonstige laufende Uebertragung Mill.DM	vH	Gesamtes verfuegb. Eink. Mill.DM
unter 1000	0	0,0	0	0,0	0	0,0	0	0,0	0	0,0	0	0,0	0
1000 ... 1250	0	0,4	2	7,7	1	4,9	0	0,4	1	2,6	0	1,3	25
1250 ... 1500	1	0,5	14	6,7	9	4,2	1	0,4	5	2,3	3	1,3	187
1500 ... 1750	3	0,6	29	5,7	20	3,8	2	0,3	11	2,2	8	1,5	477
1750 ... 2000	6	0,8	39	5,1	28	3,7	2	0,3	16	2,0	12	1,6	714
2000 ... 2250	10	1,0	46	4,6	35	3,5	3	0,3	19	1,9	17	1,7	924
2250 ... 2500	15	1,3	49	4,3	37	3,3	3	0,3	21	1,9	22	2,0	1053
2500 ... 2750	20	1,6	50	4,1	39	3,2	3	0,3	22	1,8	26	2,1	1128
2750 ... 3000	24	2,0	47	3,9	37	3,0	3	0,3	21	1,7	28	2,3	1101
3000 ... 3250	28	2,4	45	3,9	35	3,0	3	0,3	20	1,7	30	2,6	1051
3250 ... 3500	33	2,8	45	3,9	36	3,1	3	0,3	21	1,8	32	2,8	1050
3500 ... 3750	36	3,3	42	3,9	34	3,1	3	0,3	19	1,9	32	2,9	958
3750 ... 4000	37	3,8	38	3,9	32	3,3	3	0,3	18	1,9	30	3,1	852
4000 ... 5000	87	4,3	81	4,3	70	3,9	7	0,4	36	2,0	53	3,0	1541
5000 ... 6000	119	6,2	92	4,8	75	3,9	9	0,5	36	1,9	60	3,1	1625
6000 ... 7000	102	7,3	71	5,1	53	3,8	7	0,5	25	1,8	46	3,3	1151
7000 ... 8000	97	8,2	53	5,0	36	3,4	5	0,5	17	1,6	38	3,6	868
8000 ... 9000	66	9,2	35	4,8	22	3,1	3	0,5	10	1,4	29	4,1	570
9000 ... 10000	23	9,9	11	4,3	7	2,9	1	0,4	3	1,3	10	4,2	182
10000 und mehr	14	10,5	6	4,9	3	2,7	1	0,4	2	1,2	6	4,5	103
Insgesamt	711	4,0	795	4,5	608	3,4	63	0,4	323	1,9	482	2,7	15558

409

Einkommensverteilung und -umverteilung 1973

Selbstaendigen - Familien, insgesamt

Bruttoerwerbs- und -vermoegenseinkommen und empfangene Uebertragungen

Monatliches Familien-Einkommen DM	Schichtung der Erw. u. Vermoegenseink. Familien Tsd.	vH	Bruttoerwerbs- und Vermoegenseink. Einkommen Mill.DM	DM	Renten und Pensionen Mill.DM	vH	Geldleistg. d.Bund.Anst. f. Arbeit und Sozialhilfe Mill.DM	vH	Kindergeld Mill.DM	vH	Sonstige laufende Uebertragung Mill.DM	vH	Summe der empfang. Uebertrag.
unter 1000	0	0,0	0	0	0	0,0	0	0,0	0	0,0	0	0,0	0
1000 ... 1250	0	0,0	0	0	0	0,0	0	0,0	0	0,0	0	0,0	0
1250 ... 1500	0	0,0	0	0	0	0,0	0	0,0	0	0,0	0	0,0	0
1500 ... 1750	0	0,0	0	0	0	0,0	0	0,0	0	0,0	0	0,0	0
1750 ... 2000	0	0,0	0	0	0	0,0	0	0,0	0	0,0	0	0,0	0
2000 ... 2250	0	0,0	0	0	0	0,0	0	0,0	0	0,0	0	0,0	0
2250 ... 2500	2	0,2	58	2417	0	0,0	0	0,0	0	0,0	1	1,7	1
2500 ... 2750	6	0,5	192	2667	1	0,5	1	0,5	0	0,0	2	1,0	4
2750 ... 3000	14	1,2	489	2911	3	0,7	1	0,2	0	0,0	5	1,0	9
3000 ... 3250	22	1,9	832	3152	6	0,7	1	0,1	0	0,0	9	1,1	16
3250 ... 3500	30	2,6	1223	3397	8	0,7	2	0,2	1	0,1	12	1,0	24
3500 ... 3750	40	3,5	1748	3642	11	0,6	2	0,1	3	0,1	18	1,0	34
3750 ... 4000	46	4,0	2145	3886	14	0,7	3	0,1	8	0,4	21	1,0	45
4000 ... 5000	186	16,2	10061	4508	59	0,6	10	0,1	46	0,5	85	0,8	201
5000 ... 6000	189	16,4	12361	5479	60	0,5	10	0,1	62	0,5	84	0,7	216
6000 ... 7000	168	14,7	12999	6443	51	0,4	7	0,1	64	0,5	68	0,5	190
7000 ... 8000	144	12,6	12831	7425	40	0,3	5	0,0	57	0,4	53	0,4	155
8000 ... 9000	109	9,5	10967	8385	29	0,3	3	0,0	48	0,4	36	0,3	115
9000 ... 10000	83	7,2	9312	9349	21	0,2	1	0,0	44	0,5	24	0,3	91
10000 und mehr	107	9,3	23587	18370	22	0,1	1	0,0	49	0,2	21	0,1	93
Insgesamt	1145	100,0	93795	7190	325	0,3	47	0,0	381	0,4	440	0,4	1193

Selbstaendigen - Familien, insgesamt

Geleistete Uebertragungen und verfuegbares Einkommen

Monatliches Familien-Einkommen DM	Direkte Steuern Mill.DM	vH	Renten- Mill.DM	vH	Beitraege zur Kranken-Versicherung Mill.DM	vH	Arbeitslosen- Mill.DM	vH	Sonstige Sozial-Beitraege Mill.DM	vH	Sonstige laufende Uebertragung Mill.DM	vH	Gesamtes verfuegb. Eink. Mill.DM
unter 1000	0	0.0	0	0.0	0	0.0	0	0.0	0	0.0	0	0.0	0
1000 ... 1250	0	0.0	0	0.0	0	0.0	0	0.0	0	0.0	0	0.0	0
1250 ... 1500	0	0.0	0	0.0	0	0.0	0	0.0	0	0.0	0	0.0	0
1500 ... 1750	0	0.0	0	0.0	0	0.0	0	0.0	0	0.0	0	0.0	0
1750 ... 2000	0	0.0	0	0.0	0	0.0	0	0.0	0	0.0	0	0.0	0
2000 ... 2250	0	0.0	0	0.0	0	0.0	0	0.0	0	0.0	0	0.0	0
2250 ... 2500	3	5.2	2	3.1	2	2.8	0	0.3	1	1.2	1	2.1	51
2500 ... 2750	11	5.8	6	3.2	5	2.8	1	0.3	2	1.2	4	2.0	167
2750 ... 3000	32	6.5	15	3.1	14	2.8	2	0.3	6	1.2	11	2.2	419
3000 ... 3250	60	7.3	27	3.2	23	2.9	3	0.3	10	1.2	19	2.3	706
3250 ... 3500	99	8.1	39	3.2	33	2.7	4	0.3	14	1.2	29	2.4	1028
3500 ... 3750	157	9.0	55	3.1	46	2.6	5	0.3	21	1.2	44	2.5	1453
3750 ... 4000	212	9.9	68	3.1	56	2.6	7	0.3	25	1.2	59	2.3	1754
4000 ... 5000	1218	12.1	307	3.1	244	2.4	32	0.3	110	1.1	307	3.1	8043
5000 ... 6000	1859	15.0	354	2.9	266	2.2	39	0.3	119	1.0	401	3.2	9540
6000 ... 7000	2266	17.4	353	2.7	255	2.0	41	0.3	111	0.9	453	3.5	9701
7000 ... 8000	2495	19.4	332	2.6	230	1.8	39	0.3	100	0.8	479	3.7	9310
8000 ... 9000	2313	21.1	282	2.6	185	1.7	34	0.3	80	0.7	456	4.2	7733
9000 ... 10000	2093	22.5	237	2.5	148	1.6	27	0.3	64	0.7	408	4.4	6426
10000 und mehr	6939	29.4	448	1.9	207	0.9	42	0.2	86	0.4	1072	4.5	14896
Insgesamt	19757	20.0	2524	2.6	1712	1.7	274	0.3	749	0.8	3744	3.8	71228

Einkommensverteilung und -umverteilung 1973

Angestellten - Familien, insgesamt

Bruttoerwerbs- und -vermoegenseinkommen und empfangene Uebertragungen

Monatliches Familien-Einkommen DM	Schichtung der Brutto-Erw. u. Vermoegenseink. Familien		Brutto-Einkommen		Renten und Pensionen		Geldleistg. d.Bund.Anst. f. Arbeit und Sozialhilfe		Kindergeld		Sonstige laufende Uebertragung.		Summe der empfang. Uebertrag.
	Tsd.	vH	Mill.DM	DM	Mill.DM	vH	Mill.DM	vH	Mill.DM	vH	Mill.DM	vH	
unter 1000	68	1,9	713	874	27	3,8	32	4,5	6	0,9	96	13,5	161
1000 ... 1250	90	2,5	1257	1164	37	2,9	38	3,0	11	0,9	116	9,2	201
1250 ... 1500	123	3,5	2068	1401	52	2,5	50	2,4	15	0,7	152	7,3	269
1500 ... 1750	154	4,3	3037	1643	67	2,2	61	2,0	24	0,8	185	6,1	337
1750 ... 2000	190	5,3	4300	1896	95	2,2	76	1,8	21	0,5	226	5,3	418
2000 ... 2250	223	6,3	5707	2133	128	2,2	88	1,5	29	0,5	265	4,6	510
2250 ... 2500	253	7,1	7226	2380	161	2,2	98	1,4	40	0,6	300	4,2	599
2500 ... 2750	263	7,4	8295	2628	174	2,1	100	1,2	50	0,6	307	3,7	631
2750 ... 3000	263	7,4	9073	2875	178	2,0	93	1,0	60	0,7	300	3,3	631
3000 ... 3250	251	7,1	9405	3123	173	1,8	85	0,9	65	0,7	276	2,9	598
3250 ... 3500	228	6,4	9221	3570	154	1,7	72	0,8	68	0,7	239	2,6	534
3500 ... 3750	195	5,5	8477	3623	130	1,5	57	0,7	64	0,8	194	2,3	446
3750 ... 4000	156	4,4	7241	3868	102	1,4	43	0,6	52	0,7	145	2,0	344
4000 ... 5000	437	12,3	23357	4454	273	1,2	113	0,5	139	0,6	378	1,6	903
5000 ... 6000	279	7,8	18197	5432	163	0,9	66	0,4	95	0,5	218	1,2	542
6000 ... 7000	167	4,7	12848	6411	89	0,7	36	0,3	61	0,5	118	0,9	304
7000 ... 8000	99	2,8	8777	7388	48	0,5	19	0,2	42	0,5	61	0,7	171
8000 ... 9000	56	1,6	5628	8375	22	0,4	10	0,2	24	0,4	29	0,5	95
9000 ... 10000	37	1,0	4165	9381	13	0,3	6	0,1	16	0,4	15	0,4	49
10000 und mehr	23	0,6	2998	10826	8	0,3	3	0,1	11	0,4	9	0,3	30
Insgesamt	3555	100,0	151970	3562	2092	1,4	1146	0,8	895	0,6	3629	2,4	7762

Einkommensverteilung und -umverteilung 1973

Angestellten - Familien, insgesamt

Geleistete Uebertragungen und verfuegbares Einkommen

Monatliches Familien-Einkommen DM	Direkte Steuern Mill.DM	vH	Renten- Mill.DM	vH	Beitraege zur Kranken-Versicherung Mill.DM	vH	Arbeitslosen- Mill.DM	vH	Sonstige Sozial-Beitraege Mill.DM	vH	Sonstige laufende Uebertragung Mill.DM	vH	Gesamtes verfuegb. Eink. Mill.DM
unter 1000	12	1,6	110	15,4	60	8,4	10	1,5	15	2,1	11	1,5	656
1000 ... 1250	30	2,4	192	15,3	104	8,2	18	1,5	23	1,8	22	1,7	1070
1250 ... 1500	65	3,1	314	15,2	168	8,1	30	1,4	36	1,7	42	2,0	1682
1500 ... 1750	120	3,9	459	15,1	243	8,0	43	1,4	51	1,7	69	2,3	2389
1750 ... 2000	208	4,8	646	15,0	338	7,9	61	1,4	71	1,7	108	2,5	3286
2000 ... 2250	327	5,7	852	14,9	434	7,6	79	1,4	95	1,7	160	2,8	4268
2250 ... 2500	481	6,7	1073	14,8	502	7,0	99	1,4	120	1,7	214	3,0	5335
2500 ... 2750	636	7,7	1200	14,5	544	6,6	110	1,3	137	1,7	264	3,2	6035
2750 ... 3000	792	8,7	1243	13,7	569	6,3	109	1,2	148	1,6	309	3,4	6534
3000 ... 3250	932	9,9	1253	13,3	570	6,1	110	1,2	150	1,6	341	3,6	6646
3250 ... 3500	1033	11,2	1179	12,8	543	5,9	106	1,1	145	1,6	352	3,8	6397
3500 ... 3750	1056	12,6	1047	12,6	496	5,7	95	1,1	130	1,5	344	4,1	5754
3750 ... 4000	1012	14,0	875	12,1	402	5,5	80	1,1	110	1,5	312	4,3	4793
4000 ... 5000	4001	17,1	2707	11,6	1189	5,1	248	1,1	324	1,4	1071	4,6	14720
5000 ... 6000	3904	21,5	1914	10,5	783	4,3	171	0,9	214	1,2	893	4,9	10860
6000 ... 7000	3206	25,0	1245	9,7	492	3,8	108	0,8	133	1,0	652	5,1	7317
7000 ... 8000	2435	27,7	775	8,3	297	3,4	69	0,8	82	0,9	467	5,3	4822
8000 ... 9000	1695	30,1	456	8,1	176	3,1	42	0,7	48	0,9	317	5,6	2978
9000 ... 10000	1340	32,2	307	7,4	121	2,9	30	0,7	33	0,8	245	5,9	2138
10000 und mehr	1031	34,5	205	6,9	87	2,9	21	0,7	23	0,8	179	6,0	1473
Insgesamt	24326	16,0	13054	13,9	9107	5,3	1642	1,1	2088	1,4	6362	4,2	99154

Einkommensverteilung und -umverteilung 1973

Beamten - Familien, insgesamt

Bruttoerwerbs- und -vermoegenseinkommen und empfangene Uebertragungen

Monatliches Familien-Einkommen DM	Schichtung der Erw. u. Vermoegenseink. Familien		Bruttoerwerbs- der Brutto- Einkommen		Renten und Pensionen		Geldleistg. d.Bund.Anst. f. Arbeit und Sozialhilfe		Kindergeld		Sonstige laufende Uebertragung		Summe der empfang. Uebertrag.
	Tsd.	vH	Mill.DM	DM	Mill.DM	vH	Mill.DM	vH	Mill.DM	vH	Mill.DM	vH	Mill.DM
unter 1000	23	2,3	230	833	7	3,2	5	2,0	0	0,0	15	6,7	27
1000 ... 1250	36	3,7	503	1164	12	2,3	7	1,4	0	0,0	23	4,6	42
1250 ... 1500	51	5,2	851	1391	18	2,1	10	1,1	0	0,0	34	4,0	61
1500 ... 1750	63	6,4	1237	1636	24	2,0	11	0,9	0	0,0	43	3,5	79
1750 ... 2000	69	7,0	1558	1882	29	1,9	12	0,8	0	0,0	49	3,2	90
2000 ... 2250	74	7,5	1893	2132	35	1,9	13	0,7	0	0,0	56	3,0	104
2250 ... 2500	76	7,7	2168	2377	41	1,9	13	0,6	0	0,0	65	3,0	118
2500 ... 2750	77	7,8	2428	2628	44	1,8	13	0,5	0	0,0	70	2,9	126
2750 ... 3000	71	7,2	2446	2871	42	1,7	11	0,5	0	0,0	67	2,7	120
3000 ... 3250	66	6,7	2478	3129	39	1,6	10	0,4	0	0,0	63	2,5	112
3250 ... 3500	56	5,7	2264	3369	34	1,5	8	0,4	0	0,0	54	2,4	96
3500 ... 3750	45	4,6	1951	3613	27	1,4	6	0,3	0	0,0	43	2,2	75
3750 ... 4000	36	3,7	1669	3863	20	1,2	4	0,2	0	0,0	32	1,9	56
4000 ... 5000	99	10,1	5271	4437	51	1,0	10	0,2	0	0,0	81	1,5	142
5000 ... 6000	64	6,5	4154	5409	32	0,9	5	0,1	0	0,0	50	1,2	88
6000 ... 7000	39	4,0	2938	6385	20	0,7	3	0,1	0	0,0	29	1,0	51
7000 ... 8000	21	2,1	1865	7401	10	0,5	1	0,1	0	0,0	14	0,9	25
8000 ... 9000	13	1,3	1307	8378	6	0,5	1	0,0	0	0,0	8	0,6	14
9000 ... 10000	6	0,6	679	9431	2	0,3	0	0,0	0	0,0	2	0,3	4
10000 und mehr	0	0,0	0	0	0	0,0	0	0,0	0	0,0	0	0,0	0
Insgesamt	995	100,0	37940	3210	493	1,3	142	0,4	0	0,0	797	2,1	1432

414

Einkommensverteilung und -umverteilung 1973

Beamten - Familien, insgesamt

Geleistete Uebertragungen und verfuegbares Einkommen

Monatliches Familien-Einkommen DM	Direkte Steuern Mill.DM	vH	Beitraege zur Renten- Mill.DM	vH	Kranken-Versicherung Mill.DM	vH	Arbeitslosen- Mill.DM	vH	Sonstige Sozial-Beitraege Mill.DM	vH	Sonstige laufende Uebertragung Mill.DM	vH	Gesamtes verfuegb. Eink. Mill.DM
unter 1000	5	2,0	2	0,8	5	2,1	0	0,1	0	0,1	3	1,2	243
1000 ... 1250	15	2,9	5	0,9	10	2,0	0	0,1	1	0,1	7	1,4	507
1250 ... 1500	31	3,6	11	1,3	17	2,0	1	0,1	1	0,2	15	1,7	837
1500 ... 1750	54	4,4	20	1,7	24	1,9	2	0,1	3	0,2	24	1,9	1190
1750 ... 2000	82	5,3	32	2,0	30	1,9	3	0,2	4	0,3	32	2,0	1466
2000 ... 2250	117	6,2	50	2,6	37	2,0	5	0,3	8	0,4	43	2,2	1738
2250 ... 2500	155	7,1	69	3,2	43	2,0	7	0,3	11	0,5	51	2,4	1951
2500 ... 2750	198	8,1	83	3,4	48	2,0	8	0,3	13	0,5	60	2,5	2145
2750 ... 3000	226	9,2	90	3,7	48	2,0	9	0,4	14	0,6	65	2,7	2115
3000 ... 3250	260	10,5	93	3,7	47	1,9	9	0,3	14	0,6	71	2,9	2097
3250 ... 3500	255	11,7	88	3,9	43	1,9	8	0,4	13	0,6	69	3,1	1873
3500 ... 3750	255	13,1	78	4,0	37	1,9	7	0,4	11	0,5	63	3,2	1576
3750 ... 4000	244	14,6	55	3,9	30	1,3	6	0,3	9	0,5	58	3,5	1313
4000 ... 5000	936	17,9	208	3,0	91	1,7	18	0,3	26	0,5	198	3,8	3936
5000 ... 6000	924	22,2	175	4,2	67	1,6	15	0,4	19	0,4	166	4,0	2876
6000 ... 7000	769	25,7	136	4,5	47	1,5	12	0,4	13	0,4	126	4,2	1937
7000 ... 8000	534	28,7	86	4,6	29	1,5	7	0,4	7	0,4	83	4,4	1143
8000 ... 9000	404	30,9	65	4,9	21	1,6	6	0,4	5	0,4	61	4,7	750
9000 ... 10000	225	33,3	32	4,7	10	1,5	3	0,4	3	0,4	34	5,0	376
10000 und mehr	0	0,0	0	0,0	0	0,0	0	0,0	0	0,0	0	0,0	0
Insgesamt	5699	15,0	1385	3,7	684	1,8	124	0,3	173	0,5	1227	3,2	30090

Einkommensverteilung und -umverteilung 1973

Arbeiter - Familien, insgesamt

Bruttoerwerbs- und -vermoegenseinkommen und empfangene Uebertragungen

Monatliches Familien- Einkommen DM	Schichtung der Brutto- Erw. u. Vermoegenseink. Familien				Renten und Pensionen		Geldleistg. d.Bund.Anst. f. Arbeit und Sozialhilfe		Kindergeld		Sonstige laufende Uebertragung.		Summe der empfang. Uebertrag.
	Tsd.	vH	Mill.DM	DM	Mill.DM	vH	Mill.DM	vH	Mill.DM	vH	Mill.DM	vH	Mill.DM
unter 1000	191	4,1	1831	799	131	7,1	104	5,7	25	1,4	324	17,7	583
1000 ... 1250	241	5,1	3319	1148	164	4,9	119	3,6	31	0,9	384	11,6	698
1250 ... 1500	297	6,3	4941	1386	241	4,9	148	3,0	46	0,9	480	9,7	916
1500 ... 1750	348	7,4	6819	1633	322	4,7	173	2,5	65	1,0	565	8,3	1126
1750 ... 2000	393	8,4	8861	1879	401	4,5	197	2,2	53	0,6	639	7,2	1290
2000 ... 2250	411	8,8	10481	2125	438	4,2	199	1,9	67	0,6	658	6,3	1363
2250 ... 2500	390	8,3	11103	2372	421	3,8	178	1,6	74	0,7	603	5,4	1275
2500 ... 2750	360	7,7	11323	2621	389	3,4	156	1,4	80	0,7	534	4,7	1158
2750 ... 3000	323	6,9	11123	2870	343	3,1	128	1,2	79	0,7	454	4,1	1005
3000 ... 3250	276	5,9	10328	3118	284	2,8	105	1,0	70	0,7	356	3,5	826
3250 ... 3500	229	4,9	9252	3367	225	2,4	81	0,9	61	0,7	283	3,1	650
3500 ... 3750	181	3,9	7854	3616	172	2,2	50	0,8	51	0,7	208	2,7	490
3750 ... 4000	137	2,9	6357	3857	127	2,0	43	0,7	42	0,7	147	2,3	359
4000 ... 5000	401	8,6	21365	4440	349	1,6	116	0,5	114	0,5	394	1,8	973
5000 ... 6000	244	5,2	15801	5424	200	1,3	66	0,4	80	0,5	223	1,4	568
6000 ... 7000	135	2,9	10372	6402	104	1,0	34	0,3	47	0,5	115	1,1	300
7000 ... 8000	72	1,5	6386	7391	50	0,8	17	0,3	27	0,4	56	0,9	149
8000 ... 9000	37	0,8	3716	8369	24	0,7	8	0,2	16	0,4	28	0,7	76
9000 ... 10000	20	0,4	2257	9474	11	0,5	4	0,2	9	0,4	12	0,5	37
10000 und mehr	4	0,1	506	10542	2	0,4	1	0,1	1	0,2	2	0,3	6
Insgesamt	4590	100,0	164075	2915	4396	2,7	1936	1,2	1040	0,6	6474	3,9	13846

Arbeiter - Familien, insgesamt

Geleistete Uebertragungen und verfuegbares Einkommen

Monatliches Familien-Einkommen DM	Direkte Steuern		Renten-		Beiträge zur Kranken-Versicherung		Arbeitslosen-		Sonstige Sozial-Beiträge		Sonstige laufende Uebertragung.		Gesamtes verfuegb. Eink.
	Mill.DM	vH	Mill.DM	vH	Mill.DM	vH	Mill.DM	vH	Mill.DM	vH	Mill.DM	vH	Mill.DM
unter 1000	21	1.1	285	15.6	158	8.6	27	1.5	52	2.9	37	2.0	1832
1000 ... 1250	71	2.1	515	15.5	281	8.5	49	1.5	77	2.3	71	2.1	2953
1250 ... 1500	138	2.8	762	15.4	408	8.3	72	1.5	112	2.3	118	2.4	4247
1500 ... 1750	241	3.5	1045	15.3	551	8.1	99	1.5	154	2.3	179	2.6	5676
1750 ... 2000	391	4.4	1350	15.2	698	7.9	128	1.4	196	2.2	247	2.8	7141
2000 ... 2250	558	5.3	1590	15.2	807	7.7	151	1.4	226	2.2	315	3.0	8197
2250 ... 2500	699	6.3	1676	15.1	753	7.1	158	1.4	229	2.1	353	3.2	8479
2500 ... 2750	832	7.3	1678	14.8	766	6.8	158	1.4	224	2.0	382	3.4	8441
2750 ... 3000	940	8.4	1581	14.2	725	6.5	149	1.3	211	1.9	403	3.6	8120
3000 ... 3250	997	9.7	1440	13.9	655	6.3	135	1.3	189	1.8	398	3.9	7340
3250 ... 3500	1011	10.9	1252	13.5	569	6.2	117	1.3	163	1.8	380	4.1	6410
3500 ... 3750	965	12.3	1035	13.2	474	6.0	97	1.2	135	1.7	345	4.4	5294
3750 ... 4000	871	13.7	819	12.9	371	5.8	78	1.2	107	1.7	297	4.7	4174
4000 ... 5000	3580	16.0	2659	12.4	1163	5.4	244	1.1	324	1.5	1052	4.9	13317
5000 ... 6000	3345	21.1	1837	11.6	730	4.6	158	1.0	207	1.3	814	5.1	9359
6000 ... 7000	2534	24.4	1144	11.0	431	4.2	95	0.9	120	1.2	550	5.3	5799
7000 ... 8000	1739	27.2	658	10.3	236	3.7	57	0.9	66	1.0	355	5.6	3425
8000 ... 9000	1095	29.5	360	9.7	131	3.5	34	0.9	36	1.0	215	5.8	1922
9000 ... 10000	715	31.7	192	8.5	73	3.2	20	0.9	20	0.9	138	6.1	1136
10000 und mehr	170	33.5	38	7.6	15	3.0	5	0.9	4	0.8	32	6.3	248
Insgesamt	20911	12.7	21916	13.4	10024	6.1	2030	1.2	2851	1.7	6679	4.1	113510

Einkommensverteilung und -umverteilung 1973

Rentner - Familien, insgesamt

Bruttoerwerbs- und -vermoegenseinkommen und empfangene Uebertragungen

Monatliches Familien-Einkommen DM	Schichtung der Brutto- Erw. u. Vermoegenseink. Familien		Bruttoeinkommen		Renten und Pensionen		Geldleistg. d.Bund.Anst. f. Arbeit und Sozialhilfe		Kindergeld		Sonstige laufende Uebertragung.		Summe der empfang. Uebertrag.
	Tsd.	vH	Mill.DM	DM	Mill.DM	vH	Mill.DM	vH	Mill.DM	vH	Mill.DM	vH	Mill.DM
unter 1000	2278	82,5	7134	251	22400	314	1630	22,9	0	0,0	4915	68,9	28945
1000 ... 1250	214	7,8	2869	1117	2538	88,5	179	6,2	0	0,0	490	17,1	3208
1250 ... 1500	136	4,9	2217	1358	1657	74,7	106	4,8	0	0,0	309	13,9	2071
1500 ... 1750	77	2,8	1483	1605	952	64,2	55	3,7	0	0,0	168	11,3	1175
1750 ... 2000	35	1,3	779	1855	436	56,0	24	3,1	0	0,0	74	9,5	534
2000 ... 2250	14	0,5	354	2107	176	49,7	9	2,6	0	0,0	28	8,0	213
2250 ... 2500	5	0,2	142	2367	59	41,8	3	2,0	0	0,0	9	6,3	71
2500 ... 2750	1	0,0	32	2667	10	30,3	0	1,3	0	0,0	1	4,3	11
2750 ... 3000	0	0,0	0	0	0	0,0	0	0,0	0	0,0	0	0,0	0
3000 ... 3250	0	0,0	0	0	0	0,0	0	0,0	0	0,0	0	0,0	0
3250 ... 3500	0	0,0	0	0	0	0,0	0	0,0	0	0,0	0	0,0	0
3500 ... 3750	0	0,0	0	0	0	0,0	0	0,0	0	0,0	0	0,0	0
3750 ... 4000	0	0,0	0	0	0	0,0	0	0,0	0	0,0	0	0,0	0
4000 ... 5000	0	0,0	0	0	0	0,0	0	0,0	0	0,0	0	0,0	0
5000 ... 6000	0	0,0	0	0	0	0,0	0	0,0	0	0,0	0	0,0	0
6000 ... 7000	0	0,0	0	0	0	0,0	0	0,0	0	0,0	0	0,0	0
7000 ... 8000	0	0,0	0	0	0	0,0	0	0,0	0	0,0	0	0,0	0
8000 ... 9000	0	0,0	0	0	0	0,0	0	0,0	0	0,0	0	0,0	0
9000 ... 10000	0	0,0	0	0	0	0,0	0	0,0	0	0,0	0	0,0	0
10000 und mehr	0	0,0	0	0	0	0,0	0	0,0	0	0,0	0	0,0	0
Insgesamt	2750	100,0	15010	453	28223	188	2007	13,4	0	0,0	5994	39,9	36229

Einkommensverteilung und -umverteilung 1973

Rentner - Familien, insgesamt

Geleistete Uebertragungen und verfuegbares Einkommen

Monatliches Familien-Einkommen DM	Direkte Steuern		Renten-		Beitraege zur Kranken-Versicherung		Arbeitslosen-		Sonstige Sozial-Beitraege		Sonstige laufende Uebertragung		Gesamtes verfuegb. Eink.
	Mill.DM	vH	Mill.DM	vH	Mill.DM	vH	Mill.DM	vH	Mill.DM	vH	Mill.DM	vH	Mill.DM
unter 1000	53	0,7	465	6,5	383	5,4	60	0,8	186	2,6	621	8,7	34309
1000 ... 1250	43	1,5	163	5,7	128	4,4	23	0,8	68	2,4	116	4,1	5537
1250 ... 1500	47	2,1	126	5,7	95	4,3	17	0,8	51	2,3	98	4,4	3855
1500 ... 1750	42	2,8	82	5,5	62	4,2	11	0,7	32	2,2	72	4,9	2357
1750 ... 2000	28	3,6	42	5,4	32	4,1	6	0,7	16	2,1	38	4,9	1151
2000 ... 2250	16	4,5	19	5,3	14	4,0	3	0,7	7	2,0	18	5,1	491
2250 ... 2500	8	5,6	7	5,1	5	3,8	1	0,7	3	1,9	8	5,6	181
2500 ... 2750	2	7,7	2	4,8	1	3,3	0	0,6	1	1,6	2	6,2	36
2750 ... 3000	0	0,0	0	0,0	0	0,0	0	0,0	0	0,0	0	0,0	0
3000 ... 3250	0	0,0	0	0,0	0	0,0	0	0,0	0	0,0	0	0,0	0
3250 ... 3500	0	0,0	0	0,0	0	0,0	0	0,0	0	0,0	0	0,0	0
3500 ... 3750	0	0,0	0	0,0	0	0,0	0	0,0	0	0,0	0	0,0	0
3750 ... 4000	0	0,0	0	0,0	0	0,0	0	0,0	0	0,0	0	0,0	0
4000 ... 5000	0	0,0	0	0,0	0	0,0	0	0,0	0	0,0	0	0,0	0
5000 ... 6000	0	0,0	0	0,0	0	0,0	0	0,0	0	0,0	0	0,0	0
6000 ... 7000	0	0,0	0	0,0	0	0,0	0	0,0	0	0,0	0	0,0	0
7000 ... 8000	0	0,0	0	0,0	0	0,0	0	0,0	0	0,0	0	0,0	0
8000 ... 9000	0	0,0	0	0,0	0	0,0	0	0,0	0	0,0	0	0,0	0
9000 ... 10000	0	0,0	0	0,0	0	0,0	0	0,0	0	0,0	0	0,0	0
10000 und mehr	0	0,0	0	0,0	0	0,0	0	0,0	0	0,0	0	0,0	0
Insgesamt	239	1,6	905	5,0	720	4,8	120	0,8	363	2,4	974	6,5	47918

419

Einkommensverteilung und -umverteilung 1973

Versorgungsempfaenger - Familien, insgesamt

Bruttoerwerbs- und -vermoegenseinkommen und empfangene Uebertragungen

Monatliches Familien-Einkommen DM	Schichtung der Erw. u. Vermoegenseink. Familien		Brutto der Vermoegenseink. Einkommen		Renten und Pensionen		Geldleistg. d.Bund.Anst. f. Arbeit und Sozialhilfe		Kindergeld		Sonstige laufende Uebertragung.		Summe der empfang. Uebertrag.
	Tsd.	vH	Mill.DM	DM	Mill.DM	vH	Mill.DM	vH	Mill.DM	vH	Mill.DM	vH	Mill.DM
unter 1000	312	77,0	1292	345	5546	429	86	6,6	0	0,0	637	49,3	6269
1000 ... 1250	45	11,1	606	1122	973	161	13	2,1	0	0,0	99	16,3	1085
1250 ... 1500	25	6,2	407	1357	556	137	7	1,7	0	0,0	54	13,2	616
1500 ... 1750	14	3,5	269	1601	306	114	3	1,2	0	0,0	28	10,5	337
1750 ... 2000	7	1,7	157	1869	152	96,7	2	1,0	0	0,0	14	9,2	168
2000 ... 2250	1	0,2	25	2083	18	72,7	0	0,6	0	0,0	2	7,3	20
2250 ... 2500	1	0,2	29	2417	18	61,8	0	0,4	0	0,0	2	5,7	20
2500 ... 2750	0	0,0	0	0	0	0,0	0	0,0	0	0,0	0	0,0	0
2750 ... 3000	0	0,0	0	0	0	0,0	0	0,0	0	0,0	0	0,0	0
3000 ... 3250	0	0,0	0	0	0	0,0	0	0,0	0	0,0	0	0,0	0
3250 ... 3500	0	0,0	0	0	0	0,0	0	0,0	0	0,0	0	0,0	0
3500 ... 3750	0	0,0	0	0	0	0,0	0	0,0	0	0,0	0	0,0	0
3750 ... 4000	0	0,0	0	0	0	0,0	0	0,0	0	0,0	0	0,0	0
4000 ... 5000	0	0,0	0	0	0	0,0	0	0,0	0	0,0	0	0,0	0
5000 ... 6000	0	0,0	0	0	0	0,0	0	0,0	0	0,0	0	0,0	0
6000 ... 7000	0	0,0	0	0	0	0,0	0	0,0	0	0,0	0	0,0	0
7000 ... 8000	0	0,0	0	0	0	0,0	0	0,0	0	0,0	0	0,0	0
8000 ... 9000	0	0,0	0	0	0	0,0	0	0,0	0	0,0	0	0,0	0
9000 ... 10000	0	0,0	0	0	0	0,0	0	0,0	0	0,0	0	0,0	0
10000 und mehr	0	0,0	0	0	0	0,0	0	0,0	0	0,0	0	0,0	0
Insgesamt	405	100,0	2785	573	7569	272	110	4,0	0	0,0	836	30,0	8515

Einkommensverteilung und -umverteilung 1973

Versorgungsempfaenger - Familien, insgesamt

Geleistete Uebertragungen und verfuegbares Einkommen

Monatliches Familien- Einkommen DM	Direkte Steuern		Renten		Beitraege zur Krankenversicherung		Arbeitslosen-		Sonstige Sozial-beitraege		Sonstige laufende Uebertragung		Gesamtes verfuegb. Eink.
	Mill.DM	vH	Mill.DM	vH	Mill.DM	vH	Mill.DM	vH	Mill.DM	vH	Mill.DM	vH	Mill.DM
unter 1000	635	49,1	76	5,9	54	5,0	10	0,7	26	2,0	112	8,7	6638
1000 ... 1250	137.	22,5	32	5,3	25	4,2	4	0,7	13	2,2	32	5,3	1448
1250 ... 1500	94	23,1	23	5,6	17	4,1	3	0,7	9	2,2	25	6,1	853
1500 ... 1750	59	21,9	14	5,3	10	3,9	2	0,7	5	2,0	19	6,9	497
1750 ... 2000	35	22,3	9	5,6	6	3,9	1	0,7	3	2,1	13	8,0	258
2000 ... 2250	7	26,5	1	5,0	1	3,3	0	0,6	0	1,7	3	10,1	33
2250 ... 2500	3	26,3	1	4,3	1	3,1	0	0,6	0	1,6	3	10,6	35
2500 ... 2750	0	0,0	0	0,0	0	0,0	0	0,0	0	0,0	0	0,0	0
2750 ... 3000	0	0,0	0	0,0	0	0,0	0	0,0	0	0,0	0	0,0	0
3000 ... 3250	0	0,0	0	0,0	0	0,0	0	0,0	0	0,0	0	0,0	0
3250 ... 3500	0	0,0	0	0,0	0	0,0	0	0,0	0	0,0	0	0,0	0
3500 ... 3750	0	0,0	0	0,0	0	0,0	0	0,0	0	0,0	0	0,0	0
3750 ... 4000	0	0,0	0	0,0	0	0,0	0	0,0	0	0,0	0	0,0	0
4000 ... 5000	0	0,0	0	0,0	0	0,0	0	0,0	0	0,0	0	0,0	0
5000 ... 6000	0	0,0	0	0,0	0	0,0	0	0,0	0	0,0	0	0,0	0
6000 ... 7000	0	0,0	0	0,0	0	0,0	0	0,0	0	0,0	0	0,0	0
7000 ... 8000	0	0,0	0	0,0	0	0,0	0	0,0	0	0,0	0	0,0	0
8000 ... 9000	0	0,0	0	0,0	0	0,0	0	0,0	0	0,0	0	0,0	0
9000 ... 10000	0	0,0	0	0,0	0	0,0	0	0,0	0	0,0	0	0,0	0
10000 und mehr	0	0,0	0	0,0	0	0,0	0	0,0	0	0,0	0	0,0	0
insgesamt	974	35,0	157	5,6	125	4,5	20	0,7	57	2,1	206	7,4	9763

Familien, insgesamt

Zahl und Nettoeinkommen der Familien
in der Bundesrepublik Deutschland 1973

Monatl.Eink. in DM von ... bis unter		Familien in Tsd.	in vH	in vH kumuliert	Jahreseinkommen in Mill.DM	in vH	in vH kumuliert
unter	1000	1444	10.3	10.3	13276	3.4	3.4
1000	1250	* 1274	9.1	19.4	17453	4.5	7.9
1250	1500 Modal	* 1573	11.3	30.7	26070	6.7	14.7
1500	1750	* 1562	11.2	41.9	30507	7.9	22.5
1750	2000	* 1393	10.0	51.8	31321	8.1	30.6
2000	2250	1177	8.4	60.3	29955	7.7	38.4
2250	2500	976	7.0	67.3	27740	7.2	45.5
2500	2750	802	5.7	73.0	25200	6.5	52.0
2750	3000	658	4.7	77.7	22643	5.8	57.9
3000	3250	553	4.0	81.7	20669	5.3	63.2
3250	3500	462	3.3	85.0	18655	4.8	69.0
3500	3750	386	2.9	87.7	16734	4.3	72.4
3750	4000	322	2.3	90.0	14947	3.9	76.2
4000	5000	717	5.1	95.2	38164	9.9	86.1
5000	6000	314	2.2	97.4	20516	5.3	91.4
6000	7000	156	1.1	98.5	12105	3.1	94.5
7000	8000	38	0.6	99.2	7936	2.0	96.5
8000	9000	61	0.4	99.6	6135	1.6	98.1
9000	10000	36	0.3	99.8	4062	1.0	99.2
10000	und mehr	21	0.2	100.0	3223	0.8	100.0
Insgesamt		13975	100.0		387213	100.0	

Modal: 1491 DM (100.0 vH) - Median: 1954 DM (131.1 vH) - Arithm. Mittel: 2308 DM.(154.8 vH)
Staerkstes Drittel von 1125 DM bis 1898 DM (Spanne: 773 DM)
Summen-Differenzen-Koeffizient: 22.0   Gini-Koeffizient:0.305

Quintile: 8.2 12.9 17.0 22.8 39.1   Quintilenschiefe: 0.438
Dezile
in vH   3.3   4.9   6.0   6.9   7.9   9.1 10.5 12.4 15.2 23.8
Durchschnittseink. in DM: 760 1141 1379 1598 1828 2090 2415 2855 3517 5501
Terzile: 16.4 28.5 55.1

Zahl und Nettoeinkommen der Familien
in der Bundesrepublik Deutschland 1973

Familien, insgesamt : Ehepaare mit einem Kind

Monatl.Eink. in DM von ... bis unter	Familien in Tsd.	in vH	in vH kumuliert	Jahreseinkommen in Mill.DM	in vH	in vH kumuliert
unter 1000	212	5.8	5.8	2144	2.1	2.1
1000 ... 1250	333	9.1	14.9	4582	4.5	6.6
1250 ... 1500	433	11.8	26.8	7202	7.1	13.6
1500 ... 1750 Modal	456	12.5	39.2	8904	8.7	22.4
1750 ... 2000	407	11.1	50.4	9147	9.0	31.3
2000 ... 2250	337	9.2	59.6	8575	8.4	39.7
2250 ... 2500	269	7.4	66.9	7645	7.5	47.2
2500 ... 2750	220	6.0	73.0	6909	6.8	54.0
2750 ... 3000	180	4.9	77.9	6198	6.1	60.0
3000 ... 3250	151	4.1	82.0	5644	5.5	65.6
3250 ... 3500	129	3.5	85.6	5207	5.1	70.7
3500 ... 3750	111	3.0	88.6	4311	4.7	75.4
3750 ... 4000	93	2.5	91.1	4309	4.2	79.6
4000 ... 5000	180	4.9	96.1	9535	9.3	88.9
5000 ... 6000	71	1.9	98.0	4648	4.6	93.5
6000 ... 7000	31	0.8	98.9	2393	2.3	95.8
7000 ... 8000	18	0.5	99.3	1599	1.6	97.4
8000 ... 9000	13	0.4	99.7	1307	1.3	98.7
9000 ... 10000	7	0.2	99.9	786	0.8	99.4
10000 und mehr	4	0.1	100.0	584	0.6	100.0
Insgesamt	3655	100.0		102129	100.0	

Modal: 1580 DM (100.0 vH) - Median: 1992 DM (126.1 vH) - Arithm. Mittel: 2328 DM (147.3 vH)
Staerkstes Drittel von 1250 DM bis 1950 DM (Spanne: 700 DM)
Summen-Differenzen-Koeffizient: 20.0   Gini-Koeffizient: 0.275

Quintile: 9.5   13.5   17.2   22.7   37.2   Quintilenschiefe: 0.398
Dezile
in vH   4.0   5.4   6.3   7.2   8.1   9.1   10.4   12.2   14.9   22.3
Durchschnittseink. in DM: 942   1259   1470   1667   1877   2121   2430   2852   3463   5200
Terzile: 18.1   28.8   53.1

Zahl und Nettoeinkommen der Familien
in der Bundesrepublik Deutschland 1973

Familien • insgesamt : Ehepaare mit zwei Kindern

Monatl.Eink. in DM von ... bis unter ...	Familien in Tsd.	Familien in vH	Familien in vH kumuliert	Jahreseinkommen in Mill.DM	Jahreseinkommen in vH	Jahreseinkommen in vH kumuliert
unter 1000	34	1.3	1.3	361	0.4	0.4
1000 ... 1250	112	4.3	5.7	1543	1.8	2.2
1250 ... 1500	200	7.8	13.4	3339	3.9	6.2
1500 ... 1750	273	10.6	24.0	5364	6.3	12.5
1750 ... 2000 Modal	299	11.6	35.6	6740	8.0	20.5
2000 ... 2250	269	10.4	46.0	6856	8.1	28.6
2250 ... 2500	231	9.0	55.0	6574	7.8	36.3
2500 ... 2750	193	7.5	62.4	6066	7.2	43.5
2750 ... 3000	157	6.1	68.5	5404	6.4	49.9
3000 ... 3250	134	5.2	73.7	5013	5.9	55.8
3250 ... 3500	115	4.5	78.2	4645	5.5	61.2
3500 ... 3750	102	4.0	82.1	4424	5.2	66.5
3750 ... 4000	88	3.4	85.5	4080	4.8	71.3
4000 ... 5000	205	7.9	93.5	10909	12.9	84.2
5000 ... 6000	79	3.1	96.6	5143	6.1	90.2
6000 ... 7000	39	1.5	98.1	3022	3.6	93.8
7000 ... 8000	21	0.8	98.9	1983	2.2	96.0
8000 ... 9000	14	0.5	99.4	1403	1.7	97.7
9000 ... 10000	8	0.3	99.7	998	1.1	98.8
10000 und mehr	7	0.3	100.0	1974	1.3	100.0
Insgesamt	2580	100.0		84747	100.0	

Modal: 1866 DM (100.0 vH) - Median: 2361 DM (126.5 vH) - Arithm. Mittel: 2737 DM (146.7 vH)
Staerkstes Drittel von 1500 DM bis 2271 DM (Spanne: 771 DM)
Summen-Differenzen-Koeffizient: 19.1   Gini-Koeffizient: 0.262

Quintile: 10.0 13.8 17.3 22.5 36.4   Quintilenschiefe: 0.379

Dezile
in vH   4.4   5.6   6.5   7.3   8.1   9.1 10.4 12.1 14.5 21.9
Durchschnittseink. in DM: 1195 1545 1776 1991 2226 2503 2951 3319 3979 5981
Terzile: 18.8 29.0 52.2

Familien : insgesamt : Ehepaare mit drei Kindern

Zahl und Nettoeinkommen der Familien
in der Bundesrepublik Deutschland 1973

Monatl.Eink. in DM von ... bis unter		Familien in Tsd.	in vH	in vH kumuliert	Jahreseinkommen in Mill.DM	in vH	in vH kumuliert
unter	1000	2	0.2	0.2	22	0.1	0.1
1000 ...	1250	17	1.6	1.8	238	0.6	0.6
1250 ...	1500	33	3.2	5.0	554	1.4	2.0
1500 ...	1750	63	6.0	11.0	1243	3.1	5.1
1750 ...	2000 *	90	8.6	19.6	2041	5.0	10.1
2000 ...	2250 Modal *	108	10.3	30.0	2764	6.8	16.9
2250 ...	2500 *	105	10.0	40.0	2992	7.4	24.3
2500 ...	2750 *	92	8.8	48.8	2994	7.1	31.4
2750 ...	3000	80	7.7	56.5	2755	6.8	38.2
3000 ...	3250	67	6.4	62.9	2505	6.2	44.3
3250 ...	3500	57	5.5	68.3	2303	5.7	50.0
3500 ...	3750	50	4.8	73.1	2169	5.3	55.3
3750 ...	4000	43	4.1	77.2	2002	4.9	60.3
4000 ...	5000	115	11.0	88.2	6145	15.1	75.4
5000 ...	6000	54	5.2	93.4	3535	8.7	84.1
6000 ...	7000	30	2.9	96.3	2349	5.8	89.9
7000 ...	8000	16	1.5	97.8	1424	3.5	93.4
8000 ...	9000	11	1.1	98.9	1106	2.7	96.1
9000 ...	10000	7	0.7	99.5	785	1.9	98.0
10000	und mehr	5	0.5	100.0	797	2.0	100.0
Insgesamt		1045	100.0		40623	100.0	

Modal: 2214 DM (100.0 vH) - Median: 2789 DM (126.0 vH) - Arithm. Mittel: 3239 DM (146.3 vH)
Staerkstes Drittel von 1859 DM bis 2719 DM (Spanne: 860 DM)
Summen-Differenzen-Koeffizient: 18.7   Gini-Koeffizient:0.256

Quintile: 10.3   13.9   17.3   22.3   36.2   Quintilenschiefe: 0.370
Dezile
in vH   10.3 13.9 17.3 22.3 36.2   4.5   5.8   6.6   7.3   8.1   9.1   10.3 11.9 14.4 21.8
Durchschnittseink. in DM: 1465 1879 2137 2375 2638 2949 3342 3869 4674 7061
Terzile: 19.3   28.9   51.8

Zahl und Nettoeinkommen der Familien
in der Bundesrepublik Deutschland 1973

Familien, insgesamt : Ehepaare mit vier und mehr Kindern

Monatl.Eink. in DM von ... bis unter	Familien in Tsd.	in vH	in vH kumuliert	Jahreseinkommen in Mill.DM	in vH	in vH kumuliert
unter ... 1000	0			0		
1000 ... 1250	4	0.7	0.7	56	0.2	0.2
1250 ... 1500	10	1.7	2.4	170	0.7	0.9
1500 ... 1750	18	3.1	5.4	355	1.4	2.3
1750 ... 2000	33	5.6	11.0	753	3.0	5.3
2000 ... 2250	49	8.3	19.3	1260	5.0	10.4
2250 ... 2500 Modal	62 #	10.5	29.8	1771	7.1	17.4
2500 ... 2750	59 #	10.0	39.8	1857	7.4	24.8
2750 ... 3000	54 #	9.2	49.0	1859	7.4	32.3
3000 ... 3250	45 #	7.6	56.6	1680	6.7	39.0
3250 ... 3500	37	6.3	62.9	1494	6.0	44.9
3500 ... 3750	30	5.1	68.0	1301	5.2	50.1
3750 ... 4000	28	4.7	72.7	1309	5.2	55.3
4000 ... 5000	69	11.7	84.4	3690	14.7	70.1
5000 ... 6000	39	6.6	91.0	2562	10.2	80.3
6000 ... 7000	22	3.7	94.7	1721	6.9	87.2
7000 ... 8000	13	2.2	96.9	1155	4.6	91.8
8000 ... 9000	9	1.5	98.5	909	3.6	95.4
9000 ... 10000	7	1.2	99.7	807	3.2	98.6
10000 und mehr	2	0.3	100.0	342	1.4	100.0
Insgesamt	590	100.0		25050	100.0	

Modal: 2453 DM (100.0 vH) - Median: 3033 DM (123.6 vH) - Arithm. Mittel: 3538 DM (144.2 vH)
Staerkstes Drittel von 2125 DM bis 2976 DM (Spanne: 851 DM)
Summen-Differenzen-Koeffizient: 18.0   Gini-Koeffizient: 0.246

Quintile: 10.8 14.2 17.2 22.0 35.9   Quintilenschiefe: 0.357
Dezile
in vH   4.8 6.0 6.8 7.4 8.2 9.0 10.2 11.8 14.5 21.4
Durchschnittseink. in DM: 1680 2136 2390 2627 2834 3188 3604 4180 5119 7568
Terzile: 19.9 28.8 51.2

426

Zahl und Nettoeinkommen der Familien
in der Bundesrepublik Deutschland 1973

Familien , insgesamt : Ehepaare ohne Kinder

Monatl.Eink. in DM von ... bis unter	Familien in Tsd.	in vH	in vH kumuliert	Janreseinkommen in Mill.DM	in vH	in vH kumuliert
unter 1000	1031	19.1	19.1	9230	7.7	7.7
1000 ... 1250 *	718	13.3	32.4	9813	8.1	15.8
1250 ... 1500 Modal *	813	15.1	47.4	13414	11.1	26.9
1500 ... 1750 *	662	12.3	59.7	12890	10.7	37.6
1750 ... 2000	490	9.1	68.8	10982	9.1	46.9
2000 ... 2250	354	6.6	75.3	8922	7.5	54.2
2250 ... 2500	266	4.9	80.3	7543	6.3	60.5
2500 ... 2750	207	3.8	84.1	6494	5.4	65.9
2750 ... 3000	169	3.1	87.2	5807	4.8	70.7
3000 ... 3250	142	2.6	89.9	5302	4.4	75.1
3250 ... 3500	116	2.1	92.0	4677	3.9	79.0
3500 ... 3750	87	1.6	93.6	3767	3.1	82.1
3750 ... 4000	65	1.2	94.3	3016	2.5	84.5
4000 ... 5000	138	2.6	97.4	7354	6.1	90.7
5000 ... 6000	64	1.2	98.6	4171	3.5	94.2
6000 ... 7000	34	0.6	99.2	2621	2.2	96.4
7000 ... 8000	20	0.4	99.6	1775	1.5	97.8
8000 ... 9000	14	0.3	99.8	1407	1.2	99.0
9000 ... 10000	7	0.1	99.9	736	0.7	99.6
10000 und mehr	3	0.1	100.0	426	0.4	100.0
Insgesamt	5400	100.0		120447	100.0	

Modal: 1347 DM (100.0 vH) - Median: 1552 DM (115.2 vH) - Arithm. Mittel: 1858 DM (137.9 vH)
Staerkstes Drittel von 1030 DM bis 1626 DM (Spanne: 596 DM)
Summen-Differenzen-Koeffizient: 22.1   Gini-Koeffizient: 0.308

Quintile: 8.2 13.0 16.7 22.2 39.9   Quintilenschlefe: 0.442
Dezile
in vH   3.5   4.7   6.1   7.0   7.9   8.9   10.2 12.0 15.2 24.6
Durchschnittseink. in DM: 643   872   1128 1293 1459 1650 1889 2239 2828 4581
Terzile: 16.4 28.1 55.5

Familien , insgesamt : Alleinerziehende mit einem Kind

Zahl und Nettoeinkommen der Familien
in der Bundesrepublik Deutschland 1973

Monatl.Eink. in DM von ... bis unter	Familien in Tsd.	in vH	in vH kumuliert	Jahreseinkommen in Mill.DM	in vH	in vH kumuliert
unter 1000	153 Modal	34.4	34.4	1393	18.4	18.4
1000 ... 1250	73	16.4	50.8	988	13.0	31.4
1250 ... 1500	58	13.0	63.8	958	12.6	44.1
1500 ... 1750	48	10.8	74.6	932	12.3	56.4
1750 ... 2000	34	7.6	82.2	758	10.0	66.4
2000 ... 2250	26	5.9	88.1	655	8.6	75.0
2250 ... 2500	17	3.8	91.9	478	6.3	81.4
2500 ... 2750	13	2.9	94.8	416	5.5	86.8
2750 ... 3000	5	1.1	96.0	171	2.3	89.1
3000 ... 3250	5	1.1	97.1	186	2.5	91.6
3250 ... 3500	3	0.7	97.8	127	1.6	93.2
3500 ... 3750	2	0.4	98.2	87	1.1	94.3
3750 ... 4000	3	0.7	98.9	139	1.3	96.2
4000 ... 5000	3	0.7	99.6	156	2.1	98.2
5000 ... 6000	2	0.4	100.0	135	1.8	100.0
6000 ... 7000	0			0		
7000 ... 8000	0			0		
8000 ... 9000	0			0		
9000 ... 10000	0			0		
10000 und mehr	0			0		
Insgesamt	445	100.0		7574	100.0	

Modal: 965 DM (100.0 vH) - Median: 1238 DM (128.3 vH) - Arithm. Mittel: 1418 DM (146.9 vH)
Staerkstes Drittel von 642 DM bis 1028 DM (Spanne: 386 DM)
Summen-Differenzen-Koeffizient: 20.0   Gini-Koeffizient: 0.267

Quintile:	9.3	13.3	17.6	23.2	36.7		Quintilenschiefe: 0.397		
Dezile in vH	4.1	5.1	6.3	7.0	8.2	9.4	10.8	12.4	14.8	21.9
Durchschnittseink. in DM:	587	727	898	992	1164	1332	1526	1760	2099	3103
Terzile:	17.7	29.5	52.8						

Zahl und Nettoeinkommen der Familien in der Bundesrepublik Deutschland 1973

Familien . insgesamt : Alleinerziehende mit zwei und mehr Kindern

Monatl.Eink. in DM von ... bis unter		Familien in Tsd.	Familien in vH	Familien in vH kumuliert	Jahreseinkommen in Mill.DM	Jahreseinkommen in vH	Jahreseinkommen in vH kumuliert
unter	1000	12	4.6	4.6	126	1.9	1.9
1000 ...	1250	17	6.5	11.2	233	3.5	5.4
1250 ...	1500	26	10.0	21.2	433	6.5	11.9
1500 ...	1750 Modal *	42	16.2	37.3	929	12.5	24.4
1750 ...	2000 *	40	15.4	52.7	800	13.5	37.9
2000 ...	2250 *	34	13.1	65.8	863	13.0	50.9
2250 ...	2500	26	10.0	75.8	737	11.1	62.0
2500 ...	2750	18	6.9	82.7	564	8.5	70.5
2750 ...	3000	13	5.0	87.7	449	6.8	77.3
3000 ...	3250	9	3.5	91.2	339	5.1	82.4
3250 ...	3500	5	1.9	93.1	206	3.1	85.5
3500 ...	3750	4	1.5	94.6	175	2.6	88.1
3750 ...	4000	2	0.3	95.4	93	1.4	89.5
4000 ...	5000	7	2.7	98.1	374	5.6	95.2
5000 ...	6000	5	1.9	100.0	322	4.8	100.0
6000 ...	7000	0			0		
7000 ...	8000	0			0		
8000 ...	9000	0			0		
9000 ...	10000	0			0		
10000 und mehr		0			0		
Insgesamt		260	100.0		6643	100.0	

Modal: 1722 DM (100.0 vH) - Median: 1956 DM (113.6 vH) - Arithm. Mittel: 2129 DM (123.6 vH)
Staerkstes Drittel von 1500 DM bis 2033 DM (Spanne: 533 DM)
Summen-Differenzen-Koeffizient: 14.9   Gini-Koeffizient:0.212

Quintile: 11.1 15.5 18.4 22.1 32.9   Quintilenschlefe: 0.300
Dezile
in vH   4.7 6.4 7.4 8.1 8.8 9.6 10.5 11.6 13.5 19.4
Durchschnittseink. in DM: 1008 1358 1576 1729 1874 2038 2229 2476 2877 4122
Terzile: 21.2 30.7 48.1

Zahl und Nettoeinkommen der Familien in der Bundesrepublik Deutschland 1973

Familien mit 1 Einkommensbezieher

Monatl. Eink. in DM von ... bis unter		Familien in Tsd.	Familien in vH	Familien in vH kumuliert	Jahreseinkommen in Mill. DM	Jahreseinkommen in vH	Jahreseinkommen in vH kumuliert
unter	1000	# 1377	22.7	22.7	12604	9.0	9.0
1000 ...	1250 Modal	# 873	14.4	37.2	11954	8.4	17.4
1250 ...	1500	750	17.4	49.5	12363	8.9	26.2
1500 ...	1750	607	10.0	59.6	11804	8.4	34.6
1750 ...	2000	461	7.6	67.2	10327	7.4	42.0
2000 ...	2250	352	5.8	73.0	8929	6.4	48.3
2250 ...	2500	273	4.5	77.5	7745	5.5	53.9
2500 ...	2750	221	3.6	81.2	6942	4.9	58.9
2750 ...	3000	193	3.0	84.2	6790	4.5	63.3
3000 ...	3250	158	2.6	86.8	5903	4.2	67.5
3250 ...	3500	137	2.3	89.1	5528	3.9	71.4
3500 ...	3750	114	1.9	90.9	4940	3.5	75.0
3750 ...	4000	92	1.5	92.5	4275	3.0	78.0
4000 ...	5000	208	3.4	95.9	11120	7.9	85.9
5000 ...	6000	113	1.9	97.8	7424	5.3	91.2
6000 ...	7000	56	0.9	98.7	4323	3.1	94.3
7000 ...	8000	35	0.6	99.3	3108	2.2	96.5
8000 ...	9000	26	0.4	99.7	2613	1.9	98.4
9000 ...	10000	15	0.2	99.9	1705	1.2	99.6
10000 und mehr		4	0.1	100.0	591	0.4	100.0
Insgesamt		6055	100.0		140397	100.0	

Modal: 1113 DM (100.0 vH) - Median: 1511 DM (135.8 vH) - Arithm. Mittel: 1932 DM (173.6 vH)
Staerkstes Drittel von 644 DM bis 1130 DM (Spanne: 486 DM)
Summen-Differenzen-Koeffizient: 25.4   Gini-Koeffizient: 0.343

Quintile:	7.7	11.6	15.7	22.2	42.8						Quintilenschiefe: 0.500
Dezile in vH	3.3	4.4	5.3	6.3	7.3	8.4	10.0	12.2	16.0	26.8	
Durchschnittseink. in DM:	646	849	1015	1218	1406	1631	1923	2360	3089	5181	
Terzile:	15.0	26.5	58.5								

Zahl und Nettoeinkommen der Familien
in der Bundesrepublik Deutschland 1973

Familien mit 2 und mehr Einkommensbeziehern

Monatl.Eink. in DM von ... bis unter		Familien in Tsd.	in vH	in vH kumuliert	Jahreseinkommen in Mill.DM	in vH	in vH kumuliert
unter	1000	67	0.8	0.8	672	0.3	0.3
1000 ...	1250	401	5.1	5.9	5599	2.3	2.5
1250 ...	1500	823	10.4	16.3	13707	5.6	8.1
1500 ...	1750 Modal	955	12.1	28.4	18703	7.6	15.7
1750 ...	2000	932	11.8	40.1	20994	8.5	24.2
2000 ...	2250	825	10.4	50.5	21026	8.5	32.7
2250 ...	2500	703	8.9	59.4	19995	8.1	40.8
2500 ...	2750	581	7.3	66.8	18258	7.4	49.2
2750 ...	3000	475	6.0	72.8	16344	6.6	54.8
3000 ...	3250	395	5.0	77.7	14766	6.0	60.8
3250 ...	3500	325	4.1	81.8	13127	5.3	66.1
3500 ...	3750	272	3.4	85.3	11794	4.8	70.9
3750 ...	4000	230	2.9	38.2	10672	4.3	75.2
4000 ...	5000	509	6.4	94.6	27044	11.0	86.2
5000 ...	6000	201	2.5	97.1	13092	5.3	91.5
6000 ...	7000	100	1.3	98.4	7783	3.2	94.6
7000 ...	8000	53	0.7	99.1	4728	1.9	96.6
8000 ...	9000	35	0.4	99.5	3523	1.4	98.0
9000 ...	10000	21	0.3	99.8	2357	1.0	99.0
10000 und mehr		17	0.2	100.0	2632	1.1	100.0
Insgesamt		7920	100.0		246816	100.0	

Modal: 1713 DM (100.0 vH) - Median: 2237 DM (130.6 vH) - Arithm. Mittel: 2596 DM (151.5 vH)
Staerkstes Drittel von 1375 DM bis 2086 DM (Spanne: 711 DM)
Summen-Differenzen-Koeffizient: 18.7   Gini-Koeffizient: 0.258

Quintile: 10.3 13.8 17.3 22.3 36.3   Quintilenschiefe: 0.373
Dezile
in vH   4.6 5.7 6.5 7.3 8.1 9.1 10.3 12.0 14.4 21.9
Durchschnittseink. in DM: 1196 1477 1686 1893 2115 2371 2687 3109 3739 5692
Terzile: 19.1 29.0 51.9

Zahl und Nettoeinkommen der Familien
in der Bundesrepublik Deutschland 1973

Landwirte-Familien

Monatl. Eink. in DM von ... bis unter		Familien			Jahreseinkommen		
		in Tsd.	in vH	in vH kumuliert	in Mill. DM	in vH	in vH kumuliert
unter	1000:	1	0.2	0.2	11	0.1	0.1
1000 ...	1250:	9	2.1	2.3	126	0.8	0.9
1250 ...	1500:	26	6.0	8.3	437	2.8	3.7
1500 ...	1750: Modal #	45	10.3	18.6	890	5.7	9.3
1750 ...	2000:	43	9.9	28.5	967	6.2	15.6
2000 ...	2250: **	40	9.2	37.7	1019	6.5	22.1
2250 ...	2500: **	36	8.3	46.0	1023	6.6	28.7
2500 ...	2750: **	32	7.4	53.3	1006	6.5	35.2
2750 ...	3000:	28	6.4	59.8	962	6.2	41.3
3000 ...	3250:	25	5.7	65.5	934	6.0	47.3
3250 ...	3500:	23	5.3	70.8	933	6.0	53.3
3500 ...	3750:	20	4.6	75.4	909	5.6	58.9
3750 ...	4000:	19	4.4	79.8	885	5.7	64.6
4000 ...	5000:	46	10.6	90.3	2460	15.8	80.4
5000 ...	6000:	24	5.5	95.9	1574	10.1	90.5
6000 ...	7000:	12	2.8	98.6	925	5.9	96.5
7000 ...	8000:	5	1.1	99.8	444	2.9	99.3
8000 ...	9000:	1	0.2	100.0	104	0.7	100.0
9000 ...	10000:	0			0		
10000	und mehr:	0			0		
Insgesamt		435	100.0		15559	100.0	

Modal: 1726 DM (100.0 vH) - Median: 2637 DM (152.8 vH) - Arithm. Mittel: 2980 DM (172.7 vH)
Staerkstes Drittel von 1500 DM bis 2365 DM (Soanne: 865 DM)
Summen-Differenzen-Koeffizient: 18.6   Gini-Koeffizient: 0.250

Quintile: 10.2 13.7 17.7 23.3 35.1   Quintilenschiefe: 0.369
Dezile
in vH   : 4.6   5.6   6.4   7.3   8.3   9.4   10.8 12.5 14.9 20.2
Durchschnittseink. in DM: 1362 1666 1910 2174 2467 2807 3226 3732 4449 6008
Terzile: 18.9 29.7 51.4

432

**Zahl und Nettoeinkommen der Familien
in der Bundesrepublik Deutschland 1973**

Selbstaendigen-Familien

Monatl.Eink. in DM von ... bis unter	Familien in Tsd.		in vH	in vH kumuliert	Jahreseinkommen in Mill.DM	in vH	in vH kumuliert
unter 1000	0				0		
1000 ... 1250	0				0		
1250 ... 1500	0				0		
1500 ... 1750	0				0		
1750 ... 2000	0				0		
2000 ... 2250	2		0.2	0.2	52	0.1	0.1
2250 ... 2500	10		0.9	1.0	290	0.4	0.5
2500 ... 2750	27		2.4	3.4	862	1.2	1.7
2750 ... 3000	44		3.8	7.2	1533	2.2	3.8
3000 ... 3250	59		5.2	12.4	2226	3.1	7.0
3250 ... 3500	71	#	6.2	18.6	2986	4.1	11.0
3500 ... 3750	79	#	6.9	25.5	3443	4.8	15.9
3750 ... 4000 Modal	79	#	6.9	32.4	3679	5.2	21.0
4000 ... 5000	277	*	24.2	56.6	14893	20.9	41.9
5000 ... 6000	187		16.3	72.9	12244	17.2	59.1
6000 ... 7000	115		10.0	83.0	8874	12.5	71.6
7000 ... 8000	78		6.8	89.8	6930	9.7	81.3
8000 ... 9000	60		5.2	95.0	6032	8.5	89.8
9000 ... 10000	36		3.1	98.2	4062	5.7	95.5
10000 und mehr	21		1.8	100.0	3223	4.5	100.0
Insgesamt	1145		100.0		71229	100.0	

Modal: 3750 DM (100.0 vH) — Median: 4727 DM (126.1 vH) — Arithm. Mittel: 5184 DM (138.2 vH)
Staerkstes Drittel von 3250 DM bis 4532 DM (Spanne: 1282 DM)
Summen-Differenzen-Koeffizient: 15.3   Gini-Koeffizient: 0.200

Quintile: 12.0 15.1 18.2 22.4 32.3   Quintilenschiefe: 0.295

Dezile
in vH   5.5 6.5 7.2 7.9 8.7 9.5 10.5 11.9 14.0 18.4
Durchschnittseink. in DM: 2841 3364 3738 4098 4494 4925 5463 6161 7233 9518
Terzile: 21.7 30.4 47.8

Zahl und Nettoeinkommen der Familien
in der Bundesrepublik Deutschland 1973

Angestellten-Familien

Monatl. Eink. in DM von ... bis unter		Familien in Tsd.	in vH	in vH kumuliert	Jahreseinkommen in Mill. DM	in vH	in vH kumuliert
unter	1000:	150	4.2	4.2	1566	1.6	1.6
1000 ...	1250:	280	7.9	12.1	3845	3.9	5.5
1250 ...	1500:	359	10.1	22.2	5959	6.0	11.5
1500 ...	1750: Modal	405	11.4	33.6	7926	8.0	19.5
1750 ...	2000:	402	11.3	44.9	9058	9.1	28.6
2000 ...	2250:	368	10.4	55.2	9379	9.5	38.1
2250 ...	2500:	320	9.0	64.2	9104	9.2	47.2
2500 ...	2750:	267	7.5	71.8	8387	8.5	55.7
2750 ...	3000:	218	6.1	77.9	7497	7.6	63.3
3000 ...	3250:	176	5.0	82.8	6575	6.6	69.9
3250 ...	3500:	141	4.0	86.8	5689	5.7	75.6
3500 ...	3750:	114	3.2	90.0	4939	5.0	80.6
3750 ...	4000:	90	2.5	92.5	4165	4.2	84.8
4000 ...	5000:	197	5.5	98.1	10389	10.5	95.3
5000 ...	6000:	51	1.4	99.5	3301	3.3	98.6
6000 ...	7000:	15	0.4	99.9	1189	1.2	99.8
7000 ...	8000:	2	0.1	100.0	187	0.2	100.0
8000 ...	9000:	0			0		
9000 ...	10000:	0			0		
10000 und mehr:		0			0		
Insgesamt		3555	100.0		99154	100.0	

Modal: 1735 DM (100.0 vH) - Median: 2123 DM (122.4 vH) - Arithm. Mittel: 2324 DM (133.9 vH)
Staerkstes Drittel von 1375 DM bis 2127 DM (Spanne: 752 DM)
Summen-Differenzen-Koeffizient: 17.3   Gini-Koeffizient: 0.238

Quintile: 10.1 14.4 18.3 23.2 34.0   Quintilenschiefe: 0.344
Dezile
in vH: 4.3 5.7 6.7 7.7 8.6 9.7 10.9 12.4 14.6 19.4
Durchschnittseink. in DM: 1010 1330 1566 1785 2005 2245 2523 2876 3385 4513
Terzile: 19.3 30.6 50.1

Beamten-Familien

Zahl und Nettoeinkommen der Familien in der Bundesrepublik Deutschland 1973

Monatl.Eink. in DM von ... bis unter		Familien in Tsd.	in vH	in vH kumuliert	Jahreseinkommen in Mill.DM	in vH	in vH kumuliert
unter	1000	18	1.8	1.8	190	0.6	0.6
1000 ...	1250	52	5.3	7.1	726	2.4	3.0
1250 ...	1500	77	7.3	14.9	1290	4.3	7.3
1500 ...	1750	95	9.6	24.6	1864	6.2	13.5
1750 ...	2000	101	10.3	34.9	2278	7.6	21.1
2000 ...	2250 Modal	102	10.4	45.2	2604	8.7	29.7
2250 ...	2500	99	10.1	55.2	2822	9.4	39.1
2500 ...	2750	89	9.0	64.3	2797	9.3	48.4
2750 ...	3000	75	7.6	71.9	2585	8.6	57.0
3000 ...	3250	60	6.1	78.0	2239	7.4	64.4
3250 ...	3500	47	4.8	82.7	1996	6.3	70.8
3500 ...	3750	40	4.1	86.8	1731	5.8	76.5
3750 ...	4000	34	3.5	90.3	1557	5.3	81.8
4000 ...	5000	71	7.2	97.5	3740	12.4	94.2
5000 ...	6000	20	2.0	99.5	1327	4.4	98.6
6000 ...	7000	5	0.5	100.0	418	1.4	100.0
7000 ...	8000	0			0		
8000 ...	9000	0			0		
9000 ...	10000	0			0		
10000	und mehr	0					
Insgesamt		985	100.0		30079	100.0	

Modal: 2063 DM (100.0 vH) - Median: 2370 DM (114.9 vH) - Arithm. Mittel: 2544 DM (123.3 vH)
Staerkstes Drittel von 1682 DM bis 2501 DM (Spanne: 819 DM)
Summen-Differenzen-Koeffizient: 16.3   Gini-Koeffizient: 0.224

Quintile: 10.4 14.8 18.6 23.2 32.9   Quintilenschiefe: 0.322

Dezile in vH	4.5	5.9	6.9	7.9	8.8	9.8	10.9	12.3	14.3	18.6
Durchschnittseink. in DM:	1152	1505	1765	2007	2248	2494	2774	3119	3637	4741

Terzile: 19.9 31.1 49.0

Zahl und Nettoeinkommen der Familien
in der Bundesrepublik Deutschland 1973

Arbeiter-Familien

Monatl.Eink. in DM von ... bis unter		Familien in Tsd.	in vH	in vH kumuliert	Jahreseinkommen in Mill.DM	in vH	in vH kumuliert
unter	1000	358	7.6	7.6	3699	3.3	3.3
1000 ...	1250	558	11.9	19.5	7633	6.7	10.0
1250 ...	1500 Modal *	652	13.9	33.4	10322	9.5	19.5
1500 ...	1750 *	627	13.4	46.8	12240	10.8	30.3
1750 ...	2000 *	547	11.7	58.5	12291	10.8	41.1
2000 ...	2250	444	9.5	67.9	11295	10.0	51.1
2250 ...	2500	355	7.6	75.5	10081	8.9	60.0
2500 ...	2750	277	5.9	81.4	8698	7.7	67.6
2750 ...	3000	214	4.6	86.0	7352	6.5	74.1
3000 ...	3250	173	3.7	89.7	6458	5.7	79.8
3250 ...	3500	141	3.0	92.7	5682	5.0	84.9
3500 ...	3750	110	2.3	95.0	4761	4.2	89.0
3750 ...	4000	96	1.8	96.8	3935	3.5	92.5
4000 ...	5000	107	2.3	99.1	5660	5.0	97.5
5000 ...	6000	29	0.6	99.7	1869	1.6	99.1
6000 ...	7000	9	0.2	99.9	700	0.6	99.8
7000 ...	8000	3	0.1	100.0	275	0.2	100.0
8000 ...	9000	0			0		
9000 ...	10000	0			0		
10000	und mehr	0			0		
Insgesamt		4690	100.0		113511	100.0	

Modal: 1447 DM (100.0 vH) - Median: 1819 DM (125.7 vH) - Arithm. Mittel: 2016 DM (139.3 vH)
Staerkstes Drittel von 1169 DM bis 1790 DM (Spanne: 621 DM)
Summen-Differenzen-Koeffizient: 17.6   Gini-Koeffizient: 0.239

Quintile: 10.3 14.3 18.1 23.1 34.3   Quintilenschiefe: 0.347
Dezile
in vH   4.5 5.8 6.7 7.6 8.5 9.5 10.8 12.3 14.6 19.7
Durchschnittseink. In DM: 902 1170 1356 1533 1718 1923 2168 2483 2946 3965
Terzile: 19.4 30.2 50.3

Zahl und Nettoeinkommen der Familien
in der Bundesrepublik Deutschland 1973

Rentner-Familien

Monatl.Eink. in DM von ... bis unter		Familien			Jahreseinkommen		
		in Tsd.	in vH	in vH kumuliert	in Mill.DM	in vH	in vH kumuliert
unter	1000	898	32.5	32.5	7632	15.9	15.9
1000 ...	1250	327	11.8	44.4	4472	9.3	25.3
1250 ...	1500 Modal	412	14.9	59.3	6796	14.2	39.4
1500 ...	1750	331	12.0	71.3	6443	13.4	52.9
1750 ...	2000	242	8.8	80.1	5423	11.3	64.2
2000 ...	2250	174	6.3	86.4	4412	9.2	73.4
2250 ...	2500	121	4.4	90.8	3427	7.2	80.6
2500 ...	2750	83	3.0	93.8	2599	5.4	86.0
2750 ...	3000	60	2.2	95.9	2056	4.3	90.3
3000 ...	3250	44	1.6	97.5	1637	3.4	93.7
3250 ...	3500	29	1.1	98.6	1165	2.4	96.1
3500 ...	3750	17	0.6	99.2	732	1.5	97.7
3750 ...	4000	10	0.4	99.6	463	1.0	98.6
4000 ...	5000	11	0.4	100.0	593	1.2	99.9
5000 ...	6000	1	0.0	100.0	69	0.1	100.0
6000 ...	7000	0			0		
7000 ...	8000	0			0		
8000 ...	9000	0			0		
9000 ...	10000	0			0		
10000 und mehr		0			0		
Insgesamt		2760	100.0		47912	100.0	

Modal: 1378 DM (100.0 vH) - Median: 1344 DM (97.5 vH) - Arithm. Mittel: 1446 DM (104.9 vH)
Staerkstes Drittel von 1097 DM bis 1751 DM (Spanne: 654 DM)
Summen-Differenzen-Koeffizient: 20.4   Gini-Koeffizient: 0.270

Quintile: 8.5   13.1   18.6   23.9   35.9   Quintilenschiefe: 0.397
Dezile
in vH   3.6   4.9   5.9   7.2   8.5   8.7   9.9   11.2   12.8   15.2   20.7
Durchschnittseink. in DM: 522   710   849   1040   1259   1427   1615   1849   2193   2999
Terzile: 16.5   31.0   52.6

437

Zahl und Nettoeinkommen der Familien in der Bundesrepublik Deutschland 1973

Versorgungsempfaenger-Familien

Monatl. Eink. in DM von ... bis unter		Familien in Tsd.	in vH	in vH kumuliert	Jahreseinkommen in Mill. DM	in vH	in vH kumuliert
unter	1000	19	4.7	4.7	178	1.8	1.8
1000	... 1250	48	11.9	16.5	551	6.7	8.5
1250	... 1500	47	11.6	28.1	777	8.0	16.5
1500	... 1750 Modal #	59	14.6	42.7	1154	11.8	23.3
1750	... 2000 ##	58	14.3	57.0	1304	13.4	41.6
2000	... 2250 ##	47	11.6	68.6	1193	12.2	53.9
2250	... 2500	35	8.6	77.3	993	10.2	64.0
2500	... 2750	27	6.7	84.0	951	8.7	72.7
2750	... 3000	19	4.7	88.6	653	6.7	79.5
3000	... 3250	16	4.0	92.6	609	6.1	85.6
3250	... 3500	10	2.5	95.1	404	4.1	89.8
3500	... 3750	6	1.5	96.5	259	2.7	92.4
3750	... 4000	4	1.0	97.5	194	1.9	94.3
4000	... 5000	8	2.0	99.5	420	4.3	98.6
5000	... 6000	2	0.5	100.0	132	1.4	100.0
6000	... 7000	0			0		
7000	... 8000	0			0		
8000	... 9000	0			0		
9000	... 10000	0			0		
10000	und mehr	0			0		
Insgesamt		405	100.0		9762	100.0	

Modal: 1731 DM (100.0 vH) - Median: 1877 DM (108.4 vH) - Arithm. Mittel: 2003 DM (116.0 vH)
Staerkstes Drittel von 1500 DM bis 2038 DM (Spanne: 538 DM)
Summen-Differenzen-Koeffizient: 15.8   Gini-Koeffizient: 0.216

Quintile: 10.7 15.2 18.7 22.9 32.5   Quintilenschiefe: 0.308

Dezile
in vH   : 4.6   6.1   7.1   8.1   8.9   9.8 10.8 12.1 14.1 18.5
Durchschnittseink. in DM: 931 1219 1435 1622 1790 1962 2162 2429 2825 3707
Terzile: 20.5   31.2   49.3

Familien, insgesamt

Einkommensverteilung und -umverteilung 1981

Bruttoerwerbs- und -vermoegenseinkommen und empfangene Uebertragungen

Monatliches Familien-Einkommen DM	Schichtung der Erw. u. Vermoegenseink. Familien		Bruttoerwerbs- und -vermoegenseink. Einkommen		Renten und Pensionen		Geldleistg. d.Bund.Anst. f. Arbeit und Sozialhilfe		Kindergeld		Sonstige laufende Uebertragung.		Summe der empfang. Uebertrag.
	Tsd.	vH	Mill.DM	DM	Mill.DM	vH	Mill.DM	vH	Mill.DM	vH	Mill.DM	vH	Mill.DM
unter 1000	2169	15,8	8067	310	43197	535	3135	38,9	458	5,7	7512	93,1	54302
1000 ... 1250	455	3,3	6171	1130	9619	156	629	10,2	143	2,3	1673	27,1	12066
1250 ... 1500	375	2,7	6105	1377	7102	115	519	8,4	154	2,5	1289	20,8	9066
1500 ... 1750	308	2,2	6030	1631	4722	78,3	457	7,6	178	2,9	954	15,8	6311
1750 ... 2000	281	2,1	6353	1884	3033	47,7	427	6,7	183	2,9	764	12,0	4497
2000 ... 2250	293	2,1	7528	2141	1871	24,9	467	6,2	193	2,6	692	9,2	3223
2250 ... 2500	324	2,4	9284	2398	1153	12,4	526	5,7	227	2,4	702	7,6	2608
2500 ... 2750	380	2,8	12034	2629	806	6,7	598	5,0	298	2,5	791	6,6	2492
2750 ... 3000	429	3,1	14849	2884	669	4,5	632	4,3	387	2,6	881	5,9	2569
3000 ... 3250	473	3,5	17773	3131	537	3,6	668	3,9	470	2,6	962	5,4	2739
3250 ... 3500	509	3,7	20644	3390	655	3,2	672	3,3	581	2,8	1027	5,0	2937
3500 ... 3750	505	3,7	21988	3628	604	2,7	631	2,9	627	2,8	1006	4,6	2868
3750 ... 4000	487	3,6	22658	3877	572	2,5	563	2,5	668	2,9	954	4,2	2757
4000 ... 5000	1549	12,0	88707	4483	1858	2,1	1766	2,0	2289	2,6	3155	3,6	9069
5000 ... 6000	1365	10,0	89451	5461	1517	1,7	1343	1,5	2056	2,3	2544	2,8	7460
6000 ... 7000	1079	7,9	83433	6444	1180	1,4	945	1,1	1747	2,1	1945	2,3	5817
7000 ... 8000	829	6,0	73853	7424	883	1,2	645	0,9	1454	2,0	1436	1,9	4418
8000 ... 9000	615	4,5	61917	8390	628	1,0	474	0,7	1129	1,8	1019	1,6	3200
9000 ... 10000	437	3,2	49113	9366	412	0,8	259	0,5	850	1,7	679	1,4	2199
10000 und mehr	743	5,4	152552	17110	537	0,4	302	0,2	1357	0,9	889	0,6	3085
Insgesamt	13705	100,0	759600	4613	81655	10,8	15612	2,1	15450	2,0	30878	4,1	143505

Einkommensverteilung und -umverteilung 1981

Familien, insgesamt

Geleistete Uebertragungen und verfuegbares Einkommen

Monatliches Familien-Einkommen DM	Direkte Steuern		Renten-		Beiträge zur Kranken-Versicherung		Arbeitslosen-		Sonstige Sozial-Beiträge		Sonstige laufende Uebertragung		Gesamtes verfuegb. Eink.
	Mill.DM	vH	Mill.DM	vH	Mill.DM	vH	Mill.DM	vH	Mill.DM	vH	Mill.DM	vH	Mill.DM
unter 1000	551	6.8	539	6.7	469	5.8	160	2.0	158	2.0	377	4.7	60115
1000 ... 1250	284	4.6	456	7.4	391	6.3	114	1.3	126	2.0	197	3.2	16665
1250 ... 1500	284	4.6	512	8.3	420	6.8	118	1.9	127	2.0	211	3.4	13589
1500 ... 1750	288	4.8	566	9.4	437	7.3	118	2.0	127	2.1	211	3.5	10593
1750 ... 2000	305	4.9	681	10.7	505	8.0	128	2.0	138	2.2	217	3.4	8785
2000 ... 2250	339	4.5	891	11.8	640	8.5	156	2.1	170	2.3	242	3.2	8312
2250 ... 2500	424	4.6	1172	12.6	826	8.9	196	2.1	214	2.3	291	3.1	8769
2500 ... 2750	577	4.8	1550	12.9	1081	9.0	256	2.1	278	2.3	373	3.1	10412
2750 ... 3000	771	5.2	1940	13.1	1343	9.1	317	2.1	340	2.3	470	3.2	12234
3000 ... 3250	1031	5.8	2349	13.2	1613	9.1	383	2.2	404	2.3	584	3.3	14147
3250 ... 3500	1341	6.5	2713	13.1	1828	8.9	441	2.1	456	2.2	705	3.4	16096
3500 ... 3750	1588	7.2	2899	13.1	1910	8.7	468	2.1	471	2.1	775	3.5	16755
3750 ... 4000	1789	7.9	2947	13.0	1917	8.5	476	2.1	472	2.1	820	3.6	16995
4000 ... 5000	8776	9.9	11658	13.1	6966	7.9	1876	2.1	1679	1.9	3394	3.8	63427
5000 ... 6000	11024	12.3	11463	12.8	6344	7.1	1808	2.0	1481	1.7	3524	3.9	61266
6000 ... 7000	11807	14.2	9840	11.3	5506	6.6	1521	1.9	1263	1.5	3361	4.0	55952
7000 ... 8000	11523	15.7	8248	11.2	4531	6.1	1255	1.7	1034	1.4	3035	4.1	48535
8000 ... 9000	10623	17.2	6671	10.9	3527	5.7	1015	1.6	811	1.3	2587	4.2	39884
9000 ... 10000	9027	18.4	5016	10.2	2575	5.2	758	1.5	612	1.2	2075	4.2	31249
10000 und mehr	35654	23.4	8440	5.5	4420	2.9	1238	0.8	1098	0.7	6216	4.1	98571
Insgesamt	108107	14.3	80542	10.6	47251	6.2	12816	1.7	11461	1.5	29666	3.9	612352

Ehepaare mit einem Kind

Bruttoerwerbs- und -vermoegenseinkommen und empfangene Uebertragungen

Monatliches Familien-Einkommen DM	Schichtung der Erw. u. Vermoegenseink. Familien Tsd.	vH	Bruttoerwerbs- und Vermoegenseink. Einkommen Mill.DM	DM	Renten und Pensionen Mill.DM	vH	Geldleistg. d.Bund.Anst. f. Arbeit und Sozialhilfe Mill.DM	vH	Kindergeld Mill.DM	vH	Sonstige laufende Uebertragung Mill.DM	vH	Summe der empfang. Uebertrag.
unter 1000	180	4.9	705	326	4202	59.6	272	38.6	110	15.6	642	91.0	5276
1000 ... 1250	46	1.2	625	1132	1126	18.0	75	12.0	29	4.7	171	27.4	1401
1250 ... 1500	46	1.2	764	1384	914	12.0	78	10.2	30	3.9	154	20.1	1176
1500 ... 1750	51	1.4	1008	1647	645	64.0	96	9.6	34	3.4	143	14.2	920
1750 ... 2000	61	1.6	1389	1898	438	31.5	116	8.3	41	3.0	151	10.9	748
2000 ... 2250	78	2.1	2009	2146	279	13.9	145	7.2	54	2.7	176	8.8	655
2250 ... 2500	102	2.8	2928	2392	265	9.1	182	6.2	71	2.4	224	7.7	743
2500 ... 2750	176	3.4	3993	2641	237	5.9	209	5.2	87	2.2	270	6.8	805
2750 ... 3000	146	3.9	5052	2884	206	4.1	214	4.2	103	2.0	305	6.0	828
3000 ... 3250	162	4.4	6087	3131	207	3.4	271	3.6	114	1.9	333	5.5	875
3250 ... 3500	172	4.6	6973	3378	220	3.2	220	3.2	122	1.8	349	5.0	914
3500 ... 3750	173	4.7	7529	3627	197	2.6	208	2.8	124	1.6	341	4.5	873
3750 ... 4000	164	4.4	7629	3877	185	2.4	181	2.4	119	1.6	317	4.2	803
4000 ... 5000	571	15.4	30681	4478	672	2.0	592	1.9	416	1.4	1080	3.5	2710
5000 ... 6000	464	12.5	30377	5456	491	1.6	444	1.5	342	1.1	847	2.8	2124
6000 ... 7000	354	9.6	27328	6433	359	1.3	299	1.1	259	0.9	619	2.3	1536
7000 ... 8000	266	7.2	23671	7416	255	1.1	200	0.8	197	0.8	441	1.9	1094
8000 ... 9000	190	5.1	19108	8301	172	0.9	127	0.7	140	0.7	299	1.6	738
9000 ... 10000	129	3.5	14473	9349	107	0.7	74	0.5	96	0.7	187	1.3	454
10000 und mehr	219	5.9	42991	16355	143	0.3	87	0.2	161	0.4	248	0.6	639
Insgesamt	3700	100.0	235310	5300	11270	4.8	4049	1.7	2654	1.1	7299	3.1	25271

Einkommensverteilung und -umverteilung 1981

Ehepaare mit einem Kind

Monatliches Familien-Einkommen DM	Direkte Steuern Mill.DM	vH	Renten- Mill.DM	vH	Beitraege zur Kranken-Versicherung Mill.DM	vH	Arbeitslosen- Mill.DM	vH	Sonstige Sozial-Beitraege Mill.DM	vH	Sonstige laufende Uebertragung Mill.DM	vH	Gesamtes verfuegb. Eink. Mill.DM
unter 1000	43	6.2	48	6.8	40	5.6	13	1.8	15	2.1	32	4.5	5738
1000 ... 1250	28	4.4	51	8.7	42	6.7	12	2.0	14	2.3	20	3.2	1857
1250 ... 1500	36	4.8	72	9.4	56	7.3	15	1.9	16	2.2	24	3.2	1717
1500 ... 1750	45	4.5	109	10.8	81	8.0	21	2.1	23	2.2	31	3.1	1617
1750 ... 2000	53	3.8	165	11.9	119	8.6	29	2.1	30	2.2	42	3.0	1694
2000 ... 2250	74	3.7	255	12.7	181	9.0	42	2.1	48	2.4	59	2.9	2003
2250 ... 2500	119	4.1	380	13.0	266	9.1	61	2.1	70	2.4	89	3.0	2682
2500 ... 2750	174	4.4	519	13.0	361	9.0	85	2.1	96	2.4	122	3.1	3440
2750 ... 3000	242	4.8	659	13.0	456	9.0	108	2.1	119	2.4	160	3.2	4136
3000 ... 3250	337	5.5	796	13.1	547	9.0	129	2.1	140	2.3	202	3.3	4809
3250 ... 3500	440	6.3	916	13.1	620	8.9	148	2.1	156	2.2	243	3.5	5361
3500 ... 3750	537	7.1	993	13.2	658	8.7	161	2.1	163	2.2	273	3.6	5615
3750 ... 4000	603	7.9	1006	13.2	656	8.6	163	2.1	161	2.1	285	3.7	5558
4000 ... 5000	3057	10.0	4074	13.3	2429	7.9	654	2.1	584	1.9	1201	3.9	21391
5000 ... 6000	3813	12.6	3948	13.0	2163	7.1	624	2.1	498	1.6	1224	4.0	20230
6000 ... 7000	3997	14.6	3279	12.0	1826	6.7	504	1.8	403	1.5	1129	4.1	17726
7000 ... 8000	3886	16.4	2704	11.4	1466	6.2	413	1.7	322	1.4	1001	4.2	14972
8000 ... 9000	3453	18.1	2122	11.1	1093	5.7	321	1.7	243	1.3	823	4.3	11791
9000 ... 10000	2803	19.4	1524	10.5	759	5.2	228	1.6	174	1.2	630	4.4	8820
10000 und mehr	10230	23.8	2552	5.9	1301	3.0	371	0.9	313	0.7	1838	4.3	27016
Insgesamt	33973	14.4	26175	11.1	15120	6.4	4109	1.7	3598	1.5	9431	4.0	169175

Einkommensverteilung und -umverteilung 1981

Ehepaare mit zwei Kindern

Monatliches Familien-Einkommen DM	Schichtung der Erw. u. Vermoegenseink. Familien Tsd.	vH	Bruttoerwerbs- und -vermoegenseinkommen Einkommen Mill.DM	DM	Renten und Pensionen Mill.DM	vH	Geldleistg. d.Bund.Anst. f. Arbeit und Sozialhilfe Mill.DM	vH	Kindergeld Mill.DM	vH	Sonstige laufende Uebertragung. Mill.DM	vH	Summe der empfang. Uebertrag.
unter 1000	49	2.0	244	415	1292	530	84	34.4	101	41.4	198	81.3	1676
1000 ... 1250	17	0.7	238	1167	495	208	26	10.8	35	14.7	72	30.1	629
1250 ... 1500	21	0.8	349	1385	536	153	31	8.9	44	12.5	83	23.8	694
1500 ... 1750	24	1.0	471	1635	514	109	38	9.0	51	10.8	86	18.3	690
1750 ... 2000	23	0.9	521	1888	346	66.4	37	7.1	50	9.5	73	14.0	506
2000 ... 2250	29	1.2	747	2147	257	34.5	49	6.5	64	8.5	76	10.2	447
2250 ... 2500	36	1.4	1035	2396	181	17.5	64	6.2	80	7.7	87	8.4	413
2500 ... 2750	48	1.9	1526	2649	137	9.0	80	5.3	107	7.0	108	7.1	434
2750 ... 3000	62	2.5	2151	2891	121	5.6	97	4.5	140	6.5	139	6.5	497
3000 ... 3250	78	3.1	2936	3137	125	4.3	117	4.0	177	6.0	173	5.9	593
3250 ... 3500	94	3.8	3819	3386	152	4.0	132	3.5	215	5.6	209	5.5	709
3500 ... 3750	99	4.0	4315	3632	139	3.2	135	3.1	228	5.3	220	5.1	723
3750 ... 4000	103	4.1	4796	3880	140	2.9	128	2.7	237	4.9	221	4.6	728
4000 ... 5000	381	15.3	20558	4406	518	2.5	455	2.2	883	4.3	821	4.0	2677
5000 ... 6000	346	13.9	22723	5473	464	2.0	385	1.7	805	3.5	732	3.2	2387
6000 ... 7000	293	11.7	22671	6448	379	1.7	292	1.3	691	3.0	596	2.6	1949
7000 ... 8000	238	9.5	21195	7421	295	1.4	210	1.0	554	2.6	463	2.2	1521
8000 ... 9000	189	7.6	19032	8392	272	1.4	149	0.8	441	2.3	352	1.8	1164
9000 ... 10000	139	5.6	15600	9353	151	1.0	93	0.6	325	2.1	245	1.6	815
10000 und mehr	226	9.1	43738	16128	209	0.5	119	0.3	526	1.2	332	0.8	1186
Insgesamt	2495	100.0	188655	6301	6678	3.5	2729	1.4	5742	3.0	5288	2.8	20437

443

Einkommensverteilung und -umverteilung 1981

Ehepaare mit zwei Kindern

Monatliches Familien-Einkommen DM	Direkte Steuern		Geleistete Uebertragungen und verfuegbares Einkommen											Gesamtes verfuegb. Eink.
			Renten-		Beitraege zur Kranken-Versicherung		Arbeitslosen-		Sonstige Sozial-Beitraege		Sonstige laufende Uebertragung			
	Mill.DM	vH	Mill.DM	vH	Mill.DM	vH	Mill.DM	vH	Mill.DM	vH	Mill.DM	vH	Mill.DM	
unter 1000	11	4.7	18	7.2	15	6.1	4	1.8	6	2.3	8	3.1	1857	
1000 ... 1250	10	4.2	19	7.8	16	6.6	4	1.7	6	2.3	7	2.8	803	
1250 ... 1500	14	4.0	31	8.9	25	7.3	6	1.8	7	2.0	11	3.1	944	
1500 ... 1750	23	4.9	47	9.9	35	7.5	9	2.0	11	2.4	16	3.3	1018	
1750 ... 2000	24	4.7	57	11.0	42	8.1	11	2.1	11	2.2	17	3.3	862	
2000 ... 2250	35	4.7	86	11.5	61	8.2	15	2.0	17	2.3	22	2.9	956	
2250 ... 2500	42	4.0	125	12.1	89	8.6	20	1.9	24	2.3	30	2.9	1115	
2500 ... 2750	59	3.9	187	12.2	130	8.5	29	1.9	35	2.3	44	2.9	1473	
2750 ... 3000	85	3.9	273	12.7	187	8.7	43	2.0	52	2.4	64	3.0	1944	
3000 ... 3250	134	4.6	382	13.0	258	8.8	61	2.1	69	2.3	91	3.1	2534	
3250 ... 3500	205	5.4	500	13.1	331	8.7	80	2.1	87	2.3	124	3.2	3199	
3500 ... 3750	265	5.1	578	13.4	375	8.7	92	2.1	97	2.3	145	3.4	3485	
3750 ... 4000	328	6.8	630	13.1	404	8.4	101	2.1	104	2.2	167	3.5	3788	
4000 ... 5000	1814	8.8	2727	13.3	1672	8.1	439	2.1	407	2.0	757	3.7	15420	
5000 ... 6000	2541	11.2	2948	13.0	1731	7.6	464	2.0	396	1.7	869	3.9	16150	
6000 ... 7000	2953	13.0	2806	12.4	1619	7.1	437	1.9	368	1.6	896	4.0	15541	
7000 ... 8000	3118	14.7	2525	11.9	1420	6.7	391	1.8	321	1.5	862	4.1	14078	
8000 ... 9000	3104	16.3	2214	11.6	1191	6.3	342	1.8	268	1.4	794	4.2	12293	
9000 ... 10000	2774	17.8	1752	11.2	902	5.8	269	1.7	207	1.3	665	4.3	9846	
10000 und mehr	9794	22.4	3015	6.9	1514	3.5	461	1.1	359	0.8	1802	4.1	27980	
Insgesamt	27337	14.5	20920	11.1	12017	6.4	3289	1.7	2859	1.5	7392	3.9	135287	

Einkommensverteilung und -umverteilung 1981

Ehepaare mit drei Kindern

Bruttoerwerbs- und -vermoegenseinkommen und empfangene Uebertragungen

Monatliches Familien-Einkommen DM	Schichtung der Erw. u. Vermoegenseink. Familien Tsd.	vH	Brutto-Einkommen Mill.DM	DM	Renten und Pensionen Mill.DM	vH	Geldleistg. d.Bund.Anst. f. Arbeit und Sozialhilfe Mill.DM	vH	Kindergeld Mill.DM	vH	Sonstige laufende Uebertragung Mill.DM	vH	Summe der empfang. Uebertrag. Mill.DM
unter 1000	12	1.8	77	535	335	435	29	37.1	60	77.8	56	72.8	480
1000 ... 1250	5	0.7	70	1167	149	212	10	14.1	25	35.6	25	35.1	208
1250 ... 1500	7	1.0	116	1391	203	175	12	10.2	35	30.2	34	29.0	293
1500 ... 1750	7	1.0	137	1631	216	158	8	6.1	35	25.6	32	23.6	292
1750 ... 2000	9	1.3	203	1880	268	132	11	5.3	45	22.4	37	18.4	367
2000 ... 2250	6	0.9	154	2139	149	97.1	6	3.9	30	19.8	24	15.5	211
2250 ... 2500	5	0.7	142	2367	79	55.9	5	3.4	25	17.8	17	11.7	127
2500 ... 2750	8	1.2	255	2656	32	12.5	10	3.8	41	16.1	19	7.4	103
2750 ... 3000	11	1.6	382	2894	37	9.7	14	3.7	57	14.9	26	6.8	137
3000 ... 3250	15	2.2	547	3150	42	7.5	20	3.5	78	13.7	35	6.2	178
3250 ... 3500	21	3.1	854	3389	30	3.5	28	3.3	110	12.8	46	5.4	215
3500 ... 3750	23	3.4	1004	3638	36	3.6	31	3.1	121	12.0	52	5.2	240
3750 ... 4000	27	3.9	1250	3889	43	3.4	36	2.8	143	11.3	63	5.0	285
4000 ... 5000	99	14.5	5361	4513	170	3.2	129	2.4	526	9.8	239	4.5	1055
5000 ... 6000	92	13.4	6063	5492	155	2.6	109	1.8	490	9.1	218	3.6	972
6000 ... 7000	84	12.3	5526	6474	140	2.1	88	1.4	447	6.8	193	3.0	868
7000 ... 8000	73	10.7	5532	7457	117	1.8	69	1.1	389	6.0	161	2.5	736
8000 ... 9000	59	8.6	5951	8405	94	1.2	49	0.8	314	5.3	128	2.1	586
9000 ... 10000	47	6.9	5306	9408	66	1.2	33	0.6	252	4.7	94	1.8	444
10000 und mehr	75	10.9	16010	17789	84	0.5	37	0.2	367	2.5	122	0.8	641
Insgesamt	685	100.0	55970	6931	2451	4.3	745	1.3	3620	6.4	1619	2.8	8434

Einkommensverteilung und -umverteilung 1981

Ehepaare mit drei Kindern

Geleistete Uebertragungen und verfuegbares Einkommen

Monatliches Familien-Einkommen DM	Direkte Steuern Mill.DM	vH	Renten- Mill.DM	vH	Beitraege zur Kranken-Versicherung Mill.DM	vH	Arbeitslosen- Mill.DM	vH	Sonstige Sozial-Beitraege Mill.DM	vH	Sonstige laufende Uebertragung. Mill.DM	vH	Gesamtes verfuegb. Eink. Mill.DM
unter 1000	0	0,0	5	6,8	5	6,0	1	1,8	2	2,6	2	2,0	542
1000 ... 1250	0	0,0	6	8,7	5	7,6	2	2,2	2	3,1	2	2,4	261
1250 ... 1500	0	0,0	10	8,6	9	7,4	3	2,2	3	2,9	3	2,9	371
1500 ... 1750	5	3,4	12	8,4	10	7,1	2	1,8	3	2,4	4	2,9	391
1750 ... 2000	17	8,4	18	7,1	15	7,3	4	1,8	4	2,1	7	3,7	497
2000 ... 2250	8	5,3	15	9,4	11	7,3	2	1,3	3	1,7	5	3,4	318
2250 ... 2500	2	1,4	13	8,9	9	6,1	2	1,2	2	1,5	3	2,3	233
2500 ... 2750	5	1,9	26	10,7	18	7,2	2	0,9	5	1,9	6	2,3	291
2750 ... 3000	11	3,0	38	10,1	27	7,0	4	1,1	7	1,9	10	2,6	415
3000 ... 3250	21	3,7	60	10,6	41	7,2	8	1,5	12	2,1	15	2,8	584
3250 ... 3500	38	4,4	91	10,6	61	7,2	13	1,5	17	2,0	26	3,0	821
3500 ... 3750	54	5,3	108	10,7	72	7,1	16	1,6	20	1,9	31	3,1	942
3750 ... 4000	77	6,1	145	11,5	94	7,5	23	1,8	26	2,0	42	3,3	1139
4000 ... 5000	427	8,0	652	12,2	405	7,5	103	1,9	103	1,9	185	3,4	4550
5000 ... 6000	623	10,3	725	12,0	431	7,1	113	1,9	104	1,7	217	3,6	4823
6000 ... 7000	768	11,8	742	11,4	439	6,7	115	1,8	105	1,6	240	3,7	4986
7000 ... 8000	895	13,6	718	11,0	413	6,3	110	1,7	98	1,5	249	3,8	4794
8000 ... 9000	870	14,6	653	11,0	361	6,1	100	1,7	86	1,4	230	3,9	4238
9000 ... 10000	852	16,1	546	10,3	293	5,5	83	1,6	71	1,3	209	3,9	3695
10000 und mehr	3356	21,0	905	5,7	479	3,0	137	0,9	120	0,8	594	3,7	11060
Insgesamt	8024	14,1	5488	9,6	3129	5,6	854	1,5	802	1,4	2087	3,7	44951

Einkommensverteilung und -umverteilung 1981

Ehepaare mit vier und mehr Kindern

Bruttoerwerbs- und -vermoegenseinkommen und empfangene Uebertragungen

Monatliches Familien-Einkommen DM	Schichtung der Erw. u. Vermoegenseink. Familien		Bruttoerwerbs- und Vermoegenseink. Einkommen		Renten und Pensionen		Geldleistg. d.Bund.Anst. f. Arbeit und Sozialhilfe		Kindergeld		Sonstige laufende Uebertragung.		Summe der empfang. Uebertrag.
DM	Tsd.	vH	Mill.DM	DM	Mill.DM	vH	Mill.DM	vH	Mill.DM	vH	Mill.DM	vH	
unter 1000	1	0.4	10	833	33	333	3	31.8	8	78.0	6	58.7	50
1000 ... 1250	1	0.4	14	1167	32	229	2	16.2	8	55.7	6	40.3	48
1250 ... 1500	1	0.4	17	1417	31	182	2	11.7	8	45.9	5	32.6	46
1500 ... 1750	3	1.1	59	1639	91	154	5	8.6	23	39.7	16	27.9	136
1750 ... 2000	2	0.7	44	1833	59	133	3	6.5	16	35.5	11	24.7	98
2000 ... 2250	1	0.4	25	2083	29	115	1	4.5	8	31.3	5	20.9	43
2250 ... 2500	1	0.4	31	2583	28	89.6	1	3.3	8	25.2	5	15.3	41
2500 ... 2750	1	0.4	32	2667	0	0.0	3	8.3	8	25.9	3	10.3	15
2750 ... 3000	3	1.1	105	2917	4	4.2	6	5.4	24	23.3	9	8.6	44
3000 ... 3250	4	1.4	151	3146	5	3.3	8	5.0	33	21.8	12	7.9	58
3250 ... 3500	8	2.8	326	3396	9	2.8	12	3.7	66	20.1	21	6.6	110
3500 ... 3750	11	3.9	481	3644	17	3.5	16	3.3	90	18.8	29	6.1	154
3750 ... 4000	13	4.6	606	3885	22	3.6	19	3.2	108	17.8	36	5.9	187
4000 ... 5000	42	14.7	2272	4508	84	3.7	68	3.0	351	15.5	128	5.6	632
5000 ... 6000	43	15.1	2829	5483	88	3.1	59	2.1	359	12.7	126	4.5	633
6000 ... 7000	38	13.3	2949	6457	80	2.7	49	1.6	317	10.7	108	3.7	554
7000 ... 8000	34	11.9	3060	7500	71	2.3	37	1.2	282	9.2	91	3.0	491
8000 ... 9000	26	9.1	2643	8471	52	2.0	24	0.9	216	8.2	67	2.5	361
9000 ... 10000	20	7.0	2243	9346	39	1.8	16	0.7	166	7.4	50	2.2	273
10000 und mehr	32	11.2	7033	18315	49	0.7	20	0.3	265	3.8	68	1.0	402
Insgesamt	285	100.0	24930	7289	828	3.3	362	1.5	2362	9.5	803	3.2	4356

Einkommensverteilung und -umverteilung 1981

Ehepaare mit vier und mehr Kindern

Geleistete Uebertragungen und verfuegbares Einkommen

Monatliches Familien-Einkommen DM	Direkte Steuern Mill.DM	vH	Renten Mill.DM	vH	Beitraege zur Kranken-Versicherung Mill.DM	vH	Arbeitslosen Mill.DM	vH	Sonstige Sozial-Beitraege Mill.DM	vH	Sonstige laufende Uebertragung Mill.DM	vH	Gesamtes verfueg. Eink. Mill.DM
unter 1000	0	0.0	0	0.0	0	0.0	0	0.0	0	0.0	0	0.0	58
1000 ... 1250	0	0.0	1	8.7	1	7.7	0	0.0	0	0.0	0	0.0	58
1250 ... 1500	0	0.0	1	9.7	1	7.5	0	0.0	2	3.2	1	1.8	50
1500 ... 1750	0	0.0	5	8.6	4	7.3	1	2.2	1	3.0	0	0.0	181
1750 ... 2000	0	0.0	4	8.6	3	7.1	0	0.0	0	0.0	0	0.0	172
2000 ... 2250	0	0.0	2	8.5	2	6.9	0	0.0	0	0.0	0	0.0	62
2250 ... 2500	0	0.0	2	7.8	2	6.2	0	0.0	0	0.0	0	0.0	65
2500 ... 2750	1	3.1	5	15.1	3	10.4	0	0.0	0	0.0	0	0.0	35
2750 ... 3000	2	2.0	12	11.7	8	7.8	2	1.8	2	1.8	2	1.8	120
3000 ... 3250	4	2.9	18	12.1	13	8.4	3	1.8	3	1.8	3	2.3	163
3250 ... 3500	12	3.6	33	10.2	23	7.0	5	1.5	7	2.0	8	7.5	346
3500 ... 3750	20	4.1	50	10.4	33	6.9	7	1.5	10	2.0	13	2.8	500
3750 ... 4000	32	5.3	65	10.7	43	7.2	10	1.7	11	1.8	17	2.9	613
4000 ... 5000	167	7.4	288	12.7	177	7.8	46	2.0	41	1.8	71	3.1	2114
5000 ... 6000	266	9.4	332	11.7	196	6.9	51	1.8	48	1.7	88	3.1	2480
6000 ... 7000	321	10.9	333	11.3	197	6.7	52	1.8	49	1.6	94	3.2	2457
7000 ... 8000	373	12.7	317	10.4	187	6.1	49	1.6	47	1.5	100	3.3	2468
8000 ... 9000	357	13.5	272	10.3	155	5.9	42	1.6	38	1.5	89	3.4	2052
9000 ... 10000	317	14.2	226	10.1	127	5.7	35	1.5	33	1.5	78	3.5	1700
10000 und mehr	1410	20.0	398	5.5	219	3.1	61	0.9	56	0.8	235	3.3	5068
Insgesamt	3285	13.7	2357	9.5	1306	5.6	370	1.5	353	1.4	805	3.2	20720

Einkommensverteilung und -umverteilung 1981

Ehepaare ohne Kinder

Bruttoerwerbs- und -vermoegenseinkommen und empfangene Uebertragungen

Monatliches Familien-Einkommen DM	Schichtung der Brutto-Erw. u. Vermoegenseink. Familien		Einkommen		Renten und Pensionen		Geldleistg. d.Bund.Anst. f. Arbeit und Sozialhilfe		Kindergeld		Sonstige laufende Uebertragung.		Summe der empfang. Uebertrag.
	Tsd.	vH	Mill.DM	DM	Mill.DM	vH	Mill.DM	vH	Mill.DM	vH	Mill.DM	vH	
unter 1000	1696	29,9	6428	316	34006	529	2298	35,7	0	0,0	5675	88,3	41978
1000 ... 1250	341	6,0	4609	1126	6953	151	437	9,5	0	0,0	1221	26,5	8612
1250 ... 1500	265	4,7	4373	1375	4870	111	326	7,4	0	0,0	879	20,1	6076
1500 ... 1750	192	3,4	3748	1627	2905	77,5	239	6,4	0	0,0	568	15,2	3711
1750 ... 2000	157	2,8	3542	1880	1713	48,4	199	5,6	0	0,0	406	11,5	2319
2000 ... 2250	145	2,6	3715	2135	1047	28,2	195	5,3	0	0,0	324	8,7	1567
2250 ... 2500	144	2,5	4118	2393	567	13,8	199	4,8	0	0,0	287	7,0	1053
2500 ... 2750	154	2,7	4866	2633	349	7,2	205	4,2	0	0,0	286	5,9	841
2750 ... 3000	161	2,8	5568	2802	235	4,2	206	3,7	0	0,0	285	5,1	727
3000 ... 3250	167	2,9	6269	3128	178	2,9	204	3,2	0	0,0	283	4,5	667
3250 ... 3500	169	3,0	6848	3377	164	2,4	190	2,8	0	0,0	280	4,1	637
3500 ... 3750	158	2,8	6875	3626	138	2,0	167	2,4	0	0,0	253	3,7	558
3750 ... 4000	143	2,5	6648	3874	109	1,6	138	2,1	0	0,0	219	3,3	468
4000 ... 5000	497	8,6	26135	4472	344	1,3	422	1,6	0	0,0	712	2,7	1490
5000 ... 6000	393	6,8	25049	5450	259	1,0	298	1,2	0	0,0	534	2,1	1091
6000 ... 7000	283	5,0	21852	6435	186	0,8	190	0,8	0	0,0	375	1,7	752
7000 ... 8000	199	3,5	17681	7404	123	0,7	117	0,7	0	0,0	249	1,4	489
8000 ... 9000	140	2,5	14075	8378	76	0,5	66	0,5	0	0,0	158	1,1	300
9000 ... 10000	95	1,7	10659	9350	42	0,4	36	0,3	0	0,0	94	0,9	172
10000 und mehr	186	3,3	41892	18769	49	0,1	36	0,1	0	0,0	117	0,3	203
Insgesamt	5665	100,0	224950	3309	54314	24,1	6179	2,7	0	0,0	13207	5,9	73701

Einkommensverteilung und -umverteilung 1981

Ehepaare ohne Kinder

Geleistete Uebertragungen und verfuegbares Einkommen

Monatliches Familien- Einkommen DM	Direkte Steuern		Renten-		Beitraege zur Kranken- Versicherung		Arbeitslosen-		Sonstige Sozial- Beitraege		Sonstige laufende Uebertragung		Gesamtes verfuegb. Eink.
	Mill.DM	vH	Mill.DM	vH	Mill.DM	vH	Mill.DM	vH	Mill.DM	vH	Mill.DM	vH	Mill.DM
unter 1000	459	7.1	429	5.7	379	5.9	129	2.0	123	1.9	309	4.8	46578
1000 ... 1250	206	4.5	338	7.3	205	6.4	84	1.8	92	2.0	157	3.4	12044
1250 ... 1500	205	4.7	347	7.0	290	6.6	81	1.8	85	1.9	156	3.6	9283
1500 ... 1750	189	5.0	329	8.8	260	6.9	70	1.9	74	2.0	141	3.8	6306
1750 ... 2000	185	5.2	359	10.1	270	7.6	69	1.9	73	2.1	131	3.7	4773
2000 ... 2250	191	5.1	421	11.3	306	8.2	75	2.0	79	2.1	132	3.6	4077
2250 ... 2500	216	5.2	510	12.4	362	8.8	86	2.1	91	2.2	141	3.4	3763
2500 ... 2750	271	5.6	627	12.9	439	9.0	103	2.1	108	2.2	162	3.3	3994
2750 ... 3000	344	6.2	731	13.1	508	9.1	120	2.2	122	2.2	188	3.4	4280
3000 ... 3250	427	6.9	833	13.3	575	9.2	136	2.2	137	2.2	218	3.5	4609
3250 ... 3500	521	7.6	907	13.3	617	9.0	148	2.2	146	2.1	247	3.6	4898
3500 ... 3750	581	8.5	909	13.2	607	8.8	146	2.1	142	2.1	257	3.7	4789
3750 ... 4000	613	9.2	872	13.1	572	8.6	140	2.1	134	2.0	255	3.8	4529
4000 ... 5000	2937	11.2	3417	13.1	1988	7.6	552	2.1	473	1.8	1056	4.0	17191
5000 ... 6000	3475	13.9	3189	12.7	1651	6.6	505	2.0	395	1.6	1041	4.2	15885
6000 ... 7000	3479	15.9	2456	11.7	1304	6.0	379	1.7	308	1.4	929	4.3	13740
7000 ... 8000	3127	17.7	1841	10.4	965	5.5	281	1.6	224	1.3	766	4.3	10967
8000 ... 9000	2677	19.0	1375	9.4	681	4.8	199	1.4	163	1.2	615	4.4	8716
9000 ... 10000	2145	20.1	912	8.6	462	4.3	135	1.3	118	1.1	466	4.4	6523
10000 und mehr	10691	25.5	1551	3.7	887	2.1	207	0.5	244	0.6	1718	4.1	26796
Insgesamt	32946	14.6	22795	9.9	13418	6.0	3653	1.6	3333	1.5	9089	4.0	213908

Einkommensverteilung und -umverteilung 1981

Alleinerziehende mit einem Kind

Bruttoerwerbs- und -vermoegenseinkommen und empfangene Uebertragungen

Monatliches Familien-Einkommen DM	Schichtung der Erw. u. Vermoegenseink. Familien Tsd.	vH	Brutto-Einkommen Mill.DM	DM	Renten und Pensionen Mill.DM	vH	Geldleistg. d.Bund.Anst. f. Arbeit und Sozialhilfe Mill.DM	vH	Kindergeld Mill.DM	vH	Sonstige laufende Uebertragung. Mill.DM	vH	Summe der empfang. Uebertrag.
unter 1000	207	35.7	483	1941	2775	574	395	81.8	129	26.8	814	169	4113
1000 ... 1250	33	5.7	443	1119	583	132	55	12.4	21	4.7	119	27.0	790
1250 ... 1500	25	4.3	411	1370	333	81.1	50	12.1	17	4.1	86	20.9	486
1500 ... 1750	22	3.8	433	1640	201	46.5	49	11.3	14	3.3	68	15.7	334
1750 ... 2000	72	3.8	496	1879	102	20.6	44	9.0	14	2.8	57	11.6	221
2000 ... 2250	25	4.3	642	2140	63	9.8	47	7.3	17	2.6	58	9.1	187
2250 ... 2500	25	4.3	714	2380	17	2.4	48	6.8	17	2.4	54	7.6	140
2500 ... 2750	29	5.0	917	2635	24	2.6	51	5.6	20	2.2	62	6.7	159
2750 ... 3000	28	4.8	966	2875	28	2.9	50	5.2	20	2.1	62	6.5	163
3000 ... 3250	26	4.5	974	3172	28	2.9	45	4.7	18	1.9	58	6.0	151
3250 ... 3500	23	4.0	930	3370	25	2.7	37	4.0	16	1.8	50	5.4	131
3500 ... 3750	20	3.4	859	2621	24	2.7	29	3.3	15	1.7	45	5.1	113
3750 ... 4000	16	2.8	743	3870	19	2.6	20	2.8	12	1.6	35	4.7	86
4000 ... 5000	31	5.3	1659	4460	32	1.9	35	2.1	22	1.4	63	3.8	154
5000 ... 6000	17	2.9	1107	5426	13	1.2	18	1.6	13	1.2	31	2.8	76
6000 ... 7000	13	2.2	1021	6545	10	0.9	9	0.9	9	0.8	19	1.9	48
7000 ... 8000	8	1.4	713	7427	5	0.8	3	0.4	6	0.8	9	1.3	24
8000 ... 9000	5	0.9	504	8400	3	0.7	2	0.4	4	0.7	6	1.2	15
9000 ... 10000	3	0.5	380	10556	2	0.4	0	0.0	1	0.4	3	0.8	8
10000 und mehr	2	0.3	345	14375	0	0.0	0	0.0	1	0.4	0	0.0	2
Insgesamt	580	100.0	14750	2119	4295	29.1	997	6.8	395	2.7	1703	11.5	7390

Einkommensverteilung und -umverteilung 1981

Alleinerziehende mit einem Kind

Geleistete Uebertragungen und verfuegbares Einkommen

Monatliches Familien-Einkommen DM	Direkte Steuern		Renten-		Beitraege zur Kranken-versicherung		Arbeitslosen-		Sonstige Sozial-Beitraege		Sonstige laufende Uebertragung		Gesamtes verfuegb. Eink.
	Mill.DM	vH	Mill.DM	vH	Mill.DM	vH	Mill.DM	vH	Mill.DM	vH	Mill.DM	vH	Mill.DM
unter 1000	29	6,0	30	6,2	22	4,6	8	1,7	8	1,6	24	4,0	4473
1000 ... 1250	28	6,4	27	6,2	22	5,0	6	1,3	6	1,3	8	1,7	1122
1250 ... 1500	14	3,4	34	8,2	26	6,2	7	1,6	7	1,6	9	2,3	797
1500 ... 1750	17	3,8	46	10,6	33	7,7	9	2,0	9	2,0	10	2,3	541
1750 ... 2000	13	2,7	59	11,8	41	8,2	10	2,1	10	2,1	12	2,5	569
2000 ... 2250	22	3,5	82	12,8	57	8,9	14	2,2	14	2,2	15	2,4	622
2250 ... 2500	32	4,4	98	13,7	68	9,6	16	2,2	14	2,0	18	2,5	606
2500 ... 2750	47	5,1	122	13,3	85	9,4	20	2,3	18	1,9	25	2,7	756
2750 ... 3000	58	5,0	136	14,1	95	9,9	23	2,4	20	2,1	28	2,9	767
3000 ... 3250	66	6,7	142	14,6	97	10,0	23	2,4	21	2,1	29	3,0	745
3250 ... 3500	70	7,6	134	16,4	90	9,7	22	2,2	20	2,1	30	3,2	693
3500 ... 3750	73	8,4	121	13,9	80	9,2	19	2,0	17	1,9	29	3,3	642
3750 ... 4000	69	9,7	97	13,1	63	8,5	15	2,0	14	1,9	25	3,3	546
4000 ... 5000	188	11,3	218	13,1	127	7,6	35	2,1	27	1,6	59	3,6	1158
5000 ... 6000	151	13,6	151	13,6	76	6,8	23	2,1	18	1,6	42	3,8	723
6000 ... 7000	146	14,3	100	9,8	53	5,2	15	1,4	14	1,4	36	3,5	704
7000 ... 8000	101	14,2	53	7,5	29	4,1	7	1,0	9	1,2	24	3,3	514
8000 ... 9000	81	16,0	37	7,4	20	2,9	5	1,0	6	1,1	18	3,5	353
9000 ... 10000	70	18,4	23	5,9	13	3,3	3	0,8	4	1,0	13	3,5	262
10000 und mehr	71	29,6	10	2,9	6	1,8	0	0,0	2	0,7	12	3,5	245
Insgesamt	1349	9,1	1723	11,7	1107	7,5	286	1,9	264	1,8	472	3,2	16939

Einkommensverteilung und -umverteilung 1981

Alleinerziehende mit mehreren Kindern

Bruttoerwerbs- und -vermoegenseinkommen und empfangene Uebertragungen

Monatliches Familien-Einkommen DM	Schichtung der Brutto-Erw. u. Vermoegenseink. Familien Tsd.	vH	Bruttoerwerbs- und -vermoegenseinkommen Mill.DM	DM	Renten und Pensionen Mill.DM	vH	Geldleistg. d.Bund.Anst. f. Arbeit und Sozialhilfe Mill.DM	vH	Kindergeld Mill.DM	vH	Sonstige laufende Uebertragung. Mill.DM	vH	Summe der empfang. Uebertrag. Mill.DM
unter 1000	24	8,1	170	417	554	46,2	55	45,6	50	41,4	120	10,0	773
1000 ... 1250	12	4,1	172	1194	280	16,3	24	14,1	25	14,6	59	34,5	389
1250 ... 1500	10	3,4	165	1375	215	13,0	21	12,7	21	12,9	48	29,1	305
1500 ... 1750	9	3,1	174	1611	149	8,4	19	11,0	19	11,2	40	23,2	228
1750 ... 2000	7	2,4	158	1881	104	6,7	14	9,0	15	9,7	29	18,3	153
2000 ... 2250	9	3,1	236	2185	45	1,9	18	7,8	20	8,5	28	11,8	113
2250 ... 2500	11	3,7	316	2394	12	3,9	24	7,5	25	7,9	29	9,2	91
2500 ... 2750	14	4,7	445	2649	25	5,6	35	7,8	32	7,3	42	9,5	135
2750 ... 3000	18	6,1	625	2894	35	5,6	42	6,7	42	6,7	54	8,6	174
3000 ... 3250	21	7,1	799	3131	49	6,3	50	6,3	49	6,2	67	8,5	216
3250 ... 3500	22	7,5	894	3396	53	5,9	47	5,3	52	5,8	69	7,8	222
3500 ... 3750	21	7,1	915	3621	52	5,7	40	4,4	49	5,4	65	7,1	208
3750 ... 4000	21	7,1	976	3873	51	5,3	35	3,6	49	5,0	63	6,5	200
4000 ... 5000	38	12,9	2041	4476	88	4,3	62	3,0	90	4,4	112	5,5	352
5000 ... 6000	20	6,8	1303	5429	44	3,4	28	2,2	47	3,6	55	4,2	177
6000 ... 7000	14	4,7	1096	6464	27	2,5	16	1,4	33	3,0	34	3,2	111
7000 ... 8000	11	3,7	1001	7523	17	1,7	9	0,9	26	2,6	21	2,1	73
8000 ... 9000	6	2,0	604	8389	8	1,4	3	0,5	14	2,3	10	1,7	36
9000 ... 10000	4	1,4	452	9417	5	1,1	1	0,3	9	2,1	6	1,4	23
10000 und mehr	3	1,0	553	15356	2	0,4	0	0,0	7	1,3	3	0,5	12
Insgesamt	295	100,0	13025	3679	1819	14,0	552	4,2	676	5,2	958	7,4	4005

Einkommensverteilung und -umverteilung 1981

Alleinerziehende mit mehreren Kindern

Geleistete Uebertragungen und verfuegbares Einkommen

Monatliches Familien- Einkommen DM	Direkte Steuern		Renten-		Beitraege zur Kranken- Versicherung		Arbeitslosen-		Sonstige Sozial- Beitraege		Sonstige laufende Uebertragung		Gesamtes verfuegb. Eink.
	Mill.DM	vH	Mill.DM	vH	Mill.DM	vH	Mill.DM	vH	Mill.DM	vH	Mill.DM	vH	Mill.DM
unter 1000	5	4,3	9	7,2	7	6,1	2	1,9	3	2,4	2	1,5	869
1000 ... 1250	8	4,5	13	7,5	10	6,0	2	1,4	3	1,7	2	1,2	520
1250 ... 1500	10	6,3	16	9,9	13	7,9	2	1,2	3	1,6	3	1,8	418
1500 ... 1750	7	4,1	19	10,7	14	8,1	3	2,0	4	2,4	3	1,9	349
1750 ... 2000	9	5,6	18	11,2	13	8,3	3	1,9	4	2,2	3	2,1	269
2000 ... 2250	6	2,8	29	12,5	20	8,4	5	2,1	4	1,7	5	2,3	275
2250 ... 2500	9	3,0	42	13,3	29	9,2	7	2,1	8	2,4	6	2,0	304
2500 ... 2750	17	2,0	64	14,4	44	9,0	10	2,3	10	2,3	11	2,4	422
2750 ... 3000	28	4,5	90	14,5	62	9,9	15	2,3	14	2,3	16	2,5	571
3000 ... 3250	42	5,3	118	15,0	80	10,2	19	2,5	19	2,5	22	2,8	703
3250 ... 3500	54	6,0	131	14,6	86	9,6	21	2,3	20	2,3	25	2,8	777
3500 ... 3750	59	6,4	130	14,2	84	9,2	20	2,2	20	2,2	25	2,7	781
3750 ... 4000	67	6,9	131	13,4	84	8,6	22	2,2	22	2,2	28	2,9	822
4000 ... 5000	186	9,1	281	13,8	169	8,3	46	2,2	42	2,1	65	3,2	1603
5000 ... 6000	154	11,8	170	13,1	97	7,4	27	2,0	21	1,6	44	3,4	965
6000 ... 7000	143	13,2	123	11,3	69	6,4	18	1,7	15	1,4	37	3,4	790
7000 ... 8000	132	13,2	89	8,9	51	5,1	13	1,3	13	1,3	33	3,3	742
8000 ... 9000	81	13,5	48	7,9	27	4,5	7	1,1	7	1,2	19	3,2	450
9000 ... 10000	65	14,5	34	7,4	19	4,2	5	1,0	5	1,2	15	3,2	332
10000 und mehr	103	18,5	19	3,5	14	2,4	2	0,4	4	0,7	17	3,1	407
Insgesamt	1193	9,2	1574	12,1	994	7,6	255	2,0	252	1,9	391	3,0	12372

Einkommensverteilung und -umverteilung 1981

Familien mit einem Einkommensbezieher

Bruttoerwerbs- und -vermoegenseinkommen und empfangene Uebertragungen

Monatliches Familien- Einkommen DM	Schichtung der Erw. u. Vermoegenseink. Familien		Bruttoerwerbs- und Vermoegenseink. Einkommen		Renten und Pensionen		Geldleistg. d.Bund.Anst. f. Arbeit und Sozialhilfe		Kindergeld		Sonstige laufende Uebertragung		Summe der empfang. Uebertrag.
	Tsd.	vH	Mill.DM	DM	Mill.DM	vH	Mill.DM	vH	Mill.DM	vH	Mill.DM	vH	Mill.DM
unter 1000	1414	23.9	2865	169	25061	875	1938	67.6	297	10.4	4493	157	31789
1000 ... 1250	101	1.7	1378	1137	1727	125	174	12.6	35	2.5	283	20.5	2219
1250 ... 1500	104	1.8	1733	1389	1102	63.6	217	12.5	34	1.9	246	14.2	1601
1500 ... 1750	129	2.2	2547	1645	864	33.9	267	10.5	53	2.1	274	10.8	1459
1750 ... 2000	151	2.5	3435	1896	472	13.7	276	8.0	75	2.2	289	8.4	1113
2000 ... 2250	189	3.2	4867	2146	339	7.0	300	6.2	110	2.3	341	7.0	1092
2250 ... 2500	216	3.6	6191	2389	178	2.9	320	5.2	141	2.3	370	6.0	1009
2500 ... 2750	244	4.1	7718	2636	134	1.7	378	4.3	189	2.4	398	5.7	1049
2750 ... 3000	254	4.3	8780	2881	106	1.7	314	3.6	216	2.5	396	4.5	1031
3000 ... 3250	256	4.3	9607	3177	100	1.0	292	3.0	235	2.4	384	4.0	1014
3250 ... 3500	250	4.2	10124	3375	92	0.9	257	2.5	269	2.7	360	3.6	979
3500 ... 3750	227	3.8	9871	3624	78	0.8	211	2.1	255	2.6	310	3.1	854
3750 ... 4000	202	3.4	9389	3873	65	0.7	168	1.8	246	2.6	261	2.8	741
4000 ... 5000	649	11.0	34799	4468	188	0.5	504	1.4	716	2.1	822	2.4	2231
5000 ... 6000	487	8.2	31842	5449	129	0.4	331	1.0	555	1.7	582	1.8	1596
6000 ... 7000	341	5.8	26333	6435	80	0.3	184	0.7	399	1.5	371	1.4	1036
7000 ... 8000	236	4.0	21033	7427	51	0.2	100	0.5	297	1.4	232	1.1	692
8000 ... 9000	156	2.6	15708	8391	30	0.2	53	0.3	181	1.2	135	0.9	398
9000 ... 10000	106	1.8	11938	9385	17	0.1	25	0.2	123	1.0	77	0.6	244
10000 und mehr	213	3.6	52027	20355	20	0.0	20	0.0	230	0.4	92	0.2	363
Insgesamt	5925	100.0	272185	3828	30837	11.3	6288	2.3	4660	1.7	10717	3.9	52501

Einkommensverteilung und -umverteilung 1981

Familien mit einem Einkommensbezieher

Monatliches Familien-Einkommen DM	Direkte Steuern		Renten-		Geleistete Uebertragungen und verfuegbares Einkommen Beitraege zur Kranken-Versicherung		Arbeitslosen-		Sonstige Sozial-Beitraege		Sonstige laufende Uebertragung		Gesamtes verfuegb. Eink.
	Mill.DM	vH	Mill.DM	vH	Mill.DM	vH	Mill.DM	vH	Mill.DM	vH	Mill.DM	vH	Mill.DM
unter 1000	244	8,5	137	4,8	104	3,6	48	1,7	38	1,3	267	9,3	33816
1000 ... 1250	59	4,3	86	6,7	67	4,8	22	1,6	19	1,4	36	2,6	3305
1250 ... 1500	57	3,3	167	9,6	122	7,0	33	1,9	32	1,9	47	2,7	2874
1500 ... 1750	97	3,4	289	11,4	207	8,1	51	2,0	52	2,0	72	2,8	3246
1750 ... 2000	120	3,5	427	12,4	302	8,8	71	2,1	73	2,1	97	2,8	3457
2000 ... 2250	195	3,8	613	12,6	431	8,9	101	2,1	105	2,2	141	2,9	4393
2250 ... 2500	259	4,2	788	12,7	552	9,0	128	2,1	131	2,1	186	3,0	5155
2500 ... 2750	367	4,8	964	12,5	676	8,8	155	2,0	160	2,1	240	3,1	6204
2750 ... 3000	477	5,4	1090	12,4	754	8,7	175	2,0	175	2,0	287	3,3	6841
3000 ... 3250	592	6,2	1193	12,4	832	8,7	192	2,0	188	2,0	329	3,4	7293
3250 ... 3500	698	6,9	1232	12,2	844	8,3	197	2,0	190	1,9	358	3,5	7583
3500 ... 3750	760	7,7	1185	12,0	794	8,0	189	1,9	179	1,8	363	3,7	7256
3750 ... 4000	789	8,4	1109	11,8	731	7,8	176	1,9	164	1,7	354	3,8	6807
4000 ... 5000	3722	10,7	4251	12,2	2460	7,1	676	1,9	553	1,6	1386	4,0	23981
5000 ... 6000	4290	13,5	3783	11,9	1840	5,8	588	1,8	439	1,4	1307	4,1	21192
6000 ... 7000	4061	15,4	2569	9,8	1258	4,8	392	1,5	321	1,2	1092	4,1	17675
7000 ... 8000	3599	17,1	1696	8,1	941	4,0	252	1,2	225	1,1	881	4,2	14220
8000 ... 9000	2901	18,5	1095	7,0	546	3,5	158	1,0	155	1,0	668	4,3	12583
9000 ... 10000	2309	19,3	710	5,9	358	3,0	97	0,8	112	0,9	509	4,3	8087
10000 und mehr	12899	24,8	1317	7,5	728	1,4	128	0,2	248	0,5	2078	4,0	34993
Insgesamt	38479	14,1	24703	9,1	14456	5,3	3834	1,4	3564	1,3	10698	3,9	228952

Einkommensverteilung und -umverteilung 1981

Familien mit zwei oder mehr Einkommensbeziehern

Bruttoerwerbs- und -vermoegenseinkommen und empfangene Uebertragungen

Monatliches Familien-Einkommen DM	Schichtung der Brutto-Erw. u. Vermoegenseink.-Familien Tsd.	vH	Bruttoerwerbs- und -vermoegenseink. Einkommen Mill.DM	DM	Renten und Pensionen Mill.DM	vH	Geldleistg. d.Bund.Anst. f. Arbeit und Sozialhilfe Mill.DM	vH	Kindergeld Mill.DM	vH	Sonstige laufende Uebertragung. Mill.DM	vH	Summe der empfang. Uebertrag.
unter 1000	755	9,7	5202	574	18136	349	1197	23,0	161	3,1	3019	58,0	22513
1000 ... 1250	354	4,6	4793	1138	7893	165	455	9,5	109	2,3	1390	29,0	9847
1250 ... 1500	271	3,5	4462	1372	6000	134	302	6,8	120	2,7	1043	23,4	7465
1500 ... 1750	179	2,3	3483	1622	3857	111	190	5,4	174	3,6	680	19,5	4852
1750 ... 2000	130	1,7	2918	1871	2561	87,8	151	5,2	108	3,7	475	16,3	3295
2000 ... 2250	104	1,3	2661	2132	1532	57,6	166	6,2	82	3,1	351	13,2	2131
2250 ... 2500	108	1,4	3093	2387	976	31,5	206	6,6	84	2,7	332	10,7	1599
2500 ... 2750	136	1,7	4316	2645	672	15,6	269	6,2	108	2,5	393	9,1	1443
2750 ... 3000	175	2,2	6069	2890	563	9,3	319	5,3	171	2,8	485	8,0	1539
3000 ... 3250	217	2,8	8166	3136	536	6,6	376	4,5	235	2,9	578	7,1	1726
3250 ... 3500	259	3,3	10520	3385	562	5,3	415	3,9	312	3,0	668	6,3	1958
3500 ... 3750	278	3,6	12117	3632	576	4,3	419	3,5	371	3,1	697	5,7	2014
3750 ... 4000	285	3,7	13269	3880	507	3,8	394	3,0	422	3,2	693	5,2	2016
4000 ... 5000	1000	12,9	53908	4492	1669	3,1	1262	2,3	1574	2,9	2333	4,3	6838
5000 ... 6000	878	11,3	57609	5468	1388	2,4	1012	1,8	1501	2,6	1963	3,4	5864
6000 ... 7000	738	9,5	57100	6448	1100	1,9	760	1,3	1347	2,4	1574	2,8	4781
7000 ... 8000	593	7,6	52829	7423	832	1,6	544	1,0	1156	2,2	1204	2,3	3776
8000 ... 9000	459	5,9	46209	8389	597	1,3	371	0,8	948	2,1	885	1,9	2801
9000 ... 10000	331	4,3	37175	9359	394	1,1	233	0,6	726	2,0	602	1,6	1955
10000 und mehr	530	6,8	100525	15806	516	0,5	282	0,3	1127	1,1	797	0,8	2722
Insgesamt	7780	100,0	486415	5210	50819	10,4	9325	1,9	10789	2,2	20161	4,1	91034

Einkommensverteilung und -umverteilung 1981

Familien mit zwei oder mehr Einkommensbeziehern

Monatliches Familien-Einkommen DM	Direkte Steuern Mill.DM	vH	Geleistete Uebertragungen und verfuegbares Einkommen											Gesamtes verfuegb. Eink. Mill.DM
			Renten- Mill.DM	vH	Beitraege zur Kranken-Versicherung Mill.DM	vH	Arbeitslosen- Mill.DM	vH	Sonstige Sozial-Beitraege Mill.DM	vH	Sonstige laufende Uebertragung Mill.DM	vH		
unter 1000	306	5.9	402	7.7	365	7.0	112	2.2	120	2.3	110	2.1	26299	
1000 ... 1250	225	4.7	371	7.7	325	6.8	92	1.9	107	2.2	161	3.4	13360	
1250 ... 1500	226	5.1	346	7.7	298	6.7	83	1.9	94	2.1	163	3.7	10715	
1500 ... 1750	201	5.8	277	7.9	230	6.6	66	1.9	74	2.1	139	4.0	7347	
1750 ... 2000	185	6.3	254	8.7	204	7.0	57	1.9	65	2.2	121	4.1	5378	
2000 ... 2250	153	5.7	279	10.5	209	7.9	55	2.1	64	2.4	101	3.8	3929	
2250 ... 2500	165	5.3	384	12.4	273	8.8	68	2.2	82	2.7	105	3.4	3614	
2500 ... 2750	210	4.9	586	13.6	405	9.4	100	2.3	118	2.7	133	3.1	4209	
2750 ... 3000	295	4.9	849	14.0	579	9.5	142	2.3	165	2.7	183	3.0	5393	
3000 ... 3250	439	5.4	1156	14.2	780	9.6	192	2.3	216	2.6	255	3.1	6854	
3250 ... 3500	643	6.1	1480	14.1	995	9.4	243	2.3	265	2.5	347	3.3	8513	
3500 ... 3750	828	6.8	1704	14.1	1116	9.2	277	2.3	292	2.4	412	3.4	9498	
3750 ... 4000	999	7.5	1838	13.9	1196	8.9	300	2.3	309	2.3	466	3.5	10187	
4000 ... 5000	5054	9.4	7407	13.7	4506	8.4	1200	2.2	1126	2.1	2008	3.7	39446	
5000 ... 6000	6734	11.7	7680	13.3	4504	7.8	1220	2.1	1043	1.8	2218	3.8	40075	
6000 ... 7000	7745	13.6	7270	12.7	4248	7.4	1129	2.0	942	1.6	2269	4.0	38277	
7000 ... 8000	8024	15.2	6552	12.4	3690	7.0	1012	1.9	808	1.5	2154	4.1	34315	
8000 ... 9000	7721	16.7	5576	12.1	2981	6.5	857	1.9	656	1.4	1918	4.2	29301	
9000 ... 10000	6718	18.1	4305	11.6	2217	6.0	661	1.8	500	1.3	1566	4.2	23162	
10000 und mehr	22755	22.6	7123	7.1	3692	3.7	1111	1.1	850	0.8	4138	4.1	63578	
Insgesamt	69628	14.3	55838	11.5	37795	6.7	8982	1.8	7897	1.6	18968	3.9	383400	

Einkommensverteilung und -umverteilung 1981

Landwirte - Familien, insgesamt

Monatliches Familien-Einkommen DM	Schichtung der Erw. u. Vermoegenseink. Familien Tsd.	vH	Bruttoerwerbs- und Einkommen Mill.DM	DM	Renten und Pensionen Mill.DM	vH	Geldleistg. d.Bund.Anst. f. Arbeit und Sozialhilfe Mill.DM	vH	Kindergeld Mill.DM	vH	Sonstige laufende Uebertragung Mill.DM	vH	Summe der empfang. Uebertrag.
unter 1000	0	0,0	0	0	0	0,0	0	0,0	0	0,0	0	0,0	0
1000 ... 1250	0	0,0	0	0	0	0,0	0	0,0	0	0,0	0	0,0	0
1250 ... 1500	0	0,0	0	0	0	0,0	0	0,0	0	0,0	0	0,0	0
1500 ... 1750	0	0,0	0	0	0	0,0	0	0,0	0	0,0	0	0,0	0
1750 ... 2000	4	1,2	32	1917	2	2,3	1	1,2	1	1,3	4	4,1	8
2000 ... 2250	14	4,1	363	2151	7	1,9	4	1,1	10	2,9	13	3,7	35
2250 ... 2500	20	5,9	576	2400	9	1,6	5	0,9	22	3,8	18	3,1	55
2500 ... 2750	28	8,1	889	2646	12	1,4	7	0,8	36	4,0	23	2,6	78
2750 ... 3000	29	8,4	1005	2838	12	1,2	7	0,7	46	4,6	22	2,2	87
3000 ... 3250	29	8,4	1089	3129	11	1,1	6	0,5	50	4,6	20	1,9	87
3250 ... 3500	28	8,1	1133	3372	11	1,1	5	0,4	60	5,3	18	1,5	94
3500 ... 3750	26	7,5	1130	3622	12	1,0	5	0,4	63	5,6	17	1,5	96
3750 ... 4000	25	7,2	1160	3867	13	1,1	4	0,4	57	4,9	17	1,5	91
4000 ... 5000	44	12,8	2361	4472	22	0,9	8	0,3	94	4,0	30	1,3	154
5000 ... 6000	32	9,3	2097	5461	25	1,2	8	0,4	80	3,8	31	1,5	144
6000 ... 7000	28	8,1	2126	6536	30	1,4	8	0,4	90	4,1	35	1,6	153
7000 ... 8000	17	4,9	1538	7539	25	1,5	6	0,4	67	4,4	28	1,8	125
8000 ... 9000	9	2,6	905	8390	13	1,5	3	0,4	39	4,3	15	1,7	71
9000 ... 10000	8	2,3	898	9354	10	1,1	3	0,3	37	4,1	13	1,4	63
10000 und mehr	4	1,2	518	10702	5	1,0	1	0,2	26	5,1	7	1,3	39
Insgesamt	345	100,0	17950	43361	221	1,2	80	0,4	779	4,3	311	1,7	1391

459

Einkommensverteilung und -umverteilung 1981

Landwirte - Familien, insgesamt

Geleistete Uebertragungen und verfuegbares Einkommen

Monatliches Familien-Einkommen DM	Direkte Steuern Mill.DM	vH	Renten Mill.DM	vH	Beitraege zur Kranken-Versicherung Mill.DM	vH	Arbeitslosen Mill.DM	vH	Sonstige Sozial-Beitraege Mill.DM	vH	Sonstige laufende Uebertragung Mill.DM	vH	Gesamtes verfuegb. Eink. Mill.DM
unter 1000	0	0,0	0	0,0	0	0,0	0	0,0	0	0,0	0	0,0	0
1000 ... 1250	0	0,0	0	0,0	0	0,0	0	0,0	0	0,0	0	0,0	0
1250 ... 1500	0	0,0	0	0,0	0	0,0	0	0,0	0	0,0	0	0,0	0
1500 ... 1750	0	0,0	0	0,0	0	0,0	0	0,0	0	0,0	0	0,0	0
1750 ... 2000	0	0,3	5	5,5	3	3,7	1	0,6	3	3,0	1	1,6	87
2000 ... 2250	1	0,3	19	5,3	13	3,6	2	0,5	10	2,8	6	1,7	346
2250 ... 2500	3	0,4	30	5,2	20	3,5	3	0,5	16	2,7	10	1,7	550
2500 ... 2750	5	0,6	46	5,1	31	3,5	4	0,5	23	2,6	18	2,0	840
2750 ... 3000	8	0,8	51	5,0	34	3,4	4	0,4	25	2,5	24	2,4	946
3000 ... 3250	11	1,0	54	5,0	35	3,2	5	0,4	27	2,4	27	2,5	1018
3250 ... 3500	14	1,3	55	4,9	35	3,1	5	0,4	27	2,4	29	2,6	1060
3500 ... 3750	17	1,5	55	4,9	36	3,2	5	0,4	26	2,3	30	2,6	1057
3750 ... 4000	22	1,9	58	5,0	38	3,3	6	0,5	27	2,3	32	2,7	1070
4000 ... 5000	68	2,0	120	5,1	79	3,3	13	0,5	52	2,2	68	2,9	2116
5000 ... 6000	89	4,3	116	5,5	82	3,9	16	0,8	45	2,2	62	2,9	1831
6000 ... 7000	118	5,4	129	5,9	93	4,2	22	1,0	47	2,1	65	2,9	1886
7000 ... 8000	97	6,3	101	6,5	72	4,7	19	1,2	34	2,2	45	2,9	1296
8000 ... 9000	64	7,1	62	6,9	43	4,8	11	1,3	20	2,2	28	3,1	747
9000 ... 10000	72	8,0	58	6,4	41	4,5	11	1,2	19	2,1	29	3,2	732
10000 und mehr	49	9,4	32	6,2	24	4,6	6	1,2	10	2,0	17	3,2	420
Insgesamt	639	3,6	990	5,5	680	3,8	130	0,7	410	2,3	490	2,7	16002

Einkommensverteilung und -umverteilung 1981

Selbstaendigen - Familien, insgesamt

Bruttoerwerbs- und -vermoegenseinkommen und empfangene Uebertragungen

Monatliches Familien-Einkommen DM	Schichtung der Brutto-Erw. u. Vermoegenseink. Familien		Bruttoerwerbs- und Vermoegenseink. Einkommen		Renten und Pensionen		Geldleistg. d.Bund.Anst. f. Arbeit und Sozialhilfe		Kindergeld		Sonstige laufende Uebertragung.		Summe der empfang. Uebertrag.
	Tsd.	vH	Mill.DM	DM	Mill.DM	vH	Mill.DM	vH	Mill.DM	vH	Mill.DM	vH	Mill.DM
unter 1000	0	0.0	0	0	0	0.0	0	0.0	0	0.0	0	0.0	0
1000 ... 1250	0	0.0	0	0	0	0.0	0	0.0	0	0.0	0	0.0	0
1250 ... 1500	0	0.0	0	0	0	0.0	0	0.0	0	0.0	0	0.0	0
1500 ... 1750	0	0.0	0	0	0	0.0	0	0.0	0	0.0	0	0.0	0
1750 ... 2000	0	0.0	0	0	0	0.0	0	0.0	0	0.0	0	0.0	0
2000 ... 2250	0	0.0	0	0	0	0.0	0	0.0	0	0.0	0	0.0	0
2250 ... 2500	0	0.0	0	0	0	0.0	0	0.0	0	0.0	0	0.0	0
2500 ... 2750	0	0.0	0	0	0	0.0	0	0.0	0	0.0	0	0.0	0
2750 ... 3000	1	0.1	35	2917	1	0.9	0	0.3	0	0.0	1	1.6	1
3000 ... 3250	2	0.2	76	3167	1	0.7	0	0.3	0	0.0	1	1.3	2
3250 ... 3500	6	0.6	246	3417	3	1.0	1	0.3	1	0.2	4	1.5	8
3500 ... 3750	9	0.9	395	3657	4	1.0	1	0.2	1	0.3	5	1.3	12
3750 ... 4000	16	1.6	751	3911	9	1.3	3	0.3	7	0.9	11	1.5	30
4000 ... 5000	83	8.2	4579	4597	48	1.0	12	0.3	64	1.4	54	1.2	178
5000 ... 6000	103	10.2	6876	5563	65	0.9	15	0.2	108	1.6	70	1.0	258
6000 ... 7000	118	11.7	9242	6527	76	0.8	17	0.2	151	1.6	80	0.9	324
7000 ... 8000	124	12.3	11131	7431	83	0.7	17	0.2	191	1.7	85	0.8	377
8000 ... 9000	114	11.3	11530	8428	77	0.7	14	0.1	194	1.7	78	0.7	363
9000 ... 10000	100	9.9	11252	9377	57	0.5	10	0.1	172	1.5	61	0.5	301
10000 und mehr	334	33.1	92147	22991	137	0.1	21	0.0	530	0.6	161	0.2	849
Insgesamt	1010	100.0	148260	17233	559	0.4	111	0.1	1421	1.0	611	0.4	2702

Einkommensverteilung und -umverteilung 1981

Selbstaendigen - Familien, insgesamt

Geleistete Uebertragungen und verfuegbares Einkommen

Monatliches Familien-Einkommen DM	Direkte Steuern Mill.DM	vH	Renten- Mill.DM	vH	Beitraege zur Kranken-Versicherung Mill.DM	vH	Arbeitslosen- Mill.DM	vH	Sonstige Sozial-Beitraege Mill.DM	vH	Sonstige laufende Uebertragung Mill.DM	vH	Gesamtes verfueab. Eink. Mill.DM
unter 1000	0	0.0	0	0.0	0	0.0	0	0.0	0	0.0	0	0.0	0
1000 ... 1250	0	0.0	0	0.0	0	0.0	0	0.0	0	0.0	0	0.0	0
1250 ... 1500	0	0.0	0	0.0	0	0.0	0	0.0	0	0.0	0	0.0	0
1500 ... 1750	0	0.0	0	0.0	0	0.0	0	0.0	0	0.0	0	0.0	0
1750 ... 2000	0	0.0	0	0.0	0	0.0	0	0.0	0	0.0	0	0.0	0
2000 ... 2250	0	0.0	0	0.0	0	0.0	0	0.0	0	0.0	0	0.0	0
2250 ... 2500	0	0.0	0	0.0	0	0.0	0	0.0	0	0.0	0	0.0	0
2500 ... 2750	0	0.0	0	0.0	0	0.0	0	0.0	0	0.0	0	0.0	0
2750 ... 3000	1	7.6	2	5.4	1	3.0	0	0.5	1	1.9	1	2.0	31
3000 ... 3250	2	3.0	4	5.4	2	3.0	0	0.4	1	1.8	2	2.2	66
3250 ... 3500	8	3.3	14	5.6	8	3.3	1	0.5	5	1.8	6	2.3	212
3500 ... 3750	15	3.8	22	5.6	13	3.4	2	0.6	7	1.8	10	2.4	337
3750 ... 4000	31	4.1	44	5.8	28	3.8	5	0.7	14	1.8	18	2.4	641
4000 ... 5000	260	5.7	257	5.6	163	3.6	28	0.6	75	1.6	121	2.6	3853
5000 ... 6000	516	7.5	377	5.5	241	3.5	41	0.6	101	1.5	195	2.8	5664
6000 ... 7000	840	9.1	488	5.3	316	3.4	53	0.6	123	1.3	274	3.0	7472
7000 ... 8000	1162	10.4	576	5.7	368	3.3	64	0.6	138	1.2	346	3.1	8854
8000 ... 9000	1351	11.7	592	5.1	370	3.2	68	0.6	136	1.2	370	3.2	9007
9000 ... 10000	1470	13.1	550	5.0	349	3.1	64	0.6	127	1.1	373	3.3	8610
10000 und mehr	20853	22.6	2097	2.3	1444	1.6	231	0.3	452	0.5	3167	3.4	64753
Insgesamt	26509	17.9	5032	3.4	3303	2.2	558	0.4	1179	0.8	4882	3.3	109498

Einkommensverteilung und -umverteilung 1981

Angestellten - Familien, insgesamt

Bruttoerwerbs- und -vermögenseinkommen und empfangene Uebertragungen

Monatliches Familien-Einkommen DM	Schichtung der Erw. u. Vermögenseink. Familien		Bruttoerwerbs- und Vermögenseink. Einkommen		Renten und Pensionen		Geldleistg. d.Bund.Anst. f. Arbeit und Sozialhilfe		Kindergeld		Sonstige laufende Uebertragung.		Summa der empfang. Uebertrag.
	Tsd.	vH	Mill.DM	DM	Mill.DM	vH	Mill.DM	vH	Mill.DM	vH	Mill.DM	vH	
unter 1000	0	0.0	0	0	0	0.0	0	0.0	0	0.0	0	0.0	0
1000 ... 1250	3	0.1	42	1167	2	5.1	11	25.7	1	1.6	7	15.8	20
1250 ... 1500	10	0.3	170	1417	7	3.9	31	18.0	3	1.6	21	12.5	61
1500 ... 1750	22	0.6	439	1663	13	3.1	57	13.0	8	1.8	45	10.1	123
1750 ... 2000	35	1.0	800	1905	19	7.4	74	9.2	14	1.7	68	9.5	175
2000 ... 2250	51	1.4	1316	2150	28	2.1	95	7.2	27	2.0	99	7.5	248
2250 ... 2500	69	1.9	1985	2397	38	1.9	123	6.2	41	2.1	133	6.7	335
2500 ... 2750	87	2.4	2759	2643	52	1.9	147	5.3	60	2.2	168	6.1	427
2750 ... 3000	105	2.9	3640	2889	72	2.0	166	4.6	77	2.1	202	5.5	516
3000 ... 3250	129	3.5	4857	3138	106	2.2	196	4.0	106	2.2	252	5.2	661
3250 ... 3500	153	4.2	6216	3386	142	2.3	222	3.6	141	2.3	303	4.9	807
3500 ... 3750	173	4.7	7544	3634	173	2.3	240	3.2	190	2.5	346	4.6	950
3750 ... 4000	181	5.0	8433	3883	185	2.2	238	2.8	236	2.8	362	4.3	1021
4000 ... 5000	650	17.8	35050	4494	613	1.7	772	2.2	884	2.5	1248	3.6	3518
5000 ... 6000	547	15.0	35880	5466	512	1.4	608	1.7	822	2.3	1040	2.9	2992
6000 ... 7000	443	12.2	34235	6440	422	1.2	455	1.3	775	2.1	841	2.5	2443
7000 ... 8000	339	9.3	30157	7413	322	1.1	320	1.1	584	1.9	637	2.1	1864
8000 ... 9000	257	7.1	25867	8387	238	0.9	224	0.9	472	1.8	474	1.8	1410
9000 ... 10000	176	4.8	19793	9372	157	0.8	137	0.7	337	1.7	317	1.6	947
10000 und mehr	215	5.9	34912	13532	179	0.5	154	0.4	415	1.2	371	1.1	1118
Insgesamt	3645	100.0	254095	5809	3281	1.3	4270	1.7	5142	2.0	6932	2.7	19626

Einkommensverteilung und -umverteilung 1981

Angestellten - Familien, insgesamt

Geleistete Uebertragungen und verfuegbares Einkommen

Monatliches Familien- Einkommen DM	Direkte Steuern		Renten-		Beitraege zur Kranken- Versicherung		Arbeitslosen-		Sonstige Sozial- Beitraege		Sonstige laufende Uebertragung		Gesamtes verfuegb. Eink.
	Mill.DM	vH	Mill.DM	vH	Mill.DM	vH	Mill.DM	vH	Mill.DM	vH	Mill.DM	vH	Mill.DM
unter 1000	0	0.0	0	0.0	0	0.0	0	0.0	0	0.0	0	0.0	0
1000 ... 1250	1	1.9	6	15.4	4	10.7	1	2.5	1	2.2	1	1.7	48
1250 ... 1500	4	2.4	26	15.4	18	10.6	4	2.5	4	2.1	4	2.1	171
1500 ... 1750	13	3.0	67	15.3	46	10.6	11	2.5	9	2.1	10	2.3	405
1750 ... 2000	28	3.5	123	15.3	95	10.5	20	2.5	16	2.0	20	2.5	683
2000 ... 2250	53	4.0	201	15.2	139	10.5	33	2.5	26	2.0	35	2.7	1077
2250 ... 2500	93	4.7	302	15.2	208	10.5	50	2.5	39	2.0	56	2.8	1573
2500 ... 2750	146	5.3	418	15.1	287	10.4	69	2.5	54	2.0	82	3.0	2129
2750 ... 3000	218	6.0	550	15.1	377	10.4	91	2.5	73	2.0	113	3.1	2735
3000 ... 3250	322	6.6	730	15.0	498	10.2	120	2.5	98	2.0	156	3.2	3594
3250 ... 3500	453	7.3	931	15.0	614	9.9	153	2.5	127	2.1	206	3.3	4539
3500 ... 3750	599	7.9	1126	14.9	728	9.7	184	2.4	154	2.0	258	3.4	5444
3750 ... 4000	731	8.7	1252	14.8	806	9.6	205	2.4	172	2.0	299	3.5	5990
4000 ... 5000	3740	10.7	5179	14.8	3014	8.6	846	2.4	650	1.9	1319	3.8	23820
5000 ... 6000	4769	13.3	5239	14.6	2782	7.8	844	2.4	590	1.6	1407	3.9	23231
6000 ... 7000	5768	15.4	4632	13.5	2493	7.3	734	2.1	521	1.5	1391	4.1	21639
7000 ... 8000	5206	17.3	3924	13.0	2076	6.9	623	2.1	429	1.4	1267	4.2	18496
8000 ... 9000	4895	18.9	3277	12.7	1677	6.5	520	2.0	346	1.3	1115	4.3	15448
9000 ... 10000	4080	20.6	2473	12.2	1200	6.1	334	1.9	255	1.3	874	4.4	11524
10000 und mehr	9161	26.7	3422	9.8	1588	4.5	556	1.6	335	1.0	1627	4.7	19341
Insgesamt	39779	15.7	33830	13.3	18638	7.3	5448	2.1	3900	1.5	10240	4.0	161986

Einkommensverteilung und -umverteilung 1981

Beamten - Familien, insgesamt

Bruttoerwerbs- und -vermoegenseinkommen und empfangene Uebertragungen

Monatliches Familien-Einkommen DM	Schichtung der Erw. u. Vermoegenseink. Familien		Bruttoerwerbs- und -Vermoegenseink. Einkommen		Renten und Pensionen		Geldleistg. d.Bund.Anst. f. Arbeit und Sozialhilfe		Kindergeld		Sonstige laufende Uebertragung.		Summe der empfang. Uebertrag.
	Tsd.	vH	Mill.DM	DM	Mill.DM	vH	Mill.DM	vH	Mill.DM	vH	Mill.DM	vH	Uebertrag.
unter 1000	0	0.0	0	0	0	0.0	0	0.0	0	0.0	0	0.0	0
1000 ... 1250	2	0.2	28	1167	1	4.2	0	1.4	0	0.0	2	8.3	4
1250 ... 1500	5	0.5	85	1417	3	3.3	1	1.1	1	0.7	6	6.6	10
1500 ... 1750	10	1.1	199	1658	5	2.6	2	0.9	2	1.0	11	5.4	20
1750 ... 2000	16	1.7	365	1901	8	2.7	3	0.7	6	1.6	17	4.6	33
2000 ... 2250	19	2.0	490	2149	9	1.8	3	0.6	9	1.8	19	3.8	39
2250 ... 2500	25	2.6	718	2303	14	7.0	5	0.7	11	1.5	27	3.7	56
2500 ... 2750	33	3.5	1046	2641	21	7.0	7	0.7	18	1.7	37	3.5	83
2750 ... 3000	40	4.2	1386	2897	28	2.0	9	0.7	27	1.9	47	3.4	111
3000 ... 3250	44	4.7	1655	3134	33	2.0	11	0.7	31	1.9	53	3.2	127
3250 ... 3500	52	5.5	2109	3390	44	2.1	14	0.7	58	2.8	66	3.1	181
3500 ... 3750	52	5.5	2264	3628	44	2.0	14	0.5	64	2.8	66	2.9	198
3750 ... 4000	51	5.4	2371	3874	48	2.0	14	0.5	76	3.2	68	2.9	206
4000 ... 5000	158	16.7	8489	4477	149	1.8	41	0.5	237	2.8	206	2.4	634
5000 ... 6000	129	13.7	8431	5446	125	1.5	32	0.4	228	2.7	170	2.0	556
6000 ... 7000	97	10.3	7479	6425	93	1.2	23	0.3	170	2.3	126	1.7	412
7000 ... 8000	77	8.1	6859	7423	72	1.1	17	0.3	152	2.2	97	1.4	338
8000 ... 9000	56	5.9	5628	8375	51	0.9	11	0.2	105	1.9	70	1.2	239
9000 ... 10000	38	4.0	4267	9357	32	0.7	7	0.2	82	1.9	47	1.1	167
10000 und mehr	41	4.3	5561	11303	29	0.5	5	0.1	86	1.6	48	0.9	167
Insgesamt	945	100.0	59430	5241	809	1.4	220	0.4	1362	2.3	1180	2.0	3572

465

Einkommensverteilung und -umverteilung 1981

Beamten - Familien, insgesamt

Geleistete Uebertragungen und verfuegbares Einkommen

Monatliches Familien-Einkommen DM	Direkte Steuern		Renten-		Beitraege zur Kranken-Versicherung		Arbeitslosen-		Sonstige Sozial-Beitraege		Sonstige laufende Uebertragung		Gesamtes verfuegb. Eink.
	Mill.DM	vH	Mill.DM	vH	Mill.DM	vH	Mill.DM	vH	Mill.DM	vH	Mill.DM	vH	Mill.DM
unter 1000	0	0.0	0	0.0	0	0.0	0	0.0	0	0.0	0	0.0	0
1000 ... 1250	1	2.2	0	0.9	1	2.4	0	0.0	0	0.0	0	1.2	30
1250 ... 1500	2	2.7	1	0.8	2	2.2	0	0.0	0	0.0	1	1.4	89
1500 ... 1750	6	3.2	1	0.8	4	2.2	0	0.0	0	0.0	4	1.8	203
1750 ... 2000	13	3.7	3	0.7	8	2.1	0	0.0	0	0.0	7	1.9	268
2000 ... 2250	21	4.3	3	0.7	10	2.0	0	0.0	0	0.0	11	2.2	484
2250 ... 2500	35	4.9	10	1.4	16	2.2	1	0.1	1	0.2	16	2.3	694
2500 ... 2750	58	5.5	21	2.0	25	2.4	3	0.2	3	0.3	25	2.4	995
2750 ... 3000	85	6.1	36	2.5	35	2.5	5	0.3	6	0.4	35	2.6	1236
3000 ... 3250	112	6.8	52	3.1	43	2.6	7	0.4	8	0.5	44	2.7	1516
3250 ... 3500	155	7.4	77	3.7	56	2.7	11	0.5	13	0.6	57	2.7	1921
3500 ... 3750	184	8.1	88	3.9	61	2.7	12	0.5	15	0.7	65	2.9	2077
3750 ... 4000	210	8.9	103	4.3	65	2.8	15	0.6	17	0.7	69	2.9	2098
4000 ... 5000	925	10.9	394	4.6	237	2.8	52	0.6	61	0.7	262	3.1	7191
5000 ... 6000	1145	13.6	410	4.9	228	2.7	49	0.6	57	0.7	274	3.3	6823
6000 ... 7000	1187	15.9	385	5.1	198	2.6	43	0.6	49	0.7	258	3.5	5771
7000 ... 8000	1223	17.8	354	5.2	170	2.5	37	0.5	43	0.6	248	3.6	5122
8000 ... 9000	1099	19.5	303	5.4	140	2.5	31	0.6	36	0.6	215	3.8	4043
9000 ... 10000	901	21.1	230	5.4	103	2.4	24	0.6	27	0.6	168	3.9	2981
10000 und mehr	1364	24.5	271	4.9	131	2.4	30	0.5	33	0.6	243	4.4	3656
Insgesamt	8727	14.7	2742	4.6	1531	2.6	320	0.5	370	0.6	2004	3.4	47308

Einkommensverteilung und -umverteilung 1981

Arbeiter - Familien, insgesamt

Bruttoerwerbs- und -vermoegenseinkommen und empfangene Uebertragungen

Monatliches Familien- Einkommen DM	Schichtung der Erw. u. Vermoegenseink. Familien		Brutto- Einkommen		Renten und Pensionen		Geldleistg. d.Bund.Anst. f. Arbeit und Sozialhilfe		Kindergeld		Sonstige laufende Uebertragung.		Summe der empfang. Uebertrag.
	Tsd.	vH	Mill.DM	DM	Mill.DM	vH	Mill.DM	vH	Mill.DM	vH	Mill.DM	vH	Mill.DM
unter 1000	9	0,2	99	917	9	8,9	44	44,9	3	2,8	23	23,2	79
1000 ... 1250	21	0,5	203	1163	18	6,0	96	29,3	7	2,4	50	17,7	161
1250 ... 1500	46	1,1	778	1409	38	4,9	161	20,7	20	2,5	104	13,4	324
1500 ... 1750	73	1,7	1459	1654	64	4,4	222	15,3	38	2,6	164	11,3	487
1750 ... 2000	100	2,3	2279	1899	95	4,2	257	11,3	60	2,6	224	9,8	636
2000 ... 2250	136	3,1	3500	2145	146	4,2	317	9,1	85	2,5	309	8,8	858
2250 ... 2500	172	3,9	4932	2390	205	4,2	370	7,5	116	2,3	395	8,0	1087
2500 ... 2750	212	4,8	6709	2637	276	4,1	426	6,4	170	2,5	497	7,4	1369
2750 ... 3000	243	5,6	8406	2883	338	4,0	445	5,3	226	2,7	574	6,8	1583
3000 ... 3250	263	6,0	9873	3128	375	3,8	452	4,6	276	2,8	617	6,3	1720
3250 ... 3500	266	6,1	10776	3376	386	3,6	430	4,0	319	3,0	625	5,8	1760
3500 ... 3750	244	5,6	10610	3624	357	3,4	371	3,5	308	2,9	569	5,4	1605
3750 ... 4000	214	4,9	9943	3872	317	3,2	304	3,1	292	2,9	496	5,0	1408
4000 ... 5000	714	16,3	38228	4462	1075	2,7	933	2,4	1010	2,6	1617	4,2	4586
5000 ... 6000	554	12,7	36167	5440	790	2,2	681	1,9	816	2,3	1234	3,4	3521
6000 ... 7000	393	9,0	30281	6421	559	1,8	442	1,5	611	2,0	864	2,9	2475
7000 ... 8000	272	6,2	24168	7494	380	1,5	284	1,2	460	1,9	589	2,4	1713
8000 ... 9000	179	4,1	17987	8374	247	1,4	171	0,9	317	1,8	382	2,1	1117
9000 ... 10000	115	2,6	12903	9350	155	1,2	102	0,8	222	1,7	242	1,7	721
10000 und mehr	149	3,4	19414	10858	187	1,0	122	0,6	299	1,5	303	1,6	911
Insgesamt	4375	100,0	248795	4739	5965	2,4	6621	2,7	5655	2,3	9880	4,0	28122

Einkommensverteilung und -umverteilung 1981

Arbeiter - Familien, insgesamt

Geleistete Uebertragungen und verfuegbares Einkommen

Monatliches Familien-Einkommen DM	Direkte Steuern Mill.DM	vH	Renten Mill.DM	vH	Beitraege zur Kranken-Versicherung Mill.DM	vH	Arbeitslosen Mill.DM	vH	Sonstige Sozial-Beitraege Mill.DM	vH	Sonstige laufende Uebertragung Mill.DM	vH	Gesamtes verfuegb. Eink. Mill.DM
unter 1000	1	1,2	16	15,9	11	10,8	3	2,6	4	3,6	1	1,4	143
1000 ... 1250	5	1,7	46	15,8	32	10,8	8	2,6	10	3,3	6	2,0	349
1250 ... 1500	17	2,2	122	15,6	83	10,7	20	2,6	23	3,0	17	2,2	819
1500 ... 1750	37	2,6	225	15,5	155	10,7	37	2,6	43	3,0	35	2,4	1403
1750 ... 2000	68	3,0	352	15,5	242	10,5	59	2,6	66	2,9	62	2,7	2067
2000 ... 2250	170	3,4	538	15,4	370	10,5	89	2,6	99	2,8	102	2,9	3028
2250 ... 2500	197	4,0	753	15,3	519	10,5	125	2,5	138	2,8	154	3,1	4132
2500 ... 2750	306	4,6	1021	15,2	703	10,5	170	2,5	186	2,8	215	3,2	5478
2750 ... 3000	433	5,2	1274	15,2	877	10,4	212	2,5	230	2,7	279	3,3	6695
3000 ... 3250	572	5,8	1493	15,1	1023	10,4	248	2,5	265	2,7	344	3,5	7648
3250 ... 3500	700	6,5	1624	15,1	1106	10,3	269	2,5	281	2,6	398	3,7	9158
3500 ... 3750	768	7,2	1595	15,0	1069	10,1	264	2,5	268	2,5	410	3,9	7841
3750 ... 4000	795	8,0	1491	15,0	980	9,9	246	2,5	242	2,4	402	4,0	7195
4000 ... 5000	3783	9,0	5708	14,9	3474	9,1	937	2,5	840	2,2	1624	4,2	26447
5000 ... 6000	4503	12,5	5371	14,7	3013	8,3	858	2,4	689	1,9	1587	4,4	23718
6000 ... 7000	4394	14,5	4206	13,9	2407	7,9	668	2,2	522	1,7	1373	4,5	19185
7000 ... 8000	3936	16,3	3292	13,6	1845	7,6	521	2,2	391	1,6	1128	4,7	14768
8000 ... 9000	3214	17,9	2437	13,5	1297	7,2	385	2,1	273	1,5	860	4,8	10639
9000 ... 10000	2504	19,4	1745	13,5	982	6,8	275	2,1	185	1,4	631	4,9	7402
10000 und mehr	4728	21,8	2619	13,5	1233	6,3	415	2,1	267	1,4	1162	6,0	10401
Insgesamt	30582	12,3	35877	14,4	21319	8,6	5809	2,3	5023	2,0	10790	4,3	167516

Einkommensverteilung und -umverteilung 1981

Rentner - Familien, insgesamt

Bruttoerwerbs- und -vermoegenseinkommen und empfangene Uebertragungen

Monatliches Familien-Einkommen DM	Schichtung der Brutto-Erw. u. Vermoegenseink. Familien Tsd.	vH	Bruttoerwerbs- und -vermoegenseink. Einkommen Mill.DM	DM	Renten und Pensionen Mill.DM	vH	Geldleistg. d.Bund.Anst. f. Arbeit und Sozialhilfe Mill.DM	vH	Kindergeld Mill.DM	vH	Sonstige laufende Uebertragung. Mill.DM	vH	Summe der empfang. Uebertrag. Uebertrag.
unter 1000	1944	64.9	6972	239	36437	523	2980	42.7	409	5.9	6807	97.6	46633
1000 ... 1250	376	12.6	5085	1127	7713	152	502	9.9	116	2.3	1435	28.2	9766
1250 ... 1500	274	9.1	4503	1370	5575	124	307	6.8	116	2.6	1024	22.7	7022
1500 ... 1750	172	5.7	3335	1616	3476	104	161	4.8	111	3.3	633	19.0	4381
1750 ... 2000	103	3.4	2302	1862	2052	89.1	81	3.5	77	3.4	374	16.3	2584
2000 ... 2250	59	2.0	1501	2120	1165	77.6	42	2.8	48	3.2	208	13.8	1463
2250 ... 2500	30	1.0	849	2358	603	71.1	19	2.2	32	3.7	102	12.1	757
2500 ... 2750	16	0.5	500	2694	306	61.2	9	1.8	11	2.2	53	10.6	379
2750 ... 3000	10	0.3	341	2842	189	55.5	5	1.5	11	3.1	34	9.9	239
3000 ... 3250	6	0.2	273	3097	112	50.1	3	1.3	8	3.5	20	8.9	142
3250 ... 3500	4	0.1	154	3417	71	43.0	2	1.0	3	1.7	12	7.6	87
3500 ... 3750	1	0.0	45	3750	14	31.1	0	0.7	0	0.0	3	6.2	17
3750 ... 4000	0	0.0	0	0	0	0.0	0	0.0	0	0.0	0	0.0	0
4000 ... 5000	0	0.0	0	0	0	0.0	0	0.0	0	0.0	0	0.0	0
5000 ... 6000	0	0.0	0	0	0	0.0	0	0.0	0	0.0	0	0.0	0
6000 ... 7000	0	0.0	0	0	0	0.0	0	0.0	0	0.0	0	0.0	0
7000 ... 8000	0	0.0	0	0	0	0.0	0	0.0	0	0.0	0	0.0	0
8000 ... 9000	0	0.0	0	0	0	0.0	0	0.0	0	0.0	0	0.0	0
9000 ... 10000	0	0.0	0	0	0	0.0	0	0.0	0	0.0	0	0.0	0
10000 und mehr	0	0.0	0	0	0	0.0	0	0.0	0	0.0	0	0.0	0
Insgesamt	2395	100.0	25820	718	57713	224	4110	15.9	942	3.6	10706	41.5	73471

Einkommensverteilung und -umverteilung 1981

Rentner - Familien, insgesamt

Geleistete Uebertragungen und verfuegbares Einkommen

Monatliches Familien-Einkommen DM	Direkte Steuern Mill.DM	vH	Renten- Mill.DM	vH	Beitraege zur Kranken-Versicherung Mill.DM	vH	Arbeitslosen- Mill.DM	vH	Sonstige Sozial-Beitraege Mill.DM	vH	Sonstige laufende Uebertragung. Mill.DM	vH	Gesamtes verfuegb. Eink. Mill.DM
unter 1000	35	0.5	468	6.7	409	5.9	145	2.1	144	2.1	323	4.6	52080
1000 ... 1250	43	0.9	360	7.1	318	6.2	95	1.9	109	2.1	166	3.3	13760
1250 ... 1500	53	1.2	320	7.1	280	6.2	84	1.9	92	2.0	159	3.5	10537
1500 ... 1750	55	1.7	232	7.0	198	5.9	61	1.8	67	2.0	131	3.9	6972
1750 ... 2000	50	2.2	163	7.1	138	6.0	42	1.8	47	2.0	99	4.3	4249
2000 ... 2250	42	2.8	105	7.0	88	5.9	27	1.8	30	2.0	68	4.5	2604
2250 ... 2500	29	3.4	60	7.1	50	5.9	15	1.8	17	2.0	41	4.8	1394
2500 ... 2750	21	4.1	35	7.1	28	5.6	9	1.7	10	1.9	25	5.0	752
2750 ... 3000	16	4.6	25	7.4	19	5.5	6	1.7	7	2.0	17	4.9	490
3000 ... 3250	12	5.3	16	7.3	12	5.4	4	1.7	4	2.0	11	5.0	306
3250 ... 3500	10	6.4	12	7.1	9	5.2	3	1.7	3	1.9	9	5.2	206
3500 ... 3750	4	9.3	3	6.2	2	5.1	1	1.6	1	1.6	3	5.6	49
3750 ... 4000	0	0.0	0	0.0	0	0.0	0	0.0	0	0.0	0	0.0	0
4000 ... 5000	0	0.0	0	0.0	0	0.0	0	0.0	0	0.0	0	0.0	0
5000 ... 6000	0	0.0	0	0.0	0	0.0	0	0.0	0	0.0	0	0.0	0
6000 ... 7000	0	0.0	0	0.0	0	0.0	0	0.0	0	0.0	0	0.0	0
7000 ... 8000	0	0.0	0	0.0	0	0.0	0	0.0	0	0.0	0	0.0	0
8000 ... 9000	0	0.0	0	0.0	0	0.0	0	0.0	0	0.0	0	0.0	0
9000 ... 10000	0	0.0	0	0.0	0	0.0	0	0.0	0	0.0	0	0.0	0
10000 und mehr	0	0.0	0	0.0	0	0.0	0	0.0	0	0.0	0	0.0	0
Insgesamt	370	1.4	1800	7.0	1550	6.0	490	1.9	530	2.1	1051	4.1	93500

Einkommensverteilung und -umverteilung 1981

Versorgungsempfaenger – Familien, insgesamt

Bruttoerwerbs- und -vermoegenseinkommen und empfangene Uebertragungen

Monatliches Familien-Einkommen DM	Schichtung der Brutto-Erw. u. Vermoegenseink. Familien		Bruttoerwerbs- u. Vermoegenseink. Einkommen		Renten und Pensionen		Geldleistg. d.Bund.Anst. f. Arbeit und Sozialhilfe		Kindergeld		Sonstige laufende Uebertragung.		Summe der empfang. Uebertrag.
	Tsd.	vH	Mill.DM	DM	Mill.DM	vH	Mill.DM	vH	Mill.DM	vH	Mill.DM	vH	Uebertrag.
unter 1000	216	55.4	996	384	6751	678	111	11.1	46	4.7	682	68.5	7590
1000 ... 1250	53	13.6	723	1137	1885	261	31	4.2	20	2.7	179	24.7	2114
1250 ... 1500	40	10.3	659	1373	1479	224	21	3.2	16	2.4	134	20.3	1649
1500 ... 1750	31	7.9	608	1634	1163	191	15	2.5	19	3.2	102	16.8	1300
1750 ... 2000	23	5.9	515	1866	857	166	11	2.2	26	5.0	77	14.9	970
2000 ... 2250	14	3.6	359	2131	518	145	6	1.7	13	3.5	44	12.3	580
2250 ... 2500	8	2.1	224	2333	283	126	4	1.7	6	2.5	25	11.6	318
2500 ... 2750	4	1.0	131	2729	139	105	2	1.4	3	2.1	13	9.6	156
2750 ... 3000	1	0.3	36	3000	31	85.5	0	1.0	0	0.0	3	7.8	34
3000 ... 3250	0	0.0	0	0	0	0.0	0	0.0	0	0.0	0	0.0	0
3250 ... 3500	0	0.0	0	0	0	0.0	0	0.0	0	0.0	0	0.0	0
3500 ... 3750	0	0.0	0	0	0	0.0	0	0.0	0	0.0	0	0.0	0
3750 ... 4000	0	0.0	0	0	0	0.0	0	0.0	0	0.0	0	0.0	0
4000 ... 5000	0	0.0	0	0	0	0.0	0	0.0	0	0.0	0	0.0	0
5000 ... 6000	0	0.0	0	0	0	0.0	0	0.0	0	0.0	0	0.0	0
6000 ... 7000	0	0.0	0	0	0	0.0	0	0.0	0	0.0	0	0.0	0
7000 ... 8000	0	0.0	0	0	0	0.0	0	0.0	0	0.0	0	0.0	0
8000 ... 9000	0	0.0	0	0	0	0.0	0	0.0	0	0.0	0	0.0	0
9000 ... 10000	0	0.0	0	0	0	0.0	0	0.0	0	0.0	0	0.0	0
10000 und mehr	0	0.0	0	0	0	0.0	0	0.0	0	0.0	0	0.0	0
Insgesamt	390	100.0	4250	908	13105	308	200	4.7	148	3.5	1258	29.6	14711

Einkommensverteilung und -umverteilung 1981

Versorgungsempfaenger - Familien, insgesamt

Geleistete Uebertragungen und verfuegbares Einkommen

Monatliches Familien-Einkommen DM	Direkte Steuern Mill.DM	vH	Renten- Mill.DM	vH	Beitraege zur Kranken-Versicherung Mill.DM	vH	Arbeitslosen- Mill.DM	vH	Sonstige Sozial-Beitraege Mill.DM	vH	Sonstige laufende Uebertragung Mill.DM	vH	Gesamtes verfuegb. Eink. Mill.DM
unter 1000	514	51,6	55	5,5	49	4,9	13	1,3	10	1,0	53	5,3	7892
1000 ... 1250	236	37,5	43	6,0	38	5,2	10	1,3	8	1,1	25	3,4	2470
1250 ... 1500	207	31,4	44	6,7	37	5,6	10	1,5	8	1,2	30	4,5	1973
1500 ... 1750	177	29,0	40	6,6	34	5,5	9	1,4	8	1,2	31	5,1	1610
1750 ... 2000	146	28,4	36	6,9	30	5,8	9	1,5	7	1,3	28	5,5	1231
2000 ... 2250	101	28,3	24	6,7	20	5,6	5	1,4	5	1,3	21	5,7	763
2250 ... 2500	68	30,7	16	7,4	14	6,0	3	1,5	3	1,4	13	5,9	425
2500 ... 2750	41	31,0	9	7,0	7	5,5	2	1,5	2	1,3	8	6,0	219
2750 ... 3000	12	33,6	2	6,4	2	5,1	0	1,4	0	1,1	2	6,3	51
3000 ... 3250	0	0,0	0	0,0	0	0,0	0	0,0	0	0,0	0	0,0	0
3250 ... 3500	0	0,0	0	0,0	0	0,0	0	0,0	0	0,0	0	0,0	0
3500 ... 3750	0	0,0	0	0,0	0	0,0	0	0,0	0	0,0	0	0,0	0
3750 ... 4000	0	0,0	0	0,0	0	0,0	0	0,0	0	0,0	0	0,0	0
4000 ... 5000	0	0,0	0	0,0	0	0,0	0	0,0	0	0,0	0	0,0	0
5000 ... 6000	0	0,0	0	0,0	0	0,0	0	0,0	0	0,0	0	0,0	0
6000 ... 7000	0	0,0	0	0,0	0	0,0	0	0,0	0	0,0	0	0,0	0
7000 ... 8000	0	0,0	0	0,0	0	0,0	0	0,0	0	0,0	0	0,0	0
8000 ... 9000	0	0,0	0	0,0	0	0,0	0	0,0	0	0,0	0	0,0	0
9000 ... 10000	0	0,0	0	0,0	0	0,0	0	0,0	0	0,0	0	0,0	0
10000 und mehr	0	0,0	0	0,0	0	0,0	0	0,0	0	0,0	0	0,0	0
Insgesamt	1501	35,3	270	6,4	230	5,4	60	1,4	50	1,2	210	4,9	16640

Zahl und Nettoeinkommen der Familien
in der Bundesrepublik Deutschland 1981

Familien, insgesamt

Monatl. Eink. in DM von ... bis unter		Familien in Tsd.	in vH	in vH kumuliert	Jahreseinkommen in Mill. DM	in vH	in vH kumuliert
unter	1000	0	0.6	0.6	0	0.2	0.2
1000 ...	1250	92	2.9	3.5	1141	1.1	1.3
1250 ...	1500	306	4.7	8.2	6567	2.0	3.3
1500 ...	1750	640	6.1	14.2	12488	3.1	6.4
1750 ...	2000	834	7.6	21.8	18786	4.3	10.7
2000 ...	2250	1042 *	8.5	30.4	26571	5.4	16.1
2250 ...	2500	1170 *	8.7	39.1	33325	6.1	22.3
2500 ...	2750	1181 *	8.7	47.3	37470	6.3	28.6
2750 ...	3000 Modal	1172 *	8.7	54.6	38640	6.1	34.7
3000 ...	3250	1002 *	5.4	60.9	37488	5.8	40.5
3250 ...	3500	873	5.5	66.5	35277	5.4	45.8
3500 ...	3750	757	4.8	71.3	32877	5.0	50.8
3750 ...	4000	656			30455		
4000 ...	5000	1698	12.4	83.6	90784	14.8	65.6
5000 ...	6000	946	6.9	90.5	62045	10.1	75.8
6000 ...	7000	533	3.9	94.4	41420	6.8	82.5
7000 ...	8000	293	2.1	96.6	76364	4.3	86.8
8000 ...	9000	165	1.2	97.8	16909	2.8	89.6
9000 ...	10000	90	0.7	98.4	10352	1.7	91.3
10000 und mehr		215	1.6	100.0	53392	8.7	100.0
Insgesamt		13705	100.0		612351	100.0	

Modal: 2558 DM (100.0 vH) - Median: 3004 DM (121.0 vH) - Arithm. Mittel: 3723 DM (145.5 vH)
Staerkstes Drittel von 2122 DM bis 3126 DM (Spanne: 1004 DM)
Summen-Differenzen-Koeffizient: 20.7   Gini-Koeffizient: 0.290

Quintile: 9.6 13.3 16.6 21.3 39.1   Quintilenschiefe: 0.408
Dezile in vH: 4.2   5.4   6.3   7.1   7.9   8.8   9.9   11.5   14.0   25.1
Durchschnittseink. in DM: 1557 2019 2339 2629 2926 3264 3682 4264 5201 7348
Terzile: 18.2 27.9 54.0

473

Familien und Nettoeinkommen der Familien
in der Bundesrepublik Deutschland 1981

Familien insgesamt : Ehepaare mit einem Kind

Monatl. Eink. in DM von ... bis unter ...	Familien in Tsd.	in vH	in vH kumuliert	Jahreseinkommen in Mill.DM	in vH	in vH kumuliert
unter 1000	0	0.0	0.0	0	0.0	0.0
1000 ... 1250	1	0.0	0.0	14	0.1	0.1
1250 ... 1500	11	0.3	0.3	190	1.2	1.4
1500 ... 1750	106	2.7	3.2	2001	2.3	3.7
1750 ... 2000	175	4.7	7.9	3946	4.3	3.0
2000 ... 2250	230	7.5	15.5	7157	6.0	14.0
2250 ... 2500	353	9.5	25.0	10068	7.0	21.0
2500 ... 2750 Modal	375	10.1	35.2	11807	7.1	28.1
2750 ... 3000	343	9.4	44.6	11387	6.7	34.8
3000 ... 3250	303	8.2	52.8	11338	6.1	41.0
3250 ... 3500	255	6.8	59.6	10300	5.5	45.5
3500 ... 3750	216	5.8	65.5	9370	5.0	51.6
3750 ... 4000	182	4.9	70.4	8435	5.0	51.6
4000 ... 5000	420	13.2	83.6	26152	15.6	67.1
5000 ... 6000	264	7.1	90.8	17266	10.3	77.4
6000 ... 7000	152	4.1	94.9	11784	7.0	84.4
7000 ... 8000	79	2.1	97.0	7053	4.2	89.6
8000 ... 9000	40	1.1	98.1	4085	2.4	91.0
9000 ... 10000	19	0.5	98.6	2087	1.2	92.2
10000 und mehr	52	1.4	100.0	13046	7.8	100.0
Insgesamt	3700	100.0		168175	100.0	

Modal: 2612 DM (100.0 vH) - Median: 3166 DM (121.2 vH) - Arithm. Mittel: 3787 DM (145.0 vH)
Stärkstes Drittel von 2208 DM bis 3083 DM (Spanne: 875 DM)
Summen-Differenzen-Koeffizient: 19.0   Gini-Koeffizient: 0.264

Quintile: 10.7 13.8 16.7 21.2 37.5   Quintilenschiefe: 0.374
Dezile
in vH   4.8   5.9   6.6   7.2   8.0   8.8   9.8   11.3 13.7 23.9
Durchschnittseink. in DM: 1829 2231 2497 2745 3011 3325 3725 4295 5181 9033
Terzile: 19.7 23.1 52.3

Zahl und Nettoeinkommen der Familien
in der Bundesrepublik Deutschland 1981

Familien . insgesamt : Ehepaare mit zwei Kindern

Monatl. Eink. in DM von ... bis unter ...	Familien in Tsd.	Familien in vH	Familien in vH kumuliert	Jahreseinkommen in Mill. DM	in vH	in vH kumuliert
unter 1000	0			0		
1000 ... 1250	0			0		
1250 ... 1500	0			0		
1500 ... 1750	8	0.3	0.3	161	0.1	0.1
1750 ... 2000	35	1.4	1.7	799	0.6	0.7
2000 ... 2250	60	2.4	4.1	1541	1.1	1.9
2250 ... 2500	120	4.8	8.9	3443	2.5	4.4
2500 ... 2750	184	7.3	16.3	5789	4.3	8.7
2750 ... 3000	223	8.9	25.2	7711	5.7	14.4
3000 ... 3250 Total	225	9.0	34.2	8448	6.2	20.6
3250 ... 3500	206	8.3	42.5	8448	6.2	26.8
3500 ... 3750	174	7.4	49.9	8014	5.9	32.7
3750 ... 4000	158	6.3	56.2	7336	5.4	38.1
4000 ... 5000	448	17.9	74.1	23967	17.7	55.8
5000 ... 6000	260	10.4	84.6	17005	12.6	68.4
6000 ... 7000	151	6.1	90.6	11701	8.6	77.1
7000 ... 8000	95	3.8	94.4	8476	6.3	83.3
8000 ... 9000	54	2.2	96.6	5503	4.1	87.4
9000 ... 10000	39	1.2	97.8	3293	2.4	89.8
10000 und mehr	56	2.2	100.0	13751	10.2	100.0
Insgesamt	2495	100.0		135287	100.0	

Modal: 3024 DM (100.0 vH) - Median: 3756 DM (124.2 vH) - Arithm. Mittel: 4518 DM (149.4 vH)
Staerkstes Drittel von 2675 DM bis 3604 DM (Spanne: 929 DM)
Summen-Differenzen-Koeffizient: 18.5   Gini-Koeffizient: 0.259

Quintile: 11.0 13.9 16.7 21.1 37.4   Quintilenschiefe: 0.369

Dezile
in vH: 5.0 5.0 6.6 7.3 7.9 8.7 9.8 11.2 13.5 23.0
Durchschnittseink. in DM: 2253 2712 2990 3278 3570 3847 4445 5070 6096 10391

Terzile: 20.0 28.0 52.0

Zahl und Nettoeinkommen der Familien
in der Bundesrepublik Deutschland 1981

Familien, insgesamt: Ehepaare mit drei Kindern

Monatl. Eink. in DM von ... bis unter	Familien in Tsd.	Familien in vH	Familien in vH kumuliert	Jahreseinkommen in Mill. DM	in vH	in vH kumuliert
unter 1000	0			0		
1000 ... 1250	0			0		
1250 ... 1500	0			0		
1500 ... 1750	0			0		
1750 ... 2000	0					
2000 ... 2250	3	0.4	0.4	79	0.2	0.2
2250 ... 2500	6	0.9	1.3	173	0.4	0.6
2500 ... 2750	14	2.0	3.4	444	1.0	1.5
2750 ... 3000	28	4.1	7.4	967	2.2	3.7
3000 ... 3250	43	6.3	13.7	1612	3.6	7.3
3250 ... 3500	51	7.6	21.2	2063	4.6	11.9
3500 ... 3750 Modal	55	8.0	29.2	2401	5.3	17.2
3750 ... 4000	54	7.9	37.1	2514	5.6	22.8
4000 ... 5000	164	23.9	61.0	8796	19.6	42.4
5000 ... 6000	103	15.0	76.1	6753	15.0	57.4
6000 ... 7000	63	9.2	85.3	4928	11.0	68.4
7000 ... 8000	36	5.3	90.5	3264	7.3	75.6
8000 ... 9000	22	3.2	93.7	2239	5.0	80.6
9000 ... 10000	15	2.2	95.9	1762	3.9	84.5
10000 und mehr	28	4.1	100.0	6955	15.5	100.0
Insgesamt	695	100.0		44950	100.0	

Modal: 3700 DM (100.0 vH) – Median: 4540 DM (122.7 vH) – Arithm. Mittel: 5468 DM (147.8 vH)
Staerkstes Drittel von 3175 DM bis 4246 DM (Spanne: 1121 DM)
Summen-Differenzen-Koeffizient: 18.7   Gini-Koeffizient: 0.262

Quintile: 11.1   13.3   16.5   20.4   38.1   Quintilenschiefe: 0.371
Dezile
in vH: 5.1   6.0   6.6   7.2   7.9   8.7   9.5   10.9   13.0   25.1
Durchschnittseink. in DM: 2802   3629   3934   4209   4736   5210   5948   7098   13738
Terzile: 20.1   27.5   52.3

Zahl und Nettoeinkommen der Familien
in der Bundesrepublik Deutschland 1981

Familien, insgesamt : Ehepaare mit vier und mehr Kindern

Monatl. Eink. in DM von ... bis unter	Familien in Tsd.	Familien in vH	Familien in vH kumuliert	Jahreseinkommen in Mill.DM	Jahreseinkommen in vH	Jahreseinkommen in vH kumuliert
unter 1000	0			0		
1000 ... 1250	0			0		
1250 ... 1500	0			0		
1500 ... 1750	0			0		
1750 ... 2000	0			0		
2000 ... 2250	0			0		
2250 ... 2500	0			0		
2500 ... 2750	4	1.4	1.4	138	0.7	0.7
2750 ... 3000	9	3.2	4.6	338	1.6	2.3
3000 ... 3250	13	4.6	9.1	529	2.6	4.9
3250 ... 3500	17	6.0	15.1	741	3.6	8.4
3500 ... 3750	23	8.1	23.2	1068	5.2	13.6
3750 ... 4000 Modal	72	25.3	48.4	3837	18.5	32.1
4000 ... 5000	54	13.0	57.4	3492	16.9	49.0
5000 ... 6000	36	17.5	80.0	2784	13.4	62.4
6000 ... 7000	21	7.4	87.4	1880	9.1	71.5
7000 ... 8000	14	4.2	92.3	1450	7.0	78.5
8000 ... 9000	8	2.3	95.1	919	4.4	82.9
9000 ... 10000						
10000 und mehr	14	4.9	100.0	3545	17.1	100.0
Insgesamt	235	100.0		20720	100.0	

Modal: 3986 DM (100.0 vH) - Median: 5093 DM (130.8 vH) - Arithm. Mittel: 6058 DM (155.0 vH)
Staerkstes Drittel von 3574 DM bis 4795 DM (Spanne: 1221 DM)
Summen-Differenzen-Koeffizient: 19.0   Gini-Koeffizient: 0.253

Quintile: 11.5 13.9 16.6 20.4 37.6   Quintilenschiefe: 0.359
Dezile
in vH   : 5.4   6.2   6.7   7.3   7.9   8.6   9.6   10.8 12.7 24.9
Durchschnittseink. in DM: 3247 3734 4039 4407 4799 5236 5787 6545 7706 15090
Terzile: 20.5 27.7 51.7

477

Zahl und Nettoeinkommen der Familien
in der Bundesrepublik Deutschland 1981

Familien , insgesamt : Ehepaare ohne Kinder

Monatl. Eink. in DM von ... bis unter	Familien in Tsd.	in vH	in vH kumuliert	Jahreseinkommen in Mill. DM	in vH	in vH kumuliert
unter 1000	0	0.0		0		
1000 ... 1250	48	0.8	0.8	683	0.3	0.3
1250 ... 1500	313	5.5	6.4	5206	2.4	2.8
1500 ... 1750	445	7.9	14.2	8675	4.1	6.8
1750 ... 2000	545	9.6	23.8	12276	5.7	12.5
2000 ... 2250 *** Modal	622	11.0	34.8	15851	7.4	20.0
2250 ... 2500	611	10.8	45.6	17389	8.1	28.1
2500 ... 2750	535	9.4	55.1	16817	7.9	35.9
2750 ... 3000	445	7.9	62.0	15314	7.2	43.1
3000 ... 3250	351	6.2	69.3	13496	6.3	49.4
3250 ... 3500	297	5.2	74.9	11988	5.6	55.0
3500 ... 3750	245	4.3	78.9	10620	5.0	60.0
3750 ... 4000	205	3.6	82.5	9498	4.4	64.4
4000 ... 5000	464	8.2	90.7	24768	11.6	76.0
5000 ... 6000	239	4.2	94.9	15651	7.3	83.3
6000 ... 7000	120	2.1	97.0	9306	4.4	87.7
7000 ... 8000	57	1.0	98.0	5230	2.4	90.1
8000 ... 9000	32	0.6	98.6	3306	1.5	91.7
9000 ... 10000	18	0.3	98.9	2077	1.0	92.6
10000 und mehr	53	1.1	100.0	15756	7.4	100.0
Insgesamt	5665	100.0		213907	100.0	

Modal: 2210 DM (100.0 vH) - Median: 2616 DM (117.9 vH) - Arithm. Mittel: 3146 DM (141.8 vH)
Staerkstes Drittel von 1847 DM bis 2640 DM (Spanne: 793 DM)
Summen-Differenzen-Koeffizient: 19.9   Gini-Koeffizient:0.280

Quintile: 10.2   13.6   16.6   21.0   38.6   Quintilenschiefe: 0.392

Dezile
in vH: 4.6   5.6   6.4   7.2   7.9   8.7   9.8   11.2   13.6   25.0
Durchschnittseink. in DM: 1431 1765 2023 2252 2484 2748 3076 3526 4291 7875
Terzile: 18.9   27.2   53.2

Familien, insgesamt : Alleinerziehende mit einem Kind

Zahl und Nettoeinkommen der Familien
in der Bundesrepublik Deutschland 1981

Monatl.Eink. in DM von ... bis unter			Familien in Tsd.	in vH	in vH kumuliert	Jahreseinkommen in Mill.DM	in vH	in vH kumuliert
unter	...	1000	0			0		
1000	...	1250	33	5.7	5.7	444	2.6	2.6
1250	...	1500	71	12.2	17.9	1154	6.8	9.4
1500	...	1750 Modal *	77	13.3	31.2	1483	8.8	18.2
1750	...	2000 *	57	11.5	42.8	1495	8.8	27.0
2000	...	2250	58	10.0	52.8	1464	8.6	35.7
2250	...	2500	59	10.2	52.9	1655	9.8	45.4
2500	...	2750	47	8.1	71.0	1455	8.6	54.0
2750	...	3000	38	6.6	77.6	1292	7.6	61.6
3000	...	3250	30	5.2	82.8	1109	6.5	68.2
3250	...	3500	22	3.9	86.6	880	5.2	73.4
3500	...	3750	19	3.3	89.9	824	4.9	78.3
3750	...	4000	15	2.6	92.4	701	4.1	82.4
4000	...	5000	24	4.1	96.6	1297	7.7	90.0
5000	...	6000	12	2.1	98.6	879	5.2	95.2
6000	...	7000	3	0.5	99.1	233	1.4	96.6
7000	...	8000	2	0.3	99.5	198	1.2	97.8
8000	...	9000	1	0.2	99.7	100	0.6	98.4
9000	...	10000	1	0.2	99.8	111	0.7	99.0
10000	und mehr		1	0.2	100.0	165	1.0	100.0
Insgesamt			605	100.0		16939	100.0	

Modal: 1594 DM (100.0 vH) - Median: 2181 DM (136.8 vH) - Arithm. Mittel: 2433 DM (152.6 vH)
Staerkstes Drittel von 1250 DM bis 1915 DM (Spanne: 665 DM)
Summen-Differenzen-Koeffizient: 17.7   Gini-Koeffizient: 0.245

Quintile: 10.7 14.1 17.7 22.1 35.4   Quintilenschiefe: 0.350
Dezile
in vH   : 4.9   5.8   6.6   7.5   8.4   9.3 10.4 11.8 13.9 21.5
Durchschnittseink. in DM: 1187 1419 1412 1816 2037 2271 2523 2862 3379 5227
Terzile: 19.7 29.6 50.7

Zahl und Nettoeinkommen der Familien
in der Bundesrepublik Deutschland 1981

Familien, insgesamt : Alleinerziehende mit zwei und mehr Kindern

Monatl. Eink. in DM von ... bis unter	Familien in Tsd.	in vH	in vH kumuliert	Jahreseinkommen in Mill. DM	in vH	in vH kumuliert
unter 1000	0			0		
1000 ... 1250	0			0		
1250 ... 1500	1	0.3	0.3	17	0.1	0.1
1500 ... 1750	4	1.4	1.7	78	0.6	0.3
1750 ... 2000	12	4.1	5.8	270	2.2	3.0
2000 ... 2250	19	6.4	12.2	479	3.9	6.9
2250 ... 2500	21	7.1	19.3	597	4.8	11.5
2500 ... 2750 Modal ***	37	12.5	21.9	1159	9.4	21.0
2750 ... 3000	36	12.2	44.1	1231	9.9	31.0
3000 ... 3250	31	10.5	54.6	1147	9.3	40.2
3250 ... 3500	29	9.9	64.4	1169	9.4	49.7
3500 ... 3750	21	7.1	71.5	907	7.3	57.0
3750 ... 4000	19	6.4	78.0	903	7.3	64.3
4000 ... 5000	36	12.2	90.2	1967	15.9	80.2
5000 ... 6000	14	4.7	94.9	998	8.1	88.3
6000 ... 7000	8	2.7	97.6	684	5.5	93.8
7000 ... 8000	3	1.0	98.6	263	2.1	95.9
8000 ... 9000	2	0.7	99.3	226	1.8	97.8
9000 ... 10000	1	0.3	99.7	104	0.8	98.6
10000 und mehr	1	0.3	100.0	174	1.4	100.0
Insgesamt	295	100.0		12372	100.0	

Modal: 2735 DM (100.0 vH) - Median: 3141 DM (114.8 vH) - Arithm. Mittel: 3494 DM (127.8 vH)
Staerkstes Drittel von 2500 DM bis 3202 DM (Spanne: 702 DM)
Summen-Differenzen-Koeffizient: 14.9   Gini-Koeffizient: 0.206

Quintile: 12.1 15.4 17.8 21.4 33.3   Quintilenschiefe: 0.293
Dezile
in vH   5.4   6.7   7.4   8.0   8.6   9.3   10.0 11.3 13.2 20.0
Durchschnittseink. in DM: 1904 2335 2596 2790 2989 3234 3508 3956 4628 7003
Terzile: 22.2 29.8 48.1

Zahl und Nettoeinkommen der Familien
in der Bundesrepublik Deutschland 1981

Familien mit 1 Einkommensbezieher

Monatl. Eink. in DM von ... bis unter	Familien in Tsd.	in vH	in vH kumuliert	Jahreseinkommen in Mill.DM	in vH	in vH kumuliert
unter 1000	0			0		
1000 ... 1250	82	1.4	1.4	1141	0.5	0.5
1250 ... 1500	345	5.7	8.1	6550	2.9	3.4
1500 ... 1750	630	10.5	18.7	12286	5.4	8.7
1750 ... 2000 Modal	614	11.5	30.2	15357	6.7	15.4
2000 ... 2250	639	10.3	41.0	16228	7.1	22.5
2250 ... 2500	542	9.1	50.2	15384	6.7	29.2
2500 ... 2750	450	7.6	57.8	14120	6.2	35.4
2750 ... 3000	371	6.3	64.0	12731	5.6	41.0
3000 ... 3250	308	5.2	69.2	11482	5.0	46.0
3250 ... 3500	252	4.3	73.5	10149	4.4	50.4
3500 ... 3750	217	3.7	77.1	9402	4.1	54.5
3750 ... 4000	186	3.1	80.3	8617	3.8	58.3
4000 ... 5000	491	8.1	88.4	25708	11.2	69.5
5000 ... 6000	292	4.9	93.1	18559	8.1	77.6
6000 ... 7000	166	2.8	95.9	12997	5.7	83.3
7000 ... 8000	82	1.4	97.3	7422	3.2	86.5
8000 ... 9000	43	0.7	98.1	4515	2.0	88.5
9000 ... 10000	24	0.4	98.5	2732	1.2	89.7
10000 und mehr	91	1.5	100.0	23580	10.3	100.0
Insgesamt	5925	100.0		228955	100.0	

Modal: 1886 DM (100.0 vH) - Median: 2496 DM (132.3 vH) - Arithm. Mittel: 3220 DM (170.7 vH)
Staerkstes Drittel von 1492 DM bis 7251 DM (Spanne: 759 DM)
Summen-Differenzen-Koeffizient: 23.3   Gini-Koeffizient: 0.320

Quintile: 9.4 17.4 15.5 20.6 42.1   Quintilenschiefe: 0.453

Dezile   : 4.3 5.2 5.3 6.5 7.3 8.2 9.4 11.2 14.1 27.0
in vH
Durchschnittseink. in DM: 1378 1663 1892 2102 2349 2649 3036 3598 4554 8986
Terzile: 17.4 25.1 56.5

481

Zahl und Nettoeinkommen der Familien
in der Bundesrepublik Deutschland 1981

Familien mit 2 u.m. Einkommensbeziehern

Monatl. Eink. in DM von ... bis unter	Familien in Tsd.	in vH	in vH kumuliert	Jahreseinkommen in Mill. DM	in vH	in vH kumuliert
unter 1000	0	0.0	0.0	0	0.0	0.0
1000 ... 1250	0	0.0	0.0	0	0.0	0.0
1250 ... 1500	1	0.0	0.0	17	0.0	0.0
1500 ... 1750	10	0.1	0.1	202	0.1	0.1
1750 ... 2000	150	1.9	2.1	3429	0.9	1.0
2000 ... 2250	403	5.2	7.2	10343	2.7	3.6
2250 ... 2500	628	8.1	15.3	17941	4.7	8.3
2500 ... 2750	741	9.5	24.8	23350	6.1	14.4
2750 ... 3000	751	9.7	34.5	25909	6.8	21.2	*Modal*
3000 ... 3250	624	8.0	43.4	26005	6.8	28.0
3250 ... 3500	671	8.6	51.4	25129	6.6	34.5
3500 ... 3750	540	6.9	58.3	23475	6.1	40.6
3750 ... 4000	470	6.0	64.4	21843	5.7	46.3
4000 ... 5000	1217	15.6	80.0	65076	17.0	63.3
5000 ... 6000	654	8.5	88.6	43486	11.3	74.6
6000 ... 7000	367	4.7	93.3	28423	7.4	82.1
7000 ... 8000	211	2.7	96.0	18747	4.9	87.0
8000 ... 9000	172	1.6	97.6	12394	3.2	90.2
9000 ... 10000	58	0.7	98.4	7620	2.0	92.2
10000 und mehr	174	1.6	100.0	29312	7.8	100.0
Insgesamt	7700	100.0		393396	100.0	

Modal: 2787 DM (100.0 vH) - Median: 3456 DM (124.0 vH) - Arithm. Mittel: 4106 DM (147.3 vH)
Staerkstes Drittel von 2375 DM bis 3277 DM (Spanne: 902 DM)
Summen-Differenzen-Koeffizient: 18.3   Gini-Koeffizient: 0.250

Quintile: 11.2   14.0   16.9   21.1   36.7   Quintilenschiefe: 0.357
Dezile
in vH   5.2   6.1   6.7   7.3   8.0   8.8   9.8   11.3   13.5   23.2
Durchschnittseink. in DM: 2130 2489 2753 3014 3298 3628 4038 4632   5550   9530
Terzile: 20.3   28.2   51.4

Zahl und Nettoeinkommen der Familien
in der Bundesrepublik Deutschland 1981

Landwirte-Familien

Monatl.Eink. in DM von ... bis unter		Familien in Tsd.	in vH	in vH kumuliert	Jahreseinkommen in Mill.DM	in vH	in vH kumuliert
unter	1000	0			0		
1000 ...	1250	0			0		
1250 ...	1500	0			0		
1500 ...	1750	4	1.2	1.2	82	0.5	0.5
1750 ...	2000	10	2.9	4.1	229	1.4	1.0
2000 ...	2250	25	7.2	11.3	540	4.0	5.0
2250 ...	2500	33	9.6	20.9	945	5.9	11.9
2500 ...	2750	34	9.9	30.7	1072	6.7	18.5
2750 ...	3000	29	8.4	39.1	993	6.2	24.9	Modal
3000 ...	3250	25	7.2	46.4	931	5.8	30.5
3250 ...	3500	24	7.0	53.3	972	6.1	36.6
3500 ...	3750	21	6.1	59.4	919	5.7	42.4
3750 ...	4000	20	5.8	65.2	934	5.8	49.2
4000 ...	5000	51	14.9	80.0	2752	17.2	65.4
5000 ...	6000	34	9.9	89.9	2291	14.3	79.7
6000 ...	7000	18	5.2	95.1	1481	9.3	89.0
7000 ...	8000	6	1.7	96.8	538	3.4	92.4
8000 ...	9000	6	1.7	98.6	610	3.8	96.2
9000 ...	10000	3	0.9	99.4	359	2.2	98.4
10000 und mehr		2	0.6	100.0	253	1.6	100.0
Insgesamt		345	100.0		16001	100.0	

Modal: 2542 DM (100.0 vH) – Median: 3390 DM (133.0 vH) – Arithm. Mittel: 3864 DM (152.0 vH)
Staerkstes Drittel von 2115 DM bis 3038 DM (Spanne: 923 DM)
Summen-Differenzen-Koeffizient: 17.1   Gini-Koeffizient: 0.231

Quintile: 11.3   14.1   17.5   22.5   34.6   Quintilenschiefe: 0.341
Dezile
in vH: 5.2   6.1   6.7   7.4   8.3   9.3   10.4   12.0   14.6   20.0
Durchschnittseink. in DM: 2006 2356 2607 2857 3189 3585 4028 4655 5626 7735
Terzile: 20.4   29.3   50.2

483

Zahl und Nettoeinkommen der Familien in der Bundesrepublik Deutschland 1981

Selbstaendigen-Familien

Monatl. Eink. in DM (von ... bis unter)	Familien in Tsd.	in vH	in vH kumuliert	Jahreseinkommen in Mill. DM	in vH	in vH kumuliert
unter 1000	0			0		
1000 ... 1250	0			0		
1250 ... 1500	0			0		
1500 ... 1750	0			0		
1750 ... 2000	0			0		
2000 ... 2250	0			0		
2250 ... 2500	0			0		
2500 ... 2750	1	0.1	0.1	32	0.0	0.0
2750 ... 3000	4	0.4	0.5	139	0.1	0.2
3000 ... 3250	9	0.9	1.4	340	0.3	0.5
3250 ... 3500	14	1.4	2.8	570	0.5	1.0
3500 ... 3750	25	2.5	5.2	1090	1.0	2.0
3750 ... 4000	35	3.5	8.7	1639	1.5	3.5
4000 ... 5000	** 176	17.4	26.1	9574	8.7	17.2
5000 ... 6000 (Modal)	** 192	18.0	44.2	12052	11.0	23.2
6000 ... 7000	** 142	14.1	58.2	11084	10.1	33.4
7000 ... 8000	100	9.9	68.1	8991	8.2	41.6
8000 ... 9000	73	7.2	75.3	7446	6.8	48.4
9000 ... 10000	52	5.1	80.5	5898	5.4	53.7
10000 und mehr	197	19.5	100.0	50645	46.3	100.0
Insgesamt	1010	100.0		109500	100.0	

Modal: 5130 DM (100.0 vH) - Median: 6415 DM (125.0 vH) - Arithm. Mittel: 9034 DM (176.1 vH)
Staerkstes Drittel von 4135 DM bis 6005 DM (Spanne: 1870 DM)
Summen-Differenzen-Koeffizient: 27.1   Gini-Koeffizient: 0.335

Quintile: 8.2 11.6 14.2 13.5 46.8   Quintilenschiefe: 0.536
Dezile
in vH: 4.1 4.9 5.5 6.1 5.7 7.5 8.5 9.9 13.8 33.0
Durchschnittseink. in DM: 3666 4395 4959 5510 6094 6779 7685 8988 12486 29791
Terzile: 16.4 23.9 59.7

Zahl und Nettoeinkommen der Familien
in der Bundesrepublik Deutschland 1981

Angestellten-Familien

Monatl.Eink. in DM von ... bis unter ...	Familien in Tsd.	in vH	in vH kumuliert	Jahreseinkommen in Mill.DM	in vH	in vH kumuliert
unter 1000	0	0.1	0.1	0	0.0	0.0
1000 ... 1250	2	0.9	0.9	29	0.3	0.4
1250 ... 1500	32	2.8	3.7	538	1.2	1.6
1500 ... 1750	101	4.6	14.1	1977	2.3	3.9
1750 ... 2000	147	5.8	21.5	3761	3.3	7.2
2000 ... 2250	212	7.4	30.1	5403	4.8	12.0
2250 ... 2500	270	8.6	39.1	7700	6.1	18.1
2500 ... 2750	313	8.5	47.6	9864	7.0	25.0
2750 ... 3000 Modal	327	7.7	55.3	11279	7.2	32.2
3000 ... 3250	311	6.7	61.9	11653	7.0	39.2
3250 ... 3500	278	6.9	67.7	11286	6.5	45.7
3500 ... 3750	243			10553	6.1	51.8
3750 ... 4000	212			9834		
4000 ... 5000	561	15.4	83.1	29054	18.5	70.3
5000 ... 6000	238	7.0	91.0	18792	11.6	81.9
6000 ... 7000	159	4.4	95.4	12742	7.6	89.5
7000 ... 8000	86	2.4	97.8	7631	4.7	94.2
8000 ... 9000	48	1.3	99.1	4910	3.0	97.2
9000 ... 10000	21	0.6	99.6	2413	1.5	99.0
10000 und mehr	13	0.4	100.0	2068	1.3	100.0
Insgesamt	3645	100.0		161887	100.0	

Modal: 2357 DM (100.0 vH) - Median: 3328 DM (116.1 vH) - Arithm. Mittel: 3701 DM (129.1 vH)
Staerkstes Drittel von 2405 DM bis 3305 DM (Spanne: 980 DM)
Summen-Differenzen-Koeffizient: 16.3   Gini-Koeffizient: 0.225

Quintile: 11.0   14.3   18.0   27.4   33.8   Quintilenschiefe: 0.324
Dezile
in vH: 4.8   6.1   7.0   7.8   8.6   9.4 10.5 11.9 14.1 19.7
Durchschnittseink. in DM: 1790 2273 2601 2825 3171 3491 3874 4416 5208 7295
Terzile: 20.5   30.1   49.3

485

Zahl und Nettoeinkommen der Familien
in der Bundesrepublik Deutschland 1981

Beamten-Familien

Monatl. Eink. in DM von ... bis unter		Familien			Jahreseinkommen		
		in Tsd.	in vH	in vH kumuliert	in Mill. DM	in vH	in vH kumuliert
unter	1000	0			0		
1000	1250	1	0.1	0.1	14	0.0	0.0
1250	1500	3	0.3	0.4	51	0.1	0.1
1500	1750	12	1.3	1.7	237	0.5	0.6
1750	2000	21	2.2	3.9	476	1.0	1.5
2000	2250	34	3.6	7.5	869	1.8	3.5
2250	2500	48	5.1	12.6	1367	2.9	6.4
2500	2750	50	6.3	18.9	1890	4.0	10.4
2750	3000	70	7.4	26.3	2414	5.1	15.5
3000	3250 Modal	72	7.5	34.0	2694	5.7	21.2
3250	3500	68	7.7	41.2	2749	5.8	27.0
3500	3750	67	7.1	48.3	2908	6.1	33.1
3750	4000	62	6.6	54.8	2881	6.1	39.2
4000	5000	182	19.3	74.1	9743	20.6	59.8
5000	6000	111	11.7	85.8	7231	15.3	75.1
6000	7000	75	6.0	92.7	4984	10.5	85.6
7000	8000	38	4.0	96.7	3384	7.2	92.8
8000	9000	20	2.1	98.8	2068	4.4	97.2
9000	10000	9	1.0	99.8	1067	2.3	99.4
10000	und mehr	2	0.2	100.0	281	0.6	100.0
Insgesamt		945	100.0		47307	100.0	

Modal: 3083 DM (100.0 vH) - Median: 3817 DM (123.8 vH) - Arithm. Mittel: 4171 DM (135.3 vH)

Staerkstes Drittel von 2726 DM bis 3876 DM (Spanne: 1150 DM)

Summen-Differenzen-Koeffizient: 15.0   Gini-Koeffizient: 0.216

Quintile: 11.1   14.2   18.3   22.2   32.8   Quintilenschiefe: 0.314

Dezile
in vH: 4.9   6.2   7.1   7.9   8.7   9.6   10.7   12.1   14.1   18.7
Durchschnittseink. in DM: 2026   2590   2950   3290   3628   4008   4481   5053   5892   7802
Terzile: 20.7   30.7   48.7

Zahl und Nettoeinkommen der Familien
in der Bundesrepublik Deutschland 1981

Arbeiter-Familien

Monatl. Eink. in DM von ... bis unter		Familien in Tsd.	in vH	in vH kumuliert	Jahreseinkommen in Mill. DM	in vH	in vH kumuliert
unter	1000	0	0.0	0.2	0	0.1	0.1
1000 ...	1250	8	0.2	2.2	115	0.9	1.0
1250 ...	1500	98	5.2	7.4	1489	2.7	3.6
1500 ...	1750	227	7.0	14.4	4462	4.1	7.7
1750 ...	2000	305	9.0	23.5	6891	6.1	13.8
2000 ...	2250	329	10.6	34.1	10203	7.9	21.7
2250 ...	2500 Modal	463	10.5	44.6	13191	8.6	30.3
2500 ...	2750	451	9.5	54.1	14489	8.5	38.9
2750 ...	3000	416	8.1	62.2	14276	7.9	46.8
3000 ...	3250	355	6.8	69.0	13261	7.1	52.0
3250 ...	3500	296	5.6	74.5	11934	6.3	60.2
3500 ...	3750	243	5.5	79.0	10527	5.5	65.7
3750 ...	4000	198	4.5		9166		
4000 ...	5000	492	11.2	90.3	26703	15.6	81.3
5000 ...	6000	237	5.4	95.7	15448	9.2	90.5
6000 ...	7000	116	2.7	98.4	8949	5.3	95.8
7000 ...	8000	50	1.1	99.5	4512	2.7	98.6
8000 ...	9000	16	0.4	99.9	1641	1.0	99.5
9000 ...	10000	5	0.1	100.0	615	0.4	99.9
10000	und mehr	1	0.0	100.0	145	0.1	100.0
Insgesamt		4375	100.0		167517	100.0	

Modal: 2492 DM (100.0 vH) - Median: 2892 DM (116.1 vH) - Arithm. Mittel: 3190 DM (128.0 vH)
Stärkstes Drittel von 2100 DM bis 3209 DM (Spanne: 829 DM)
Summen-Differenzen-Koeffizient: 15.5   Gini-Koeffizient: 0.214

Quintile: 11.4   15.1   18.1   22.3   33.1   Quintilenschiefe: 0.303
Dezile in vH: 5.1   6.3   7.2   7.9   9.5   10.5   11.8   14.0   19.1
Durchschnittseink. in DM: 1637 2017 2224 2518 2756 3021 3341 3770 4465 6194
Terzile: 21.1   30.3   48.6

487

Zahl und Nettoeinkommen der Familien
in der Bundesrepublik Deutschland 1981

Rentner-Familien

Monatl. Eink. in DM von ... bis unter		Familien in Tsd.	in vH	in vH kumuliert	Jahreseinkommen in Mill.DM	in vH	in vH kumuliert
unter	1000	0			0		
1000 ...	1250	71	2.4	2.4	983	1.1	1.1
1250 ...	1500	272	9.1	11.5	4472	4.8	5.9
1500 ...	1750	291	9.7	21.2	5630	6.0	11.9
1750 ...	2000	312	10.4	31.6	6993	7.5	19.3
2000 ...	2250	345	11.5	43.1	8768	9.4	28.7
2250 ...	2500 Modal	325	10.9	54.0	9235	9.9	38.6
2500 ...	2750 **	284	9.5	63.4	8913	9.5	48.1
2750 ...	3000 ***	238	7.9	71.4	8178	8.7	56.9
3000 ...	3250 **	194	6.5	77.9	7745	7.7	64.5
3250 ...	3500 *	158	5.3	83.1	6371	6.8	71.4
3500 ...	3750	129	4.3	87.4	5592	6.0	77.4
3750 ...	4000	105	3.5	91.0	4863	5.2	82.6
4000 ...	5000	179	6.0	96.9	9514	10.2	92.8
5000 ...	6000	63	2.1	99.0	4179	4.5	97.3
6000 ...	7000	22	0.7	99.8	1925	2.0	99.2
7000 ...	8000	7	0.2	100.0	738	0.8	100.0
8000 ...	9000	0			0		
9000 ...	10000	0			0		
10000	und mehr	0			0		
Insgesamt		2925	100.0		93400	100.0	

Modal: 2155 DM (100.0 vH) - Median: 2409 DM (111.7 vH) - Arithm. Mittel: 2601 DM (120.6 vH)
Staerkstes Drittel von 1750 DM bis 2515 DM (Spanne: 765 DM)
Summen-Differenzen-Koeffizient: 15.4   Gini-Koeffizient: 0.215

Quintile: 11.1 15.0 18.5   22.8 32.7   Quintilenschiefe: 0.309
Dezile
in vH   5.0 6.1 7.0 7.9 8.8 9.7 10.7 12.0 13.9 18.8
Durchschnittseink. in DM: 1325 1578 1833 2066 2287 2521 2791 3129 3603 4899
Terzile: 20.7 30.9 48.4

488

Zahl und Nettoeinkommen der Familien
in der Bundesrepublik Deutschland 1981

Versorgungsempfaenger-Familien

Monatl. Eink. in DM von ... bis unter	Familien in Tsd.	Familien in vH	Familien in vH kumuliert	Jahreseinkommen in Mill.DM	Jahreseinkommen in vH	Jahreseinkommen in vH kumuliert
unter 1000	0			0		
1000 ... 1250	0			0		
1250 ... 1500	1	0.3	0.3	17	0.1	0.1
1500 ... 1750	5	1.3	1.5	100	0.6	0.7
1750 ... 2000	19	4.0	5.4	435	2.6	3.3
2000 ... 2250	27	6.0	13.3	680	4.1	7.5
2250 ... 2500	31	7.0	21.3	887	5.3	12.8
2500 ... 2750	38	9.7	31.0	1210	7.3	20.1
2750 ... 3000 Modal	39	10.0	41.0	1361	8.2	28.2
3000 ... 3250	36		50.3	1364	8.2	36.4
3250 ... 3500	34	8.7	59.0	1395	8.4	44.8
3500 ... 3750	29	7.4	66.4	1288	7.7	52.6
3750 ... 4000	24	6.2	72.6	1138	6.8	59.4
4000 ... 5000	57	14.6	87.7	3044	18.3	77.7
5000 ... 6000	31	7.0	95.1	2052	12.3	90.0
6000 ... 7000	11	2.0	97.9	855	5.1	95.2
7000 ... 8000	6	1.5	99.5	570	3.4	98.6
8000 ... 9000	2	0.5	100.0	234	1.4	100.0
9000 ... 10000	0			0		
10000 und mehr	0			0		
Insgesamt	320	100.0		16640	100.0	

Modal: 2813 DM (100.0 vH) - Median: 3243 DM (115.3 vH) - Arithm. Mittel: 3555 DM (126.4 vH)
Staerkstes Drittel von 2500 DM bis 3372 DM (Spanne: 872 DM)
Summen-Differenzen-Koeffizient: 14.3   Gini-Koeffizient: 0.126

Quintile: 11.9 15.6 18.5 22.3 31.3   Quintilenschiefe: 0.283
Dezile
in vH : 5.4 6.5 7.4 9.1 8.8 9.7 10.6 11.7 13.6 18.2
Durchschnittseink. in DM: 1924 2306 2620 2821 3140 3433 3782 4160 4843 6461
Terzile: 21.9 31.0 47.2